U0908055

当代思潮论集

刘润为◎著

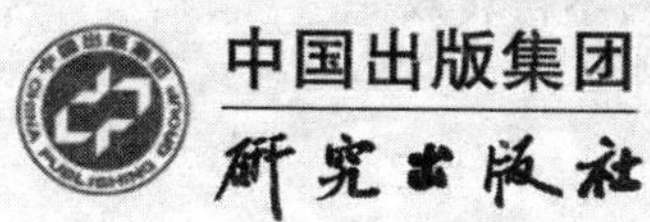
中国出版集团
研究出版社

图书在版编目(CIP)数据

当代思潮论集 / 刘润为著. —北京:研究出版社,2018.3

ISBN 978-7-5199-0267-4

Ⅰ. ①当… Ⅱ. ①刘… Ⅲ. ①社会科学—研究 Ⅵ. ①C

中国版本图书馆 CIP 数据核字(2017)第 302023 号

出 品 人 / 赵卜慧
发行总监 / 黄绍兵
责任编辑 / 陈侠仁

书名 / 当代思潮论集
作者 / 刘润为 著

出版发行 / 研究出版社
地址 / 北京市朝阳区安定门外安华里 504 号
邮政编码 / 100011
电话 / 010 - 64217619(发行中心) 64298250(总编室)
网址 / www.yanjiuchubanshe.com
印刷 / 三河市腾飞印务有限公司
开本 / 710 毫米×1000 毫米 1/16
字数 / 295 千字
印张 / 23
版次 / 2018 年 3 月第 1 版 2018 年 3 月第 1 次印刷
书号 / ISBN 978-7-5199-0267-4
定价 / 68.00 元

目 录

科学社会主义理论是颠扑不破的真理

19世纪40年代，科学社会主义理论的创立，如同壮丽的日出，照亮了人类发展的历史进程。从此，社会主义由空想成为科学，无产阶级开始由自在的阶级变为自为的阶级，社会主义运动由欧洲逐渐扩展到整个世界。然而，在历经近一个半世纪艰难而壮阔的发展进程之后，国际社会主义运动进入低谷。东欧剧变、苏联解体，资本主义的新变化，使科学社会主义理论面临前所未有的严峻挑战。一时间，“科学社会主义本身就是一种乌托邦”，“科学社会主义过时了”，“社会主义、马克思主义就要从世界上灭亡了”，诸如此类的论调甚嚣尘上。影响所及，甚至在我们的一些党员干部中也程度不同地产生了“信仰危机”。那么，作为整个社会主义实践的根本指导思想的科学社会主义理论，到底还是不是真理？这是正确认识社会主义发展的历史进程首先涉及和必须解决的重大课题。

科学社会主义理论不是空想

每一时代的理论思维，都是一种历史的产物。19世纪上半叶，资本主义的发展进入了一个历史转折时期。产业革命一方面促进了生产技术和生产力的迅猛发展，另一方面极大地加剧了生产的社会化与资本主义私人占有的矛盾；一方面创造出一个富有的工业资本家阶级，另一方面创造出一个贫困的产业工人阶级。从1825年起，连续爆发的三次大规模的经济危机，表明资本主义的生产关系已经由生产力发展的形式变成生产力发展的桎梏。如果说1825年是欧洲经济的转折点，那么，1831年就是欧洲政治的转折点。从这一年起，连续爆发的三次大规模工人运动，表明无产阶级和资产阶级的矛盾已经上升为社会主要矛盾，无产阶级已经作为一支独立的政治力量登上了历史舞台。资本主义向何处去？工人运动向何处去？已有的理论不能回答这些重大的时代课题。封建阶级的复古主张开历史倒车，空想社会主义的方案不切实际，资产阶级、小资产阶级的改良主义理论纷纷破产。时代的剧变要求人类思想的革命性变革，工人运动的发展呼唤科学理论的武装。于是，科学社会主义理论的产生成为历史的定势。

科学社会主义理论是在批判地继承空想社会主义思想的基础上创立的。空想社会主义无情地抨击资本主义社会的全部基础，幻想地描绘未来社会的蓝图，“提供了启发工人觉悟的极为宝贵的材料”[①]，但是它却不具备科学的实践的品格。它看到了资本主义灭亡的命运，却未能揭示资本主义灭亡的经济根源；它要求埋葬资本主义，却看不到埋葬资本主义的社会力量；它憧憬取代资本主义的理想社会，却找不到通往理想社会的现实道路。而马克思、恩格斯的社会主义理论之所以成为科学，则是因为他们在深入社会实际、积极投身工人运动、继承人类优秀科学思想文化成果的基础上，发现了唯物史观和剩余价值学说。

唯物史观破解了“历史之迷”，揭示了人类历史发展的客观规律。这就是生产关系一定要适应生产力状况、上层建筑一定要适应经济基础的规律。“社会的物质生产力发展到一定阶段，便同它们一直在其中活动的现存生产关系或财产关系(这只是生产关系的法律用语)发生矛盾。于是这些关系便由生产力的发展形式变成生产力的桎梏。那时社会革命的时代就到来了。随着经济基础的变更，全部庞大的上层建筑也或慢或快地发生变革。”[②]。正是在这一客观规律的支配下，社会发展呈现为一种自然历史过程，表现为不同社会形态的依次更替。“资产阶级的生产关系是社会生产过程的最后一个对抗形式”。这种对抗不是个人的对抗，而是阶级的对抗，归根到底是资本主义社会中生产力与生产关系的对抗。问题在于，“在资产阶级社会的胎胞里发展的生产力，同时又创造着解决这种对抗的物质条件”[③]。因此，历史

① 《马克思恩格斯选集》第1卷第304页，人民出版社1995年第2版。
② 《马克思恩格斯选集》第2卷第32—33页，人民出版社1995年第2版。
③ 《马克思恩格斯选集》第2卷第33页，人民出版社1995年第2版。

地产生的资本主义社会必然要历史地走向灭亡，为消除了阶级对抗的未来社会所代替。

如果说唯物史观发现了人类历史发展的规律，那么，剩余价值学说则揭开了资本主义生产的全部秘密。它从资本主义的经济细胞——商品入手，以精湛的经济学分析证明，工人与资本家的关系是一种雇佣劳动关系。资本与工人交换的不是劳动而是劳动力；劳动力也是商品，具有价值和使用价值；劳动创造的价值大于劳动力本身的价值。这个超额构成了剩余价值。而资本则是“死的劳动”，它的生命靠不断吸取“活的劳动”的鲜血即剩余价值来维持和发展。它吸取得越多，生命就愈活跃，继续吸取剩余价值的能力就愈大。剩余价值是资本主义生产方式的独特范畴，资本对剩余价值的无偿占有是资本主义独特的剥削形式，剩余价值规律是资本主义生产的基本规律。正是在这一基本规律的支配下，资本主义生产方式的内在矛盾、产业工人阶级与资本家阶级的矛盾由非对抗走向激烈的对抗。

两个伟大的发现，两个铁的客观规律！从此，资本主义的灭亡不再置于人们的猜想，而被置于顽强的经济事实之上；埋葬资本主义不再仅仅是个别天才人物的事业，而是全世界无产阶级的伟大历史使命；社会主义不再是理性的发展，而是现实社会生产力与生产关系、无产阶级与资产阶级矛盾运动的必然结果。任何一种学说要成为科学，都必须揭示研究对象的规律性。正是以唯物史观为哲学基础，以剩余价值学说为经济学依据，科学社会主义理论深刻揭示了社会主义代替资本主义的历史必然性及其社会力量和现实道路，从而成为指引全人类走向自由解放的真正科学，成为人类最伟大的理论成果和最可宝贵的精神财富。

正是因为唯物史观和剩余价值学说支撑了整个科学社会主义理论，所以那些反对科学社会主义理论的人往往采取“釜底抽薪”的战术。他们或者以历史事件的单一性否定历史发展的规律性；或者把经济基础、社会存在曲解为外在于人们实际生活过程的经济条件，以否定经济基础与上层建筑、社会存在与社会意识的辩证关系；或者夸大人类文化知识对于历史进程的影响，以文化知识发展的不可预测“证明”唯物史观“已走向崩溃”；或者以否定劳动价值来否定剩余价值规律……在他们看来，只要清除这两个规律，就能摧毁科学社会主义理论。应当说，这个如意算盘打得未免过于浪漫。历史规律和剩余价值规律是日月经天、江河行地一般的客观存在，任你如何机关算尽，也毕竟不能清除。否定规律的存在，说明他们的所谓“学说”根本不反映社会历史的实际；要清除规律，说明他们的论调出于一种主观的偏见。“资产阶级把一切都变成商品，对历史学也是如此。资产阶级的本性，它的生存条件，就是要伪造一切商品，因而也要伪造历史。伪造得最符合于资产阶级利益的著作，所得的报酬也越多。”①这就是制造这些五花八门的理论的真实动机。所以，这些诋毁和攻击不但无损于科学社会主义理论的一丝一毫，反而恰恰证明它触到了资本主义和资产阶级的要害，是一种代表无产阶级和广大人民根本利益、体现人类发展方向的真正科学。

当然，最有力地反击这些谬说、最雄辩地证明科学社会主义是真理的，是千百万无产阶级和被压迫人民、被压迫民族的革命实践。科学社会主义理论一经产生，便“远在德国和欧洲境界以外，在世界的一切文明语言中都找到了拥护者”②，变成了改造旧世界、创造新世界的巨大物质力量。1864年，第一国际诞生，欧洲无产阶级联合在一起；1871年，巴黎工人阶级起义，世界上第一个无产阶级政权——巴黎公社宣告成立；1889年，第二国际诞生，工人运动由欧洲扩展到美洲；1917年，俄国十月革命胜利，世界上出现第一个社会主义国家；第二次世界大战以后，中国等十几个国家走上社会主义道路，社会主义形成一个堪与资本主义世界对垒的强大阵营，由此带动的亚非拉民族解放运动则以排山倒海之势冲决了国际资本主义殖民统治的堤坝。试问，世界上有哪一种理论能够如此广泛而深入地掌握群众，如此巨大而深刻地改变了世界历史的进程？对于科学社会主义理论的科学性及其巨大的历史作用，江泽民同志作出了精辟的科学概括：“实践证明，社会主义是

---

① 《马克思恩格斯全集》第16卷第573页，人民出版社1964年第1版。

② 《马克思恩格斯全集》第4卷第212页，人民出版社1958年第1版。

指引世界上处于剥削制度压迫之下的无产阶级和劳动人民改变自己命运、获得社会解放、建设幸福生活的正确道路。”这就是结论，任何人用任何手段都无法推翻的结论。

科学社会主义理论不会过时

一部思想史证明，凡是自以为终极真理的体系，如同希图万世一系的王朝一样，无一不以走向没落而告终。《易》曰：“穷则变，变则通，通则久。”科学社会主义理论之所以不会过时，就在于它超越了一切私有观念的局限，能够以批判的态度对待自身；就在于它自觉地植根于实践，具有与时俱进的理论品格。这种革命性与科学性、合规律性与合目的性的统一，使它成为一个开放的科学体系。科学社会主义理论的创立者明确指出：“社会主义自产生以来，就要求人们把它当作科学来对待。”[①]所谓科学地对待科学社会主义理论，就是要把它看作绝对真理与相对真理的辩证统一体，以研究的态度对待它，以发展的观点看待它，从而在实际运用中做到坚持与发展的统一。所谓坚持，就是要坚持它的基本观点和基本原则。那么，马克思、恩格斯创立的科学社会主义理论有哪些基本观点和基本原则呢？

一、资本主义的灭亡和共产主义的胜利是历史的必然。生产的社会化与资本主义私人占有是资本主义社会不可克服的基本矛盾。大工业的发展不断地抽掉资本主义私有制赖以存在的基础。资本主义制度必将被适应生产力发展的更高级的社会制度所取代。

二、关于未来共产主义社会的原则。生产力的巨大增长和高度发展是共产主义社会“绝对必需的实际前提”；共产主义社会在生产资料公有制的基础上组织生产，实现共同富裕；共产主义社会分为第一阶段和高级阶段，第一阶段实行按劳分配，高级阶段实行消费品按需分配；第一阶段不断向高级阶段过渡，阶级和国家将逐渐走向消亡，整个社会最终成为自由人的联合体。

三、无产阶级是资本主义的掘墓人和共产主义社会的创建者。无产阶

① 《马克思恩格斯选集》第 2 卷第 636 页，人民出版社 1995 年第 2 版。

级是大工业的产物、社会先进生产力的代表，因而是真正革命的阶级、未来主人翁阶级。无产阶级的革命运动是为绝大多数人谋利益的独立革命运动。无产阶级只有解放全人类，才能最后解放自己。

四、从资本主义到共产主义有一个革命转变时期。无产阶级革命和无产阶级专政是实现这种转变的根本道路。无产阶级通过革命使自己上升为统治阶级，然后利用自己的政治统治，一步一步地夺取资产阶级的全部生产资料，集中在国家手里，并且尽可能地增加生产力的总量，以消灭阶级对立和阶级本身的存在条件，实现阶级和国家的消亡。

五、共产党的正确领导是无产阶级实现自身历史使命的根本政治保证和组织保证。共产党由无产阶级中的先进分子所组成，始终站在工人运动的最前列。共产党代表整个无产阶级和其他劳动人民的利益，代表整个工人运动的利益。共产党是坚持无产阶级国际主义的政党。共产党的最终目标是实现共产主义。

必须十分明确，这些观点和原则是科学社会主义理论的本质方面，是共产党人无论在过去、现在还是将来都必须始终不渝地坚持的。丢掉了这些观点和原则，就丢掉了根本，丢掉了社会主义运动的目标，这样的人当然也就不配做一个马克思主义者。

然而，要坚持就必须发展。这就要求它的实践主体以面临的实际问题、以正在做的事情为中心，着眼于科学社会主义理论的运用，着眼于对实际问题的理论思考，着眼于新的实践和新的发展。

发展科学社会主义理论，就是要勇于纠正自己的失误。1848 年发生的欧洲革命风暴，到 1849 年陆续被反革命扑灭。当时，马克思、恩格斯认为新的革命高潮一定会到来。根据是 1847 年经济危机的严重后果，早期工业资产阶级对工人的残酷剥削，手工业的大量破产和农民的悲惨处境，为无产阶级革命提供了条件。但是，新的革命高潮并未到来。对于这种判断上的失误，恩格斯在 1895 年作了深刻反思："历史清楚地表明，当时欧洲大陆经济发展的状况还远没有成熟到可以铲除资本主义生产的程度；历史用经济革命证明了这一点，从 1848 年起经济革命席卷了整个欧洲大陆，在法国、奥地利、匈牙利、波兰以及最近在俄国刚刚真正确立了大工业，而德国简直就成了一个头等工业国——这一切都是以资本主义为基础的，可见这个基础在1848年还具有很大的扩展能力。”[①]主动接受实践检验，被证明是错了的东西就坚决抛弃，这就是科学社会主义理论的科学精神，这就是科学社会主义理论经典作家的宽广胸怀。没有这种精神、这种胸怀，就没有科学社会主义理论的完善和发展。

发展科学社会主义理论，就是突破其中某些时过境迁的个别结论。按照马克思、恩格斯的预测，社会主义革命将首先在英、法、德这些工业发达国家取得胜利，这在当时的自由资本主义时代是有它的客观依据的。到了19世纪、20世纪之交，资本主义进入帝国主义即垄断资本主义阶段。俄国成为当时帝国主义所有矛盾的交汇点。历史环境把俄国和西欧大国都卷入帝国主义世界大战。它们相互厮杀，无法联合起来共同对付俄国革命。而战争和沙皇统治造成的苦难处境又极大地增强了工农的力量。俄国成了世界资本主义统治最为薄弱的环节和人民的革命要求最为强烈的国度。列宁正是根据当时的时代特征和俄国实际，大胆突破了马克思、恩格斯的结论，作出了在经济落后的国家特别是俄国有可能首先取得社会主义革命胜利的科学论断。没有这种突破，就没有无产阶级革命理论的发展，就没有科学社会主义由理论向现实的转化。正是因为这种突破的巨大成功，“以俄为师”成为当时东方经济文化落后国家中的最为激动人心的口号。但是，在中国这样一个经济文化落后、城市与农村发展严重不平衡的国家如何取得革命胜利的问题，却异常尖锐地摆到了中国共产党人面前。继续走俄国人以城市为中心武装夺取政权的道路吗？结果是一次又一次地招致失败。正是在革命道路理论需要进行再度突破的关键时刻，毛泽东同志集中全党智慧，以巨大的理论勇气，根据中国国情和中国革命的特点，开辟了一条以农村包围城市，最后夺取城市的革命道路。完全可以肯定，如果没有这种突破，就没有科学社会主义理论在中国的发展，就没有科学社会主义理论在中国的胜利。

---

① 《马克思恩格斯选集》第4卷第512页，人民出版社1995年第2版。

发展科学社会主义理论，就是在创造性的运用过程中不断地丰富这个理论。关于未来的社会主义社会，马克思、恩格斯只是根据他们所处的时代条件提出了一些基本原则。但是，这些原则怎样贯彻，在什么条件下贯彻，怎样去创造这些条件，在不同时期、不同国家这些原则应当赋予怎样的时代特征和实现形式，所有这些，他们都不可能先知式地给出具体的答案。这就是说，“什么是社会主义、怎样建设社会主义”，一直是需要根据时代变化和具体实际不断探索的重大历史课题。在探索过程中，列宁、毛泽东等科学社会主义的经典作家作出了杰出贡献。邓小平同志作为科学社会主义理论的忠实继承者和伟大开拓者，他的最大贡献就是在新中国成立以来革命和建设成就的基础上，总结历史经验和教训，恢复和重新确立了解放思想、实事求是的马克思主义思想路线，强调把马克思主义的普遍真理同中国的具体实际结合起来，开辟了一条建设有中国特色社会主义的新道路。在和平与发展的世界历史条件下，在中国改革开放和现代化建设的实践中，以邓小平同志为代表的中国共产党人，坚持科学社会主义理论和实践的基本成果，坚持用马克思主义的宽广眼界观察世界，抓住“什么是社会主义、怎样建设社会主义”这个根本问题，正确总结中国社会主义胜利和挫折的历史经验并借鉴其他社会主义国家兴衰成败的历史经验，第一次比较系统地初步回答了中国社会主义的发展道路、发展阶段、根本任务、发展动力、外部条件、政治保证、战略步骤、党的领导和依靠力量以及祖国统一等一系列基本问题，把对社会主义的认识提高到了新的科学水平，从而形成了新的建设有中国特色社会主义理论的科学体系，这就是邓小平理论。邓小平理论是指导中国人民在改革开放中胜利实现社会主义现代化的正确理论。在当代中国，只有把马克思主义同当代中国实践和时代特征结合起来的邓小平理论，而没有别的理论能够解决社会主义在中国的前途和命运的问题。邓小平理论是当代中国的马克思主义，是马克思主义在当代中国发展的新阶段。正是在邓小平理论的指引下，中国共产党制定了社会主义初级阶段的基本路线，取得了中国社会主义建设前所未有的巨大成就。

在邓小平同志成功探索的基础上，以江泽民同志为核心的中国共产党第三代中央领导集体高举邓小平理论的伟大旗帜，坚持党的基本路线不动摇，围绕建设富强民主文明的社会主义现代化国家的目标，从新的实践出发，进一步明确了什么是社会主义初级阶段有中国特色社会主义的经济、政治和文化以及怎样建设这样的经济、政治和文化，进一步明确了新时期“建设一个什么样的党、怎样建设党”等一系列重大问题。其集中体现就是党在社会主义初级阶段的基本纲领的制定和党的建设新的伟大工程的规划：经济上，提出要在社会主义条件下发展市场经济，不断解放和发展生产力；政治上，强调在中国共产党的领导下，在人民当家作主的基础上，依法治国，发展社会主义民主政治；文化上，提出建设以马克思主义为指导，以培育有理想、有道德、有文化、有纪律的公民为目标，发展面向现代化、面向世界、面向未来的，民族的科学的大众的社会主义文化；党的建设上，提出“三个代表”的重要思想，并强调这是加强新时期党的建设的基本方针。所有这些成果，涉及经济、政治、科技、教育、文化、军事、外交、党的建设等各个方面，表明中国共产党在“什么是社会主义、怎样建设社会主义”这个根本问题上的探索又向前推进了一步，科学社会主义理论在中国又有了新的丰富和发展。正是因为中国共产党成功地实现了科学社会主义理论与中国新的实际的结合，全党全国各族人民才在复杂的国际国内环境中，经受住了来自经济、政治、自然等各个方面的考验，将改革开放和社会主义现代化建设更加有力地推向前进，迎来了新中国更为辉煌的发展时期。

“风景这边独好。”在国际社会主义运动遭受巨大挫折的时候，社会主义制度在中国却得到了空前巩固；在资本主义世界出现新变化的时候，社会主义的中国却赢得了更高的发展速度；在西方敌对势力断言社会主义要从世界上灭亡了的时候，中国却向全世界展示了社会主义的无限生机与活力。中国的成功，既是坚持科学社会主义理论的伟大胜利，又是发展科学社会主义理论的伟大胜利。

坚持与发展的统一，就是静与动的统一、确定性与应变性的统一。这样的理论，恰似岿然不动的高山，又好像流转不息的江河。山临风而不动，水因地而制流。如此相成相合，既保持了自身的本质，又获得了不竭的生命源泉，这就是科学社会主义理论永葆其真理性青春的全部秘密之所在。

科学社会主义理论不可战胜

当人们思考科学社会主义理论的历史命运时，经常面对的现实问题是，如何看待中国改革的成功，如何看待东欧剧变、苏联解体，如何看待资本主义的新变化？

科学社会主义失败论者遇到了一个重大障碍，就是社会主义在中国蓬勃发展的现实。于是，他们就说，中国现在搞的不是社会主义而是资本主义。这不能说不是一种不顾事实、不顾逻辑的歪曲。资本主义是什么？从经济上说，就是以榨取剩余价值、增殖资本为目的的私有制生产关系。不错，在我们的经济结构中，确有非公有制经济成分，而且是社会主义市场经济的重要组成部分，但它不是主体，主体是由国有经济、集体经济、混合所有制经济中的国有成分和集体成分构成的公有制经济。公有制的主体地位主要体现在：国有资产在社会总资产中占优势；国有经济控制国民经济命脉，对经济发展起主导作用。与这种经济结构相适应，在分配结构和分配方式上也进行了相应改革，允许和鼓励资本、技术等生产要素参与收益分配，但是我们始终坚持以按劳分配为主体，而且明确提出要规范收入分配，使收入差距趋向合理，防止两极分化。试问，天底下有坚持以公有制和按劳分配为主体的资本主义吗？矛盾的主要方面决定事物的本质。江泽民同志在党的十五大报告中明确指出："只要坚持以公有制为主体，国家控制经济命脉，国有经济的控制力和竞争力增强，在这个前提下，国有经济比重减少一些，不会影响我国的社会主义性质。"其实，我们现在实行的这种经济制度，正是根据科学社会主义理论的基本原则，针对现实生产力发展水平较低，生产力结构比较复杂的实际，为促进生产力发展而对生产关系作出的正确调整。在中国，这是坚持科学社会主义原则，奔向共产主义理想目标不可逾越的阶段。从这个意义上说，它正是科学社会主义原则的当代实现形式。企图把中国的成功算到资本主义的功劳簿上，无疑是十分荒唐的。

面对东欧剧变、苏联解体的事实，科学社会主义失败论者洋洋得意，以为这是证明他们观点的不争根据。事实果真是这样的吗？苏联作为世界上第一个强大的社会主义国家，仅仅70多年便一朝覆亡、顷刻瓦解，原因非常复杂，可以说是国际国内、历史现实等多种因素作用的结果。从实践科学社会主义理论的角度看，其教训确实异常深刻。众所周知，苏联的单一公有制结构和计划经济体制是在革命与战争为时代主题的条件下形成的。这个结构和体制尽管在建立之初就存在种种缺陷，但是它毕竟创造过惊人的经济奇迹，在战胜帝国主义颠覆、巩固苏维埃政权的斗争中起到了重大作用。遗憾的是，多少年过去，这个结构和体制却未能随着国际国内环境的变化而作出相应的富有成效的改革，原来隐藏的种种缺陷便逐渐暴露，导致经济不断下滑，社会矛盾日益加深。上世纪80年代，面对这种严峻形势，苏联开始改革，先后提出过"加速社会经济发展战略"，"改革经济体制和经济管理的基本原则"等改革措施。然而，由于种种原因，这些改革都没有成功。于是，苏共领导人便把旧有体制的缺陷、改革受挫的原因，统统归罪于社会主义制度，提出"根本改造整个社会大厦"的口号，改革变成了抛弃社会主义制度的"改制"。问题的结论已经非常清楚：前一时期的不思改革，是僵化地对待科学社会主义理论；后来的所谓"改革"，是从根本上背叛了科学社会主义理论。如果说前一时期没有做到"发展"，那么后来就是没有做到"坚持"。这一前一后的失误，都是背离科学社会主义理论的科学精神和基本原则的苦果。那么，俄罗斯在走上私有化道路以后又是怎样的情形呢？让我们来看一看并不拥护社会主义的美国记者朱克曼的报道："90年代俄罗斯的生产衰落比大萧条时期的美国更严重。在俄罗斯，实际人均收入下降80%，国内生产总值下降55%以上。俄罗斯政府一年的收入还不到美国财政部一周的收入。"[①]这就意味着苏联人民几十年的血汗已付诸东流，俄罗斯的经济至少要停顿20多年！至于东欧各国，情形亦大同小异。那么，东欧剧变、苏联解体，到底是科学社会主义理论的失败还是从反面证明了它的真理性，答案不是已经非常鲜明了么？用这一历史事件来否定科学社会主义理论，除

① 《美国新闻与世界报道》1999年2月8日。

了说明自己的偏见，还能说明什么呢？

科学社会主义失败论者的另一张王牌，就是资本主义的新变化。与科学社会主义理论创立的时代不同，资本主义在当代确实发生了新的变化。二战以来，西方资本主义国家为了同社会主义斗争，维护资本主义的生存和发展，对资本主义生产关系的某些环节作了不少的自我调节、改良和改善，包括借鉴社会主义的一些做法，从而使得资本主义的生产关系不仅能够容纳现实生产力，而且生产力还在发展。目前，从经济、科技发展和物质文化生活水平来看，发达资本主义国家比我们这样的发展中社会主义国家要高得多。但是，这种现象的存在，难道就说明社会主义必然代替资本主义的基本规律不成立了吗？显然不能。资本主义的发展史表明，每逢生产力有了新的发展，资本主义就要进行类似的自我调节，目的是把资本主义的基本矛盾控制在不致威胁资本主义生存的范围，马克思称之为消极的扬弃。这种调节、改良和改善虽然在以消极的形式否定着资本主义私有制，但是绝不会动摇资本主义制度的性质、资本主义统治的根基，因而也就不可能从根本上克服资本主义的基本矛盾。他们加强了国家干预，但是不同经济手段之间、各种政策之间往往互相矛盾，常常是摁下葫芦起来瓢，而且由于这些手段、政策触及的多是大财团的利益，所以很少能落到实处。他们实行了福利政策，但是羊毛出在羊身上，所谓“福利”不过是资本为购买劳动力而变相支付的工资，不但杯水车薪，而且近年来所有国家都在削减此项开支。他们实行了股份制，但是控股者仍是垄断资本家，工人所持小额股票被收集拢来，其实是给控股者的资本“锦上添花”，工人仍需靠出卖劳动力为生。因此，在这种变化的背面，我们又看到了更为深刻的事实：随着科技革命的进步，经济全球化的发展，生产的社会化和资本主义私人占有的基本矛盾又在更大的范围内呈现出不断深化的趋势。跨国公司是推动经济全球化的主体，它突破民族、国家的疆域，进入了无政府状态的世界市场。为追求高额利润，流向生产领域的资本不断扩大生产能力，其结果必然要导致产品过剩；流向金融市场的资本，则疯狂地进行金融投机。而二者之间，即实物经济与虚拟经济的严重失衡（据统计，在全球范围内每天约2万亿美元的外汇交易中，用于生产的与用于投机的比例是 1∶9),势必造成泡沫经济现象。所有这些,都要引发国际性的经济动荡和金融危机。东南亚经济危机表明,资本主义已经把国内经济活动的盲目性扩展到了世界。与此相随的是两极分化进一步扩大。即使在最为发达的美国,贫富悬殊也到了令人震惊的地步。仅以公司而论,其总裁的收入,1965 年是普通产业工人的 20 倍,1999 年竟飙升为 419 倍。通过资本扩张,国际资本主义的剥削伸向全球的每个角落,南北差距越来越大。拥有世界人口 1/5 的发达国家占有全世界 86%的国内生产总值,而相同比例的最贫穷国家却仅占全世界国内生产总值的 1%。资本的贪婪和世界范围的严重两极分化,引发了饥饿、瘟疫、堕落、战争、经济破坏、生态恶化、能源过度消费等一系列社会危机。要从根本上解放社会生产力,使之服从于为人类造福的目的,就必须抛弃资本主义这只漏船,扬起社会主义的风帆。对于这个历史发展的大趋势,即使是一些资产阶级营垒的人也有所觉察。法国学者登霍夫说:"或许资本主义也会毁灭,并被一个吸取了教训的社会主义所挽救。这种想法并非像听起来那么不可想象。"[①]

当然,人类历史的发展从来就没有坦途。在未来的道路上,资本主义还可能发生难以预料的变化,国际社会主义运动在由低潮走向高潮之后还可能进入低潮,科学社会主义理论在遇到挑战之后还可能遇到新的挑战,但是历史必定以社会主义与资本主义较量的最终结果完成最后的证明:科学社会主义理论是颠扑不破的伟大真理。

(2000 年 10 月 21 日定稿)

① 《资本主义文明化》第 5 页,新华出版社 2000 年第 1 版。

社会主义事业的长期性艰巨性

从世纪之交、千年之交的今天算去，科学社会主义诞生已有150多年，十月社会主义革命已有80多年，我国社会主义制度的全面确立也有40多年。150多年风雨、80多年兴废、40多年沧桑巨变，社会主义在曲折坎坷中冲破资本主义剥削制度的罗网，为无产阶级和劳动人民改变自己命运、获得社会解放、创造幸福生活开辟了崭新的天地和光明的前景。然而，在世界历史的长河中，社会主义的历史毕竟是短暂的，总的说来还处在实践和发展的初期。我们已经走出了一条光明大道，但前面的路并不都是平坦的，还会有各种困难和风险，包括可以预料的和难以预料的，来自国内的和来自国外的，经济生活中的和社会政治生活中的。用马克思主义科学理论引导广大党员、干部、群众正确认识社会主义事业的长期性、艰巨性，坚定走建设有中国特色社会主义道路的决心和信心，是我们党的理论研究和思想政治建设面临而且必须解决的一个重大课题。

社会主义发展是一个长期、艰巨的进程

历史上任何一次社会形态的更替，都要经历一个长期、艰巨的历史过程。且不说封建社会代替奴隶社会，也不说资本主义在世界范围内代替封建主义，仅仅在西欧，从1640年英国资产阶级革命到1875年法国第三共和国诞生，即资本主义制度从初步建立到基本巩固，就经历了235年的时间。其间，发生过多少次王朝复辟，进行过多少血与火的反复较量？然而，这仅仅是一种私有制代替另一种私有制、一种压迫形式代替另一种压迫形式、一个剥削阶级代替另一个剥削阶级，而且这种代替是新的生产关系在旧的社会里得到一定发展的情况下发生的。社会主义代替资本主义，则是要消灭剥削、消除两极分化，实现共同富裕，为全人类创造一个自由、平等、和谐、幸福的崭新世界，这是开辟人类历史新纪元的壮丽伟业。由于无产阶级不曾掌握任何生产资料，社会主义生产关系无从在资本主义社会里得到发展。而资本主义生产关系却发展了几百年，整个私有制关系则发展了数千年。私有制的经济、政治、文化已经形成一种非常庞大的根深蒂固的存在。它们支配着社会生活的各个领域，影响到包括无产阶级在内的所有人们的思维方式、行为方式。社会主义代替资本主义，不但要同传统所有制关系实行最彻底的决裂，而且要同传统观念实行最彻底的决裂。这既是弱小的新生事物与强大的腐朽事物的较量，也是无产阶级自己头脑中的先进思想与传统观念的较量。所有这一切，决定了这一伟大社会革命的激烈程度、广泛程度和深刻程度，这是封建社会代替奴隶社会、资本主义社会代替封建社会的革命所不能比拟的。如果说私有制范围内的社会更替尚且需要经过相当漫长、艰巨的历史进程，那么以消灭私有制为最终目标的社会主义事业就不能不是一个更为漫长、更为艰巨的历史进程。在这个进程中出现曲折、反复，从而使这一进程放慢，不值得大惊小怪，历史的辩证法从来都是如此。

十月革命以后诞生的一些社会主义国家，基本上都是原来经济、政治、文化落后的国家。这些国家先于发达资本主义国家进入社会主义社会，是它们所处的特殊历史条件决定的，是这些国家共产党的正确领导、无产阶级和劳动人民团结奋斗的结果，但这同时又使我们的社会主义事业不可避免地要遇到由于经济、政治、文化落后产生的一系列困难。我们必须为我们的落后、我们的贫弱、我们正在学习和应当学习的东西付出更加艰苦、更加长久的努力。列宁说，建设社会主义好比攀登一座还没有勘探过的非常险峻的高山，“在这里既没有车辆，也没有道路，什么也没有，根本没有什么早经实验合格的东西！”[①]这就需要共产党人团结带领无产阶级和其他劳动人民去不断地实践、认识、再实践、再认识。毫无疑问，在这个过程中，我们将遇到数不清的坎坷、盘陀路、惊涛骇浪和悬崖峭壁……

---

① 《列宁选集》第4卷第638页，人民出版社1995年第3版。

社会主义国家一经诞生就面临异常严峻的国际环境，处于强大的资本主义世界的包围之中。资本的贪婪本性，霸权主义、强权政治的野心，决定国际资本主义不容许社会主义制度的存在和发展。消灭社会主义，重建资本主义的一统天下，是它们永远也不会改变的既定政策。人们不会忘记苏维埃成立之初，英法美等14国的武装干涉，也不会忘记英美假法西斯之手消灭苏维埃的阴谋以及德国法西斯的入侵。国际资本主义对社会主义的颠覆，如果说二战以前主要以武力进攻为主，二战以后则主要以和平演变为主。概括起来，和平演变的阴谋手段和方法主要有两种：一是以压促变，即通过施加军事、政治压力，进行经济、科技方面的所谓“援助”，一次次迫使社会主义国家屈从它们的政治意图。如此层层加码、渐次推进，以期最终达到改变共产党的性质、改变社会主义制度的目的。二是以乱促变，即通过金钱收买、政治影响、文化渗透，培植社会主义国家内部的反共反人民反社会主义的政治势力，制造思想混乱、政治混乱、经济混乱和社会混乱。一俟时机成熟，便公开插手，夺取政权，复辟资本主义制度。东欧剧变、苏联解体，都是在这样的国际背景下发生的。国际资本主义和平演变的政治战略之所以能在一些地方得手，从总体实力来说，就是由于敌强我弱的缘故。经过数十年的艰苦奋斗，社会主义国家的落后面貌显著改善，综合国力明显增强，大大缩小了与发达资本主义国家的差距。但从经济、科技、军事和物质文化生活水平来看，发达资本主义国家却一直比我们这些发展中社会主义国家要高得多。东欧剧变、苏联解体以后，国际社会主义运动陷入低潮；国际资本主义则因为科技革命、自我调节和在国际市场上攫取的巨大利润，而暂时在一定程度上缓解了它的阶级矛盾和社会矛盾，获得了新的发展。本已缩小的社会主义与资本主义两种力量的差距，又因为这些历史变化被进一步拉大。完全可以预料，敌强我弱的国际政治态势在一个相当长的时间内不会发生根本的改变。随着经济全球化进程的加快，科技革命日新月异的迅猛发展，社会主义将面临越来越严峻的挑战。社会主义国家与西方敌对势力在渗透与反渗透、颠覆与反颠覆方面的斗争将是长期的、复杂的。

我国正处在社会主义初级阶段

认识社会主义事业的长期性、艰巨性,是认识社会发展客观规律和社会主义发展历史进程的一个重要内容。它不仅关系到共产党人的马克思主义水平,而且关系到共产党的战斗力和领导地位的巩固;不仅关系到社会主义建设方略的制定,而且关系到社会主义实践的成败。什么时候我们对这个问题的认识清醒、正确,我们的路线方针政策就符合实际,社会主义事业就蓬勃发展;什么时候我们对这个问题的认识发生失误,我们就产生或急躁或悲观的情绪,制定的路线方针政策就脱离实际,社会主义事业就出现某种程度的失误或者埋下隐患。

然而,这又是一个非常艰巨的课题,因而不能不经历一个长期的、艰巨的探索历程。

科学社会主义的创始人曾经指出:共产主义社会要经历由第一阶段到高级阶段的发展。在第一阶段,"还带着它脱胎出来的那个旧社会的痕迹"[①]。生产资料所有制的变革"先是单个国家实行","逐步地实行"。[②] 这些论断表明,他们对社会主义事业的长期性、艰巨性有着科学的预测。但是在比较具体的问题上,他们作为彻底的辩证唯物主义者,却一直持十分谨慎的态度。1891 年,恩格斯在写给康拉德·施米特的信中委婉地指出:"您的第二个写作计划——向共产主义的过渡阶段——还需要认真考虑;然而,我劝您:放它九年,先不拿出!这是目前存在的所有问题中最难解决的一个,因为情况在不断地变化。"[③]

在创建第一个社会主义国家初期,列宁曾试图利用战时共产主义政策直接向社会主义过渡。遭到挫折以后,他及时总结教训,一再向全党指出:"我们不应该指望直接采用共产主义的过渡办法"[④],"在社会主义和资本主义之间,有一个无产阶级专政的漫长的、比较困难的过渡时期;这个时期的

① 《马克思恩格斯选集》第 3 卷第 304 页,人民出版社 1995 年第 2 版。
② 《马克思恩格斯选集》第 4 卷第 693 页,人民出版社 1995 年第 2 版。
③ 《马克思恩格斯全集》第 38 卷第 123 页,人民出版社 1972 年第 1 版。
④ 《列宁选集》第 4 卷第 581 页,人民出版社 1995 年第 3 版。

形式，在很多方面将取决于占优势的是小私有制还是大私有制，是小农业还是大农业。不言而喻，爱斯兰这样一个人人识字和全国都是大农业的小国家向社会主义过渡，和俄国这样一个小资产阶级占优势的国家向社会主义过渡，情况不可能是相同的。”①

我国社会主义制度全面确立以后，以毛泽东同志为核心的党的第一代中央领导集体在借鉴苏联经验教训的基础上，对这个问题也进行了积极主动的探索。在这个过程中，曾经有过失误甚至严重的失误，但是他们作为伟大的马克思主义者，通过反复总结经验教训，也提出了不少精辟的富有开创性的科学论断。1956 年，生产资料所有制社会主义改造基本完成以后，毛泽东同志及时指出：“我们的社会主义制度还刚刚建立，还没有完全建成，还不完全巩固”，“还需要有一个继续建立和巩固的过程。”②通过总结“大跃进”的经验教训，他对于社会主义事业长期性、艰巨性的认识又得到进一步的深化。1962 年，《在扩大的中央工作会议上的讲话》中，他反复强调：“建设强大的社会主义经济，在中国，五十年不行，会要一百年，或者更多的时间。”“要准备着由于盲目性而遭受到许多的失败和挫折，从而取得经验，取得最后的胜利。由这点出发，把时间设想得长一点，是有好处的，设想短了反而有害。”③必须肯定，所有这些筚路蓝缕、以启山林的探索，都具有积极的历史意义。如果说成功的经验为来者奠定了稳固的基础，失误的教训就是为来者提供了警示的红灯，因而成为我们党的宝贵遗产。

以邓小平、江泽民同志为核心的党的第二代、第三代中央领导集体，在以毛泽东同志为核心的第一代中央领导集体探索的基础上，总结历史经验教训，抓住“什么是社会主义、怎样建设社会主义”这个根本问题，对社会主义事业的长期性、艰巨性进行了具有划时代意义的探索，这就是社会主义初级阶段理论的创立和发展。党的十一届三中全会以来，我们党正确分析中国国情，作出我国还处在社会主义初级阶段的科学论断。党的十三大第一

① 《列宁选集》第 4 卷第 574—575 页，人民出版社 1995 年第 3 版。
② 《毛泽东著作选读》下册第 768、769 页，人民出版社 1986 年第 1 版。
③ 《毛泽东著作选读》下册第 827、829 页，人民出版社 1986 年第 1 版。

次系统地阐述了社会主义初级阶段理论，初步全面回答了这一阶段我国社会的基本性质、基本特征，党和人民的历史任务以及这一阶段的起止时间等等一系列重要问题，明确指出：这一阶段“不是泛指任何国家进入社会主义都会经历的起始阶段，而是特指我国在生产力落后、商品经济不发达条件下建设社会主义必然要经历的特定阶段。我国从五十年代生产资料私有制的社会主义改造基本完成，到社会主义现代化的基本实现，至少需要上百年的时间，都属于社会主义初级阶段”。经过实践检验，十四大将社会主义初级阶段理论列入建设有中国特色社会主义理论的重要内容。根据改革和建设的新发展，党的十五大在高度评价社会主义初级阶段理论的历史地位的同时，又从经济、政治、文化全面发展的战略思想出发，进一步明确了什么是初级阶段的社会主义以及怎样建设初级阶段的社会主义，并且强调指出：“这样的历史进程，至少需要一百年时间。至于巩固和发展社会主义制度，那还需要更长得多的时间，需要几代人、十几代人，甚至几十代人坚持不懈地努力奋斗。”

社会主义初级阶段理论的形成，标志着中国共产党人对于社会主义事业长期性、艰巨性的认识和理解进入了一个崭新的境界。它是我们党的三代中央领导核心毛泽东、邓小平、江泽民带领全党几十年持续艰辛探索的结果，是在总结我国社会主义胜利和挫折并借鉴其他社会主义国家兴衰成败历史经验的基础上，在新的历史条件下创造性地运用马克思主义的立场、观点和方法重新分析中国国情得出的科学结论，是解放思想、实事求是的马克思主义思想路线的伟大胜利，是对科学社会主义理论的重大丰富和发展。

邓小平同志指出：“社会主义本身是共产主义的初级阶段，我们中国又处在社会主义的初级阶段，就是不发达的阶段。”[①]这个论断包括两层含义：第一，我国社会已经是社会主义社会。我们必须坚持而不能偏离社会主义方向。第二，我国的社会主义社会还处在初级阶段。我们必须从这个实际出发，而不能超越这个阶段。这是社会主义发展进程与发展阶段的统一、中

① 《邓小平文选》第3卷第252页，人民出版社1993年第1版。

国现实国情与发展道路的统一、党和人民现阶段的历史任务与中华民族伟大复兴理想的统一，从而为我们制定和执行正确的路线纲领和方针政策提供了可靠依据。在社会主义初级阶段，阶级矛盾还将长期存在，有时甚至还可能是相当激烈的，但社会的主要矛盾是人民日益增长的物质文化需要同落后的社会生产的矛盾，这就决定我们必须把经济建设作为全党、全国工作的中心，各项工作都必须服从、服务于这个中心，除了发生大规模外敌入侵，任何情况下都不能动摇这个中心；在社会主义初级阶段，由于经济、政治、文化相对落后，而且面对西方敌对势力的现实威胁，一旦放弃社会主义道路，人民民主专政，共产党的领导和马列主义、毛泽东思想、邓小平理论，就会丧失无产阶级和劳动人民取得的一切经济、政治、文化上的基本权利，就会丧失发展的难得的历史机遇，就会葬送中华民族的光明前途。因此，我们必须坚持四项基本原则，任何时候、任何情况下都不能动摇这个立国之本。在社会主义初级阶段，由于我国生产力发展水平明显落后于发达国家，我们在社会制度上跨越了资本主义的“卡夫丁峡谷”以后，必须在社会主义条件下实现生产的现代化和经济运行的社会化，所以我们必须改革开放，必须实行以社会主义公有制为主体、多种所有制经济共同发展的基本经济制度，必须发展社会主义市场经济，必须学习和利用资本主义世界创造的一切文明成果。在社会主义初级阶段，由于我们是在没有经过高度发展的基础上进行现代化建设，由于我们发展经济的目的是为了满足人民日益增长的物质文化需要，所以我们在发展进程中可以而且应该避免资本主义片面追求经济增长带来的一切恶果，保证经济、政治、文化的协调发展，实现社会的全面进步。

可以肯定地说，没有以邓小平同志为核心的党的第二代中央领导集体创立的社会主义初级阶段理论，就没有党在社会主义初级阶段的基本路线，就没有新时期社会主义建设的伟大成就，就不能解决社会主义在中国的前途和命运问题；没有以江泽民同志为核心的党的第三代中央领导集体对社会主义初级阶段理论的创造性运用和发展，就没有党在社会主义初级阶段的基本纲领，就没有改革开放和现代化建设的新的巨大成就，就不能为中国的社会主义开辟更为光明的前景。如果说社会主义初级阶段理论全面、充分、科学地阐明了社会主义事业的长期性、艰巨性，党的基本路线和基本纲领就为我们战胜困难、闯过风险，到达理想彼岸开辟了一条正确的道路。这就是理想与现实的统一、革命精神与科学态度的统一、原则性与策略性的统一。

坚定走建设有中国特色社会主义道路的决心和信心

毫无疑问，我们强调社会主义事业的长期性、艰巨性，强调我国还处在社会主义初级阶段，强调要不折不扣地贯彻执行党的基本路线和基本纲领，集中代表了中国先进社会生产力发展的要求、中国先进文化前进的方向、中国最广大人民的根本利益，因而极大地调动了全国各族人民的历史首创精神。祖国大地到处升腾着蓬勃的朝气，到处翻滚着社会主义现代化建设的热潮。但是，也出现了一些不和谐的错误观念和消极现象。对此，我们切不可漠然视之。

有人认为社会主义初级阶段理论是倒退。在他们看来，似乎社会主义事业不经过生产力的巨大发展就可以超越社会主义初级阶段。这种观点说明什么呢？只能说明他们还没有深刻认识和正确把握中国国情，还没有真正认识和理解社会主义事业的长期性、艰巨性，还不懂得欲速则不达的辩证法，还不了解不仅生产关系落后于生产力发展状况会阻碍生产力的发展，生产关系超越生产力的发展状况也会阻碍生产力发展的科学道理。譬如农民种田，拔苗助长与尊重它的生长规律，哪一种方式更有利于禾苗的生长呢？显然是后者而非前者。所谓倒退的观点，其实是社会发展问题上的一种空想论。江泽民同志在党的十五大报告中说得好："十一届三中全会前我们在建设社会主义中出现失误的根本原因之一，就在于提出的一些任务和政策超越了社会主义初级阶段。近二十年改革开放和现代化建设取得成功的根本原因之一，就是克服了那些超越阶段的错误观念和政策，又抵制了抛弃社会主义基本制度的错误主张。这样做，没有离开社会主义，而是脚踏实地建设社会主义，使社会主义在中国真正活跃和兴旺起来，广大人民从切身感受中更加拥护社会主义。"这一剀切之论，应当为我们所牢牢记取。

有人担心中国会不会变成资本主义。邓小平同志说:“这个担心不能说没有一点道理。我们不能拿空话而是要拿事实来解除他们的这个忧虑,并且回答那些希望我们变成资本主义的人。”[①]问题非常明确,我们党领导全国各族人民进行改革开放和现代化建设,是为了把我国建设成为富强民主文明的社会主义现代化国家,而不是搞什么资本主义。但是不容讳言,在这个大是大非的问题上,也有少数同志出现了一些问题。他们错误地理解党的十五大精神,以为探索能够进一步解放生产力的公有制实现形式,允许搞股份制和股份合作制,就是要搞私有化,结果在一些地方的工作中出现了一些偏差。新中国成立50多年来,我们的国有资产已经积累到8万多亿,这是我们党领导全国各族人民流血流汗、艰苦奋斗的结晶,是社会主义大厦的经济支柱,是亿万劳动者安身立命之所在,是我们实现社会主义现代化的最重要的资本。如果头脑不清醒,把国有资产随意加以处理,比如不加区分、不加限制地大量量化到个人,并最终集中到少数人手里,发展下去,国有资产就有被掏空的危险。到那时,我们的党和国家将何以堪!我们靠什么来巩固共产党的执政地位?靠什么来巩固和完善社会主义制度?靠什么来保证最广大人民的根本利益?靠什么来抗击西方敌对势力西化、分化我国的战略图谋?人民群众会怎样看待我们党、看待我们的改革开放?这种崽卖爷田不心疼的做法,是不讲政治的典型表现。列宁指出:“一个阶级如果不从政治上正确地看问题,就不能维持它的统治,因而也就不能完成它的生产任务。”[②]正确认识和坚持以公有制为主体、多种所有制经济共同发展的基本经济制度,正确认识和处理公有制经济和非公有制经济的关系,既是一个重大经济问题,也是关系到党和国家前途命运的重大政治问题。我们的各级领导干部特别是高级干部必须善于从政治的高度,从社会主义前途、命运的高度,从国家长治久安的高度来观察、处理问题,把握自己的本职工作,保证我们的各项工作更好地沿着社会主义的方向发展。只要我们的各级领导干部都在实际工作中牢牢把握社会主义方向,并且带领广大群众不断取得改革

① 《邓小平文选》第3卷第111页,人民出版社1993年第1版。
② 《列宁选集》第4卷第408页,人民出版社1995年第3版。

和建设的丰硕成果，就能解除广大党员和人民群众的忧虑，同时打破国内外敌对势力在中国复辟资本主义的梦想。

有人对社会主义事业缺乏信心。由于对社会主义在中国的前途产生悲观情绪，有的革命意志衰退，在困难和风险面前退避三舍，尸位素餐、得过且过；有的精神萎靡，沉湎于花天酒地、醉生梦死；有的思想空虚，到封建迷信活动中去寻求精神寄托，甚至皈依邪教，闹到十分荒唐的地步；有的同党和人民离心离德，私欲膨胀，利用职权攫取国有资产，为自己和子孙留所谓后路。胡长清、成克杰之流的腐败分子，难道不都是这样堕落的吗？说到底，理想信念问题就是世界观、人生观、价值观问题。在九曲十八弯的江河行程中，是被弯弯曲曲的表象所迷惑，还是能够越过回流看到江河东去的总趋势？这是历史唯物主义者与历史唯心主义者的根本区别。在社会主义遇到困难、风险和挫折的时候，是义无反顾、挺身而出还是首鼠两端、畏葸不前，这是共产主义战士与庸人、懦夫的根本区别。是以推进社会主义事业的发展，为全人类的解放而奋斗为最高价值还是以物欲、情欲、自我表现欲的满足为最高价值？这是真正的共产党人与极端个人主义者的根本区别。睿智与愚蠢、高尚与猥琐、伟大与渺小，正是在这些地方见出分晓。当然，我们每一个活着的共产党人和其他社会主义者，都不可能享受到社会主义的未来成果，但是我们绝不能因此放弃自己的历史责任。我们应当对今天负责，如果我们因漫长、艰巨而放弃社会主义道路，就会使具有一百多年灾难和耻辱的祖国和人民重新蒙受灾难和耻辱；我们应当对未来负责，如果我们因享受不到未来成果而放弃为社会主义事业奋斗，我们就会葬送祖国的前途和子孙的幸福，我们就会成为历史的罪人。在国际社会主义运动处于低潮、悲观情绪正在蔓延的时候，邓小平同志振聋发聩地指出："人民经受锻炼，从中吸收教训，将促使社会主义向着更加健康的方向发展。因此，不要惊慌失措，不要认为马克思主义就消失了，没有用了，失败了。哪有这回事！"[①]从邓小平同志身上，我们可以鲜明地看到：什么是马克思主义者的大智大勇，什么

① 《邓小平文选》第 3 卷第 383 页，人民出版社 1993 年第 1 版。

是社会主义者的忠诚，什么是共产党人的高风亮节。我们必须不断加强对党员、干部的理想教育和信念教育，加强辩证唯物主义和历史唯物主义教育，推动全党同志真正把理想信念牢固地建立在马克思主义的科学基础上。

“路曼曼其修远兮，吾将上下而求索。”这是我们民族的伟大先哲留给后人的宝贵遗训。我们每一个真正的共产党人、每一个真诚的社会主义者，都应当继承并光大这一优秀传统，虽千年不移赤子之心，纵万难不坠凌云之志，以热爱社会主义、贡献全部力量建设社会主义为最大光荣，以背离社会主义、损害社会主义为最大耻辱，脚踏实地、披荆斩棘、执著向前，把社会主义的伟大事业坚决进行到底。

（2000年11月27日定稿）

当代资本主义的基本矛盾

从英国资产阶级革命算起，资本主义的发展已有360年的历史。从生产力的发展形式到生产力的桎梏，从生气勃勃到危机、动荡，资本主义经历了由盛而衰的历史转变，特别是20世纪上半叶，几乎到了崩溃的边缘。然而，在第二次世界大战以后，资本主义又出现了新的转机。它不仅没有在这个世界上消失，而且得到了很大发展。目前，从经济、科技发展和生活水平来看，发达资本主义国家比我们这样的发展中社会主义国家要高得多。那么，这种现象的出现，是否意味着资本主义的基本矛盾已经克服，资本主义必然灭亡、社会主义必然胜利的基本历史规律已经不再成立？这是关系到人类前途命运的重大时代课题。毫无疑问，走在时代前列的中国共产党人应当承担起回答这一课题的庄严使命。

资本主义的新发展及其主要原因

当代资本主义的新发展首先表现为社会生产力的发展。从上世纪50年代中期到70年代中期，西方发达国家国民生产总值年均增长5.5%；1948年至1973年，工业生产年均增长6.1%。到90年代末，全世界国民生产总值达30万亿美元，其中西方发达国家所占比例高达75%，而美国更是超群挺出，独占26.6%强，人均国民生产总值3万美元还多。随着整体经济实力的增强，西方发达国家相继进入高消费的“富裕社会”，资本主义统治下的阶级矛盾和社会矛盾也有所缓和，这就是资本主义在具体演进中产生的一些繁荣现象。

那么，战后资本主义经济为什么能够得到如此快速的发展呢？

一是新科技革命为经济的发展提供了强大动力。以计算机技术、信息工程、生物工程和空间技术为标志的第三次技术革命，造就了一批新兴产业，带动了原有产业部门的改造，促进了产业结构的调整。金融、信息及其他第三产业迅速崛起，目前在西方国民经济中的平均比例已达到2/3左右。即以美国为例，其经济增长约30％来自高新技术产业部门，信息技术产业则成为其最大产业之一。

二是国家对社会经济活动的自我调节，在一定程度上暂时缓解了生产资料私人占有对生产力发展的制约。社会主义制度一经诞生，就以其巨大的优越性使得资本主义黯然失色。面对严重的制度竞争，国际资本主义一方面千方百计地打压社会主义，另一方面对自身生产关系的某些环节和经济社会的运行管理机制作了不少的调节、改良和改善，包括借鉴社会主义的一些做法，从而使得资本主义的生产关系不仅能够容纳现实的生产力，而且生产力还在发展。

三是在旧的国际经济秩序继续存在、新的国际经济秩序还没有建立的条件下，发达资本主义国家利用其经济、科技甚至军事优势，在世界市场上获得了巨大的利润。二战以后，一大批发展中国家虽然获得了独立，但是仍然未能摆脱国际资本主义的经济、政治和军事上的控制和威胁。在这种不平等的国际秩序下，它们的工业化进程恰好为垄断资本的扩张提供了广阔的空间。首先，它为垄断资本提供了投资场所。1960年至1980年间，西方发达国家对发展中国家的资本输出累计达5500亿美元。输出的结果，是资本的迅速增殖。其次，它为西方产品提供了新兴市场。上世纪80年代中期，美国对发展中国家的贸易额占美国对外贸易额的35％，出口到亚非拉发展中国家的产品超过了对西欧、日本出口的总和，这对缓解传统的生产过剩危机发挥了重要作用。再次，它为西方提供了大量的廉价资源和初级产品。发展中国家约有2/3的出口产品（主要是原材料和初级产品）是面向发达国家的。美国、欧盟、日本对13种重要原材料的平均依赖程度分别为60％、90％和92％。发展中国家的原材料和初级产品以低价向西方出口，西方的工业制成品则以高价向发展中国家出口。这一低一高，决定了利润的流向。

科技革命、自我调节和资本扩张，内外配合、互为补充，好像三条提篙，把资本主义的渡船暂时撑出了覆灭的漩涡，使它得以在喘息之后又一次意色扬扬地面对世界。资本主义的这种新发展证明了什么呢？它不能证明资本主义制度的优越，也不能证明资本主义基本矛盾的解决，而只是证明：由于新的历史机遇的产生和自身的消极扬弃，资本主义所容纳的生产力还有一定的发挥余地。

资本主义基本矛盾依然存在

马克思主义认为，生产力与生产关系的矛盾是人类社会的基本矛盾。正是在这一矛盾运动的推动下，人类社会不断实现从低级形态到高级形态的发展。

资本主义生产是以雇佣劳动为基础的社会化生产。在资本主义社会，这个基本矛盾表现为生产社会化与资本主义私人占有之间的冲突。一方面，个人的生产资料变成了由许多人共同使用的社会化的生产资料；另一方面，生产资料和产品却由资本家私人占有。生产力的发展，要求不断扩大生产资料和产品的社会化程度，而生产资料和生活资料的资本属性却像幽灵一样横亘在这些资料和工人之间，阻碍着生产的物的杠杆和人的杠杆的结合，不允许生产资料发挥作用，不允许工人劳动和生活。大河奔流，坝垒横截，不是大河被阻就是坝垒崩塌，这就是资本主义生产方式的固有矛盾，就是资本主义一切矛盾的根源。

战后资本主义的发展，虽然在一定程度上暂时缓解了这种制约，但是这个基本矛盾依然存在。如果从更广阔的历史视野来看，它非但依然存在，而且呈现出进一步扩大的趋势。其具体表现是：

资本更加集中。美国拥有10亿美元以上资本的大工业公司，由1955年的22家发展到1992年的316家；拥有100亿美元以上资本的特大公司，由1970年的2家发展到1992年的49家，分别增长了13.4倍和23.5倍。10亿美元以上的大公司拥有的资本在整个工业资产中所占比例，从1960年的23％增加到1990年的71.2％。30％的公司占据了制造业全部增加值的

80%。由于资产增加,利润大幅度增长。美国拥有10亿美元以上资本的大公司所获净利润在所有公司利润中所占比例,从1960年的38%上升到1990年的73.2%。100家公司的利润,超过了37万家公司净利润的总和。英国、德国和日本拥有10亿美元以上的大工业公司,由1965年的1家,发展为1991年的191家;拥有100亿美元的特大工业公司,由1970年的1家发展为1991年的56家,分别增加了190倍和55倍。日本占0.9%的公司控制了86%的资本,德国109家大公司控制了64.7%的资本,英国42家公司中的3个最大公司控制了42.2%的资本。

少数大银行控制着几乎全社会的货币资本。在全世界最大的500家银行中,美国银行从1970年的185家减少为1980年的96家,存款却从2960亿美元上升为1.33万亿美元。10家最大商业银行的存款,在整个银行存款中所占比例,从1950年的15.5%上升为1982年的39%。日本5家商业银行集中了全国存款的2/3,英国4家商业银行则集中了全国存款的90%以上。少数垄断寡头牢牢控制着经济命脉。美国通用、福特和克莱斯勒三大公司控制着美国汽车产量的90%,丰田、日产和本田控制着日本汽车产量的3/4,德国戴姆勒—奔驰、大众和阿佩尔公司控制着德国汽车产量的3/4。美国国际商用机器公司、电话电报公司等垄断集团大量兼并企业,资本扩张了几百倍。原有的一些大财阀也不甘寂寞。如洛克菲勒集团从石油行业伸展到军火、电子、化学、原子能、机器制造业及运输业;摩根集团从钢铁工业扩张到石油、电子、汽车、原子能等行业;由制造军火起家的三菱集团向银行、保险、重工、化工、石油行业扩张。一些家族式大资本家与大银行和垄断财团相互持股,转化为资本更加雄厚的垄断财团,不仅垄断生产,而且垄断原料、设计、销售等各个环节。在分工和协作更加细密,生产、流通和交换连成一体,而且科研、文化教育、第三产业也广泛社会化的今天,生产资料的这种高度私人占有,无疑对生产力的进一步发展构成了严重阻碍。

所有这些都是不争的事实,问题在于如何看待资本主义国有经济的发展。不错,战后几乎所有的西方发达国家都建立了国有经济,其产值甚至曾经占到国内生产总值的20%左右。但是,只要我们稍加留心就可以发现,西方发达国家的国有经济主要有两种类型:一种是电力、交通运输、港口、邮电等部门。这些部门投资大、回收期长、利润率低,单个资本家不愿投资,但又是所有资本家增殖资本所必需的基础设施。于是,资产阶级国家便跑出来,充当起协调者的角色。它在这些部门投资,其实是代表了资本家的总体利益。另一类是煤炭、钢铁等传统工业部门。这些部门由于技术落后,出现巨额亏损。部分资本家承担不起或不愿承担这份亏损,而这份亏损引发的社会问题又要严重危及所有资本家的利益,那就只好由所有资本家共同承担。资产阶级国家把它收归国有,是为了避免资本家大量破产,引发严重的社会问题。为所有的垄断资本服务,就是资产阶级"国有"的实质。此外,一些西方发达国家出于军事和政治需要,在军火、宇航、造币及高技术研究等部门,也发展了一些国家企业,这更是为了所有资本家的整体利益特别是长远利益。总之,西方发达国家发展国有经济是对资本主义生产关系不得不进行的一种调整。这样的国有经济,绝不会因为有了"国有"的招牌而归全体人民所有。说到底,不过是由个别资本家占有变成由一群资本家占有而已。它不仅没有改变私有制,反而巩固了私有制;不仅没有触动资本主义的统治,反而巩固了资本主义的统治。正如恩格斯所说:"现代国家,不管它的形式如何,本质上都是资本主义的机器,资本家的国家,理想的总资本家。它越是把更多的生产力据为己有,就越是成为真正的总资本家,越是剥削更多的公民。"①把资本主义的国有制看成公有制,并据此认为资本主义正在向社会主义"趋同",这难道不是十分荒唐的么?

问题还在于如何看待西方发达国家股份制的发展。在战后的西方发达国家中,居民入股人数增加,出现了所谓"股份分散化"趋势。西方的一些论者称之为"资本的民主化",说什么持股的工人和职员也成了公司财产的"共有人"即资本家,资本主义已经变成"人民的资本主义"。近些年来,这种论调在西方已经日渐式微,殊不料却在中国找到了新的市场。什么"股份制的出现大大推动了所有制由私有制向公众所有制的发展",而公共所有制就是

---

① 《马克思恩格斯选集》第3卷第629页,人民出版社1995年第2版。

“另一种形式的公有制”，诸如此类的议论一时间成为不大不小的时髦。难道“股份分散化”真的改变了股份制的私有性质吗？其实，判断股份制的性质，不能看多少人参了股，而要看参股者掌握了多少股票，大股东掌握在什么人手里。现在就让我们来解剖一下美国这只麻雀。在这里，10%的富裕家庭拥有全部股票的89.3%、债券的90.3%，更富的5%的家庭拥有全部股票的83%，最富的1%家庭则掌握全国股票的63%、国债的63%；而参与“员工持股计划”的10%的职工拥有的股票仅占1‰。1‰算什么呢！一根毫毛能成为大象么？说这样的持股者是资本家，简直是天方夜谭。说到底，“股份分散化”不过是大亨寡头们搜罗劳动者消费资金的一种巧妙形式，其用场在于支配和控制更多的资本，以降低自有资本的投资风险，加重对劳动者的剥削。美国著名经济学家萨缪尔逊指出：“工人们持有几张股票所带来的变化，对于他们自己生活的影响是微不足道的。”①事实正是如此，在大亨寡头们坐收滚滚红利的时候，工人、职员们依旧要靠出卖劳动力为生。这就是“股份分散化”的事实，任何人用任何美妙的言辞都无法掩盖的事实。我们中国的这些论者硬将这样的股份制说成是“公有制”，是出于什么样的一种动机呢？

实物经济和符号经济严重脱节。为了缓解生产不断扩大与有效需求不足的矛盾，战后西方发达国家普遍采取金融自由化的政策，从而大大刺激了金融投机活动。大量资本从实物生产和贸易领域转向金融和房地产投机场所，导致有价证券、存款贷款、外汇等无实物载体的虚拟资本剧增。1980—1997年底，世界股票市场上的资本额增加了1388%，而同期西方发达国家国内生产总值仅增加了60%。上世纪90年代中期美国道琼斯30种工业股票平均指数年均增长超过20%，而其国民生产总值的年均增长率只有3%左右。目前，每天在国际资本市场进行的外汇交易额高达1.5万亿美元，但其中用于国际贸易的不足2%。金融资本高度虚拟化，日益演化为一个具有相对独立性的符号经济系统。

---

① 《经济学》第66页，麦格劳一希尔图有限公司1980年第1版。

实行金融自由化政策及其导致的金融扩张，是资本主义基本矛盾运动的必然结果。应当说，金融自由化的苦心没有白费，金融扩张以及经济泡沫化确在一定程度上缓解和掩盖了生产过剩的矛盾，但是又在更大的时空范围制造了新的矛盾。表面的繁荣与过度消费是建立在西方所谓“信用”以及第三世界大量的廉价商品向西方发达国家的集中与转移基础上的。金融扩张使西方经济在很大程度上变成了“透支经济”，没有实物经济支撑的“透支经济”迟早会发生信用危机，威胁到整个经济的发展。

阶级关系没有改变。资本主义无论怎样变化，资本家阶级的本性都不会改变。他们拥有巨额资本，无偿占有和共同瓜分劳动者的剩余劳动，仍然是名副其实的剥削者。与过去相比，家庭式资本和个人资本家控制资本主义企业的方式有所变化，其中有些不再直接管理企业，而是采取控制股权和雇人管理企业的方法，也就是由直接控制改为间接控制。经理资本家的人数和作用增大，但是家庭资本和个人资本家的作用并未消失。他们凭借巨额资本和广泛的社会联系，在资本主义社会中继续充当“大吸血鬼”的角色。不参加实际生产过程的资本家，则利用手中的巨额资本，从事证券投机活动，成为纯食利者和“真正的社会寄生虫”。

与战前相比，西方发达国家的工人阶级队伍也发生了不小的变化：体力劳动者减少，脑力劳动者增加，这也就是人们通常所说的蓝领、白领的消长。目前，国内外流行着这样一种看法，即白领工人不再是工人，已经上升为“中产阶级”，而这些工人人数的增加，则说明资本主义社会的阶级差别越来越小。这如果不是没有根据的妄说，就是为掩盖阶级分化和阶级对立而对事实进行的有意歪曲。白领的收入确比蓝领高些，但也仅能达到维持小康生活的水平，其实并不富裕，而且随时面临被解雇的威胁。一旦被解雇，就变成一无所有的无产者。当然，其中也有极少数担任了总经理、技术总监和主管之类的高级职务，收入丰厚，并持有一定数量的股票，但是这个白领已经不再是普通的白领，而是变成了资产阶级及其代理人。这个极少数怎么能够代表那个绝大多数呢？事实上，不管领子的颜色发生怎样的变化，都改变不了工人雇佣劳动的阶级地位。马克思在《资本论》中早就指出：“资本主义生产方式的特点，恰恰在于它把各种不同的劳动，因而也把脑力劳动和体力劳动，或者说，把以脑力劳动为主或者以体力劳动为主的各种劳动分离开来，分配给不同的人。但是，这一点并不妨碍物质产品是所有这些人的共同劳动的产品，或者说，并不妨碍他们的共同劳动的产品体现在物质财富中；另一方面，这一分离也丝毫不妨碍：这些人中的每一个人对资本的关系是雇佣劳动者的关系，是在这个特定意义上的生产工人的关系。”[①]

人们看到，随着劳动生产率的增长，随着资本主义的新发展，贫富差距也越来越大。在美国，1980年大公司经理资本家的收入相当于普通员工的40倍，而今已上升到400多倍。1973—1993年，全国工人的实际工资以年均0.7%的速度下降。与此形成鲜明对照的是，亿万富翁的数目却一路上升。据《福布斯》杂志预测，在下一个美国富豪的排行榜上，400个中将有250个是亿万富豪。面对这样的现实，美国《1999年总统报告》也不得不承认：“竞争性的市场力量自70年代末到90年代初造成的工资分配日益不平等，致使某些人发现，即使努力工作，仍然难以养家糊口。”目前，没有财产的家庭占40%以上，许多家庭的负债超过微薄的资产，约有20%的人生活在全国贫困线以下，2000多万人缺乏足够的食物，200多万人露宿街头。500个城市中，每6个人中就有1个贫困者。死亡人口中，有一半死于贫困。当年的纽约州长马里奥·库奥莫哀叹道：与其如里根总统所说美国是“山顶上一座辉煌的城市”，毋宁说美国存在着“双城”，一个富人的美国，一个穷人的美国。

资本主义基本矛盾全球化

国际资本主义把资本的吸血管伸到全球，是为了缓解资本主义基本矛盾，使自己得免于死亡。吸血虽然见效，但从长远的观点来看，毕竟是扬汤止沸的短期行为。它在创造了资本主义世界经济体系的同时，也把资本主义的病灶即资本主义基本矛盾扩展到了全球。

众所周知，所谓资本主义世界经济体系，就是以国际资本主义为中心、

① 《马克思恩格斯全集》第26卷第1册第444页，人民出版社1972年第1版。

以广大发展中国家为外围的不平等经济结构。矛盾的双方各以自己的对立面为其存在的前提。国际资本主义主导的经济全球化,在控制发展中国家的同时,肯定也要套牢国际资本主义自己。伴随经济全球化程度的加深,资本主义基本矛盾的运动必然要越来越取决于第三世界的发展状况。

半个多世纪以来,独立后走上资本主义道路的发展中国家,其工业化大致经过了三个阶段:50 年代至 60 年代中期为起步阶段,60 年代中期至 70 年代中期为快速发展阶段(国内生产总值年均增长率达到 5%—6%),70 年代后期以来为停滞—衰退阶段(1980—1990 年国内生产总值年均增长 2.6%,1990—1994 年为—0.1%)。这个历程呈现出一条"增长—衰退"的钟表型曲线,极为鲜明地显示了资本主义缓解自身基本矛盾的努力与发展中国家经济发展的互动关系:国际资本主义为缓解基本矛盾向发展中国家输出资本→刺激、推动了发展中国家工业化的发展,为国际资本主义准备了新鲜血液→国际资本主义吸血缓解了基本矛盾,发展中国家却因贫血甚至被榨干而经济陷于停滞甚至衰退。那么,以后如何呢?资本主义的基本矛盾还怎么缓解呢?

要回答这个问题,我们就不能不看一下这些发展中国家的发展现状:

——产业结构内部,农业、农村衰退,造成工农业发展失调。战后初期,多数发展中国家尚能维持粮食的自给自足;进入上世纪 80 年代以后,粮食紧缺日益加剧,并发展为粮食危机,非洲大陆甚至爆发了震惊世界的大饥荒;90 年代以来,粮食危机依然没有明显缓解,甚至范围还有所扩大。联合国粮农组织曾对 90 个发展中国家进行调查,表明有 70 个国家的粮食状况趋于恶化。农业、农村的衰退,必然要导致国内市场发育缓慢,甚至出现萎缩,从而阻碍了工业化的进一步发展。

——工业体系内部出现了"双重化"的结构分化。这种现象在以外向型经济为主要发展战略的发展中国家显得尤为突出。"出口导向"是许多拉美国家和部分东亚国家采取的主要发展战略。然而,过分依赖海外市场特别是西方市场,必然要使本国和本地区的产业结构和工业结构出现不均衡变动,导致出口型产业过度膨胀和内需产业的相对萎缩,从而为经济波动埋下隐患。

——社会结构分化,贫富差距进一步扩大。发展中国家是以所谓的“比较优势”加入国际分工体系的。那么,发展中国家究竟有什么“比较优势”呢?无非是廉价资源,包括人力和自然资源。这样的“优势”正好把发展中国家送入国际垂直分工的底部,造成了“不发达的发展”。

——国际贸易环境恶化。在工业化初期,这些发展中国家以极其廉价的原材料及粗加工产品与发达国家交换,“经济互补性”较强。但随着部分发展中国家生产能力和产品档次一定程度的提高、技术含量一定程度的增长,竞争性相对加强,南北经济关系的互补性相对减弱。于是,发达国家的贸易保护主义逐渐抬头,使广大发展中国家深受其害。

农业衰退、工业结构“双重化”、社会分化和国际贸易环境恶化,构成了经济全球化背景下发展中国家工业化发展的陷阱。国际资本主义也许不曾预料,它们给发展中国家挖了陷阱,结果也掉下了自己,这就是资本国际循环的受阻。

首先是加剧了垄断资本的过剩和“泡沫化”趋势。自上世纪80年代以来,工业化初期大量流向第三世界的西方资本开始回流。发展中国家占西方发达国家对外直接投资总额的比例由上世纪60年代的20%下降到80年代中期的10%。1984—1988年,发达国家对拉丁美洲国家的直接投资减少了50%。在国际贸易方面,发展中国家的对外贸易在世界贸易总额中所占的比例呈逐渐下降的趋势。大量剩余资本回流西方,助长和扩充了横行于世的投机资本,使当代西方经济的投机性与赌博性越来越强。上世纪80年代以来,为数众多且规模巨大的资本投机集团,即所谓“对冲基金”的迅速涌现,是世界经济中一个十分引人注目的新现象。资本过剩与货币资本投机,大大增加了西方乃至世界经济体系的金融风险。东南亚金融危机就是在这样的背景下发生的。

其次是抑制了西方产业资本的扩张。西方在能源、原材料及其他初级产品方面进一步依赖发展中国家,而自身的实物经济则进一步萎缩。一个突出表现,就是出口的相对下降和巨额的贸易逆差。目前,美国这个最发达的国家，却是全球最大的贸易赤字国。1998 年，它的贸易赤字高达 2616 亿美元。造成美国外贸巨额逆差的主要原因是矿物燃料和制成品的入超。这表明什么呢？表明美国越来越不屑于物质生产，是一条越来越依靠全世界供养的最大的寄生虫。

其三是全球范围的两极分化。首先是国家与国家之间、民族与民族之间的两极分化。江泽民同志在联合国千年首脑会议上的发言尖锐指出："许多发展中国家的发展至今仍举步维艰，南北发展差距和贫富悬殊愈来愈大。一边是北方发达国家财富的不断积累，一边是南方发展中国家贫困的不断加剧。富者愈富，贫者愈贫。现代科学技术和经济全球化的发展，并没有使世界各国普遍受益。世界发展中的不平衡更趋严重。全世界有十三亿人生活在绝对贫困线以下，日平均生活费用不足一美元。发达国家拥有全球生产总值的百分之八十六和出口市场份额的百分之八十二，而占世界人口绝大多数的发展中国家仅分别拥有百分之十四和百分之十八。"其次是发展中国家内部的两极分化。一些发展中国家不顾国情，盲目认同西方资本主义的发展道路，纷纷建立私有制的经济制度，让资本向少数所谓投资意识强的富者那里集中，其结果非但未能造就一批实业兴国的志士，反而孳生出一个买办资产阶级。他们一方面帮助垄断资本掠夺本国人民，一方面极力仿效欧美的生活方式。由于国际垄断资本的剥削，不可能积累很多的资本；即使有所积累，这班买办也往往不是用来扩大再生产，而是用于穷奢极欲的享受。其结果是富者生活豪华，几近欧美大亨；贫者生计艰难，甚至衣不遮体。如此全方位的两极分化，必然要导致全球范围的需求不足、经济衰败、环境破坏和社会动荡，因而从根本上动摇国际资本主义的经济秩序和政治统治。

当代世界历史的进程表明：资本主义固有的基本矛盾没有也绝不可能在资本主义体系内部得以解决。经济全球化将使资本主义生产方式的扩张达到极限，也将使缓解资本主义基本矛盾的余地达到极限。往者不可谏，来者不可追。完全可以肯定，而今而后，它缓解矛盾、延长寿命的手段将越来越少，面临的矛盾和危机将越来越多。不管前面的路还有多长，资本主义必然要走向灭亡的深渊。对于世界历史的这个大趋势，即使是一些资产阶级的人物也有所觉察。美国研究世界体系的著名学者伊曼纽尔·沃勒斯坦就曾坦率指出:“资本主义将成为过去,它的特定的历史体系将不再存在。”“它是人类历史上的一次吸引人的演习——一次特殊和异常时期的演习,但可能是向更为平等的世界过渡的漫长历史中的一个重要时刻;或者它在本质上是一种不稳定的人类剥削形式,在它后面,世界便回复到较为稳定的形式。”[①]代替资本主义的那个“平等的世界”是什么?他或许不愿或不便公开指明,但是马克思、恩格斯早在一个半世纪之前就作出了石破天惊的回答:社会主义和共产主义!

(2001年1月13日定稿)

① 《历史资本主义》第108、109页,社会科学文献出版社1999年第1版。

资本主义的新变化及其本质上的腐朽性

20世纪初期,列宁在深入研究帝国主义的基本经济特点及其相互联系的基础上,指出"帝国主义是寄生的或腐朽的资本主义"。[①] 这一马克思主义的科学论断,恰似万丈光焰,扫荡了考茨基之流美化帝国主义、鼓吹改良主义的重重迷雾,揭示了资本主义的黯淡命运和社会主义的光明前景。然而,以第二次世界大战结束为标志,资本主义在经历了一系列的震荡和危机之后又出现了新的变化。如今,随着国际社会主义运动陷入低潮,资本大王们似乎迎来了一个春风得意的时代。这种世界历史现象到底意味着什么?列宁的著名论断是否已经"过时"?垄断资本主义是否已经不再腐朽?这是当代马克思主义者正在面临和必须回答的重大时代课题。

资本主义的新变化

那么,资本主义出现了哪些新变化呢?

科学技术的迅猛发展,为生产力的发展开辟了新的空间。以西方发达国家为主要策源地的第三次科技革命,是人类认识世界、改造自然进程中一次巨大的历史性飞跃。20世纪初到五六十年代,核能、半导体、合成化学等技术诞生并得到初步发展;80年代后半期,微电子技术、信息技术、生物工程、宇航技术、新材料技术、计算机和网络技术迅速发展。所有这一切,仿佛巨大的羽翼,把人类从机器大生产时代提升到以信息技术为核心的自动化生产时代。

产业结构的调整,带来就业结构的调整。由于科学技术的发展,第一、第二产业大大下降,第三产业迅速上升,在国民经济中的比重目前已达到

① 《列宁选集》第2卷第684页,人民出版社1995年第3版。

2/3左右。第三产业的领头雁是高科技产业,而雁头就是信息产业,它们分别占国民生产总值的1/3和1/6左右。与此相随,蓝领工人减少、白领工人增多;非知识型工人减少,从事信息处理的知识型工人增多。近年来,在美国数百万新的就业者中,知识型工人约占90%左右。工人阶级科技文化水平的提高,直接推动了社会生产力的发展。

随着生产社会化程度的提高,企业组织形式发生变化。战后,银行信用体系膨胀,金融组织不再仅有商业银行,而且还有大量的保险公司、证券公司及其他金融机构;金融资本与工商资本进一步融合,形成更为庞大的金融资本,扩大和加深了金融资本的统治。股份公司进一步发展,吸收的社会资本更多,企业组织管理更加严密,垄断资本可以用更少的股份控制整个公司,进而垄断市场,榨取更多的利润。从事高新技术行业的新型公司异军突起。公司兼并之风此起彼伏,资本日益集中和垄断,跨部门跨行业的超级企业集团和巨型跨国公司联翩涌现。从某个方面来看,企业组织形式的这些变化,增强了垄断资本抵御风险、增殖自身的能力。

国家从市场经济的"守夜人",转变为经济发展的干预者。国家或者利用各种财政和货币政策调节国民经济的运行;或者在资本主义制度允许的范围内实行一定的发展计划,直接投资某些产业特别是公共设施,反复实行国有和私有,以提高国民经济的总体效益;或者实施一定的税收政策和社会再分配政策,限制过高收入和过度垄断,建立社会福利和保障制度。所有这些自我调节、改良和改善,在一定程度上缓解了资本私人占有对生产力发展的制约。

加速推进经济全球化,为资本的扩张开辟了新的天地。在旧的国际经济秩序继续存在、新的国际经济秩序还未建立的情况下,西方发达国家利用其经济、科技、军事优势,扩大资本输出,进行不等价交换,甚至操纵国际货币基金组织、世界银行、关税和贸易总协定、世界贸易组织,巩固它们在经济全球化以至整个世界体系中的主导地位,把广大第三世界变成他们的廉价资源供应地、获取高额利润的投资对象和推销剩余商品的市场,从而造成了西方财富的不断增加。无偿利用巨额世界资本,是国际资本主义继续发展的重要条件。

以上各种因素，或互为补充，或互相交叉，或互为因果，织成了一件新的资本主义的斑斓彩衣。应当说，它比以往的任何一件衣衫都要宽大一些，不仅能够容纳现实的生产力，而且还能让生产力的肌体得到一定程度的发展。按不变价格计算，1980 年的国内生产总值与 1950 年和 1938 年相比，美国分别增长 1.7 倍和 4 倍，德国分别增长 3.5 倍和 3.3 倍，日本分别增长 9.2 倍和 6.4 倍。按现价计算，1997 年，美德日的国内生产总值又比 1980 年分别增长了 1.8 倍、0.21 倍和 2.9 倍。经济的增长和某些政策的调整，在一定程度上缓和了资本主义统治下的阶级矛盾和社会矛盾。这就是资本主义的新变化。作为彻底的唯物主义者，我们不仅要正视这一客观事实的存在，而且还要进一步探究：这种新变化的代价是什么，背后隐藏着什么？它给无产阶级和劳动人民带来什么，给广大第三世界带来什么，给人类社会的长远发展带来什么？最终，它又给资本主义自身带来什么？不登上这一层楼，我们就不可能看清资本主义的真实面目。

新变化掩盖下的腐朽本质

追根溯源，资本主义不是一个健康的产儿。从它诞生的第一天起，就带有一个先天的病灶——社会化的生产和资本私人占有的不相容性。由此产生的危机只可缓解而不可根治，而且"每一个对旧危机的重演有抵消作用的要素，都包含着更猛烈得多的未来危机的萌芽"。[①] 正是因为如此，资本主义的每一步发展，都必须付出比这种发展沉重得多的社会代价。从资本主义的这些新变化背后，我们又一次看到了那个"二律背反"的魔影。

一、资本的日益集中和垄断，阻碍了技术进步和生产力的发展

垄断资本之为垄断资本，就是因为它在竞争中凭借实力称王称霸。贪婪和专制，决定了垄断资本对待技术进步的二重性：技术进步有利于它垄断市场、获得更多的利润，它就会投资开发和利用；技术进步不利于它垄断市场、获得更多的利润，它就会毫不含糊地加以阻碍或扼杀。但是技术进步与利润收益往往存在着矛盾：一方面，进行技术开发需要投资，而技术投资是

① 《马克思恩格斯全集》第 25 卷第 554 页，人民出版社 1974 年第 1 版。

存在风险的。垄断资本为了减少风险，常常推迟开发，让别人先走一步，然后或进行模仿，或以低价收购别人的成果。战后几十年中，一半以上的重大发明创造皆非大公司所为，而是出自个人发明家或小企业之手。个中原因，盖出于此。另一方面，采用新技术新设备，必然要使部分现有设备失去使用价值甚至全部报废。只有在预期收益大于设备更新和产品更新投资的情况下，垄断资本才会采用新技术、新设备；否则，它就会弃之如敝屣。例如钢铁工业，上世纪50年代就发明了氧气炼钢法，但美国各大钢铁公司害怕淘汰过时的平炉会造成巨大损失，便一直扣压此项技术，直到10年之后才予以采用。更为反动的是，如果某项新的发明创造对垄断资本的利益构成威胁，它便毫不踌躇地予以扼杀。1971年，美国有两位科技工作者发明了一种固态非注入性电子神经刺激器。它不用药物，即可治疗多种疼痛疾病。发明者自己办了一家公司，1972年开始销售这一新产品，签订了大批供货合同，但是不久，约翰逊公司就兼并了这家公司，随即禁止这一发明上市，并中止所有供货合同。为什么呢？原来约翰逊公司是美国最大的止痛药生产商。如果这一新的发明上市，它的泰勒诺之类的止痛药就会失去市场。无独有偶，数字式手表、微型照相机、暗盒式胶片、普通纸复印技术等等，也都曾遭遇同类的命运。完全可以肯定，随着时间的推移，垄断资本之于技术进步的推动作用将越来越少，而阻碍作用将越来越大。这是因为，现代科技和智能产业的进一步发展，越来越依赖于相关基础设施的建设和基础科学的研究开发。这就要求人们必须具有远大的视野，进行长线的投资，甚至为了未来而牺牲一些现时的利益，而这样不得现利的“傻”事，垄断资本是绝不干的。从1973年到1993年间，美国私营部门用于科研开发、教育和非住宅有形投资的支出由占国内生产总值的14%下降到12%，政府用于科研开发、基础设施和教育方面的开支也从占国内生产总值的11%下降到6%。美国经济学家瑟罗曾无可奈何地哀叹：这是一个“更加短视的时代”。[①]

在经济领域，几个最大的垄断企业之间形成“卡特尔”，通过领价制（一个大公司不定期地宣布价格变动，其他大公司随之效仿）、“互惠交易”（一个

① 《资本主义的未来》第290页，社会科学出版社1998年第1版。

公司以购买另一个公司的商品为条件，让另一个公司购买自己的商品）、“交叉资助”（以在一些市场获得的高额利润来支持另一些市场）、低价倾销等方式控制定价、产量、投资、销售网络和利润分配，垄断市场，限制竞争，排挤中小企业。更为严重的问题是，不管企业组织形式发生多大变化，都不能解决而只能不断加剧生产扩大与消费不足的矛盾。垄断资本的扩张，不仅造成了生产过剩，而且造成了资本过剩。资本的巨额过剩，促进了证券、股票、保险等金融资本的畸形发展，使资本主义堕落为“赌博资本主义”。战后50多年来，西方经济虽然增长，但相当一部分却是来自股票债券价格的上升，即“纸面财富的增长”，而且“滞胀”的阴影紧随其后，生产过剩的危机频频爆发。比起战前的5次经济危机，战后的危机次数也是一个高速度增长：美国10次，英国8次，日本7次，德国6次，法国5次。1973—1975年的经济危机，由英国开始，波及美国、西欧和日本，成为战后一场最为严重的世界性经济震荡。其间，整个资本主义世界的工业生产下降8.1%。美国的工业生产则下降13.8%，失业率达8.9%，消费物价指数上升了15.3%。

二、经济的发展，带来了“食利资本主义”的膨胀

当年列宁论证资本主义腐朽性的一个重要根据，就是“货币资本同工业资本或者说生产资本相分离，全靠货币资本的收入为生的食利者同企业家及一切直接参与运用资本的人相分离。”“金融资本对其他一切形式的资本的优势，意味着食利者和金融寡头占统治地位。”①战后，这个食利者阶层并未因资本主义的新变化而有所收敛，反而随着经济的增长而越发膨胀。在美国，从1948年到1980年短短30余年间，这个阶层就由13000人骤增到57万人。这批巨富把复杂的生产过程和企业管理交给雇佣的经理，自己则躲进豪宅，剪息票、收红利，从事商业金融投机，成为地地道道的“过剩人口”或“多余的人”。食利者的增多带来利息收入的疯长，从1948年的18亿美元猛长到1990年的4671亿美元，52年间增长了近259倍，而同时期的利润增长却只有7.8倍。这些脱离生产的巨富占有公开股票市场红利的64%，秘密控制公司股票红利的93%，银行存款利息收入的33%，租金的

① 《列宁选集》第2卷第624页，人民出版社1995年第3版。

37%,房地产和信托收入的64%。一个社会要供养这样一批饕餮之徒,又是怎样的不幸和悲哀!

三、财富的增长,导致贫穷、失业和无家可归

随着生产的发展、财富的增加、资本的积累,贫穷和失业也在发展、增加和积累,两极分化成为资本主义不可避免的发展趋势。即使是美联储主席格林斯潘,也不得不承认,美国经济增长所获得的成果并未在各个阶层中得到充分享受。美国国会预算局1999年9月公布的数据显示,1977年以来,全国人口中,占1%的富有阶层的年收入显著增长,中间阶层增长不大,占20%的底层大众的实际收入下降。目前,约有40%的家庭没有财产,或只有几千美元的财产,许多家庭的负债大于财产。贫困人口的集中聚居,形成了遍及大小城市的贫民区。美国学者哈林顿指出:那里的贫困人口已经陷入"贫困的恶性循环"。其他发达国家的情况则大同小异。1999年,英国约有1450万人处于贫困之中,1000万人的月积蓄不足10英镑,950万人无法支付供暖、隔热费用,400万儿童缺少正常的生活条件。

尽管西方发达国家的政府届届都在高喊"充分就业",但往往是口惠而实不至。截至1995年底,欧盟15国的失业人数多达1870万人,1999年平均失业率仍在10.1%以上。长期性失业者增多,青年失业者增多,白领失业者增多,是近年失业中出现的新的特点。在1994年的底特律国际会议上,西方七国集团承认:失业已成为当代资本主义的致命伤。一位法国学者说得更为坦率:失业是今天西方面临的最大的安全问题,如果不找到解决办法,整个资本主义制度将会自行瓦解。这绝非危言耸听。1997年5月,欧洲爆发了以反对失业为主题的跨国群众运动——"欧洲进军"。"这个社会是为谁谋利的社会","我们再也不能容忍了"等等,就是当时青年工人和学生们发出的愤怒呐喊。

贫困、失业导致无家可归现象。目前,在几乎所有的西方城市中都可以看到露宿街头的人。美国的无家者已达580万,法国至少有80万。刚刚卸任的美国总统克林顿说过,他们是一些"被社会抛弃和脱离社会的人们",

"如今生活在一个远离我们的世界上"。[1] 千百万间广厦之外,蜷缩着这么多无家者,这究竟说明了什么呢?

四、垄断资本与权力结合,导致政治上的腐败

经济上的专制必然导致政治上的专制。随着垄断资本向政治领域的不断扩张,自由、民主、平等之类的华丽外衣纷纷落地,资本主义政治体制彻底暴露了它作为垄断资本贴身婢女的本来面目。垄断资本用金钱操纵选举,进而控制政府及其决策,已是路人皆知的丑事。1896 年,帮助麦金利赢得总统大选的马克·汉纳供认不讳:"要赢得选举,需要两个东西,第一是金钱,第二我就记不得了。"100 年来,美国的这一"传统"非但未见消磨,反而愈益发扬光大。两党竞选的筹资额扶摇直上,1980 年 2400 万美元,1996 年 1 亿多美元,2000 年各种竞选费用共计 30 亿美元。与其说资本大王们把候选人看作公众利益的代表,毋宁说是当成了股票交易所的证券。购买这种"股票",自然也是为了"剪息"——用权力来增殖资本。腐败的政治制度造成了公众的信任危机。《购买 2000 年总统》一书的作者查尔斯·刘易斯说:"我们的民主被既定的经济利益操纵了。"20 世纪末的这场美国总统选举,公民投票率不足一半。为了表达对现行政治制度的沮丧,有人甚至在互联网上出售他们的选票。至于资本主义世界的官场,更是一团糟糕:政治丑闻司空见惯,贪污贿赂是家常便饭。有西方记者这样形容他们的政府:"不要看表面现象,那是爬满蛀虫的烂苹果!"

五、繁荣的外表下,掩盖着深刻的精神文化危机

以社会财富的迅速积累为物质基础,以资本无限增殖的欲望为驱力,战后资本主义世界弥漫着疯狂的消费主义、享乐主义和个人主义风气。在那里,消费不是为了满足需要,而是为了刺激经济的增长;人生的目的不是为了创造和尊严,而是为了纵欲和享乐;个体不是把群体和社会当作家园,而是看作牢笼和地狱。《同情魔鬼》、《金钱是国王》、《你注定要为自己而活》之类的流行歌曲流行不衰,"如果觉得好,就干","能取到什么就尽量取,让你的邻居下地狱去吧",诸如此类的口号或格言,已经成为人们的"阈下教言"。

---

① 《波士顿环球报》1994 年 2 月 6 日。

越来越多的寄生性、腐朽性行业，如侦探业、保镖业、大赌场、贩卖枪支毒品、黄色出版物、诲淫诲盗的“娱乐业”和货真价实的卖淫业等等，遍布欧美大陆，成为西方一道极为浓重的风景线。这种腐败的风气不仅盛行于中上层社会，而且腐蚀到底层的广大劳动者。与此同时，激烈的生存竞争和就业竞争又给广大劳动者带来巨大的精神压力，甚至使他们的精神、脑力和体力处于崩溃状态。据 1992 年美国官方公布的数字，近 50%的在业工人为失业危险而忧心忡忡，其中 65%过度疲劳，45%经常失眠。美国成为精神病患者最多的国家，精神病床位占整个病床位的 65%，仅儿童精神病患者就达 1000 万人。吸毒盛行、家庭破裂、犯罪率上升……美国有些州的在监人数比在校大学生还多。近几年来，金门桥上新鬼烦冤旧鬼哭，每年自杀的人数比上世纪 30 年代大萧条时期还多。对于这种深刻的危机，布热津斯基曾经表示沉重的忧虑。他在列举了困扰美国的 20 大难题以后，无可奈何地叹道：这些涉及价值观念和文化的问题，是“不大可能得到决定性矫正的”，而这些问题得不到解决，“这个社会就有解体的危险。”①

六、帝国主义进行资本扩张的结果，是广大发展中国家的巨大灾难

在帝国主义那里，扩张资本是目的，推行霸权主义、强权政治是手段。雄厚的资本为推行霸权主义、强权政治提供了强大后盾，霸权主义、强权政治又为资本扩张开辟了道路。二者相得益彰，共同对发展中国家以至整个世界构成了荼毒、宰割和破坏。

帝国主义就是掠夺。它们凭借其强大的垄断地位主导经济全球化，通过造市、撤资、引发抛售等手段，以“自由经济”和“公平交易”为掩护，推行金融自由化和贸易自由化，以加强国际垄断资本对发展中国家的剥削。1970 年到 1995 年，发展中国家的公共债务增加 21 倍，由 620 亿美元增加到 12900 亿美元；债务利息增加 2.3 倍，从 50 亿美元增加到 2400 亿美元。最不发达国家由 10 年前的 36 个上升到现在的 48 个。1980—1995 年，100 多个发展中国家的经济完全停止增长，生活水平比 15 年前还低。47.5 亿人口

① 《大失控与大混乱》第 125 页，中国社会科学出版社 1995 年第 1 版。

处于不发达水平，13 亿人口生活在绝对贫困线以下，1 亿多人营养不良，每年约有 1800 万人死于饥饿和贫困。

帝国主义就是战争。二战以来，由于种种复杂的历史原因，帝国主义虽然没有发动第三次世界大战，但是他们一天也不曾安分过。挑动宗教纠纷、民族矛盾，支持民族分裂、制造地区冲突、发动局部战争，整个世界到处都有这只罪恶的黑手。即使是在冷战结束、和平与发展成为时代的主题以后，它们也一直没有放弃冷战思维、放弃使用武力和武力威胁，天下并不太平。局部战争给垄断资本集团带来了滚滚财源，却把被侵略的发展中国家推进了火海和苦海——百业凋零、万家飘散、民不聊生、环境破坏……据统计，二战以来约有 7000 万人在局部战争中丧生，其他灾难亦难以一一尽述。更为惨无人道的是，在上世纪 90 年代的海湾战争和科索沃战争中，他们居然使用具有放射物质的贫铀弹，不但给当地及周边人民的生命财产和生态环境带来巨大而长久的危害，也戕害了北约一方的普通士兵。

帝国主义就是陷阱。近年来，金融风暴以其巨大的破坏力横扫拉丁美洲、俄罗斯和亚洲大陆。风暴过处，企业纷纷破产、银行坏账成堆、失业人群猛增，第三世界的经济伤痕累累、满目疮痍。罪魁祸首就是帝国主义。战后 50 多年来，它们一直以经济援助、经济制裁、和平演变、文化殖民、政治颠覆、军事威胁为手段，诱迫发展中国家落入他们的陷阱。仅以墨西哥为例，自上世纪 80 年代被迫吞下美国制造的新自由主义苦果，便在危机中越陷越深。一度兴旺的民族工业土崩瓦解，银行体系危机重重，内债外债一齐飞涨，外债还本付息的雪球越滚越大。1980 — 1996 年，除偿还本息 1500 亿美元之外，外债总额还是增加了 2.1 倍，从 580 亿美元增加到 1800 亿美元。1995 年、1998 年连续两次爆发金融危机，国民经济濒临崩溃的边缘，整个国家陷入严重的政治动荡。

七、国际资本主义的掠夺和穷奢极欲，严重破坏了人类的可持续发展

《书》曰："今商王受无道，暴殄天物，害虐烝民。"把这句中国古话移赠给国际垄断资本集团，是再也合适不过的。西方发达国家的人口仅占世界人口的 20%，消耗物质材料和能源却占全世界的 80%，人均消耗能源和物质

资料分别是发展中国家的35倍和50倍。美国人口不足世界人口的5%,每年却消耗全世界开发资源的34%,人均消耗能源及产生的废物分别相当于发展中国家的500倍和1500倍。如果全世界都像美国那样消费,整个地球将不堪重负,所有的不可再生资源将在40年内被消耗殆尽。西方发达国家所用的主要原料,大部分来自发展中国家。对13种主要原料和石油资源,西方发达国家取自发展中国家的比例分别为:美国,60%和45%;欧盟,90%和96%;日本,92%和99%。对于资源的掠夺开发,导致全球性的生态破坏。近20年来,森林面积以年均1800万—2000万公顷的速度锐减,目前世界上已有1200种动物灭绝。滥砍滥伐、过度垦牧、盲目开采等等,导致水土流失、江河淤塞、土地沙化,不可重复的人类文明成果的破坏。过度挥霍这些原料和资源,导致世界性的环境污染。几个主要发达国家排出的二氧化碳和氟氯化碳分别占世界排放量的75%和90%。其中美国排放的二氧化碳最多,每年高达13亿吨,此外每年还排放垃圾450亿吨、危险废弃物3亿吨。江河污染、空气污染、臭氧层被破坏,地球作为人类家园的可爱形象正在渐渐远去。全球每年有400万儿童死于与大气污染有关的急性呼吸道感染,300万儿童死于痢疾。拉丁美洲绝迹多年的霍乱于1997年卷土重来,仅在秘鲁就夺去11万人的生命,并造成20亿美元的经济损失。

于上,败坏人类祖先遗泽;于今,殃及百姓生灵;于后,贻害子孙万代。资本主义的罪孽罄竹难书!有道是"天作孽,犹可违;自作孽,不可逭",但是资本大王们对于自己的恶德恶行似乎没有一点愧疚和收敛。1982年的美国《总统经济报告》说:"无论在生产或者在消费方面,在重新安排资源时,要做到既可改善某个人的地位,又不损害别人,是不可能的"。这就是资本主义,就是新变化的资本主义,就是以"人性"、"人道"、"人权"自诩的资本主义。

认识资本主义新变化的方法

有论者说,既然承认资本主义的新变化,就不能说人家腐朽。不错,新变化和腐朽是两个对立的概念,但是它们就是那么奇妙地统一到了资本主义的生命进程。我们既要看到对立的一面,也要看到统一的一面。对于复杂的事物来说,非此即彼的绝对对立的思维方法,不是科学的方法,也不可能得出正确的结论。事实上,腐朽并不等于死亡。我们说宫殿上的一根梁柱已经腐朽,并不是说它一定要马上坍塌,它仍有可能支撑一段不短的时间。伟大的列宁似乎早就预料到人们的这种疑问,所以他一方面指出帝国主义是腐朽的资本主义,一方面特别强调:"如果以为这一腐朽趋势排除了资本主义的快速发展,那就错了。不,在帝国主义时代,某些工业部门,某些资产阶级阶层,某些国家,不同程度地时而表现出这种趋势,时而又表现出那种趋势。整个说来,资本主义的发展比从前要快得多,但是这种发展不仅一般地更不平衡了,而且这种不平衡还特别表现在某些资本最雄厚的国家(英国)的腐朽方面。"①腐朽不排除快速发展,快速发展掩盖不住腐朽的本质,这就是唯物辩证法,闪烁着科学光辉的唯物辩证法。

有论者说,资本主义的新变化证明资本主义正在向社会主义"趋同"。其根据就是国有经济的发展、国家对经济的干预、股份分散化和福利政策等自我调节手段的实施。对于这些变化的本质,我们在《当代资本主义的基本矛盾》一文中已经有所论列,这里只想指出趋同论在方法论上的一些失误:首先,它混淆了两类不同事物的性质。社会主义国有制在本质上是人民所有制,一切生产资料和产品归全体人民所有,一切生产的目的是为了满足人民日益增长物质文化需要;资本主义国有制在本质上是私有制,一切生产的目的是为了满足资本家增殖资本的需要。资本主义在其自我调节、改良和改善的过程中,的确借鉴了社会主义的一些做法,但是绝不可能因此改变它的本质,正如狼吃了人饭不可能因此变成人一样。其次,它将手段当成了目的。论者看到了资本主义的新变化,却没有看到新变化的变化。事实上,自上世纪 80 年代里根和撒切尔夫人上台以后 ,英美的国家干预、国有经济、社会福利等等均呈收缩的趋势。其原因就在于资本主义暂时渡过了险境。正如恩格斯所说:"只要资本的力量还薄弱,它本身还要在以往的或随着资本的出现而正消逝的生产方式中寻求拐杖。而资本一旦感到自己强大起来,它就抛开这种拐杖,按它自己的规律运动。"②拐杖是什么? 是手段。把

① 《列宁选集》第 2 卷第 685 页,人民出版社 1995 年第 3 版。

② 《马克思恩格斯全集》第 46 卷(下)第 160 页,人民出版社 1980 年第 1 版。

手段看成目的,得出的结论怎么可能正确呢?也许在将来的某一天,它们还有可能重新拾起这种拐杖或者再觅新的拐杖,但是拐杖作为手段,永远不可能成为目的。再次,它抓住了非本质方面,丢掉了体现本质的方面。判断一种生产关系的性质,不是看工人得了多少小恩小惠,而是要看工人阶级在生产关系中的地位的作用。如果工人阶级占有生产资料和产品的程度越来越高,在生产过程中的主人公支配作用越来越强,而且呈现出公有经济和按劳分配即将成为主体的趋势,我们就可以说资本主义在向社会主义趋同,资本家也即将放下剥削立地成佛了。问题是,这样的故事只有在神话里才能找到,而现实中的情形则恰好相反:资本越来越集中在少数寡头手里,两极分化愈演愈烈。分道扬镳如此,怎么能说是"趋同"呢?

有论者说,资本主义的新变化说明资本主义并不腐朽。从感觉层面来看,这种看法似乎有理,但是感觉在很多情况下是靠不住的,就如我们对太阳围绕地球转动的感觉不可靠一样。唯物辩证法告诉我们:现象与本质的关系十分复杂。现象有时直接反映本质,有时则不是直接甚至以相反的形式反映本质。遇到后一种情况,要想得出科学的结论,就必须超越这种表面现象的遮蔽,从可以俯瞰这一现象的高远背景来观察这一现象,找出它与其他相关事物的联系,以及它怎样通过这样种种复杂的联系最后与本质发生联系。如果我们有了这样的视点和视角,就可以透过资本主义容光焕发的外表,发现它其实是一个进入晚期的绝症患者。它之所以进行自我调节,就是因为它感到并且意识到自身成了发展的限制,于是就想通过这样的形式寻求解脱。实际上,这样的解脱只是拆东墙补西篱式的解脱。运用那些调节手段,虽然暂时使资本的统治得以延续,但是由于同时束缚了自由竞争,结果却预告了资本和以资本为基础的生产方式的解体。这也就是说,自我调节可以暂时缓解资本主义的矛盾和危机,甚至可以在一定程度上促进资本主义的快速发展,新的变化可以暂时掩盖资本主义的矛盾和危机,甚至可以使资本主义在一定时期内出现繁荣的景象,但是所有这一切都不是在肯定着资本主义的生命力,而是在不折不扣地证明着资本主义的腐朽性。即以美国而论,它现在似乎呈现出烈火烹油般的兴旺景象,其实内囊早已空了上来。它寅吃卯粮,成了当今最大的债务国;它的虚拟经济与实体经济严重分离，成了建立在泡沫上的繁荣帝国。完全可以断定，倘若再发生类似于1987年“黑色星期一”那样的股市危机，美国经济的衰败程度一定会比当年更为惨烈。

——毋庸置疑的结论就是：不管资本主义发生了多大的新变化，都终究不能阻挡它日益腐朽的趋势。虽然“它可能在腐烂状态中保持一个比较长的时期”，但是“最终不可避免地要被消灭”。[①]

（2001年2月1日定稿）

① 《列宁选集》第2卷第687页，人民出版社1995年第3版。

资本主义必然灭亡　社会主义必然胜利

——综论社会主义、资本主义发展的历史进程

在这世纪之交、千年之交的重要历史时刻，我们与广大读者一起，穿行于社会主义、资本主义发展的历史隧道，在跌宕起伏、扑朔迷离和迂回曲折中探求历史的脉搏。到今天为止，这一旅程便告一段落。为了更加全面、准确地认识和把握社会主义、资本主义发展的历史进程，让我们再作一些概括性的思考。

叩其两端，在大时代中把握“两个必然”的趋势

150 多年前，马克思、恩格斯在分析资本主义基本矛盾运动的基础上，宣告资本主义必然灭亡、社会主义必然胜利，这就是我们通常所说的“两个必然”。一个世纪以来，世界历史的发展虽有曲折，但基本上是朝着这个方向前进的，特别是二战以后，简直出现了万马回旋、众山欲东之势。20 世纪 60 年代初，美国总统肯尼迪惊呼：“时间不是我们的朋友”。然而，到了 20 世纪八九十年代之交，世界历史发生了前所未有的严重曲折：凯歌行进的国际社会主义运动跌入低潮，危机重重的西方资本主义世界出现了新的变化。面对这一倒转，不但国际垄断资产阶级一改昔日的悲观，以为历史已经终结，而且在我们的一些干部和群众中也产生了这样那样的迷惘和彷徨。这就是我们所以要研究和回答“两个历史进程”的现实背景。

社会主义不是世界历史中横生的枝节，非要无端地来同资本主义争夺世界。其实，它是资本主义自己呼唤出来的代替者或继承者。换句话说，也就是资本主义基本矛盾无法在资本主义制度范围内得到根本解决的产物。

两个历史进程的问题，归根到底是"两个必然"还是否成立的问题，即社会主义还有没有代替资本主义的必要性问题。怎样回答这个问题，仍然取决于资本主义基本矛盾的发展状况。假如现时的资本主义生产关系已经脱胎换骨，完全适应了社会生产力的发展，那么，我们就应当承认"两个必然"是可以避免的偶然；假如现时的资本主义生产关系已经完全不适应社会生产力的发展，那么，今天的地球则已是社会主义的世界，用不着我们在这里议论世界历史的发展变化。眼下资本主义基本矛盾发展的实际情形恰恰是，生产关系既没有完全适应也没有完全不适应社会生产力的发展，而是处于相互对抗但尚未崩溃的地步。相互对抗的一面，表现为新变化外表下隐藏着的深刻危机；尚未崩溃的一面，表现为通过自我调节尚能造出具体演进过程中的一些繁荣景象。这就是说，资本主义私人占有这件早年裁就的衣衫虽已相当破旧、紧绷，但是经过修补——例如放一放边缝、接一接边幅——还可以容纳生产力的肌体生长一段时间。然而，社会生产力的肌体还在生长，修补总要难以为继，更换新衣是迟早都要发生的事。

马克思、恩格斯不愧是历史辩证法的大师。他们一方面揭示了资本主义必然灭亡、社会主义必然胜利的历史趋势，另一方面又谆谆告诫全世界的无产者："无论哪一个社会形态，在它所能容纳的全部生产力发挥出来以前，是决不会灭亡的；而新的更高的生产关系，在它的物质存在条件在旧社会的胎胞里成熟以前，是决不会出现的。"[①]"两个决不会"与"两个必然"，恰好构成了辩证的统一体。这是现实与未来的统一、量变与质变的统一、科学性与革命性的统一。它教导我们，要做一个清醒、坚定的社会主义者，就必须叩其两端：在面对"两个决不会"时，千万不要忘记"两个必然"；在坚信"两个必然"时，千万不要忽视"两个决不会"。如果我们面对"两个决不会"时动摇了"两个必然"的信念，就会丧失根本、迷失方向，像杨花柳絮一样随风飘摇不知所终；如果我们在坚信"两个必然"时忽略了"两个决不会"，就会脱离客观实际、急躁冒进，像揠苗助长一样招致实践上的失败。

---

① 《马克思恩格斯选集》第2卷第33页，人民出版社1995年第2版。

从这种统一出发，我们可以清楚地看出："两个必然"实现的内在逻辑与社会主义、资本主义作为两种制度、两种运动进行现实较量所产生的历史现象，不是一种简单的直接对应关系。现实中资本主义生产关系的每一次自我调节，都使它所容纳的社会生产力得到进一步的发挥，而社会生产力的发挥则可能给资本主义的生产关系带来某种炫耀的资本；现实中社会主义实践的每一次失误，同样会阻碍社会生产力的发展，而社会生产力的暂时受阻无疑会使优越的社会主义制度蒙受尘垢。在社会主义、资本主义发展的历史进程中，上述两种现象都是不可避免的。因此，从历史的明处看去，"两个必然"的实现进程不是直线，而是螺旋式上升的曲线。但是，"两个必然"实现的内在逻辑却是另一种形式。什么是"两个必然"实现的内在逻辑呢？就是资本主义的生产力的发挥和社会主义的物质存在条件成熟之间的联系及其发展。从"世界历史性"的意义上说，这是一个同步的渐进过程。资本主义的生产力发挥一分，社会主义的物质存在条件就成熟一分；资本主义的生产力越是发挥，社会主义的物质存在条件就越是趋于成熟；资本主义所能容纳的全部生产力发挥殆尽之日，就是社会主义的物质存在条件完全成熟之时，当然也就是"两个必然"彻底实现之秋。

这就告诉我们，同世界历史上其他社会形态的演进一样，社会主义代替资本主义也是一个大尺度的历史时代。至少从 1825 年欧洲连续爆发三次大规模的经济危机那时起，一直到"两个必然"彻底实现之日止，都属于这个历史过程。在这个大时代里，无论历史演进的箭头发生怎样的偏斜，都不可能改变历史发展的总趋势，正像黄河怎么九曲十八弯也要东归大海一样。站在这样的历史制高点上看去，当前世界历史上发生的这点儿变化，实在是小事一件，根本不值得大惊小怪。国际社会主义运动出现的曲折，是社会主义螺旋式前进的一个插曲；资本主义世界出现的新变化，无非是把"两个必然"实现的进程推进了一步。从这个意义上说，时间永远不会成为资本主义的朋友。

戳穿神话，在现实中认识"两个必然"的依据

一个是科学技术的神话。神话说：富人和穷人、富国和穷国的差别不是源自剥削，而是源自科学技术。只要科学技术发展了，穷人可以赶上富人、穷国可以赶上富国。

科学技术作为第一生产力，当然是经济发展的重要杠杆。问题在于这个生产力不能悬浮于半空，总要措置在一定的生产关系之中。神话所要遮掩的，恰恰是这个要害。首先是怎样才能掌握科学技术。掌握科学技术要有足够的人力和财力。第三世界国家积累起足够的人力和财力，只有在摆脱被盘剥、被掠夺的条件下才能做到。旧中国科学技术比世界水平落后甚远，根本原因不在于那时的中国不重视科学技术，而在于那时处在半殖民地半封建社会，不可能积累起足够的人力和财力；新中国科学技术得到飞跃发展，根本原因也不在于我们重视科学技术，而是因为我们摆脱了西方列强的盘剥和掠夺，得以积累起必要的人力和物力基础。其次是科学技术带来的财富怎么分配。事实上，在资本主义制度下，如果你不在生产关系中居于支配地位，即使掌握了科学技术，也不能摆脱被剥削的地位而成为富翁。仅以著名的美国微软公司为例：1981 年开发磁盘操作系统，利润 5000 多万美元；1995 年"windows95"投产，当年利润 60 亿美元，1997 年利润 110 亿美元；2000 年"windows 2000"上市，利润 230 亿美元。利润的飙升，自然体现了高科技的巨大力量，但是这个巨大力量是由谁来生发的呢？请看公司雇员人数的变化：1981 年 128 人，1995 年 1.7 万人，1999 年 3.1 万人。利润增长与雇员人数同步增长说明，超额利润仍然来自剥削。例如"windows 2000"，就是 5000 名编程人员历时 3 年设计出来的；上市之前又经过上千人耗时一年的修改。他们有时一周要工作 100 小时以上。但是，雇员中只有少数担任经理者工资较高，并持有公司少量股票，绝大多数雇员的收入总和只是他们所创利润的一个零头。不能说那些编程人员没有掌握科学技术，但是他们怎么就不能成为比尔·盖茨那样的富翁呢？再次是科学技术怎么发展和利用。作为第一生产力，科学技术具有社会化的性质，然而垄断资本家却竭力

据为己有。国际人类基因组计划是一个有 6 国参加的巨大工程。各国科学家按照《人类基因组宣言》的精神，强调人类基因组研究的成果为全世界共享，但是美国塞莱拉公司却以发明基因测序仪为借口，与国际基因组计划争夺，力图使这一造福整个人类的成果变成自己的私产。资本主义的这种贪婪的私人占有性，不但阻碍科学技术的进一步发展，而且使它的利用受到极大限制，并且往往走到反人性、反自然本性的邪路上去。由于技术进步，发达资本主义国家的汽车年生产能力已达到两亿辆，但在世界市场上只有 9000 万辆的销售量。贫铀弹之类的杀人武器，毫无疑问是高科技的产物。结论非常明确：一、穷人和穷国要发展，自然要掌握和发展科学技术，而要真正掌握科学技术，首先要选择先进的社会制度；二、要使科学技术成为天下之公器，服从于造福全人类的目的，就必须把它从资本主义的束缚和扭曲中解放出来。

另一个是资本主义制度的神话。对于这个神话，此前我们已有比较充分的揭露，为了进一步加深认识，不妨再作一番比较。

一个是资本主义与资本主义的比较。痴迷资本主义的人说：资本主义是人类最美好的社会制度，是改变贫困落后面貌的唯一出路。只要实行了资本主义制度，就可以坐收漫天的钱雨。如果你表示怀疑，他就会劝你到欧美去转一转。为什么偏去欧美呢？因为欧美是发达资本主义国家。就是这样，论者有意无意地掩盖了一个常识范围的事实：欧美不是资本主义世界的全部，也不是资本主义世界的多数。资本主义世界的绝大多数国家并不发达，相当一部分甚至很不发达。世界上 48 个最不发达国家，绝大多数都是资本主义和效法资本主义的国家。100 年前，世界强国就是美英法德意日；100 年后，世界强国仍是美英法德意日。100 年间，一百几十个国家先后走上资本主义道路，竟无一出类拔萃，挤进世界强国的塔尖。原因何在呢？

就在于资本主义是资本主义。“惟辟作福，惟辟作威，惟辟玉食”，资本就像暴君一样具有一种与生俱来的贪婪、专制的本性。不知餍足地增殖资本，是它生存的唯一目的；凌驾于一切之上，是它行为的唯一方式。这种本性决定了它与团结互助、扶危济困之类的美德无缘，决定了资本主义世界大鱼吃小鱼的秩序。你要进入强势资本统治的世界么？那就必须安于国际垂直分工的底部，就必须为强势资本的进一步增殖打工出力，除此之外别无选择。不错，东亚、东南亚某些国家的经济增长曾被世人艳羡不已。但是现在人们已经明白，它们绝不是依靠资本主义致富的典范，而是特定国际环境中英美帝国主义特定政策的产物。这个特定的国际环境就是社会主义阵营的存在，这个特定的政策就是要在社会主义的门口树立资本主义发展的样板，以建立遏制社会主义阵营的桥头堡。既然要让它们派上用场，就不能不给些甜头。即使如此，也没有改变其打工的地位，充其量不过是“薪水”高一些而已。进入 20 世纪 90 年代以后，冷战结束、苏东解体，而且亚洲经济呈崛起之势，对英美帝国主义的利益构成了某种妨碍。于是，大鱼吃小鱼的悲剧又一次重演。杀手锏就是那个著名的“新自由主义”。英美利用其出口依赖性，诱迫它们放弃国家干预、管制，推行贸易、金融自由化，导致工业投资下降，金融投机热钱猛增，泡沫经济恶性膨胀。混乱之间，这个地区数十年的经济积累被英美投机资本洗劫一空。面对垄断资本的这种贪婪、残忍和疯狂，法国总理若斯潘在 1998 年撰文指出：“既然狂风暴雨的时代已经来临，人们也就不再可能否认无控制的资本主义可能带来的危害了，即使是那些最能吹捧经济自由主义、不受边界限制的全球化以及市场法则的人也无法做到这一点。”“资本主义最坏的敌人可能就是资本主义本身。”

另一个是一些前社会主义国家“转轨”前后的比较。不可否认的事实是，这些国家在社会主义实践过程中不管发生多少失误，起码办成了这样几件在资本主义制度范围内不可能办到的事：取得并捍卫了民族独立和国家主权；实现并保持了国内民族统一、民族平等、民族团结和社会稳定；在短短几十年间，取得了资本主义条件下几百年才能取得的经济、教育、科技的成就；实现并维护、发展了无产阶级和广大劳动人民在经济、政治、文化上的根本利益。“转轨”以后，则完全是另外一幅图景：经济、政治、文化受制于人，成为相当普遍的现象；霸权主义、强权政治的干涉和解体剧变引发的地区冲突、民族冲突,使这片昔日的“绿洲”变成局部战争的火药桶;党派斗争、黑社会势力恶性膨胀、贪污腐败、卖淫、吸毒、抢劫、凶杀,使这个地区陷于严重的社会动荡;社会生产持续滑坡、两极分化迅速拉大、失业率高达两位数字、物价几千倍地增长、通货膨胀恶性发展、人民生活水平严重下降,使整个地区呈现出一派萧条破败的景象。自 1929 年世界性经济危机以来,虽然世界上经济危机不断,但是从未创下如此严重的纪录。德国学者博克贝斯格和克里门塔在《全球化的十大谎言》一书中指出:“1986 年,在前东欧集团国家中有 400 万人生活在贫困线以下,今天已经是 1.2 亿人了”。面对如此不忍目睹的惨状,回头去看人们对于资本主义的企盼和憧憬,构成了一种多么令人心酸的黑色幽默!

根子还是国际资本主义。国际资本主义为什么要那样不遗余力地反对社会主义呢?难道它们成了行侠仗义的罗宾汉,要救社会主义国家的人民于“水火”?一切欺骗都被事实击得粉碎。不摧毁社会主义的防线,纳入资本主义的体系,这些国家就不可能成为其新的扩张资本的工具。曾被西方誉为“苏维埃头号敌人”的作家季诺维耶夫,于 1998 年的最后一天在《苏维埃俄罗斯报》杂志上著文指出:“随着共产主义失败而出现的欢乐情绪已经消失。人们开始懂得,强加给他们的道路对俄罗斯及其绝大多数居民来说是一条毁灭的道路。”

无论是来自哪一方面的事实,都毋庸置疑地证明:第三世界国家要在现实世界中得到生存和发展,就必须摒弃资本主义,选择社会主义——符合本国国情、具有本国特色的社会主义。

立足中国,在实践中推进“两个必然”的进程

《共产党宣言》发表的前 8 年,鸦片战争爆发,中国开始沦为半殖民地半封建社会。从此列强横行、兵燹四起,神州破碎、生灵涂炭,中华民族蒙受巨大屈辱,整个国家濒临灭亡边缘。为了拯救民族危亡,中国人民开始了寻求真理的伟大进程。公平地说,中国人民对于资本主义没有天生的偏见。尽管当时中国正在蒙受国际资本主义的蹂躏,但是走资本主义道路仍然是那

时中国先进人物的第一选择。只是在历经无数次失败以后，才在俄国十月革命的影响下，发现了马克思主义的真理光芒。直到这个时候，中国人民才明白：中国已经失去了走上独立的资本主义道路的历史机遇，因为当时资本主义已经成为一个世界体系。经济、政治、文化落后国家进入这个体系，只能处于边缘地带，充当“中心”扩张资本的奴仆或工具。正如毛泽东同志所说：“帝国主义列强侵入中国的目的，决不是要把封建的中国变成资本主义的中国。帝国主义列强的目的和这相反，它们是要把中国变成它们的半殖民地和殖民地。”[①]于是，走俄国人的路成为以中国共产党为代表的中国先进分子的共识和抉择。所谓走俄国人的路，就是到资本主义的体系和制度之外去寻求民族解放的道路，就是把争取民族独立、国家主权的斗争与解放本国无产阶级和广大劳动人民的斗争结合起来，就是把争取民族独立和人民解放的伟大斗争融入到全世界无产阶级埋葬资本主义、争取共产主义的伟大斗争中去，就是把科学社会主义理论同中国实际相结合，走出一条取得中国革命成功的道路。一句话，就是在推动“两个必然”实现的世界历史进程中创造性地解决中国的民族独立和人民解放的问题。

历史证明这种抉择是正确的：正是沿着这条道路，以毛泽东同志为代表的中国共产党人领导中国各族人民推翻帝国主义、封建主义、官僚资本主义的反动统治，建立了中华人民共和国。这是中国从古未有的人民革命的伟大胜利，也是“两个必然”的科学结论在一个东方大国的伟大胜利。历史同样证明：中国革命的胜利，有力地推动了世界范围的民族解放运动和国际社会主义运动的发展。

社会主义制度建立以后，在数十年革命、建设、改革，实现中华民族伟大复兴的历史进程中，中国共产党人始终没有忘记《共产党宣言》的基本精神，始终没有忘记坚持社会主义道路，始终没有忘记社会主义中国在全世界实现“两个必然”历史进程中的重要地位和庄严使命；但是另一方面，中国共产党人也深深懂得：推进“两个必然”不是空洞的口号，不是去包打天下，而是

① 《毛泽东选集》第2卷第628页，人民出版社1991年第2版。

要立足中国，扎扎实实地把中国的事情办好，使社会主义在中国真正活跃起来、兴旺起来，用中国社会主义的成功和发展为“两个必然”的全面实现作出实实在在的贡献。因此，以邓小平、江泽民同志为代表的第二代、第三代中国共产党人，一方面坚决顶住国际社会主义运动遭受严重挫折的巨大压力，有力回击西方敌对势力进行颠覆渗透的政治图谋，坚持社会主义方向不动摇，一方面从中国实际出发，集中全党、全国各族人民的智慧和创造，正确总结我国社会主义胜利和挫折的历史经验并借鉴其他社会主义国家兴衰成败的历史经验，努力探索建设有中国特色社会主义的道路。党在社会主义初级阶段基本路线和基本纲领的确立，标志着这条道路的形成和进一步拓展。正是沿着这条道路，我们党巩固并进一步完善了社会主义制度，取得并极大发展了社会主义建设的伟大成就。中国社会主义的成功，是国际社会主义运动史上的一个伟大奇迹。在国际社会主义运动处于低潮的时候，它像一棵独立支持的大树，抗击八面来风，为社会主义保存了强大的有生力量；在社会主义遭到诋毁的时候，它像一把利剑，戳穿那些谰言，为社会主义赢得了尊严和荣誉；在许多人对社会主义的前途丧失信心的时候，它像一盏明灯，划破重重阴霾，为社会主义升起了光明和希望。更重要的是，它从正面启示全世界无产阶级和广大劳动人民：社会主义国家应当怎样进行改革，应当怎样坚持和完善社会主义制度，应当怎样从本国实际出发推进“两个必然”实现的历史进程。可以肯定，随着时间的推移，它的所有伟大意义都将在世界历史的舞台上生意盎然地展开。

只有社会主义才能救中国、发展中国，这是近代以来特别是中国共产党建党以来历史作出的科学结论；只有救中国、发展中国，才能坚持和壮大国际社会主义，这是新中国成立以来特别是改革开放以来历史给予的珍贵启示。忘记“两个必然”的历史趋势，就不是社会主义者；不从做好中国的事情入手，就是空头的社会主义者。更加紧密地团结在以江泽民同志为核心的党中央的周围，高举邓小平理论伟大旗帜，坚持“三个代表”重要思想，为本世纪中叶基本实现现代化而努力奋斗，就是我们每一位中国共产党人应当自觉承担的庄严历史使命。在这一新的历史征程中，我们每挥洒一滴汗水、每付出一份心血，都是在扎扎实实地推动“两个必然”实现的历史进程。当然，到共产主义理想实现之日，我们这一代共产主义者早已化为尘埃或泥土，但是我们的汗水和心血将凝聚到未来，化为人类崭新世界的一座无字的丰碑。面对这座丰碑，未来的人们将洒下感动的热泪。

让我们以《共产党宣言》中惊天动地的科学论断作为旅程的结束吧！

——“资产阶级的灭亡和无产阶级的胜利同样是不可避免的。”

（2001 年 3 月 5 日定稿）

关于“九论”中的几个语言文字问题

总编室：

今年第6期《读者来信选编》(按：《求是》杂志编辑部总编室编辑)所载王向东等同志来信，对“九论社会主义、资本主义发展历史进程”系列文章中的一些语言文字问题提出了批评意见，读后深受启发、教育。

读者来信批评本刊语言文字上存在的错误，是爱护本刊的表现。这对于我们减少失误、提高编辑水平，无疑有着积极的作用。我们应当欢迎、重视读者的批评意见，但是欢迎和重视并不等于不管对的、错的全都接受。诗曰：“如切如磋，如琢如磨。”正是本着这种精神，我对王向东同志涉及“九论”的批评提出几点不同意见，以期引起同志们更为深入的思考。

一、关于“从促进生产力的发展到生产力发展的桎梏……”

王向东同志认为这是一个错误的句式，理由是前后两者必须是同一类型的词或词组。应当说，这种看法只是王向东同志个人对语法规则的理解。实际上，任何一本现代汉语教科书都没有这样的规定。这个句式是否合乎语法的关键，不在于前后两个词组是否在语法上属于同一类型(如偏正、主谓、动宾、动补等等)，而在于这两个词组所表示的状态或功能在所处的语言环境中是否具有“从”……“到”……的逻辑关系。“促进生产力的发展”和“生产力发展的桎梏”这两个词组，都是在表示资本主义生产关系的状态或功能，在逻辑上显然构成了对比或对立的关系；而这种对比或对立，又显示了资本主义生产关系的历史演变。所以，不能说这个句子在语法上有什么错误。

但是，使用语言又不能满足于不犯语法错误，而应当在合乎语法规则的基础上更进一步追求语言的完美。我们的不足在于这个句子造得不够完美。如果前后两个词组属于同一类型，这个句子在形式感上就会变得尽如人意。初造句时，我使用的是马克思《〈政治经济学批判〉序言》中的两个偏正词组：“生产力的发展形式”和“生产力的桎梏”，这无疑是比较完美的。二校时，有领导同志提出，对一般读者来说，“生产力的发展形式”不好理解，建议换一种表述方式，于是形成了这样的句子。那么，如果依王向东同志所改，是否就完美了呢？也不是。“成为生产力发展的桎梏”虽然可以看成一个动宾词组，但王向东同志只注意了两个词组的语法结构形式，却忽略了两个词组的时态。“促进生产力的发展”是进行时态，“成为生产力发展的桎梏”是完成时态，时态对得不工，句子同样不够完美。如果要改，最为理想的是把前后两个词组全部撤下，改为“从促进生产力的发展到阻碍生产力的发展”。此句在形式感上的不足，是我工作不过细的表现。语言艺术无止境，我们应当精益求精。

二、关于“美国更是超群挺出”

王向东同志认为，“超群”、“挺出”两个词的“意思重复，没必要”。怎么没必要呢？这是同义词的连用，目的是为了强调事物的状态或性质。此种用法，无论在现代汉语还是古代汉语中都是屡见不鲜的。为大家所熟悉的很多成语，其实就是同义或近义词的连用，如出类拔萃、咬文嚼字、争先恐后等等。不单词组如此，就连某些双声词也是同义词素的组合，如欢喜、帮助等，这在现代汉语中叫作“同义复词”。我们总不能因为“欢”、“喜”意思重复而禁止人们用“欢喜”罢，也不能因为“欢天”、“喜地”意思重复而禁止人们用“欢天喜地”罢。

王向东同志还认为“‘挺出’是一个生造的词”，“是一种语言的幼稚病”。其实，这个词在中国至少已经有了1300多年的历史。杜甫的《奉赠韦左丞丈二十二韵》，应当说不是很冷僻的作品，“读书破万卷，下笔如有神”即出于此。就在这首诗里，便有“自谓颇挺出，立登要路津”这样的诗句。

三、关于“近些年来，这种论调在西方已经日渐式微，殊不料却在中国的一些论者中找到了新的市场”

王向东同志认为“‘殊不料’也有表示转折的意思”，与“却”连用，“造成语义的重复”。众所周知,“殊不料”(还有“殊不知”之类)是以动词为中心的偏正词组。其中,“殊”是程度副词,“不”是否定副词,“料”是动词。这个词组的意思是很不料、远远没有料到之类,哪里有“表示转折”的意思呢,转折的意思由哪个词来承担呢?王向东同志之所以产生这样的误解,大概是因为用一定范围的语言经验代替了语法的规则。不错,人们在使用这个词组时,有时可以根据特定的语言环境省略表示转折的副词,如“有的‘法轮功’练习者相信李洪志的歪理邪说,有病不就医,殊不知这是在残害自己的生命啊!”在这个句子中,表示转折的副词“却”之所以可以省略而且应当省略,是因为代词“这”取代了它的音节位置。这种情况下,如果再加上“却”这个副词,在音节上就必然会出现赘余,读起来非常拗口。换一个角度说,如果没有“这”,就必须加上“却”。如果既没“这”又没“却”,这个句子读起来同样拗口,因为音节不足。大家可以很容易地判断,在我所造的那个句子中,究竟是没那个“却”字读起来顺口,还是有那个“却”字读起来顺口。

四、关于“它比以往的任何一件衣衫都要宽大一些,不仅能够容纳现实生产力,而且生产力还在发展”

王向东同志认为“不仅……而且……”的前后两部分构不成递进关系,后一分句应当改为“而且还能够容纳生产力发展。”因为篇幅的关系,不再对此细加分析,只是说明:这个句子引自江泽民同志《在中央思想政治工作会议上的讲话》。原文是:“它们为了维护资本主义制度的生存和发展,对资本主义生产关系的某些环节和资本主义经济社会的运行、管理机制作了不少的自我调节、改良和改善,包括借鉴社会主义的一些做法,从而使得资本主义的生产关系不仅能够容纳现实的生产力,而且生产力还在发展。”大家都知道,对于当代资本主义生产关系的评价,具有极强的政策性。弄得不好,就会偏离中央的精神。《求是》杂志作为党中央机关刊,在这个问题上同样必须与党中央保持高度一致。

刘润为

2001 年 4 月 10 日

只有中国特色社会主义才能发展民营企业

改革开放以来，民营企业的快速增长已是不争的事实。据国家统计局数字，截至2012年，全国企业法人单位共8286654个，其中私人控股法人单位6552049个，占总量的79%。对于这样一种前所未有的经济现象，采取回避的态度或者简单化的态度都是不对的。我们是彻底的唯物主义者，彻底的唯物主义者对这一重大现实问题应当给予彻底唯物主义的回答。这不仅有利于中国特色社会主义的发展，也有利于中国民营企业的发展。

绝大多数民营企业都是中国特色社会主义事业的组成部分

民营企业作为市场经济条件下的私有经济，肯定具有马克思在《资本论》中分析的基本特征，这是不必为了和气而刻意讳言的事情。但是，在不同的社会条件下，借用广义相对论的话说，就是在不同的“重力场”中，它还要发生“畸变”，即可能生出某些新的性质，因而其历史作用也可能发生变化甚至根本性的变化。

这样的事情在历史上是屡见不鲜的。比如近代中国的资产阶级民主革命，恰如毛泽东所说，在俄国十月革命之前，它“属于旧的世界”，而在俄国十月革命胜利之后，它就成了“世界无产阶级社会主义革命的一部分”。[①]

中国的民营企业是在社会主义条件下，由中国共产党扶植起来的经济成分。它从一出生，就与中国的社会主义存在割不断的血缘关系。没有党和政府的特定政策，就没有民营企业；没有数十年的社会主义建设，民营企业在经济、政治、文化上就没有立足之地；没有全社会的人才、资金、资源和

---

① 《毛泽东选集》第2卷第667页，人民出版社1991年第2版。

市场的支持，就没有民营企业的发展；没有党和人民的哺育和教育，就没有而今已然成才的民营企业家。这种特定的“出身”和成长经历，使得不少民营企业具有迥然不同于资本主义世界私营企业的新的性质。这一新的性质，就是天然地带有社会主义的因素。有一种现象很能说明问题，就是不少民营企业家拥护马克思主义和中国化马克思主义，热心于为巩固社会主义制度而兴办的各种公益事业。例如今年的中国企业家文化年会，就是以纪念毛泽东诞辰120周年为主题，这在西方是不可想象的。“橘生淮南则为橘，生于淮北则为枳”，其是之谓也。

生产力与生产关系是一种对待关系。生产关系要适应生产力的发展，就要根据生产力受国内外条件的影响而发生的变化，不断地进行自我调节。坚持以公有制为主体，多种所有制经济共同发展，可以说是我们党在和平与发展的世界历史条件下对我国生产关系作出的一种选择。党的十八届三中全会再次强调，必须毫不动摇地巩固和发展公有经济，坚持公有制的主体地位。只要公有制的主体地位没有变，中国经济、社会的社会主义基本性质就没有变。只要中国社会主义的基本性质没有变，民营企业的存在与发展就是社会主义市场经济的重要组成部分，就是为了向更高级的社会主义形态过渡而准备的必要物质存在条件。

大家都知道，不管是国有企业还是民营企业，在国际市场中都不免要和国际资本打交道。国际资本的本性是无限扩张。而今日的国际资本，则将这种扩张推到了危及全人类的极致。美国著名经济学家威廉·恩道尔在《目标中国》一书明确指出，目前全球共有4万多家跨国公司，其中1300家构成全球经济的核心，而其核心的核心则是被称为全球卡特尔联盟的150家大公司，例如洛克菲勒家族、乔治·布什家族、杜邦家族、比尔·盖茨家族等等。这些国际资本的寡头视包括美国人民在内的世界人民如草芥或粪土，它们凭借其雄厚的经济、政治、军事、科技、文化实力，不但要控制全球的市场，而且要控制全球的一切，包括粮食、人口和环境。就其专制、独裁的广度、深度来说，恐怕世界历史上的任何一个君主都难以望其项背。在中国，除少数靠出卖国家利益获利的买办企业之外，包括国有企业、民营企业在内的民族企业,都正在面临它们的严重威胁。只要你有了一点儿自己的核心技术,只要你在国际市场上表现出了几分活力,它们就会伙同其控制的政府,必欲置你于死地而后快。在这方面,华为、通领、TCL、尚德、英利、天合、三一重工等优秀民营企业的感受也许会更加深刻一些。主要矛盾决定事物的性质。既然国际资本是最主要的挑战对手,民营企业要生存要发展,就必须站在国有企业一边,站在社会主义祖国一边。

不同于西方民营企业的新质,在社会主义发展历史进程中的特殊功能及其面临的主要矛盾,就是我们肯定绝大多数民营企业是中国特色社会主义事业组成部分的根本依据。

民营企业必须依靠社会主义制度的优势

有些经济学家好为人师。他们经常"教导"民营企业说,社会主义不好,如果经济上实行彻底的私有化,政治上建立起资产阶级当家的"宪政民主",你们不就如鱼得水,可以高枕无忧了么?乍听起来,这话似乎美妙得可以令人陶醉,遗憾的是说得太晚。倘若说在1840年以前,可以说是一句实话;倘若说在1840年以后,大抵就是一句空话;倘若说在今天,就是一句包藏祸心的谎话。

为什么这样说呢?就是因为1840年的鸦片战争改变了世界历史和中国历史的走向。美国著名历史学家斯塔夫里亚诺斯在其《全球分裂》一书中指出,资本主义世界体系有一个从局部到整体的形成过程。国际资本首先占领美洲地区和非洲外缘地区,继而征服亚洲的印度等国。但是,这个时候,资本主义的世界体系还不能算是完整的,因为中国这个东方大国还在其"王土"之外。1840年6月的鸦片战争,则导致国际资本对于中国的征服。而对中国的征服,则表明资本主义已经"合龙"为比较完整的世界体系。

在这个体系中,国际资本居于中心位置,而中国和其他第三世界国家则处于边缘地带。中心与边缘的关系,是主宰与从属的关系、剥削与被剥削的关系、刀俎与鱼肉的关系。这种关系的形成,标志中国已进入半殖民地半封建社会，也标志人类历史进入了世界历史的阶段。

在这个体系形成之前，假如中国的民族资本能够获得足够的时间和动力，则可能由萌芽而不断发展壮大，直到建立起一个独立完整的资本主义国家。然而，正如俗话所说："过了这个村，便再也没有这个店。"资本主义世界体系的形成，使得中国完全失去了这样的历史机遇。

毛泽东曾经深刻指出："要在中国建立资产阶级专政的资本主义社会，首先是国际资本主义即帝国主义不允许。帝国主义侵略中国，反对中国独立，反对中国发展资本主义，就是中国的近代史。"[①]孙中山是一位伟大的爱国主义者。先生以其毕生精力领导资产阶级民主革命，就是为了在中国建立一个独立富强的资本主义国家。由于道路选择、制度安排的一致性，使得他一度幻想得到国际资本的支持。1911 年武昌起义爆发以后，当时正在美国筹款的孙中山并未直接回国，而是特意取道欧洲，去寻求资本主义世界的政治支持和经济援助，结果是无一例外地吃了闭门羹。及至孙中山领导的资产阶级革命派在按照西方的政治模式建立起中华民国以后，又多次致电欧美各国恳请外交承认，但是同样均遭拒绝。相反，国际资本却看中了反对宪政民主、醉心复辟帝制的袁世凯。1912 年，袁世凯刚一窃任中华民国临时大总统，各国公使便纷纷登门道贺。袁府门前，一时间车骑雍容，煞是热闹！那么，国际资本为什么会在价值取向上抛弃同类而青睐异类呢？就是因为袁世凯的帝制能给他们带来好处，而孙中山的宪政却是为了中国的富强。哪里有什么"普世价值"呢？国际资本的所欲所求，第一是实惠，第二是实惠，第三还是实惠。

"卧榻之侧，岂容他人鼾睡"，这就是国际资本的逻辑。不唯政治领域如此，经济领域也是如此。张謇是唯一一位由状元"下海"的企业家，中国纺织业的重要奠基者。1953 年，毛泽东曾说："讲到轻工业，不能忘记张謇"。从 1896 年起，张謇在家乡南通创办了大生纱厂等几十个近代企业，一时间如火如荼，竟使得南通这个偏僻落后的小城一跃而成了"中国近代第一城"。

---

① 《毛泽东选集》第 2 卷第 679 页，人民出版社 1991 年第 2 版。

然而，在国际资本和国内封建势力的双重打压下，不到30年的光景，大生各厂便纷纷倒闭。垂暮之年，回首往事，张謇不禁对天长叹："呜呼！覆巢之下无完卵，野老洒泪江风前。"穆藕初则是留美硕士，最早翻译了泰勒的《科学管理法》，被今人称为中国第一个经商的"海归派"。他所创办的德大、厚生、豫丰等纱厂，也曾一度兴旺发达。1939年和1940年，毛泽东曾两次提到要发挥穆藕初在抗日统一战线中的作用。1943年，穆藕初逝世，董必武代表中国共产党送去挽联，称其为"才是万人英，在抗战困难中，多所发明，自出机杼；功宜百代祀，于举世混浊中，独留清白，堪作楷模。"尽管穆藕初的个人才质如此优秀，在国际资本支配中国经济的时代，他所兴办的实业也难逃失败的命运。痛定思痛，他曾大声疾呼："对内急应铲除建设之各种障碍（按：指封建势力和官僚买办势力），对外则应解除帝国主义对中国之束缚。"有些事情就是如此奇巧。这位曾出任过国民政府工商部次长、明确主张反共的企业家，对于中国国情得出的认识竟然与中国共产党相差无几！

让我们再来看一看北洋军阀统治时期三个煤矿的经营情况。一个是山西阳曲保晋公司，系民族资本；一个是山东枣庄中兴公司，系官僚资本；另一个是河北唐山开滦公司，系国际资本。每生产1吨煤，阳曲保晋的成本为2.021元，税捐为1.731元，占成本的86%；枣庄中兴的成本为2.025元，税捐为0.2元，占成本的10%；唐山开滦的成本为1.5元，税捐为0.2675元，占成本的18%。悬殊的税捐，正是国际资本和官僚资本挤压民族资本的重要手段。在这样一种极端不公平的竞争环境中，民族企业哪里还有什么生存的空间！

有人或许要问：照你这么说，国际资本是不允许第三世界沾资本主义的边啦？当然允许，不过必须是依附式的资本主义，打工仔式的资本主义，任国际资本呼奴使婢、随意宰割的资本主义。这样的资本主义，其实不能叫资本主义，而应当叫作国际资本的附庸。近年来，有些经济学家之所以不遗余力地兜售新自由主义，并且跨学科地鼓吹"宪政改革"，绝不是要给民营企业的发展铺路架桥、保驾护航，而是要让中国沦为披着资本主义宪政外衣的西方附庸，从而为国际资本挤压国有企业和民营企业、独占中国的资源和市场摇旗呐喊、鸣锣开道。谓予不信,大家可以在互联网上搜索他们的蛛丝马迹,从中不难发现他们与国际资本或明或暗的千丝万缕的联系。如果他们的图谋得逞,民营企业的命运将比当年张謇、穆藕初的企业更加悲惨。

历史的经验值得注意。近30多年来民营企业发展的经验,近代中国发展资本主义的惨痛记忆和上世纪"拉美陷阱"、"苏东悲剧"的前车之鉴,所有这一切,都在明确指示我们:国际资本的俱乐部进不去,独立的资本主义搞不成,依附式的资本主义要不得,剩下的就只有中国特色社会主义一条路可走。

如果我们将新旧中国作一对比,便可以更加清楚地看到社会主义的好处。旧中国的统治者之所以害怕西方列强,抵挡不住国际资本的军事、经济、政治、文化侵略,根本原因在于他们失去了民心,茕茕孑立、形影相吊,处于极端虚弱、极端孤立的地位。国人的大多数已经得罪得几近精光,又哪里再敢去得罪洋人呢?新中国则是工人阶级领导的、以工农联盟为基础的人民民主专政的社会主义国家,是实行民主集中制、人民代表大会制度和中国共产党领导的多党合作和政治协商制度的国家,因而获得了最为广泛、最为深厚的社会基础。"篱笆扎得紧,野狗钻不进。"这样一个人民是主、人民作主、人民拥护的政权,是任何外部势力都奈何不得的。如果国际资本胆敢以政府的名义欺负中国的民营企业,我们的政府完全可以对这种欺负实行有效的反欺负,而根本没必要害怕什么。旧中国的经济是一盘散沙。小农生产方式落后,民族工业力羸气弱,官僚买办资本吃里爬外,几种经济成分叠加,不但总体软弱,而且根本形不成任何合力,这就是旧中国经济敌不过国际资本的软肋。目前,中国虽然实行市场经济,但是它不是一般的市场经济,而是社会主义的市场经济。公有制经济的主体地位,国家在经济运行中的宏观调控能力,都在基本面上消解着市场经济的固有缺陷,从而能够有效调动和聚集经济资源,做到全国上下一盘棋,同心同德办大事。这是国际资本过去没有将来也必然没有的巨大优势。正是凭借这种优势,我们帮助香港在上世纪平安渡过东南亚金融危机;正是凭借这种优势,我们将2008年以来国际金融危机对我国的消极影响降到了最低程度;正是凭借这种优势,我们创造了汶川、玉树抗震救灾的世界奇迹！完全可以肯定，只要我们头脑清醒、意志坚定、应对得法，完全可以凭借高度的国家动员力和经济凝聚力，在国际市场中帮助民营企业战胜来自各方国际资本的挤压和挑战。归根到底一句话，优越的社会主义制度和自主的社会主义祖国，就是民营企业生存、发展的坚实保障和强大后盾。

民营企业应当自觉维护中国特色社会主义

民营企业与全社会的关系，是小河与大河的关系、毛与皮的关系。大河干涸，小河岂能独满？皮之不存，毛将焉附？自觉维护中国特色社会主义，既为祖国、人民所必需，也是民营企业发展的内在要求。

*一是要在企业内部努力增加社会主义的因素。*民营企业尽管是私营企业，尽管要遵从资本发展的一般规律，但是在社会主义条件下，就要多少有些社会主义的表现。比如在企业管理上，应当对工人多一些尊重、多一些关爱、多一些对他们自身发展的长远设计和安排。大家都知道富士康在华企业屡屡出现各种恶性事件，究其根本原因，就在于国际资本无视工人的人权，把工人当作会说话的工具，任由他们驱使和摆布，还美其名曰："军事化管理"。马克思说资本从头到脚都滴着血和肮脏的东西，指的就是这种情形。社会主义国家的民营企业绝不能做那等粗鄙、野蛮的事情。浙江有一个民营企业，叫中天建设集团有限公司，曾连续多年被评为全国优秀建筑企业。早在10年前，这家公司对于工人的各种待遇就走在同行业的前头。比如，工人的中、晚自助餐不得少于10种菜(荤菜不得少于5种)，工人家庭有困难给予特别救助，工地的活动板房必须防火且装有空调，工人晾晒衣服的场所必须上有顶棚下有渗水砖，每位工人都要根据工种或特长进行有计划的技术培训……企业尊重、关爱工人，工人也热爱、维护企业。工人一旦进了中天，便绝少"跳槽"，更多的是与公司签订终身合同，也就是将中天当成了自己的家。我们的民营企业都应当像中天那样，尊重工人的主体地位和基本权益。在我看来，提出工人是企业主人公的口号似乎并不为过。

时下有一个流行很广的俗语，叫作"土豪"。意思是有些老板由于素质低下,而以一掷千金、挥霍无度显示自己身份的高贵。这是一种令人失望的现象。举凡为富不仁、为富不诚、为富不端、为富无行之类,都是干扰经济、社会健康发展的负能量。很明显,"土豪"之豪来源于初次分配的悬殊。有一个企业的老板,年薪一直高得惊人,最高纪录曾达6600万元,大约相当于同年北京一个保洁工年薪的7000倍。也就是说,1个保洁工从黄帝时期干起都不行,要从河姆渡氏族公社时期干起,才能与这个老板1年的收入持平!这个案例从反面提醒我们,在初次分配中必须把公平落到实处。老板的薪金当然可以比工人多拿一些,但是多到几百倍甚至几千倍,便远远越过了公平的底线。这样的初次分配,给中国特色社会主义带来的不是光荣而是耻辱。7年前,我曾问过中天的董事长楼永良先生:你的企业为什么发展得这么快?他的回答非常简约:"财聚人散,财散人聚。"应当说,这是悟得经营真谛的智者之言。初次分配悬殊,一则直接消解工人的劳动积极性,导致生产效率和生产质量低下;二则导致内需贫乏,直接阻碍企业和整个国民经济的可持续发展。总之,初次分配的公平度关乎中国特色社会主义的兴衰,无论是民营企业还是国有企业,绝对不可以等闲视之。

二是要自觉尊重国有企业的老大哥地位。公有制为主体是社会主义之为社会主义的根本经济依据,而国有企业则是公有制经济的核心。尊重国有企业,就是尊重公有制的主体地位,就是尊重中国特色社会主义。不能否认,在市场竞争中,民营企业与国有企业之间存在矛盾,有时甚至是很尖锐的矛盾。正是利用这种矛盾,有些经济学家捭阖其间,吵嚷着要"国退民进"。问题在于,国退就能民进么?在西强我弱的国际经济格局中,国退的结果绝不是民进,而是国际资本的跟进。国际资本一旦由"进"而"大",占据主导、支配的地位,民营企业就失去了保护伞或防火墙。我们怎能上这样的当呢?挖国有企业的墙脚,就是自毁大厦;挤压国有企业的空间,就是自断生机。对此,民营企业的认识一定要清醒。与此同时,还应当看到,如今的国有企业,除少数处于关键领域的以外,大多实现了投资主体多元化,与民营企业形成了你中有我、我中有你的复杂联系,企业在利益上的一致性日趋显著,这是扩大合作、减少内耗的基础性条件。说到底,民营企业与国有企业的矛盾,是自家的矛盾、兄弟之间的矛盾。即使是这样的矛盾,也不值得鼓励,而必须进行有效的化解。民营企业要从维护国家安全、保卫国家经济命脉的高度,永远把国有企业视为第一小提琴手,自觉自愿地尊重它、辅助它。国有企业则应有老大哥的风范,帮助民营企业实现制度升级、增强创新能力、改善发展环境,特别是在民营企业遇到困难时,更要及时地施以援手。“兄弟阋于墙,外御其侮”,这是处理民营企业与国有企业之间矛盾的底线。

三是要积极承担社会责任。勇于担当是中国商人的一个好传统。早在公元前 627 年,就有郑国商人弦高用 4 张牛皮和 12 头牛击退秦军,使自己的国家免遭侵略的故事。须知在春秋时期,4 张牛皮和 12 头牛可是一笔相当可观的财富。近代著名侨商陈嘉庚一生追求进步,慷慨赞助旧民主革命、抗日战争和中国人民的解放、建设事业,堪称爱国企业家的光辉典范。在今天,我们的民营企业家更应当以民族大义为重,以党和国家工作大局为重,积极用企业的经营成果回报祖国和人民,甚至在国家民族需要的关键时刻勇于奉献和牺牲。只有这样,才能真正表现出社会主义国家民营企业的美德,才能充分彰显社会主义制度的优越性。在这方面,中国泛海控股集团有限公司就是我们学习的榜样。这个企业的董事长卢志强认为,民营企业既是自负盈亏的经济组织,又是回报人民的社会实体。财富的积累过程,也是社会责任不断加大的过程。从根本意义上看,“民营企业也是天下之公器”。这是一位民营企业家的大觉大悟,这是超越资本束缚而进入的一种高蹈轻扬的境界。正是因为有了这样的认识高度,在汶川抗震救灾中,他的企业、他的员工以及他个人,共捐出人民币 2.285 亿元,位居全国民营企业捐献之首。

如今,国家、地区、单位和个人都在努力增强文化软实力。可以说,民营企业对社会主义基本原则的认同程度和践行程度,就是其文化软实力所能达到的高度。企业的内部管理越是以人为本,企业的市场经营越是尊重国有企业,企业承担社会责任越是自觉积极,企业在中国以至世界人民中间的信誉度和美誉度就越高。信誉度和美誉度越高,企业的发展空间就越大。由此看来,自觉维护中国特色社会主义,是企业、职工、国家“三赢”的好事。

我们何乐而不为呢?

然而,也有人可能会想:坚持、拥护中国特色社会主义固然很好,但是再来一次工商业的社会主义改造怎么办?这种担心是没有根据的。必须充分肯定,上世纪50年代进行的资本主义工商业社会主义改造是一场伟大的社会变革。没有这种改造,就不可能在旧中国的废墟上建立起崭新的社会主义经济制度。而没有社会主义的基本经济制度,包括今日民营企业在内的一切发展成就都无从谈起。事实正如邓小平所说:这种改造的成功完成,“是我国和世界社会主义历史上最光辉的胜利之一”。[①] 然而,今日之日已不同于往昔之世。今日的民营企业是在社会主义基本制度得到巩固的前提下,我们有能力抵御国际资本控制的前提下,为适应社会主义初级阶段生产力的发展而培养起来的经济成分。在社会主义初级阶段没有结束之前,中国共产党不可能在某一天早上宣布民营企业收归全民所有。当然,从历史的长河来看,社会主义初级阶段毕竟是一个过渡阶段,社会主义毕竟要消灭剥削、消除两极分化、实现共同富裕,最终进入无阶级的共产主义社会,这是共产党人、无产阶级和其他一切劳动者的远大目标,也是不以人的意志为转移的社会发展规律。也就是说,私有制经济终将转变为全民所有制经济。至于这一历史进程如何演进,因为它属于比较遥远的未来,我们不可能像“先知”那样作出具体的描画。但有一点是可以明确肯定的:即使到了中华民族伟大复兴的中国梦实现之时,以至到了共产主义远大理想实现之日,所有进步民营企业在社会主义初级阶段的重要贡献也绝不会磨灭。你们的一切努力都将像荣氏企业一样,化为一座丰碑,永远矗立于历史的时空。

(2013年11月18日—22日)

---

① 《邓小平文选》第2卷第186页,人民出版社1994年第2版。

警惕和防止持续做空国有企业的倾向

中共中央、国务院印发的《关于深化国有企业改革的指导意见》(以下简称《指导意见》),基本上体现了习近平同志关于搞好国有企业的系列重要讲话精神,这是应当肯定的。党的十八大之前,整整10年的时间,没有发过一个文件指导国有企业的改革,没有开过一次会研究国有企业发展的问题,这在一个实行社会主义基本经济制度的国家是极不正常的。《指导意见》的颁布暨此前习近平同志视察吉林时关于搞好国有企业的重要讲话,让党内外看到了以习近平同志为总书记的党中央搞好国有企业的坚强决心,看到了中国特色社会主义的光明前景,从而深受鼓舞。完全可以预料,中央的这一重大决策蕴含的精神力量和即将唤起的物质力量,必将在实现民族伟大复兴中国梦的进程中得到充分的显现。

自改革开放以来,一直存在着社会主义与新自由主义的激烈斗争。这一斗争的焦点,就是做强做优做大还是做弱做劣做空国有企业。《指导意见》指出:国有企业是"推进国家现代化、保障人民共同利益的重要力量,是我们党和国家事业发展的重要物质基础和政治基础"。这种重要性不仅我们明白,国内外敌对势力同样明白,甚至更加明白。国际资本是人类有史以来最为顽固、最为贪婪的专制主义者。君临一切、占有一切、支配一切,是其永远不可改变的逻辑。他们绝不甘心自己在近代中国的失败。颠覆中国的民族独立、人民解放,打倒中国共产党和中国人民,让中国重新沦为国际资本增殖的工具,一直是他们的既定战略目标。而要实现这样的目标,就必须首先瓦解国有企业这一党和人民赖以安身立命的物质基础和政治基础。在这一图谋的实施过程中,在台前折腾的国际敌对势力是国际资本的奴仆,国内的一批新自由主义者则是奴仆的奴仆。他们内外勾结、沆瀣一气,或对国有企业进行极为恶毒的诅咒，或向政府决策部门进行千方百计的渗透，或从内外施加各种压力，手段无所不用其极。自党的十八大以来，他们的战略图谋受到了有力遏制。习近平同志视察吉林时关于搞好国有企业的重要讲话和《指导意见》的发表，更是给了他们两记沉重的当头棒喝。眼看彻底私有化的希望行将破灭，所以国内的一批新自由主义者才那样气急败坏，才那样对《指导意见》进行歇斯底里的攻击，什么“打着改革的旗号，做着反改革的事情”呀，什么“国企的存在本身就是问题”呀，适足见其取媚国际资本的真面目。改革的目的是什么？是实现社会主义制度的自我完善。为了这个目的，裨补过去的阙漏是改革，裨补改革中出现的阙漏也是改革；改正以前的失误是改革，改正改革中出现的失误也是改革。为国际资本奔走，把中国往彻底私有化的绝路上推，那不是改革，而是地地道道的反改革。对于国际资本的扩张来说，国企的存在当然是问题，但是在中国人民看来，这个“问题”目前还不够大，还要更大些，因为敌人的“问题”就是人民的福音。

发展混合所有制经济是深化国有企业改革的重要举措。在保障公有制主体地位的前提下，既要鼓励、支持私营资本向国有资本混合，也要鼓励、支持国有资本向私营资本混合。市场空间大得很，那种把国有经济与私营经济视若水火的观点，那种有我没他、有他没我的观点，是形而上学的表现。但是有的私营企业却不这样看，老以为国有企业是它的障碍，必欲除之而后快，一听《指导意见》仍然强调搞“混改”，便窃喜于心，再次打起了“混”掉国有企业的算盘，这是一种极为短视、极为狭隘的念头。须知威胁私营资本的不是国有资本，而是国际资本。如果在“混改”中偷天换日、浑水摸鱼，七拐八拐地把国有企业“混合”掉，中国的私营企业在弱肉强食的国际竞争中就会成为无助的羔羊。这也就是说，国有企业的式微，不仅是党和人民的灾难，也是民族私营企业的灾难。只有做强做优做大国有企业，民族私营企业才有强大的靠山，才能在残酷的国际市场竞争中立于不败之地。民族私营企业一定要明白这个大道理，一定要自觉配合国有企业做强做优做大，一定要对那些以私营资本代言人自诩、实则是为虎作伥的新自由主义保持高度的警惕。兄弟尽管难免阋于墙，但外御其侮是大义，是大原则、大前提。

必须毫不动摇地坚持国企改革“三个有利于”的标准，即“有利于国有资本保值增值，有利于提高国有经济竞争力，有利于放大国有资本功能”。如果有关部门和领导干部无视“三个有利于”，在指导和领导“混改”中塞私货、做手脚，做内鬼、引外鬼，把国有资本“混”得越来越少，把国有经济的竞争力“混”得越来越差，把国有资本的功能“混”得越来越弱，就必须严肃追究他们的责任，直至作出党纪、国法的惩治。非如此，则不足以保证“混改”的正确方向，不足以刹住顶风作案，持续推进私有化的歪风。

国有资产监管机构“实现以管企业为主向以管资本为主的转变”，是深化国有企业改革的客观要求，但是对此必须作出完整准确的理解：一、国有资产监管机构职能的转变，仅仅是以什么“为主”的转变，并非在实现这种转变之后概不过问其他非主要的方面。二、即使国有资产监管机构实现了这种转变，也不意味着一切党委和政府都可以把国有企业除资本以外的东西置于无足轻重的位置。如果一个执政党愚蠢到漠视赖以执政的物质基础和政治基础的地步，其覆亡则可计日而待矣。可见对于国有资产监管机构，特别是各级党委和政府来说，对国有企业的管理、保护和支持只有加强的责任，而没有任何放松、放弃的理由。三、不能离开生产力与生产关系去空洞地谈论国有资本，不能把国有资本简单地看成一堆票子。做强做优做大国有资产的核心，是要形成先进的强大的生产力。如果国有企业不掌握核心技术，不能造卫星、导弹、航母、高铁，不具备保障国家安全和独立发展的物质技术能力，那一堆票子又有什么用？《指导意见》颁布以后，有人可能会找上门来说，你们不是以管资本为主了么？现在我把你们的那个企业卖个好价钱，国有资本不但保值，而且增值，这完全符合《指导意见》的规定呀，何乐而不为呢？如果顺着这样的逻辑，继续堂而皇之地出卖实体企业特别是拥有核心竞争力的实体企业，那就是对《指导意见》的背离，就是对党和人民的犯罪！进一步的问题是，生产力不是一种孤立的存在，必然要依附于一定的生产关系。《指导意见》指出：“国有企业属于全民所有”。这就是说，在国有经济中，生产资料归人民所有，在生产过程和分配过程中人民处于支配的地位。离开生产关系，离开人民这个国有资产的主人，抽象地谈论国有资产管理，既弄不清楚所有制的性质，也谈不到国有企业的做强做优做大。为了确保国有企业的全民性质，吸收适当比例的工人代表有职有权地参与监管是十分必要的。

在国有企业改革的问题上，一直存在着加强党的领导还是取消党的领导、是依靠工人阶级还是片面依靠管理层的分歧。以习近平同志为总书记的党中央把“加强和改进党对国有企业的领导”和“全心全意依靠工人阶级”郑重写入《指导意见》，是对以往在国有企业改革中取消党的领导、抛弃工人阶级的错误倾向的拨乱反正，标志着国有企业改革开始回到中国特色社会主义的正确轨道上来，回到广大工人阶级和其他劳动群众的意志和愿望上来。“加强和改进党对国有企业的领导”和“全心全意依靠工人阶级”是一种相辅相成的规定。只有不断加强和改进党的领导，才能将全心全意依靠工人阶级落到实处；只有全心全意依靠工人阶级，才能为加强和改进党的领导奠定坚实的阶级基础；只有加强党的领导、全心全意依靠工人阶级，才能做强做优做大国有企业。如果只是把企业的党组织当作一种摆设，在企业决策和管理过程中起不到任何主导作用和领导作用，那与取消党的领导就没有什么两样；如果让职工代表大会和工会形同虚设，在企业的生产、管理中起不到任何监督、制约作用，那么工人阶级就还是雇佣劳动者。在这种情况下，即使生产资料归国家所有，也毕竟不能体现出全民所有制的性质。必须采取有力措施，将这两条规定扎扎实实地落到实处。为此，有关部门应当遵照《指导意见》的精神和原则，借鉴当年鞍钢“两参一改三结合”的经验，出台相应的具有可操作性的实施细则，而不能大而化之、不了了之。

（2015 年 9 月 18 日）

寻找城乡发展一体化的内生动力

中国是一个农业大国。中国现代化的根本问题是农村的现代化。没有农村的现代化,即使建造再多的"飞地",即使这些"飞地"已经达到超发达国家的水平,也不能说中国实现了现代化。

2000年,我随求是杂志社代表团访问南斯拉夫。途经奥地利时,曾去过萨尔斯堡附近的一个农村。那里的农舍虽然相当分散,但是一滴污水都不会排进村前的湖里。我们到时,几个农民正身穿潜水衣,在湖里打捞啤酒瓶之类的垃圾。当时,我曾感叹道:哪一天我们中国80%的农村有了污水处理设施,就算是真正实现了现代化。

那么,怎样来实现农村的现代化呢?有人主张消灭农村,一是把农业转移人口留在城市,二是把其他农业人口集中到一个新建或已有的城镇。在产业结构和社会结构深刻变革的发展阶段,创造一切条件,让农业转移人口在城市中住得下、融得进、就得业、创得业,无疑是顺应时代潮流的正确举措。但是,不问青红皂白,一刀切地把农业人口赶出原来的农村,则不能说是一种求实的态度。目前全国约有6亿乡村人口,能够全部城镇化么?拆农家院盖楼房,盖得起么?仅按1人20平米的居住面积计算,共须建楼120亿平米;按每平米2000元计算,则需资金24万亿,这还不算其他必要的辅助设施。在可见的将来,我们拿得起这样一笔钱么?事实上,不顾农民的实际支付能力和本地的实际情况,好大喜功,盲目地把农民赶上楼的做法,已经结出了不少苦果。我曾看过某地的一个"样板镇":农民住进楼房,没地方养鸡,就在楼道或阳台上养;冬天无力交纳取暖费,造成水管冻裂,如此等等,不一而足。如今,原本很漂亮的一个新镇竟然变成了一座荒芜的"鬼城"。进一步的问题是,如果把原来的村庄统统拆掉,乡间的一切历史文化遗存，一切乡风乡俗，一切一切的乡愁，都将荡然无存。比如河北张家口那里的一个村庄，至今还有战国时代的民房，如果拆掉盖楼房，将是多大的无可挽回的损失！有人说这是新型城镇化，其实不是，而是片面的城镇化、扭曲的城镇化、破坏性的城镇化。

根本出路在于推动城乡发展一体化。2016 年 4 月 30 日，习近平同志在中央政治局集体学习时指出：所谓城乡发展一体化，就是要"破除城乡二元结构"，"把工业和农业、城市和乡村作为一个整体统筹谋划，促进城乡在规划布局、要素配置、产业发展、公共服务、生态保护等方面相互融合和共同发展。""目标是逐步实现城乡居民基本权益平等化、城乡公共服务均等化、城乡居民收入均衡化、城乡要素配置合理化，以及城乡产业发展融合化。"说通俗一点，就是工业有的农业也要有，城市有的农村也要有，市民有的农民也要有，真正实现"你有我有，全都有"。我们常说不忘初心，不忘实现共产主义的远大目标，倘若我们实现了城乡发展一体化，那么"三大差别"就至少消灭了三分之二，这无疑是一个十分诱人的前景。

当然，在这种统筹、一体的发展过程中，一些村庄的消失不可避免，因而新型城镇化是必要的、不容否定的，但是拆掉哪些村庄、保留哪些村庄，必须在充分尊重实际、尊重农民意志的前提下统筹考虑、合理规划，宜拆的则拆，不宜拆的一定不能拆，切实做到新型城镇化与新农村建设并举，切实把保护传统村落、自然生态和历史文化遗存作为一条不可逾越的底线。尤其要警惕和防止地方政府假借新型城镇化大搞土地财政、土地金融的倾向，警惕和防止无良房地产商以支持城镇化的名义觊觎农村土地的倾向。

推进城乡发展一体化，离不开国家和城市的支持。新中国成立以来，为了建设独立完整的工业体系，为了让中国永远摆脱落后挨打的命运，广大农民作出了太多的奉献和牺牲，但是他们无怨无悔、甘之如饴。作为支撑人民共和国的脊梁，他们将赢得子孙后代的永久崇敬。如今，我国经济实力和综合国力显著增强，已经具备支撑城乡发展一体化的物质技术条件，已经到了工业反哺农业、城市支持农村的发展阶段。"羊有跪乳之恩、鸦有反哺之义"，何况人乎？在国家不断加大"三农"投入的同时，社会各界也一定要把党和国家的支农方针转化为自己的内在要求，不断拓宽帮扶渠道、不断加大支持力度、不断提高服务质量，务求所反之哺产生实实在在的效果。这是实现农村现代化的重要保证。不过，另一面的事实是，中国农业太大，农村和农民太多，单靠国家、城市的支持是不可能全面实现现代化的。即使实现了，也不可能持久保持并不断提高。外部的支持只能作为一种助力、一种条件，最根本的还是要靠亿万农民自己，靠亿万农民创造历史的无穷伟力。

令人振奋的是，我们的农民兄弟已经在自己的土地上创造了一个又一个现代化的人间奇迹。塘约、大寨，嘎措、达西，东岭、南街，华西、西王，梦兰、花园，红嘴、龙门，蒋巷、窦店，刘庄、周家庄……从京畿重地到西南边陲，从白山黑水到黄土高坡，从中原腹地到东南沿海，从江南水乡到雪域高原，到处都有这样的榜样名村。在他们那里，产业发达、设施齐全、生活富裕、社会和谐、生态良好、乡情浓郁，幼有所长、壮有所用、老有所终、病有所医、住有所居，没有辍学少年、失业青年、空巢老人、留守儿童，也没有房奴、车奴、医奴和婚奴，人们的进取精神和幸福指数甚至明显地高于城市，真个成了“黄发垂髫，并怡然自乐”的现世桃源。它们是东方的晨曦、惊蛰的春雷、进军的前驱，预示着召唤着农村现代化的灿烂前景。

为了探求榜样名村成功的秘密，为了给城乡发展一体化鼓劲加油，我们中国红色文化研究会和中国政治学会科学发展与政治和谐专业委员会密切合作，多次组成课题组，用时 1 年多，奔赴 10 多个省市自治区，深入到数十个榜样名村进行调查采访。在获取足够第一手资料的基础上，撰写或整理了 50 余篇报告文学和口述材料。后又经过反复斟酌，确定 48 篇收入本书。今年“两会”以后，又请王宏甲同志将长篇报告文学《塘约道路》改写为《塘约：新时期的大寨》，以为本书的压卷之作。

“一花一世界，一叶一如来。”49 个榜样名村各擅胜场、各有千秋，但也有其鲜明的共性，或者说他们念的是同一本经过反复检验的真经。撮其大要，就是党的领导和社会主义道路。

凡是榜样名村，都有一个坚强的战斗堡垒——党支部、党总支或党委会。这是一个紧密团结的集体，廉洁奉公的集体，全心全意为群众服务的集体，具有高远眼光、务实作风、创造精神的集体，在广大群众中具有极强聚集力和号召力的集体。尤其是这一班人的“班长”，往往以其更高的精神境界和更强的领导能力而成为当地农民群众公认的领袖人物。

凡是榜样名村，都始终不渝地坚持发展集体经济、坚持共同富裕，但是他们并不保守，也不僵化。自实行市场经济以来，他们一直主动地融入这一潮流，积极探索优化资源配置的多种途径，积极探索集体经济的多种实现形式。难能可贵的是，在这种融入的过程中，他们一直没有丧失自我，一直没有迷失方向，而是在生产资料占有、生产过程和收入分配等各个环节牢牢掌握着主导权和支配权。

不容否认，在推进农村现代化的问题上，一直存在否定集体经济的倾向。一些不辨菽麦的所谓经济学家居然夸夸其谈，编造突破18亿亩耕地红线的"理由"，妄言土地私有继而进行兼并的"好处"；一些无良媒体则对坚持集体经济的榜样名村吹毛求疵，抓住一点，不及其余，无限夸大，甚至造谣污蔑，必欲搞臭搞垮而后快；一些深受新自由主义蛊惑的领导干部也把这些榜样名村视为异端另类，对他们取得的成绩不肯定不宣传，对他们遇到的困难不过问不帮助，甚至进行不同程度的打压。所有这些，都严重背离了改革开放的正确方向，严重违犯了党的"三农"工作的方针政策，严重干扰了城乡发展一体化的进程，必须坚决予以纠正。

随着农村现代化的推进，多数农民的耕作方式和经营方式都发生了明显变化，但是他们作为小生产的性质基本上没有改变。小生产的家底薄、经营规模小、生产力分散，顾不上公共服务设施及文化、生态方面的建设，也无力抵御天灾人祸，特别是无良资本和国际资本的挤压、盘剥和吞噬。其结果必然导致两极分化和乡村的衰微破败。不改造小生产，农村的现代化就永远是海市蜃楼。在市场经济条件下，在目前的发展水平上，改造小生产可以而且应该进行多种选择，比如"公司（主导）＋合作社＋基地"的组织形式，但是这类组织形式只能解决农业产业化和增加农民收入的问题，却不能解决农村现代化的全部问题。主导经营的公司即使具有较强的社会责任感，也不大可能在影响不到他们经营的公共服务设施及文化、生态建设方面付出太多的投入，更不可能大包大揽当地的现代化。那么，可以让收入有所增加的农民去掏自己的钱袋么？我问过家乡的一个村支部书记，他说："一两次可以，多了不行。再说，我不能因为换个路灯灯泡也到各家去收钱吧？说一千道一万，没有集体经济，什么事也干不成。”

也许正是出于对中国特殊国情、乡情和发展趋势的把握，邓小平为中国农村设计的改革是一个分两步走的完整过程。1990 年，他在与几位中央负责同志的谈话中说：“中国社会主义农业的改革和发展，从长远的观点看，要有两个飞跃。第一个飞跃，是废除人民公社，实行家庭联产承包为主的责任制。这是一个很大的前进，要长期坚持不变。第二个飞跃，是适应科学种田和生产社会化的需要，发展适度规模经营，发展集体经济。这又是一个很大的前进”。[①] 如果我们走了第一步而不想再走第二步，就很难说是完整的农村改革、社会主义的农村改革、普惠广大农民群众的农村改革。人们欣喜地看到，党的十八大以来，邓小平关于“两步走”的改革构想正在变成党和国家的方针政策和战略部署。2015 年底，财政部发布《扶持村级集体经济发展试点的指导意见》，确定 2016 年中央财政在 13 个省份开展扶持村级集体经济发展的试点。2016 年 4 月 30 日，习近平同志在关于推进城乡发展一体化的讲话中则明确提出“增强集体经济组织服务功能”的论断。

完全可以预料，在中国广袤的乡村田野，必将掀起两个高潮：一个是城乡发展一体化的高潮，一个是集体经济发展的高潮。城乡发展一体化内在地要求发展集体经济，集体经济的发展壮大则为城乡发展一体化提供源源不竭的内生动力。二者相辅相成、相得益彰，恰如车之两轮、鸟之双翼，托载中国农村奋然前进，一直到达社会主义现代化的辉煌峰顶。

在这一伟大的历史进军中，倘若这本书能够起到一点作用，我们将感到莫大的欣慰。

（2017 年 6 月 8 日）

注：本文是《田野的希望——榜样名村成功之路》的序言。该书于 2017 年 8 月由北京日报出版社出版。

① 《邓小平文选》第 3 卷第 355 页，人民出版社 1993 年第 1 版。

观察复杂政治现象的一把钥匙

当今，我们面对的是一个纷纭扰攘、变幻多端的世界。世界多极化和经济全球化在曲折中发展，科技进步日新月异，综合国力竞争日趋激烈，世界的力量组合和利益分配正在发生新的深刻变化。和平与发展是时代的主题，但是和平与发展这两大问题至今一个也没有解决，天下仍然很不太平。国际上的各种因素特别是国际政治斗争，必然要对我国的政治领域和思想领域产生相当复杂的影响。正是出于对国际国内两个大局的正确把握，江泽民同志在中央思想政治工作会议上的重要讲话中谆谆告诫全党：在坚持改革开放、加强对外文化交流的同时，我们“不能丢弃马克思主义的阶级和阶级分析的观点与方法。这种观点与方法始终是我们观察社会主义与各种敌对势力斗争的复杂政治现象的一把钥匙”。

一

什么是马克思主义的阶级和阶级分析的观点与方法？概括起来就是：1. 在生产发展的一定历史阶段，阶级是一种客观的社会存在。“所谓阶级，就是这样一些大的集团，这些集团在历史上一定的社会生产体系中所处的地位不同，同生产资料的关系（这种关系大部分是在法律上明文规定了的）不同，在社会劳动组织中所起的作用不同，因而取得归自己支配的那份社会财富的方式和多寡也不同。所谓阶级，就是这样一些集团，由于它们在一定社会经济结构中所处的地位不同，其中一个集团能够占有另一个集团的劳动。”①2. 在奴隶社会、封建社会和资本主义社会，剥削阶级与被剥削阶级、压

① 《列宁选集》第 4 卷第 11 页，人民出版社 1995 年第 3 版。

迫阶级与被压迫阶级必然要形成以经济利益为焦点的矛盾和冲突，这就是阶级矛盾和阶级斗争。3.国家是一个阶级压迫另一个阶级的工具。无产阶级和资产阶级是现代社会两大对立的阶级。无产阶级要解放自己进而解放全人类，必须建立和巩固无产阶级专政。这个专政是达到消灭一切阶级，进入无阶级社会的过渡。4.民族斗争是阶级斗争的表现形式。民族的剥削和压迫实质上是阶级的剥削和压迫。只有消灭阶级的剥削和压迫，才能消灭民族的剥削和压迫。

阶级和阶级分析的观点与方法，揭示了阶级社会特别是资本主义社会的本质及其发展的客观规律，明确了无产阶级和广大劳动人民的阶级地位和历史使命，因而成为他们改变自己命运、获得社会解放、创造幸福生活的强大思想武器。

坚持阶级和阶级分析的观点与方法，绝不等于重复“以阶级斗争为纲”的错误。“以阶级斗争为纲”的错误在于过高地估计阶级斗争的形势和作用，搞阶级斗争扩大化。坚持阶级和阶级分析的观点与方法，则是要求人们从客观实际出发，科学认识一定历史阶段的阶级存在状况和阶级斗争的规律，制定正确的战略和策略，胜利推进无产阶级改造客观世界的历史进程。如果我们用阶级和阶级分析的观点与方法来观察我国的社会矛盾，就会看到：经过新民主主义革命和社会主义改造，社会主义制度在我国基本确立，剥削阶级作为阶级已经被消灭，国内的主要矛盾不再是阶级矛盾，而是人民日益增长的物质文化需要同落后的社会生产之间的矛盾。但是，“由于国内的因素和国际的影响，阶级斗争还将在一定范围内长期存在，在某种条件下还有可能激化。”因此，“既要反对把阶级斗争扩大化的观点，又要反对认为阶级斗争已经熄灭的观点”。[①]

国际社会主义运动正反两方面的经验告诉我们：在复杂的国内外政治斗争中，坚持不坚持阶级和阶级分析的观点与方法，事关党的生死存亡、国家的安危治乱、社会主义事业的兴衰成败。上世纪八九十年代之交，苏联党

① 《中国共产党中央委员会关于建国以来党的若干历史问题的决议》。

和国家面临严重的政治隐患，但是当时的苏共主要领导人却抛弃阶级和阶级分析的观点与方法，对国内外敌对势力的进攻采取一种不愿正视、不敢正视、不肯斗争的鸵鸟政策，在国内外大搞"非意识形态化"，说什么"阶级敌人和阶级斗争已不复存在"，剩下的"只有朋友、合作和协作"，从而严重束缚了党和人民的手脚，使得敌对势力如入无人之境，最终导致党和国家的倾覆。与此形成鲜明对照的是，我们党一方面否定"以阶级斗争为纲"的方针，把党和国家的工作重心转移到经济建设上来，一方面又始终坚持用阶级和阶级分析的观点与方法观察和处理国内外复杂的政治问题。邓小平一再指出："阶级斗争虽然已经不是我们社会中的主要矛盾，但是它确实仍然存在，不可小看。如果不及时地、有区别地给以坚决处理，而听任……各种不同性质的问题蔓延汇合起来，就会对安定团结的局面造成很大的危害。"[①]正是因为我们党在阶级和阶级斗争的问题上排除了"左"的和右的两方面的干扰，正确坚持马克思主义的阶级和阶级分析的观点与方法，所以才能在复杂的国内外政治斗争中居于主动地位，团结和带领全国各族人民战胜一个又一个风险和挑战，为改革开放和社会主义现代化建设提供了稳定的社会环境和坚实的政治保证。从一定意义上说，改革开放 20 多年来我们党的兴旺发达、人民民主专政的巩固、有中国特色社会主义事业的发展，所有这一切辉煌成就，既是纠正"以阶级斗争为纲"的错误带来的成果，也是坚持马克思主义的阶级和阶级分析的观点与方法的伟大胜利。

二

有人说，在改革开放中，我国社会产生了一个新的资产阶级。这个问题很复杂，也很敏感，现在还不是讨论的时候。这里所要讨论的，是党和人民与国内外反共、反华、反社会主义的敌对势力的斗争。

在当今世界，随着资本的不断向外扩张，资本主义形成了一个以不平等经济结构为基本特征的世界体系。居于中心地带的国际垄断资本集团与处

① 《邓小平文选》第 2 卷第 370 页，人民出版社 1994 年第 2 版。

于边缘地带的广大发展中国家，构成了剥削与被剥削、压迫与被压迫的关系。于是，在国际范围内，阶级斗争便往往表现为民族斗争。

由于社会主义国家独立于国际资本主义体系之外，不接受国际资本的剥削和压迫，所以自十月革命以来，国际资本主义一直把颠覆社会主义国家、消灭社会主义制度作为既定的战略。他们对付社会主义的手段可谓花样翻新，无所不用其极，但概括起来不外乎武装侵略与和平演变两种。如果说从十月革命到二战结束这一阶段以武装侵略为主，那么自二战以后特别是冷战结束以后则是以和平演变为主。和平演变作为国际资本主义颠覆社会主义国家的一种综合性战略，就是要用各种手段促使社会主义国家从内部发生有利于国际资本主义的变化，最终将其纳入资本主义世界体系，以建立资本主义的一统天下。

一是以军事力量为后盾。二战以来，国际资本主义始终没有放弃对于社会主义国家的武力威胁。即使是在冷战结束以后，他们也仍然疯狂扩充军备(如在一片反对声中加快发展战区导弹防御系统)，不断制造地区冲突，发动局部战争。炫耀武力的目的，就是要让你害怕，让你觉得惹不起，让你不得不屈服于他的屠刀之下。对此，西方的政要们一向是直言不讳的。《不战而胜》的作者尼克松坦承，军事威胁是"实现和平演变的前提"；"超越遏制"战略的制定者布什等人则宣称，必须"保持有效的威慑力量，既向我们的盟国也向我们的敌人显示美国的实力和美国的决心"。在他们看来，这种"威慑力量"会像一块磁铁吸引社会主义国家"向自由世界靠拢"，并"鼓舞东方各国人民敢于起来更积极地坚持自己的权利"。

二是以经济和科技实力为物质基础。国际资本主义依仗其经济和科技优势，利用各种手段对社会主义国家进行经济控制。一面是压，即实施经济封锁和经济制裁，迫使社会主义国家屈服；一面是诱，即以经济援助、贸易往来、技术转让为诱饵，千方百计地让社会主义国家进入他们的圈套。西方政要曾洋洋得意地说，经济援助既是一种"有力工具"，也是"意义深远"的战略投资，"要用对外援助来为战略目标服务"。而我们国内的某些学者却说国际资本主义的"援助"是罗宾汉式的仗义之举。这样的议论不是阿谀，就是糊涂。但是不管是阿谀还是糊涂，都在有力地证明：离开阶级和阶级分析的观点与方法，会得出怎样荒唐的结论！

三是以意识形态领域为主战场。国际资本主义以报纸、杂志、图书、广播、电视、电影、广告和信息网络为传播媒介，利用社会主义国家出现的一些局部问题和暂时困难，大肆兜售西方的意识形态，煽动人们对共产党和社会主义制度的不满情绪，以达到涣散人心、争取人心的目的。美国之音早在1984年便开办了世界电视网。由于采用全球卫星技术，可以有效地进行直接沟通，从而拓出了一张庞大的“大众外交”网络。经济私有化、政治多元化、军队国家化、思想自由化，则是其意识形态输出的主要内容。

四是以政治斗争为核心。核心的核心就是臭名昭著的“人权”外交，即以“人权”问题为幌子，对社会主义国家指手画脚，施加政治压力，迫使其为他们推行和平演变开放绿灯，扶持亲西方的反对派势力，甚至策动和支持反党反政府的动乱。美国的政客型学者布热津斯基在他的《大失败——二十世纪共产主义的兴亡》一书中赫然写道：“倡导尊重人权影响巨大，意义深远，可加速共产主义衰亡的进程。人权是现今时代最有吸引力的政治概念。西方大声疾呼尊重人权，已使所有共产党国家处于守势。”可以说，这一番“夫子自道”，既道破了国际资本主义“人权”外交的天机，也传达了他们消灭社会主义国家的一厢情愿的幻想。

五是以颠覆社会主义国家政权为目的。为了实现这个目的，他们除了使用上述手段外，还趁社会主义国家实行改革开放之机，采取拉出去、打进来的双面战略：一方面以培训、访问、留学的名义把社会主义国家的干部、学者、青年“请”到他们那里洗脑，使之成为“改变共产党政权最可靠最信赖的力量”；一方面以访问学者、公司高管等名义派人打入社会主义国家，伺机兴风作浪，以求一逞。与此同时，还通过外交部门与新闻和情报部门配合，外交人员与新闻和情报人员结合，用公开身份和合法名义进行各种非法活动。

对社会主义国家实行和平演变，是资本扩张的必然逻辑，是国际领域阶级斗争的最为重要的表现形式。事实明白无误地告诉人们：国际资本主义的面貌发生了变化，国际资本主义的本性却没有改变；国际资本主义对付社会主义的方式发生了变化，国际资本主义消灭社会主义的战略目标却没有改变。东欧剧变、苏联解体，从外部原因说，就是国际资本主义推行和平演变战略的直接结果。

目前，中国是世界上最大的社会主义国家。在国际社会主义运动处于低潮之际，她非但没有随波坍塌，反而不断发展、日益强盛，显示了社会主义的无限生机和光明前景。这是国际资本主义绝对不愿看到也绝对不能容忍的事实，于是其“西化”、“分化”的主要矛头自然要对准社会主义的中国。他们或者进行武力威胁，以至公然炸我驻南联盟使馆；或者进行经济制裁，在金融、贸易上处处设置壁垒和绊索；或者进行意识形态渗透，力图占领我国的舆论阵地和教育阵地；或者以“人权”相要挟，无中生有、深文周纳，炮制所谓“人权记录”，以至在联合国人权委员会上一次次策动反华决议；或者利用民族、宗教问题和达赖、台湾问题，挑拨离间、煽风点火，支持海峡两岸的民族分裂主义势力；或者收买流亡在外的所谓“民运”分子、“法轮功”分子及其他“异见人士”，组成鼓噪反华的啦啦队；或者在我境内招纳丑类、网罗群小，建立所谓“第五纵队”。如此等等，可谓罄竹难书。可以说，国际资本主义恰似《封神榜》中的那个申公豹，哪怕让他们停止片刻对中国的捣乱破坏也是不可能的。如果他们的图谋得逞，全党全国各族人民 80 年奋斗的心血、汗水和牺牲必将付诸东流，独立的走向繁荣富强的社会主义中国必然倒退到支离破碎、任人宰割、生灵涂炭的殖民地半殖民地社会。这不但是中国的灾难，也是世界的灾难！

树欲静而风不止。我们党和人民与国内外各种敌对势力的斗争将是长期的复杂的，有时甚至会是十分激烈的。从一定意义上说，反和平演变比反侵略战争要更加艰巨、更加复杂。侵略战争明火执仗，直接威胁国家和民族的生存，人民群众很容易被动员和组织起来，积极投入反抗外侮的斗争。和平演变则往往是在彬彬有礼的交往中，在无影无形中，在觥筹交错、轻歌曼舞中进行的，因而不易引起人们的警觉。古人云：“生于忧患死于安乐”。越是和平时期，越是扩大开放，越是充满诱惑，我们越是要坚持阶级和阶级分析的观点与方法。坚持它，我们就能抓住根本、认清本质，掌握政治斗争的主动权；丢掉它，我们就会浑浑噩噩、手足无措，在政治斗争中陷于被动以至归于失败。

不能说我们党内没有“马大哈”式的人物。在国际问题上，这些同志看不到经济文化交流背后隐藏着的严峻政治斗争，看不到国际资本主义在世界范围内进行剥削、掠夺的事实；在国内问题上，他们从反对“以阶级斗争为纲”发展到否定一切领域、一切形式的阶级斗争，以至在严重政治事件到来的时候毫无思想准备，甚至连问题的性质都搞不清楚。正是针对这种倾向，江泽民同志反复提醒全党同志特别是各级领导干部：“要纠正陷于日常事务，不关心政治，不注意社会思想政治动态的现象。要提高政治敏锐性和洞察力，善于从政治上认识问题、处理问题，在事关方向、事关原则的问题上保持清醒的头脑和坚定的立场。”[①]党的总书记敲起的这一记警钟，我们不能充耳不闻、漠然置之啊！

三

运用阶级和阶级分析的观点与方法来观察、处理复杂的政治现象，是一项系统工程。它既涉及阶级斗争的问题，也涉及阶级斗争以外的问题；既涉及国内问题，也涉及国际问题；既涉及原则问题，也涉及策略问题……因此，必须胸有全局、统筹考虑、谨慎从事。从目前的实际情况看，关键是要处理好以下四种关系。

一是经济建设与政治工作的关系。毫无疑问，经济建设是全党全国工作的中心。在整个社会主义初级阶段，除了发生大规模的外敌入侵，我们都必须始终牢牢地把握这个中心不动摇。而其他一切工作，包括政治工作，包括作为政治工作重要内容的处理阶级与阶级斗争的工作，都必须服从、服务于这个中心。但是，在牢牢地把握这个中心的同时，我们也必须牢记：“一个阶级如果不从政治上正确地看问题，就不能维持它的统治，因而也就不能完成它的生产任务。”[②]因此，一定要讲政治，一定要坚持人民民主专政，一定要

① 《在优秀县(市)委书记表彰会上的讲话》,《人民日报》1995 年 7 月 1 日。

② 《列宁选集》第 4 卷第 408 页，人民出版社 1995 年第 3 版。

坚持阶级和阶级分析的观点与方法。只有这样,才能保证正确的前进方向,才能创造一个稳定的社会环境,才能巩固和加强全国各族人民共同奋斗的政治基础,从而为经济建设提供强大的精神动力和坚实的政治保证。总之,经济建设与政治工作的关系是辩证统一关系。离开经济建设,政治工作就失去了基础和归宿;离开政治工作,经济建设就失去了方向、保证和动力。二者互为前提、互为促进,统一于党领导人民建设有中国特色社会主义的伟大实践。

二是扩大对外开放与反对"西化"、"分化"的关系。绝对不能把二者割裂开来、对立起来。扩大对外开放不仅是借鉴、引进资本主义世界一切有益东西的需要,也是反对"西化"、"分化"的需要。"知己知彼,百战不殆。"不打交道,就不能"知彼";不"知彼"便失去参照物,也就不可能真正"知己"。既不"知己"又不"知彼",怎么能打胜仗呢?反对"西化"、"分化"不仅是捍卫社会主义的需要,也是扩大对外开放的需要。只有有效地反对"西化"、"分化",才能增强鉴别力、免疫力和吸收力,从而不断扩大和加深对外开放的程度;只有有效地反对"西化"、"分化",才能在开放进程中滤掉毒素、隔绝蚊蝇,留下营养和新鲜空气;只有有效地反对"西化"、"分化",才能创造一个稳定的社会环境,避免因为社会动荡而干扰扩大对外开放的进程。因此,不能因为反对"西化"、"分化"而影响对外开放,也不能因为扩大对外开放而放松对"西化"、"分化"的警惕和防范,必须两手抓,两手都要硬。任何将二者对立起来的观点,任何偏废一方的观点,都是形而上学的思维方式的反映。当然,在实践中正确处理这种关系并非一件容易的事。在这里,"度"的把握是至关重要的。对外开放扩大到什么程度、怎么扩大,哪个领域先扩大或者后扩大,反对"西化"、"分化"采取什么方式进行、进行到什么程度,如此等等,都必须依国际形势的变化和我们的客观需要来正确把握。大的原则是既合作又斗争,和而不同、斗而不破。离开这个原则,就有可能造成损失甚至极为严重的后果。总之,在日益扩大的对外开放中,我们必须做到入淤泥而不染,弄狂潮而不没,取所利而避其害,这无疑是对我们的严峻考验。也正是在这样的考验面前,方能显出中国共产党人超凡的胸襟、胆魄和智慧。

三是外交工作与国内思想政治教育的关系。国与国的关系是一回事，意识形态的分歧是另一回事。在外交上，我们不以意识形态画线。党的十五大报告指出："要在和平共处五项原则的基础上，继续改善和发展同发达国家的关系。国与国之间应超越社会制度和意识形态的差异，相互尊重，友好相处。要寻求共同利益的汇合点，扩大互利合作，共同对付人类生存和发展所面临的挑战。"这是立足当代国际关系的实际，着眼多元的世界格局和复杂的国际形势，为维护我国的根本利益、促进整个世界的和平与进步事业而作出的正确决策。但是在国内的思想政治教育上，我们必须讲意识形态，必须讲清楚我们与国际资本主义在社会制度和价值观念上的分歧和斗争，必须教育广大干部群众警惕和防范敌对势力对我进行的渗透、颠覆活动。不能用意识形态冲击外交工作，也不能用外交的原则来指导国内的思想政治教育。如果在外交上以意识形态决定亲疏、取舍，在目前的国际环境中势必使自己陷于孤立和被动。茕茕孑立、形影相吊，还怎么扩大对外开放呢？如果在国内思想政治教育上不讲意识形态，就等于在国际资本主义"西化"、"分化"的攻势面前解除思想武装，其结果必然要搞乱人们的思想，危及国家和社会的稳定。分崩离析、天下大乱，还怎么建设有中国特色社会主义的事业呢？

四是原则性与灵活性的关系。在复杂的国内外政治斗争中，我们不能没有原则性，丢掉了原则性，就丢掉了安身立命的依据和奋斗发展的目标；我们不能没有灵活性，丢掉了灵活性，就丢掉了战胜敌人的机遇和手段。有的人丢掉了原则性，不分是非、随波逐流，在各种诱惑、蛊惑和迷惑中丧失原则，或成为邪教"法轮功"的狂热追随者，或成为鲸吞人民血汗的腐败分子，或成为替西方敌对势力奔走的民族败类……不但误党误国，也误了自身。有的人则不知变通，死抱住一些抽象的原则不放。在这些人看来，只要是社会主义就必须纯而又纯，不能有半点杂质；只要是敌人就没有区别，天下乌鸦一般黑；只要是斗争就要彻底，来不得任何"妥协"和"让步"。他们的迂腐和偏执，活像抗日战争时期的那些关门主义者："如果同蔡廷锴握手的话，那必须在握手的瞬间骂他一句反革命。”[①]这是多么荒唐可笑的愚蠢行为！沿着这样的路子走下去，态度越是坚决，失败得也就越快越惨。孔子说得好：“暴虎冯河，死而无悔者，吾不与也。”我们党80年的历史一再证明：没有原则性的灵活性是机会主义，发展下去就是投降主义；没有灵活性的原则性是教条主义，发展下去就是盲动主义和冒险主义。当前，无论在国际还是国内，我们都面临着比以往复杂得多的政治形势。各种力量交织缠绕，矛盾冲突此起彼伏，时时都有变数，处处都有风险，稍有差池，就会酿成千古遗恨。我们必须既有斗争又有联合，既有原则又有必要的让步，既不回避矛盾又能利用矛盾，既咬定远大目标不放松又善于迂回曲折地前进。只有这样，才能在复杂的国内外政治斗争中永远立于不败之地。

（2001年8月8日定稿）

① 《毛泽东选集》第1卷第154页，人民出版社1991年第2版。

公检法不能成为只为少数富人服务的工具

听了李永志检察长和其他几位检察官的发言，很受教益：一是让我对检察工作特别是基层检察工作有了比较具体的了解，填补了我的知识空白；二是同志们在条件较差的基层，在非常复杂的社会环境中，把工作做得那么有声有色，为我们党在衡水地区赢得了民心。这才是比黄金还要宝贵的东西。出色的工作无疑是同志们出色的品格、出色的能力的表现。从你们身上，我发现了榜样的力量。

衡水检察院在全国率先提出“以法建院、以公立院、以德育院、以廉养院、以新兴院”的“五院”建设，是一个了不起的创举。其中，“以法建院”是前提，“以公立院”是核心，“以德育院”是保证，“以廉养院”也是保证。从形式逻辑上说，“廉”是“德”的一个属概念，这一项本可以合并到“以德育院”中去，但是为什么还要单独列出呢？我想衡水的同志们自有他们的考虑。这种考虑大概就是：能否做到廉洁执法，已经成为整个公检法系统最突出、最紧迫、最重要的问题。把这一条单独列出来加以强调，充分体现了衡水的同志们廉洁执法的坚定决心和高度自觉。这就等于说，我们要做清官，我们要做当代的包拯、海瑞，这多好啊！“以新兴院”是动力。只有不断创新，才能保障执法能力和执法水平的不断提高，才能保障检察工作不断适应时代的新要求和人民的新期待。可见“五院建设”是一个完整的工作思路；但是要贯彻下去、深入下去，我想还会遇到许多复杂的情况和棘手的问题，有些还是根本方向性的问题。在这方面，我提不出具体的意见，只能讲些带有一定普遍性的问题，供同志们参考。

*一是要既学习西方，又不能照搬西方。*近十几年来，政法界有一股“西化”的思潮。不但学者、教授、律师言必称西方、言必称美国，就连政法界一

些比较高层的领导也主张照搬西方的那一套法制体系。西方的东西,美国的东西应当不应当学习呢?当然应该。列宁讲过,要用全人类创造的精神财富武装自己;斯大林说要向一切学习,包括向敌人学习。远的不说,仅从1875年法兰西第三共和国建立,也就是从资本主义制度得到基本巩固的那个时候算起,资本主义的法治建设也有一百几十年了,因此有其成熟的经验和固有的优点,如体系完备、条文缜密、操作性强等等。求实地说,我们的很多单项法律的制定和执行,是离不开西方这个参照系的。但是,同时我们又必须看到:由于国情、国体不同,我们绝不能照搬西方的那一套法制体系,而应该独立自主地进行社会主义法制体系建设。如果照搬,肯定会出大问题。

比如说物权法。在我国人大常委会制定物权法之前,法学界大多是主张照搬西方的那一套的。西方物权法的核心理念是私有财产神圣不可侵犯。这个东西我们怎能接受呢?如果这样干,那么党中央和国务院就必须从中南海搬出来,因为这里以前是爱新觉罗氏的。不!在爱新觉罗氏之前,还应当是朱家的。同时,土改时贫下中农分得地主的土地也得归还给地主。这样一来,中国共产党就成了一个违犯物权法的政党,就必须受到审判,哪里还有什么执政的资格?这个逻辑显然是非常荒唐的,这种法律在中国显然是没有任何依据的。这个东西搬到中国来,势必要产生灾难性的后果。这样说绝不是危言耸听,因为这个东西已经在原来的苏东地区制造了严重的社会动荡。1995年,我到罗马尼亚访问,在布拉索夫遇到过一个地主的儿子,当时他正要求政府退回他家的300多公顷土地。土地都回到原来的地主手里,广大农民能答应吗?这不就乱了吗?另一方面的问题是,如果照搬西方的物权法,我们国家的经济社会也无法发展。2008年,我曾到巴西的圣保罗访问。圣保罗是世界第五大城市,但自1980年以后,几乎没有什么发展,因为那里照搬了西方的物权法。比如城市要拓宽道路,那是连一间茅草棚子也拆不得的,因为那是私有财产,是"风进雨进国王不能进"的地方。今日的巴西,没有全国贯通的铁路,因为一段段的铁路都掌握在私人手里,国家无权统筹。人们出远门,只好坐飞机。如果我们也那样干,像高铁一类的基础设施还搞得起来吗?当然,我们这样讲,并不是说不要保护公民的合法财产，鼓励不顾群众死活的野蛮拆迁，而是说要说服当事人以国家建设的大局为重，自觉自愿地拆迁，同时政府要给当事人以显著高于原有财产数额的补偿。

二是要警惕“普世价值”。检察院的职能是实施法律监督。监督的目的是什么？就是要保障执法真正做到公平正义，但是公平正义不可抽象化。公平正义一旦抽象化，就变成了“普世价值”。一个时期以来，“普世价值”，也就是不分阶级、不分利益群体的公平正义呀，自由、民主、人权呀什么的，在中国学界特别是法学界炒作得很是厉害。这些普世的价值有没有呢？当然是有的，但它只是一种观念上的存在，一落实到客观实践中就不再是普世的了。这些普世的价值好不好呢？当然是好的，谁不向往公平、正义，自由、民主、人权呢？但是真正实行起来，它就不再是对谁都有好处的东西。比如说美国，是最讲普世价值的，但是它那个普世价值根本就不普世，根本不可能惠及天下苍生。近10多年来，美国利用这个口号打了伊拉克，打了南斯拉夫，打了阿富汗，打了利比亚。在连年的战争中，美国花掉了美国老百姓4万亿美元的血汗钱(不算它从别国拉来的“赞助”)，美国大兵死了6000多，伤了1.5万多(不算雇佣军)。至于被侵略的国家，仅无辜平民的伤亡就达20多万，财产损失更是数不胜数。得到好处的是谁呢？就是包括军火商、石油商在内的美国垄断资本集团。所以在伊拉克战争期间，美国就有媒体揭露说，这仗是小布什为他自己家打的，因为他家经营石油。什么“普世价值”！全是骗人的鬼话。

检察院和公安、法院一样，都是国家机器的一部分，都是上层建筑。上层建筑由经济基础决定，又为经济基础服务。经济基础是什么？就是生产力与生产关系的总和。在生产关系中，谁占有生产资料，谁就占据主导地位，谁就是占统治地位的阶级。那个上层建筑，那个法律制度，就要为这个阶级服务。这也就是说，在阶级社会里，超越于一切阶级之上的法律制度是没有的。美国的普世价值、美国的法律制度，是为美国垄断资产阶级服务的。而在我们中国，尽管私有经济成分比例不小，尽管两极分化严重，但是我们还得承认公有制是主体，还得承认我国是工人阶级领导的以工农联盟为基础的人民民主专政国家，还得承认以工人阶级为主体的广大人民群众是我国经济生活和社会生活的主人。只要承认了这一点，你就得承认我们的法院、检察院应该是向着以工人阶级为主体的广大人民群众的，而不是对所有人都是一样的。这就是执法的立场问题。如果我们的检察官们听信了“普世价值”的蛊惑，偏离了这一立场，就很容易被表面的、孤立的现象所迷惑，而忽略本质性、深层次的公平正义，从而背离社会主义公平正义的原则。

这样说，同志们可能觉得太抽象，那就让我们来看一个例子。从上世纪90年代中期起，中国的学界尤其是法学界就有一些人开始翻《白毛女》的案。他们说，从现代经济法的角度看，黄世仁与杨白劳的关系是债权人与债务人的关系。债权人向债务人索债，应当受到法律保护。杨白劳非但不还债，还做出喝卤水那样的冲动选择，是应当受到谴责的。乍一听，这似乎有理。欠债要还，不是自古而然么？黄世仁也说，“欠债还钱，天经地义。”天经地义是什么？就是公平正义呀。如果你是抽象地把握公平正义，如果你是用“欠债要还”的条文简单地判断杨白劳和黄世仁的债务纠纷，自然要把板子打到杨白劳的身上；如果你是站在人民立场，站在劳动者的立场，那么你就要刨根问底，去查找、思考杨白劳债务的来龙去脉，那么你就会发现：杨白劳之所以要借债且无力偿还，黄世仁之所以能放债且要借逼债抢夺人家的女儿，归根到底是因为社会的大不公。事实上，黄世仁借给杨白劳们的钱，就是靠剥削杨白劳们积累起来的，如实物地租、劳务地租、高利贷，大斗进、小斗出，利打利、利滚利等等。从马克思主义的法学观点来说，黄世仁的财产来源本身就是非法的。现在，你黄世仁又用从杨白劳们那里剥削来的钱财进一步剥削杨白劳们，这公平吗？正义吗？所以我们认为，《白毛女》中那个人民政府的判决，才是最合法、最天经地义的。拆穿来说，上述那些学者的法学观是站在少数人一边的，站在土富人和洋富人们一边的，站在新老黄世仁们一边的。占人口绝大多数的人民群众不需要这样的法律和法学观，也不需要这样的法学家。

*三是要把弱势群体作为服务的重点。*应当看到，在市场经济条件下，人民群众也不是铁板一块，而是可以划分为不同阶层、不同群体的。在贫富悬

殊的情况下，贫困群体、弱势群体是更需要公平正义、更需要法律援助的，而我们的公检法则往往容易向富裕群体、强势群体倾斜。从媒体公布的大量案例来看，这已经成为一个相当普遍的问题。众所周知，人民民主专政是我们的国体，这样的国体决定我们的公检法绝不能成为只为少数富人服务的工具。如果我们的公检法变成了“衙门口朝南开，有理无钱莫进来”，那就表明我们党、我们国家已经变质，变成了人民的对立面，人民群众就要起来造反。同志们想一想，这是一幅多么危险的情景！

常听到有些法官、检察官抱怨穷人的法律意识差，说他们往往由“仇富”而铤而走险。这是一个非常危险的信号。它表明你已经嫌贫了，而嫌贫就必定要爱富。当然，我不否认有“仇富”、“法律意识太差”的人存在。中国这么大，是什么人都有的，但这只是个别现象而非普遍现象。事实上，绝大多数穷人“仇”的是非法致富者，尤其是靠权力寻租致富者。举个例子说，杂交水稻之父袁隆平也是一个富人，好玩车，有好几辆豪车，但没听说哪个穷人“仇”他。2001 年，国家奖励他 500 万元，老百姓不但不嫉妒，还纷纷说给得少，应当再加一个“0”，也就是要给 5000 万。为什么呢？就是因为袁隆平是靠勤劳致富的，是靠为全中国以至全人类作出杰出贡献致富的。你看，我们的老百姓，我们穷人们多么通情达理啊。所以我说抱怨穷人“仇”富的同志要警醒啊！观念支配行动。脑子里整天装着这样一种观念，是会妨碍秉公执法的。

四是要避免刻板执法。这就是说，要一切从案件的实际出发，把握案件内部的、外部的，现实的、历史的一切复杂的联系，不为表面现象迷惑，不孤立地静止地片面地对待案件，同时要完整准确灵活地理解和运用法律条文，以最大限度地实现社会主义的公平正义。孟子时代有一个叫淳于髡的，大概是一个喜欢“抬杠”的人，我的家乡称之为“杠头”。他可能是想，你孟轲不是善辩么，我非要让你出一回洋相不可。于是，有一天他找到孟子问道，“男女授受不亲”，是礼吗？孟子说，是。淳于髡说，那好，现在嫂子掉到水里了，你拉不拉她一把呢？孟子说，当然要拉，见死不救是豺狼的行径。接着，孟子又解释道，“男女授受不亲”是正常环境下的礼法，这个礼法在特殊环境中是可以变通的。还有一个例子，就是中国民间广为流传的“颜回输冠”的故事。一天，颜回上街，见一布店前围满了人，原来是买布的跟卖布的发生了争执。那个买布的人买八尺布，三个钱一尺，但他非要给卖布的二十三个钱。卖布的说，不对，三八二十四，还少一个钱。那买布的说，三八就是二十三。颜回见状，走上前说，这位大哥，三八是二十四，怎么会是二十三呢？是你算错了。买布的指着颜回说：谁请你出来评理的？要评理只能去找你的老师孔子。颜回说：好，我的老师若评你错了怎么办？买布的说：评我错了，取我项上人头；评你错了，把你的帽子输给我。于是，二人去找孔子评判。孔子问明情况，对颜回笑笑说：三八就是二十三哪。你输啦，把帽子给人家吧。颜回是非常敬师的，尽管心里不服，还是顺从地摘下帽子，给了那个买布的。事后，孔子开导颜回说，你想想，我让你输了，不过就是输顶帽子；我若让他输了，那可是要送上一条人命啊。你说是帽子重要还是人命重要呢？这个故事以及上面那个辩论“男女授受不亲”的故事，直到今天也有重要的启示意义，即在执法过程中要有适度的变通，有时候甚至还要重大义而轻小是小非。大义是什么？就是我们一再强调的社会主义的公平正义，就是要切实把最广大人民群众的根本利益维护好，也就是衡水的同志们所说的“以公立院”。

总之，只要我们不盲目照搬洋教条的东西，只要我们立足于中国实际和衡水实际，只要我们坚定地站在以工人阶级为主体的广大人民群众一边，我们就能不断开拓社会主义检察工作的新境界。希望衡水的同志们再接再厉，扎扎实实地干上三五年，把已经取得的经验再提升到一个新的高度，然后向全国推广，让它在全国的政法战线生根、开花、结果。倘能如此，同志们作出的就不仅仅是局域性的贡献，而是全局性的贡献。我热切期待这一天的到来！

（本文是2012年6月2日在衡水人民检察院“五院”理论与实践研讨会上的发言，根据录音整理）

法治只是专政的一种工具

——关于人民民主专政问题的一封信

尊敬的李老：

您好！拜读大函、大作，感慨系之。对于专政问题，我没有多少研究。高情难却，只能谈点儿未经推敲的管窥蠡测，供您参考。

大家都知道，专政是阶级社会的产物。在人类历史上，除了原始社会和未来的共产主义社会，其他一切社会形态都属于阶级社会。什么是阶级？说白了就是以经济地位为核心的社会地位划分出的一伙一伙的人。在当下的中国，有人愿意承认阶级的存在，有人则不愿意。不管是愿意的还是不愿意的，都是出于自己所在的那个阶级的利益考虑。比如搞“宪政改革”的那些人，他们是不愿意承认阶级的存在的，而只是讲什么“公民社会”、“公共知识分子”之类，因为承认了阶级，就有一个“为什么人”的问题，这样三问五问，他们的麒麟皮下就会露出为国际资本奔走的马脚，从而也就难免要受到绝大多数人的冷落。但是不管你承认还是不承认，阶级的存在也是事实。比如说，工薪阶层埋怨房价太高，而那个夸夸其谈的房地产商却说房价太低，还没有妇女用的乳罩值钱，这难道不是阶级的分歧？还是那个房地产商，居然公开宣示：我宁可给富人盖厕所，也不给穷人盖房子，这难道不是一种极为鲜明的阶级意识？

在阶级社会中，占统治地位的阶级实行本阶级的专政，是不以人的意志为转移的客观规律。区别仅在于有的只做不说，有的又做又说。又做又说的只有无产阶级。1852 年，马克思在致约·魏德迈的信中说：“至于讲到我，无论是发现现代社会中有阶级存在或发现各阶级间的斗争，都不是我的功劳。在我以前很久,资产阶级历史编纂学家就已经叙述过阶级斗争的历史发展,资产阶级的经济学家也已经对各个阶级作过经济上的分析。我所加上的新内容就是证明了下列几点:(1)**阶级的存在**仅仅同**生产发展的一定历史阶段**相联系;(2)阶级斗争必然导致**无产阶级专政**;(3)这个专政不过是达到**消灭一切阶级**和进入**无阶级社会**的过渡”。[①] 无产阶级之所以愿意公开承认自己要争取和实行无产阶级专政,是因为承认这一点对自己有好处,可以让整个阶级和其他劳动阶级觉悟起来、团结起来,为实现本阶级的根本利益进行群众性的伟大斗争。而以往的封建统治者和资本统治者,则极少像上述房地产商那样公开与穷人对着干的。他们大抵都不愿意承认专政的存在,而总是用“仁者爱人”、“普世价值”之类的东西来掩盖封建专政、资本专政的事实,因为这样做对他们有好处。试想,如果封建统治者和资本统治者公开承认了自己的专政,告诉农民、工人和其他劳动者,我就是要用权力来剥夺、压迫、欺负你们呀,岂不犯了众怒?那统治还能维持吗?可见那个房地产商即使在剥削阶级营垒中也是一个“二货”,一个成事不足败事有余的东西。

我以为,以往我们对于“专政”的理解过于狭隘,即仅仅指一些人对另一些人的暴力统治。正确的理解应当是,“专政”体现为整个上层建筑领域的阶级倾向性,也就是你的那一套东西是向着什么人的、为着什么人的。其中不但包括法律及特定条件下使用的暴力手段,也包括其他政治的和意识形态的手段,如纪律、法规、政策、舆论宣传的导向等等。这类专政,是法律之外的专政,或者叫软性的专政。即使是这种软性的专政,也带有强制性,因为它的实施是不可能从根本上照顾对立阶级的情绪的。求实地说,当前我们在这个方面做得还不够。比如说对于党内外那些肆无忌惮地谮毁党的历史的行为,是完全应当用行政、纪律等手段加以约束的。在这一点上,我们应当向法国和俄罗斯学习。

认识到这一层,就不至于把专政和法治对立起来了,就不会看成有法治

① 《马克思恩格斯选集》第4卷第547页,人民出版社1995年第2版。

就不用专政,有专政就会破坏法治。其实,法治与专政根本不是一个层面的东西。专政是国体,解决的是“社会各阶级在国家中的地位”的问题。[①] 法治及其他制度层面的东西是政体。国体与政体之间,是纲和目的关系,目的与手段的关系,主导与服从的关系。所谓法治,不管被怎样美化神化扩大化,毕竟只是专政的一种工具而已。

在很多人看来,美国是一个不用专政专讲法治的模范社会。其真实情况远非如此。比如最近对于白人协警枪杀黑人案件的审判就很能说明问题。2012 年 2 月,佛罗里达州的白人社区协警齐默尔曼因为觉得黑人青年马丁不正派,就对他进行跟踪、监视,因此引发争执。在争执中,齐默尔曼开枪打死了这位手无寸铁的黑人。2013 年 6 月,在由 5 名白人和 1 名西班牙裔女性组成的陪审团经过两天 16 小时的审理后认为,没有充分证据证明齐默尔曼“谋杀”了马丁,于是法院判定杀人者无罪。这种审判,难道不是夹杂种族歧视的专政?岂但是专政,而且是极其露骨、极其野蛮的专政!设若齐默尔曼打死的是华尔街金融寡头的儿孙,陪审团这会这样审理吗?法院还会这样判吗?我们千万不能忘记,法律不是上帝的安排,也不是超人类的“绝对精神”,而是隶属于某个阶级的一伙人琢磨出来的东西。一个显而易见的事实是,哪个阶级都不会制定对本阶级不利的法律。将法律“去人化”、“去阶级化”,是历史上一切剥削阶级惯用的伎俩。

您说,以往发生的“左”的错误从反面证明:在和平年代,要强调法治、淡化专政。其实,以往的错误不在于使用了专政手段,而在于错误地使用了专政手段。其一是对一些本来可以用纪律或批评教育解决的问题,武断地使用了“暴力手段”,其结果是负面效应远远大于正面效应,恰如给患者服用虎狼之药的情形一样。这样的历史教训启示我们:在人民民主专政的社会条件下,我们还是要继承、发扬老祖宗“明德慎罚”的传统。“暴力手段”只有在非常态环境,比如战争或政权受到严重威胁的情况才可以使用,是一种不得已而为之的东西。其二是用专政手段“专”了不少好同志的“政”。比如河北

① 毛泽东《新民主主义论》,《毛泽东选集》第 2 卷第 676 页,人民出版社 1991 年第 2 版。

有一位老同志，叫郑熙亭。上世纪50年代，他是沧州地区行署专员，因为性情耿直，喜欢发表和坚持自己的见解，于1957年被打成右派。上世纪80年代，他以研究王安石和苏轼的学术成就被高扬同志发现，出任中共河北省委宣传部常务副部长（后兼省文化厅厅长）。这位老同志虽经磨难，但是脾气不改、党性依旧。比如，他曾多次拒绝来自北京的高干子女们索要"赞助"的要求。直到现在我还记得，上世纪80年代后期，正当他写作《苏轼传》的时候，办公室的同志拿着一个批文，请他签字，说某某领导已经批了，给某某多少赞助。郑熙亭头也不抬，一边写一边说道："去，去，去！什么高干子弟，都搞这一套，一分也不给！"如今，这位老同志已80多岁高龄，但对党的事业依然热情如火，一直忙于组织、撰写文章，与历史虚无主义思潮进行坚决的斗争。您说，这样的人怎么可能是右派呢？

当务之急是，要进一步加强法治建设和其他方面的上层建筑建设，切实把人民民主专政落到实处，切实保障以劳动者为主体的最广大人民群众的根本权益，而不是用法治来代替人民民主专政。现在有的人只讲政体不讲国体、只讲法治不讲专政，其目的就是要在这种混淆、模糊中偷梁换柱，把人民民主专政的国体改变为资本尤其是国际资本专政的国体。这个国体一旦改变，那"法治"也必定变成资本整治广大劳动者阶级的工具。

总之，您出了一个很大的题目。这个问题不是几行字就能说清的，也不是仅凭有限的感觉就能下结论的。要研究起来，没有3—5年的工夫不行。因为您是我素所尊敬的老同志，而且彼此文交很深，所以口无遮拦地说了这么多，还是那句话，"供您参考"。

书不尽意，不胜区区向往之至。

敬颂

秋祺

刘润为

2013年9月29日

人民民主专政是法宝

人民民主专政是一个久违的话题。多年来,由于种种复杂原因,回避、淡化、消解人民民主专政几乎成为舆论上的一种潮流。在这种情势下,即使是一些想谈专政问题的同志,也往往感到无奈,往往采取退避三舍的态度。王伟光同志的《坚持人民民主专政,并不输理》[①]一文,好就好在以反潮流的精神重新强调并正确阐释了这一命题,从而为坚持党的基本路线,进一步深化改革、扩大开放,提供了实实在在的正能量。说它是在关键历史时刻敲起的晨钟暮鼓,似乎并不为过。

从原始公社解体到共产主义实现之前这一漫长的历史阶段,始终存在着阶级和阶级斗争。阶级斗争必然要导致某种专政。在奴隶社会、封建社会和资本社会,自然是奴隶主、封建主和资本家的专政。“惟辟作福,惟辟作威,惟辟玉食”,就是这些专政的生动写照。什么“泛爱众”、“全民国家”、“普世价值”之类,都是一些骗人的把戏。在人类历史上,只有无产阶级才把自己实行的专政鲜明地写在旗帜上。列宁在《国家与革命》中指出:“谁要是仅仅承认阶级斗争,那他还不是马克思主义者”,“只有承认阶级斗争、同时也承认无产阶级专政的人,才是马克思主义者。”[②]

进入新时期以后,邓小平指出:“我们必须看到,在社会主义社会,仍然有反革命分子,有敌特分子,有各种破坏社会主义秩序的刑事犯罪分子和其他坏分子,有贪污盗窃、投机倒把的新剥削分子,并且这种现象在长时期内不可能完全消灭。同他们的斗争……仍然是一种特殊形式的阶级斗争,或者说是历史上的阶级斗争在社会主义条件下的特殊形式的遗留。对于这一

---

① 《红旗文稿》2014 年第 18 期。

② 《列宁选集》第 3 卷第 139 页,人民出版社 1995 年第 3 版。

切反社会主义的分子仍然必须实行专政。""这种专政是国内斗争,有些同时也是国际斗争,两者实际上是不可分的。因此,在阶级斗争存在的条件下,在帝国主义、霸权主义存在的条件下,不可能设想国家的专政职能的消亡,不可能设想常备军、公安机关、法庭、监狱等等的消亡。"[①]进入21世纪以后,江泽民同志曾尖锐批评党内淡化人民民主专政的倾向:"我们很多同志,对发展社会主义民主比较重视,但是对社会主义政权的专政职能,认识就不那么清楚了,在工作中注意得不够,抓得也不够,总觉得现在还讲专政,是不是过时了? 这种想法不仅是错误的,而且是十分有害的。有的人甚至把人民民主专政和依法治国对立起来。这也是错误的。"他谆谆告诫全党:"在国际国内各种因素的作用下,一定范围的特殊形式的阶级斗争不仅现在仍存在,而且还将长期存在,有时还会很尖锐。""用人民民主专政来维护人民的政权,维护人民的根本利益。在这个问题上,要理直气壮。我们社会主义政权的专政力量不但不能削弱,还要加强。在这个问题上,切不可书生气十足"。[②] 今年2月17日,习近平同志在中央党校省部级主要领导干部专题研讨上的讲话中明确指出:"看待政治制度模式,必须坚持马克思主义政治立场。马克思主义政治立场,首先是阶级立场,进行阶级分析。"[③]

这些科学论断表明,阶级分析和无产阶级专政是马克思主义国家学说的核心内容。抽掉了阶级分析和无产阶级专政的理论,马克思主义就会成为什么人都可以不去理会或者什么人都可以接受的东西(关于这一点,美国驻苏联大使马特洛克在谈到苏联解体时说得十分清楚);否定了社会现实中的阶级斗争和无产阶级专政,无产阶级和其他劳动人民的根本利益以及为这种利益进行的一切奋斗,便失去了社会历史依据。人家就可以指责说,共产党人、无产阶级和其他劳动群众为争取自身利益进行的一切伟大斗争都是无事生非,都是反社会、反人类的行为。由此可见,对于无产阶级和广大劳动人民来说,阶级分析和人民民主专政始终是安身立命的根本,是像布帛

① 《邓小平文选》第2卷第169页,人民出版社1994年第2版。

② 《江泽民文选》第3卷第222、223页,人民出版社2006年第1版。

③ 见《中国政治学新时代的到来》,《文汇报》2014年6月30日。

菽粟一样不可以须臾离开的东西，是实现自身解放并由此实现全人类解放的强大政治武器。

在人民当家作主的社会里，民主和专政是一种成对的规定，它们相互支撑、相互渗透、相互转化，共同支撑起保护全国各族人民根本权利和根本利益的大厦。所谓人民民主，就是人民为主、人民作主，就是要让人民真真切切地感受到自己作为国家主人公的全部尊严和骄傲。只有这样，才能充分激发广大人民群众捍卫自己政权的主动精神，使国内外敌对势力的一切破坏活动陷入老鼠过街人人喊打的境地，从而将人民民主专政最大限度地落到实处。所谓人民民主专政，就是要利用国家机器对一切损害、危害人民利益的国内外敌对势力及其行为进行强力的限制、打击以至镇压。如果我们任由国内外敌对势力在经济、政治和意识形态领域肆无忌惮地进行捣乱、破坏，势必导致江山易主。敌对势力作了主，又何谈人民民主？

宪政派的所谓“宪政改革”，其要害就是把专政与民主割裂开来、对立起来，进而用国内外敌对势力的“民主”取代人民民主，让国内外敌对势力来专中国共产党的政、专广大人民群众的政。那些宪政派一直以改革派自居，而给不同意他们意见的人扣上反对改革开放的帽子。其实，他们才是一股货真价实的反对改革开放的社会势力。改革开放不是一种孤立的存在，它与四项基本原则互为存在的前提。而四项基本原则又是一个不可分割的整体，否定了其中任何一项，其他三项也就化为乌有。这也就是说，否定了人民民主专政，就否定了基本路线的一个基本点。车之两轮丢掉一个，鸟之双翼折断一只，将会出现什么样的情景？这不是反对改革开放又是什么？对于这种倾向的危险性，邓小平早在 1979 年就对全党提出过警告：“如果动摇了四项基本原则中的任何一项，那就动摇了整个社会主义事业，整个现代化建设事业。”[①]

坚持阶级分析、人民民主专政与以阶级斗争为纲是性质完全不同的两回事。以阶级斗争为纲的错误在于过高地估计阶级斗争的严峻程度，在全

① 《邓小平文选》第 2 卷第 173 页，人民出版社 1994 年第 2 版。

党全国工作大局中把它上升到了主导性的地位。坚持阶级分析和人民民主专政，则是要求客观地估计阶级斗争的形势，既不夸大也不低估；正确地使用人民民主专政手段，既不手软也不过度。这是一种实事求是的认识态度和实践精神。有人用以往发生的"左"的错误来否定阶级分析和人民民主专政，这是十足的张冠李戴。其实，以往"左"的错误不在于使用了阶级分析的方法和人民民主专政的手段，而在于错误地使用了阶级分析的方法和人民民主专政的手段。一是把本来可以争取、团结过来的人，甚至一些好同志当成了阶级敌人；二是把本来可以用教育、纪律解决的问题武断地使用了"暴力手段"，甚至"专"了不少好同志的"政"。值得注意的是，在为极左倾向推波助澜的人当中，就有一批真正应当专政的敌对分子。"文化大革命"期间，某高校的一个造反派组织率先揪斗了不少老一辈无产阶级革命家。这个组织的头头前些年在境外发表文章供认，当年他本人和他的造反派组织，就是以推翻中国共产党领导的现行体制为宗旨的。可见"左"和右是一对亲兄弟，总是要一前一后跑出来破坏人民民主专政。

在社会主义国家，议论并实行人民民主专政，本来是一个近乎人要穿衣、吃饭这样平常的问题，然而在今天却成了咄咄怪事，成了大逆不道。王伟光同志的文章一发表，境内外敌对势力便发起了有计划、有组织的大规模围攻，造谣、辱骂、恐吓，手段无所不用其极，大有黑云压城之势。它们的目的，就是要制造一个网络群体性事件，逼迫我们党放弃阶级分析和人民民主专政的理论与实践。其中的教训，值得我们从历史与现实、国际与国内等多个侧面进行深刻的总结。

国内外敌对势力(那些由于不明真相跟着跑的人不在此列)围攻王伟光同志的文章，恰恰表明这篇文章击中了他们的要害，恰恰暴露他们企图剥夺中国共产党人和广大人民群众的思想武装而任由他们进行单方面阶级斗争的用心，恰恰证明坚持阶级分析和人民民主专政的现实必要性和紧迫性。

在这场关系党和国家命运的舆论斗争中，媒体的表现是应当深刻反省的。上世纪五六十年代之交，毛泽东在读苏联政治经济学的谈话中深刻指出："社会主义民主的问题，首先就是劳动者有没有权利来克服各种敌对势力和它们的影响的问题。像报纸、刊物、广播、电影这类东西，掌握在谁手里，由谁来发议论，都是属于权利的问题。"这个权利，必须牢牢掌握在党和人民手里。党的媒体要姓"党"，在大是大非面前，必须旗帜鲜明、必须敢于亮剑，而不能噤若寒蝉、隔岸观火或首鼠两端，更不能站到党和人民的对立面去。外资媒体既然客居中国，就必须有客人的样子，必须给主人以起码的尊重和礼貌，必须遵守中国的法律、法令和法规，而不能做任何有损于中国人民利益的事情。一切共产党人，特别党的领导干部和党的社会科学工作者，则应当像王伟光和《红旗文稿》那样，为了捍卫人民的根本利益而不顾毁誉、不计得失，敢于担当、冲锋在前，真正做一个彻底的唯物主义者。

（2014 年 10 月 11 日）

绝不允许砸共产党的锅

近年来,意识形态工作的内外环境更趋复杂多变。随着国际资本主义基本矛盾的日渐激化和中国特色社会主义的胜利前进,国际敌对势力不断加大对我"西化"、"分化"的力度。在他们的支持、唆使下,国内一些组织和个人不断变换手法,散布流言蜚语,造谣生事,煽风点火,抢占舆论高地,制造思想混乱,与我争夺人心民意。香港"占中"风潮,少数民间组织胆大妄为,某些意见领袖、网络大V和体制内的"异见人士"嚣焰日长,其源盖出于此。

在尖锐复杂的意识形态斗争中,绝大多数党员干部的表现是好的,但是也有一些党员干部,特别是一些领导干部的表现很不像话。他们过分爱惜自己的羽毛,乡愿作风严重,老想着两边讨好、四处结缘、八面玲珑,以塑造自己的开明形象。在重大意识形态问题上,他们含含糊糊、遮遮掩掩,甚至首鼠两端、见风使舵,更有甚者,则走上了纵容、支持错误思潮的道路。爱国主义内容从教材中大幅削减,一些学科马克思主义失语,"宪政民主"、新自由主义、历史虚无主义泛滥,某些有西方背景的所谓"专家"、"学者"混入一些部门,思想文化领域一些与党同床异梦的干部非但没有受到批评处理,反而得到提拔重用。如此等等,都是极为发人深省的。

事实表明,意识形态工作的重要性和迫切性已经以前所未有的程度摆在我们面前。意识形态工作关乎旗帜,关乎道路,关乎政治安全、经济安全、社会安全,关乎人民群众的安危祸福,关乎民族复兴伟大事业的兴衰成败。不牢牢掌握意识形态斗争的主动权,党和人民的一切都无从谈起。

掌握斗争主动权，就是要在矛盾对立中始终居于主要方面，就是要牵着对方的鼻子走，就是要玩敌于股掌之间。为此，必须弘扬主旋律，加强正面引导，用中国特色社会主义成果引导舆论，用社会主义价值观凝聚人心；必须高度重视苗头性、倾向性问题，打好主动仗，防患于未然；必须高度重视网络斗争，按照网络生态的运行规律，综合运用法律、技术手段，治理网上乱象，让网络空间成为激发正能量的坚强阵地。

掌握斗争主动权，必须走出“左‘左’不分”的误区。长期以来，有人故意在左和“左”之间画等号。谁讲马克思主义，谁讲人民民主专政，谁就被视为搞极左；谁批评错误思潮，谁就被扣上“文革大批判”的帽子。“左”的东西必须警惕、必须永远坚决反对，但是对于勇于批评错误思潮的同志，必须坚决予以支持。如果让这些同志长期受到冷遇和打击，无异于自毁长城。

掌握斗争主动权，必须打破“不争论”、“不炒热”的紧箍咒。当年邓小平提出“不争论”，是就改革措施等具体问题而说的。在大是大非面前，他一向旗帜鲜明。针对资产阶级自由化思潮，邓小平明确指出：“某些人所谓的改革，应该换个名字，叫作自由化，即资本主义化。他们‘改革’的中心是资本主义化。我们讲的改革与他们不同，这个问题还要继续争论的。”[①]但是，长时间以来，有的部门和领导却将“不争论”扩大化、绝对化，用于指导意识形态领域的一切工作，后来又由此衍生出一个所谓“不炒热”，并一直沿用至今。实践证明，这是完全错误的。人家每天都雄赳赳打上门来争论，有的部门和领导却让人们退避三舍、三缄其口；人家已经将谣言炒得满天飞，有的部门和领导却让人们把脑袋扎入沙堆，视而不见、听而不闻。这实际上是捆住马克思主义的手脚，而纵容错误思潮的自由泛滥。意识形态阵地，如果我们不占领，别人就会占领，历来如此。20多年来，形形色色的错误思潮愈演愈烈，从管理上说，就是“不争论”、“不炒热”造成的恶果。鲁迅说得好：“损

① 《邓小平文选》第3卷第297页，人民出版社1993年第1版。

着别人的牙眼，却反对报复，主张宽容的人，万勿和他接近。”[①]

掌握斗争主动权，关键在自己。《孙子兵法》说：“用兵之法，无恃其不来，恃吾有以待也，无恃其不攻，恃吾有所不可攻也。”“有以待”、“不可攻”，就是最大的主动权。

当务之急是要做好以下几件事：

一是各级领导干部要涵养共产党人的浩然正气。怕鬼是因为心里有鬼。有些同志一听到人家攻击什么便不敢再坚持什么，就是因为内心深处有私心杂念。这些同志以为忍一回、让一招、退一步，就会求得安宁。殊不知躲得过初一，躲不过十五，越退敌对势力越得寸进尺、变本加厉，直到把你逼到悬崖绝处。进一步的问题是，如果防线不牢，有了破绽，那就更加糟糕。一旦短处、辫子，尤其是子女、亲属贪腐一类的事情攥在人家手里，想要拿回主动权是不可能的。相反，如果我们心底无私、一身正气、两袖清风，又何惧之有？建议我们的领导干部重读方志敏、杨靖宇，重读范文澜的《大丈夫》，重读毛泽东提议选编的《不怕鬼的故事》，彻底战胜贪欲、软弱、狭隘、委琐和渺小，以顶天立地的共产党人的伟岸姿态出现在意识形态斗争的前沿。

二是要打扫自家的院子。外敌强攻不可怕，内部出问题最可怕。东汉人应劭的《风俗通》载：齐国某家有一女儿，东西两家都来求婚。东家富而男子丑，西家贫而男子美。父母问女儿愿意嫁到哪一家。女儿说她打算在东家吃、西家住。而今，这类东食西宿、两头通吃的人物在党内、国内都是不少的。体制内的待遇他们要得，国际敌对势力的好处他们也要捞；但是在敌对势力那里，没有免费的午餐。要从那里捞好处，就必须做些颠覆体制的事情给他们看。也就是说，他虽然吃着共产党的饭，还必须砸共产党的锅。砸锅砸得越起劲，在敌对势力那里得到的喝彩和实惠越多；在敌对势力那里得到的喝彩和实惠越多，“名人”效应越大，我们的某些部门和领导越怕；我们的某些部门和领导越怕，便越加讨好之：或奉若上宾，或提拔重用，或委以人大代表、政协委员之类；在体制内地位越高，在敌对势力那里也便越加值

---

① 《鲁迅全集》第6卷第612页，人民文学出版社1981年第1版。

钱……如此恶性循环，会形成哪种导向，产生什么样的比照效应，是不言而喻的。长此以往，意识形态领域岂能不越来越乱？这个问题不解决，即使发表再多的正面宣传的文章也是枉然。问题非常明朗：对于靠砸共产党的锅从西方捞好处的人，必须首先砸了他在体制内的饭碗。要明确告诉他：共产党没有贱骨头，不养吃里爬外的人。你要反党，可以，但是共产党不能再养你，不但要取消你的党籍，还要收回给你的一切待遇。他在党内没了身份和地位，在敌对势力那里也就没了利用价值；没了利用价值，实用主义的敌对势力也就不会再给他什么名誉和实惠。这样一来，他也就砸掉了自己的全部饭碗，落得个大庙不收、小庙不留的下场，从此也就从意识形态领域销声匿迹。只要这样坚决处理几个，特别是所谓资格老、名气大的几个，就会在全社会尤其是广大青年中形成正确导向：只有跟人民一条心，跟共产党走，才有好处、才有前途；跟国际资本一条心，跟所谓党内异见人士、网络大V走没有好处、没有前途。对于在大陆从事颠覆活动的一些民间组织，也不能宽容有加，更不能再作为决策咨询的智库，而必须严加管理。要学习俄罗斯，要求这些组织如实申报资金来源，申报不实者必须彻查，并作出相应制裁，以切断其供血通道。为国际敌对势力奔走的那些自由知识分子、公共知识分子，多是些利欲之徒。断了财路，他们自然会消停许多。如此这般，把从内部攻破堡垒的负面因素压缩到最小值，我们在意识形态斗争中基本上就有了胜算的把握。

三是要在经济基础上下工夫。意识形态工作必须有经济基础的支撑和保障。60多年来，经过一代又一代中华儿女的艰苦奋斗，中国的经济实力不断增强，蛋糕越做越大，这是我们做好意识形态工作的坚实物质基础。如今，在继续做大蛋糕的基础上分好蛋糕，已是我们党在深化改革中面临的最为严峻的课题。分配不公，基尼系数过大，人民群众就会产生不满情绪，从而给境内外敌对势力留下口实和空子。必须毫不动摇地坚持以公有制为主体、多种所有制经济共同发展的基本经济制度，不折不扣地贯彻公平正义的原则，诚心诚意地走共同富裕的道路。有了这个基础，广大人民群众就会坚定地站在我们党一边。有了人民群众这一铜墙铁壁，我们党在意识形态斗争中就会永远立于不败之地。

意识形态领域的斗争是长期的、复杂的。即使到二百年以后，这种斗争也不会止息。因此必须进行接力式的“韧”的战斗。在尖锐复杂斗争中将实现中国梦的伟大事业推向前进，到大风大浪中去迎接世界社会主义运动的高潮，就是我们这一代及以后几代人的光荣使命。不管前进的道路上还要发生多少曲折，还要经历多少坎坷和风雨，我们毕竟能够到达胜利的彼岸，因为我们的事业顺乎历史潮流，因为我们的事业合乎人心民意。

（2014 年 11 月 2 日）

总结历史是为了开辟未来

今年是“文化大革命”发动50周年、结束40周年。作为一个持续10年之久的重大事件，它已经成为历史，成为一种过去的存在。但是我们必须重视这一段历史，正确地总结这一段历史，因为历史与今天和未来血肉相连、息息相关。

“文化大革命”结束以后，党中央作出了《关于建国以来党的若干历史问题的决议》(以下简称《决议》)。实践证明，中国共产党人正是以其对历史的正确结论，正确地选择了未来；以其对未来的正确选择，创造了新的历史；以其创造的新的历史，正在迎接更大的辉煌。

然而，歪曲历史，误导未来的逆流也从未止息。尤其是党的十八大以来，随着党和人民群众关系的日益紧密，人民民主专政的不断巩固，实现民族复兴伟大事业的胜利推进，这股逆流也大有再起狂澜之势。进入今年以来，境内外敌对势力对于“文革”的话题更是表现出了极度的亢奋：一是用制造谣言、歪曲事实、夸大其词等手段，无限制地放大“文革”的错误，并由此上溯，追究发生“文革”的“原罪”，否定中国共产党及其领袖毛泽东的一切建树；二是借批判“文革”和毛泽东，含沙射影，把矛头直接指向以习近平同志为总书记的党中央，妄图推翻中国共产党的领导和社会主义制度。

他们公开扬言，要“用普世价值来反思文革史”，“文革”发生的根源在于“文革前的制度”，“文革前的意识形态”，而且迄今为止，“从意识形态看，我们可能一直走在文革或文革式的道路上”，“反资反修的魔咒一直活在国人的神经中”，“依旧存在类似的‘个人迷信’的造神文化”和“毛泽东时代的个人崇拜”，如此等等。总之，不管是谁，只要你不赞成“普世价值”和“宪政民主”，只要你还站在共产党和社会主义一边，你就是“文革”余孽，就在他们打倒之列。更有恬不知耻如许家屯者,居然提出:判断党中央的领导是否正确的标准,就是要看对他许家屯和前任总书记的态度。这种"顺我者捧,逆我者反"的逻辑,才是"文革"中大搞打砸抢的造反派们的流风余韵。

人们不曾忘记,早在《决议》起草之前,党内和社会上就出现了一股诋毁毛泽东、否定中国共产党、怀疑社会主义的资产阶级自由化思潮。其势之汹汹,甚至干扰到《决议》起草工作的正常进行。是邓小平、陈云等老一辈无产阶级革命家在关键时刻挺身而出,既实事求是地对待"文革"的错误,又实事求是地维护毛泽东同志的历史地位,维护中国共产党领导和人民当家作主的历史依据和思想政治基础。

1979 年 3 月,邓小平同志发表《坚持四项基本原则》的重要讲话,指出"必须坚持社会主义道路;必须坚持无产阶级专政;必须坚持共产党的领导;必须坚持马列主义、毛泽东思想"[①],强调"每个共产党员,更不必说每个党的思想理论工作者,决不允许在这个根本立场上有丝毫动摇。如果动摇了这四项基本原则中的任何一项,那就动摇了整个社会主义事业,整个现代化建设事业。"[②]"毛泽东思想过去是中国革命的旗帜,今后将永远是中国社会主义事业和反霸权主义事业的旗帜,我们将永远高举毛泽东思想的旗帜前进。"[③]在《决议》起草过程中,邓小平同志又谆谆告诫有关同志:一定"要确立毛泽东同志的历史地位,坚持和发展毛泽东思想"[④]。"毛泽东思想这个旗帜丢不得。丢掉了这个旗帜,实际上就否定了我们党的光辉历史。"[⑤]"决议稿中阐述毛泽东思想的这一部分不能不要。这不只是个理论问题,尤其是个政治问题,是国际国内的很大的政治问题。如果不写或写不好这个部分,整个决议都不如不做。"[⑥]可以说,面对党内外否定毛泽东历史地位和四项基本原则的错误思潮,如果没有邓小平、陈云等老一辈无产阶级革命家力排众议、力挽狂澜,我们党和国家就必然要丧失根本,社会主义事业就必然要半

---

① 《邓小平文选》第 2 卷第 164—165 页,人民出版社 1994 年第 2 版。
② 《邓小平文选》第 2 卷第 173 页,人民出版社 1994 年第 2 版。
③ 《邓小平文选》第 2 卷第 172 页,人民出版社 1994 年第 2 版。
④ 《邓小平文选》第 2 卷第 297 页,人民出版社 1994 年第 2 版。
⑤ 《邓小平文选》第 2 卷第 298—299 页,人民出版社 1994 年第 2 版。
⑥ 《邓小平文选》第 2 卷第 299 页,人民出版社 1994 年第 2 版。

途而废,中华民族就必然要陷入黑暗的深渊。

在"文革"发动50周年、结束40周年之际,再度深入反思"文革"的历史是必要的,但是这种反思必须坚持合规律性与合目的性的统一。所谓合规律性,就是必须坚持历史唯物主义的观点和方法;所谓合目的性,就是要从激发正能量的立足点出发,从有利于全党全国工作的大局出发,从捍卫中国共产党历史和执政地位的立场出发,从实现中华民族伟大复兴中国梦的远大目标出发。这种合规律性与合目的性统一的具体体现,就是要坚持用《决议》统一思想,坚决反对"左"右两种错误倾向,特别是右的,即借反思"文革"反党反社会主义的倾向。

为此,必须把毛泽东同志发动"文革"的初衷与"文革"的错误区别开来。"文革"的错误在于:一是阶级斗争扩大化,把当时一些不属于阶级斗争的问题也看成阶级斗争;二是把阶级斗争的形势估计得过于严重,认为大批政权都不掌握在党和人民群众手里;三是踢开党委闹革命,导致"打倒一切,全面内战"。但是毛泽东同志始终是一位伟大的无产阶级革命家,他比同时代的其他人都要看得深远。他发动"文化大革命"的初衷,是为了在西强我弱的世界历史条件下,防止中国共产党由人民公仆变成人民的主人,防止在社会主义取得胜利以后出现资本主义复辟,防止帝国主义势力被赶出中国后再度卷土重来。如果连这样的"初衷"也一起否定,中国共产党靠什么立于不败之地?社会主义中国哪里还有光明的未来?苏东剧变的历史事实证明:毛泽东同志关于跳出"其兴也勃焉,其亡也忽焉"的历史周期率的思考,关于"不当李自成"的警示,关于社会主义条件下仍然存在阶级和阶级斗争的论断,关于巩固人民民主专政、防止和平演变的思想,是完全正确的。这些东西,马克思、恩格斯没有讲过,列宁、斯大林也没有讲过,是他依据马克思列宁主义的基本原理,在新的世界历史条件下、新的社会实践中进行的伟大理论创造。如果我们把毛泽东思想仅仅看作是革命的夺取政权的理论,而把他关于社会主义革命和建设的理论排除在外,那就表明我们不是在高举毛泽东思想的旗帜,至少不是在高举更具现实性的毛泽东思想的旗帜。

为此,必须把毛泽东同志领导"文革"与林彪、四人帮的捣乱破坏区别开

来。利用“文化大革命”，利用人民群众的革命情绪行抢班夺权之实，是林彪反党集团和四人帮的祸心所在。同时社会上还有一些反动分子趁势而起，与他们相互呼应，浑水摸鱼、制造动乱。例如北京某高校的一个造反派组织，曾经干了不少殴打老一辈革命家及其他“打砸抢”的坏事。这个组织的头头前些年在境外发表文章供认，当年他本人和他的造反派组织，就是以推翻中国共产党领导的现行体制为宗旨的。对于“文革”中出现的这些混乱现象，以毛泽东同志为首的党中央一经发现，便立即严肃处理。例如批判反动血统论，追查北京“西城区红卫兵纠察队”的打砸抢行为，禁止“武斗”和“红海洋”，处理北京高校五大造反派领袖，对一大批老干部采取保护措施等等，都是不可否认的事实。1967 年湖南道县发生惨案，中央知道消息后便立即采取有力措施予以制止，并给负有领导责任的“支左”军代表以严厉处分，而且一直不得平反。必须看到，毛泽东同志发动、领导“文化大革命”是一回事，林彪、四人帮及其他反动分子的捣乱破坏是另一回事，二者绝不可混为一谈。

为此，必须把“文革”和“文革时期”区别开来。不能否认，“文化大革命”给我国经济、社会发展造成了无法挽回的严重损失，但是“文革”与“文革时期”毕竟是两个不同的概念，绝不能用“文革”的错误否定党和人民的全部社会实践。事实上，在那样一种极其困难的条件下，经过毛泽东等老一辈无产阶级革命家和全党全国人民的共同努力奋斗，中国的经济建设及多项社会事业仍然取得很大的发展。农田水利基本建设成效显著，10 年间粮食增产 1482 亿斤，年均增产 148 亿多斤；独立完整的工业体系建设继续推进，从 1964 年到 1974 年，“工业十年来增加了一点九倍，每年递增百分之十一点几”[①]；培养、建设一支尖端科技队伍，“两弹一星”、杂交水稻、青蒿素等关键科技攻关项目先后取得成功；重大基础设施建设取得显著进展，南京长江大桥、葛洲坝水利枢纽工程等相继竣工；外交工作取得突破性进展，以压倒多数恢复我国在联合国的合法席位，先后与英美等多个西方发达国家建交……

---

① 摘自 1974 年 12 月 17 日邓小平同志向毛泽东同志汇报工作的话，《毛泽东年谱》(1949—1976)第 6 册第 560 页，中央文献出版社 2013 年第 1 版。

如果我们只看到“文革”的错误，而看不到“文革时期”取得的成就，就完全抹杀了党和人民的历史作用和历史贡献，从根本上背离了历史唯物主义的精神和原则。

在以往特定的历史发展阶段，对于“文化大革命”等重大历史问题的回顾与处理，采取“宜粗不宜细”的方针是正确的，有利于全党团结，有利于开辟未来。然而在今天，随着互联网等现代传播技术的发展，随着中国特色社会主义的胜利前进，思想、文化、舆论方面的斗争空前复杂、空前激烈。境内外敌对势力对于“文革”历史的编造和诋毁，几乎达到了登峰造极的地步。人家已经把谣言造遍了几乎所有历史事件甚至一些历史细节，此时如果我们依旧置若罔闻、不理不睬，就等于把话语权拱手相让，久而久之，假的就会成为“真”的，野史就会变成“信史”，其结果必然是在斗争中的漩涡中越陷越深，终至一发不可收拾。当务之急是必须夺回话语权、抢占舆论高地。为此，我们必须本着彻底的唯物主义精神，通过实事求是、深入细致的调查研究，弄清“文革”中每一个历史问题的真相，不回避、不遮掩，是怎么回事就承认怎么回事，是谁的责任就归于谁的责任。只有这样，才能给后人留下颠扑不破的真实历史，堵塞境内外敌对势力造谣惑众的空间。要说反思“文革”，这才应该是一个重要的着力之处。

（2016 年 4 月 22 日）

21 世纪中国的文化使命

民族复兴,归根结底,体现为文化的复兴。所谓文化复兴,就是要成为文化强国,形成气象汪洋的文化软实力。而今,这样的历史机遇已经到来!清醒把握历史走向,主动承担文化复兴的使命,争取为人类作出更大贡献,就是我们应有的文化自觉。

一

什么是文化软实力?简单地说,就是某种文化通过人们的行为所产生的正面影响力。但是,一定行为的形成,除了文化的支配作用之外,还必须依托一定的物质技术基础。比如鲁智深的扶弱抑强,既要有强烈的正义感,又要有超凡的身手。一个国家也是如此,文化软实力既是它的文化表现,也是综合国力的一种对外实现形式。

最早提出“软实力”这个概念的是美国全球战略谋士约瑟夫·奈(也译作约瑟夫·纳伊)。他说:“软实力是一种能力,它能通过吸引力而非威逼或利诱达到目的。这种吸引力来自一国的文化、政治价值观和外交政策。当在别人的眼里我们的政策合法、正当时,软实力就获得了提升。”其实,这个美国人所说的软实力并不软,因为它和美国的经济、军事等硬实力一样,都是直接服务于维护美国霸权的目的,而且其本身就有强制扩张的味道,所以人们称之为文化霸权主义。我们所说的文化软实力,则完全是靠中国文化的智慧与活力,对内推动人和社会的全面发展,对外促进世界的和谐进步,并且凭借它在这种实践中取得的积极成果,自然而然地对其他国家产生吸引力,从而成为其他国家可以分享、愿意分享的精神财富。这也就是说,文化软实力是远离霸权的真正软实力，它表现为一种引人倾慕的魅力，一种让人景仰的威望，一种令人推崇的榜样。

众所周知，中华民族创造过人类历史上的辉煌。如在唐代贞观、开元年间，中国就是文化软实力最为强大的国家。经济的繁荣、政治的稳定、文化的发达、社会活力的迸发以及善气迎人、海纳百川的大国风度，使得中国的精神文化、物质文化、制度文化、行为文化成为许多国家和民族心仪的对象。应对方请求，文成公主、鉴真和尚分别越过高山、大海，传播中华文明。东邻新罗全面学习唐朝的社会制度和科学技术。一衣带水的日本则频频派出大批遣唐使。至于各国的使节、商贾、访问学者，更是络绎入朝、不绝于市。在各国人民学习中国榜样的时候，我们的祖先也虚心学习各个国家、民族的长处，以至创造了玄奘西行取经的奇迹。“天下朋友皆胶漆”，诗人杜甫曾用这样的诗句形容众望归唐的盛况。至今，世界上不少国家仍习惯于称中国人为“唐人”，就是大唐文化软实力的遗响余韵。

然而，自清代乾隆后期起，中国便开始积贫积弱。1840 年鸦片战争以后，则被逐步推到亡国灭种的边缘。随着主权丧失、山河破碎、生灵涂炭，中华民族也成为西方列强轻蔑的对象。1858 年，英国《笨拙》杂志发表的一首诗写道：“天生的流氓，那约翰·中国佬。/他把真理和法律抛到九霄，/简直是混蛋，那约翰·中国佬，/这个累赘几乎把全世界拖倒。”1876 年，美国国会在调查中国移民的报告中说：中国人“比上帝所创造的任何种族都要低劣”。到了 20 世纪初，美国总统西奥多·罗斯福则径直将中国人判定为一个“不道德的、堕落的、不可取的种族”。于是，在濒危中求新生，在落后中图富强，在屈辱中争尊严，实现中华民族伟大复兴，便成为一代代中华儿女梦寐以求、舍身奋斗的理想。梁启超憧憬过“红日初升，其道大光”的“少年中国”，方志敏曾用“欢歌”、“富裕”、“康健”、“智慧”、“友爱”、“明媚”等词语描画过祖国母亲的新颜。如今，前贤、先烈的遗愿已经在一定程度上变成中国的现实，争取民族独立、人民解放的历史任务已经完成，实现国家富强和人民幸福的事业也收获累累硕果。但是，所有这些毕竟属于中国发展进步的阶段性成就。只有到了我国在实现人与自然和谐、人和社会全面发展中居于世界领先地位的时候，我国在化解国际社会各种矛盾、保障人类可持续生存和发展方面靠榜样力量发挥引导作用的时候，我国因为对人类作出巨大贡献而得到国际社会普遍拥护的时候，我国文化特别是核心价值观为世界人民所普遍倾心的时候，我们才能说中华民族实现了伟大复兴。国际、国内提供的历史条件都在预示：只要我们沿着正确的方向前进，完全可以在新中国成立 100 年时初步实现民族伟大复兴，在本世纪末叶将民族伟大复兴推向灿烂辉煌的峰巅。

二

自上世纪冷战结束以后，随着美国一家独霸地位的确立，其软实力也达到登峰造极的地步。什么“千年王国”，什么文化“日不落帝国”，什么“历史已经终结”，诸如此类的自诩或恭维如乱花飞絮一般在地球的上空飘荡。一时间，似乎美国的制度和文化已止于至善，资本主义已经成为人类的最终选择。

然而，新千年、新世纪似乎并没有给这个自负的帝国以特别的眷顾。特别是在国际金融危机爆发以后，美国的软实力更是像高山滚石一样滑落。经过多年积累，资本主义的基本矛盾再一次发展到对抗程度，国际垄断资本的寄生性和腐朽性前所未有地暴露在光天化日之下。在新自由主义金融政策的纵容下，资本的贪婪似脱缰野马，带动虚拟泡沫经济离实体经济越来越远，以至进入天马行空的地步。截至 2010 年，美欧的金融衍生品已达 680 多万亿美元，几近 2010 年美国国内生产总值 50 倍、全球国内生产总值 20 倍。在这种天文数字的投机游戏中，得利的是华尔街的金融寡头，第三世界人民和发达国家人民用血汗创造的实际财富则往往在不知不觉中遭到他们吞噬。其结果是导致美国和全世界两极分化的愈益加剧。在全世界，占人口 2%的富人占有全球的一半财富，饥饿人口达 10 亿之多；在美国国内，占人口 20%的富人控制了全国 84%的财富，400 个巨富家庭的资产净值竟然相当于占全国家庭一半的低收入家庭的总和，4600 万人生活在贫困线以下，1700 万人完全失业，中产阶级的生活也面临严重威胁。2011 年 9 月 17

日，在金融危机中被进一步剥夺的贫困群体忍无可忍，终于在华尔街上演了“美国版的愤怒日”。据统计，仅养老金一项，金融危机给美国大众造成的损失就达数万亿美元之多，但是美国财政部、联邦政府机构和美联储所出巨额资金（总计约8.5万亿美元）的绝大多数，既非用于补偿大众的损失，也非用于扶助实体经济，而是用以收购美国国债和银行有毒资产。金融寡头享受盛宴，大众在遭受剥夺以后还要替剥夺者买单，这就是美国政府应对金融危机的政策。

2011年8月，美联储原主席格林斯潘在接受NBC电台采访时直言不讳：“美国能够支付一切债务，因为它可以一直印刷钞票”。可以肯定，随着危机的加重，美联储的印钞机还会更加频繁地运转，这就不可避免地要在全球引发严重的通货膨胀，使全世界人民的实际财富进一步遭到剥夺。美元下跌必然要威胁到美元的霸主地位，于是金融寡头们频频在全球制造政治动荡，如扩大化的反恐战争，埃及、突尼斯的颜色革命，利比亚战争等等。这是一石三鸟的策略：一是局势的不稳定迫使消费者收敛消费和投资，维持美元的市场购买力；二是削弱国内外舆论对于金融危机的注意力，消解金融危机引发的恐慌心理；三是扩大军火销售，为垄断资本创造营利空间。然而，垄断资本在搬起石头的时候，总是难免要砸到自己的脚：除了丧失人心，就是损兵耗财。据美国布朗大学瓦特森国际研究所发布的分析报告，美国10年反恐战争的总开销在3.67万亿—4.44万亿美元之间。2011年5月，美国政府公债总额突破14万亿美元大关。2011年8月6日，国际评级机构标准普尔公司宣布将美国主权信用评级从“AAA”下调至“AA＋”。

华尔街金融寡头与华盛顿政客合伙剥夺国内外民众的种种表演，撕开了美国“自由、民主、平等”的虚伪面纱。在目睹美国经济的乱象以后，美国著名经济学家约瑟夫·斯蒂格利茨比照当年林肯总统提出的“民有、民治、民享”原则，明确指出：在今日之美国，是“1％的人所有、1％的人治理、1％的人享用”，从而道出了美国经济、政治体制为垄断资本操纵的本质。当年鼓吹“历史终结”论的美国学者弗朗西斯·福山，也于2011年初表示：“10年前，在网络泡沫破灭前夕，美国占优势。美国的民主被广泛效仿，即便不是始终受到喜爱；美国的技术风行世界；稍加调整后的'盎格鲁撒克逊'资本主义被视为未来的潮流。但美国的道德资本在很短时间内消耗殆尽：伊拉克战争，以及军事侵略与民主推广之间的密切联系给民主抹了黑，而华尔街金融危机则打破了市场自我调节的理念。"他的结论是："美国民主没有什么可教给中国的"。至于民间的反应，则更为激烈。2010 年 2 月，美国民间测验机构盖洛普公司公布：在民众心目中，国会议员是道德水平和诚信度最低的人群。2011 年 8 月，《华盛顿邮报》公布的民意调查显示：多数美国人认为，应对眼下经济危机负责的是华盛顿的两党政客。近 3/4 的受访者不相信华盛顿有能力修复经济。2011 年 9 月，美国福克斯电视台公布的民意调查震惊世界：74%的民众认为美国的政治体系已经崩溃。

金融危机暴露了西方文明的核心价值观，即个人主义的危害。个人主义在西方文化中源远流长。古希腊哲学家普罗太戈拉提出的"人是万物的尺度"[①]，是个人主义的最初表述方式。到了 17 世纪资产阶级革命时期，一些思想家，如英国的托马斯·霍布斯等，则干脆将自私自利、侵犯别人、统治别人认定为恒久不变的人性。作为一种社会哲学，个人主义以抽象主体原则看待人的本质。它只强调人在自然和社会中的主体地位，而看不到人同时又是自然和社会的产物。因此，在处理主体与社会和自然的关系时，总是立足于个人欲望的满足，立足于对他者的占有和征服。随着资本主义金钱盘剥关系的确立，个人主义也演变成了为资本扩张服务的核心价值观。在资本扩张的前期，由于社会财富还不算十分充足，将市场定位在满足人们正当需要的水平上(少数上流社会成员除外)，就能达到资本增殖的目的。这时的个人主义主要表现为聚敛财富的勃勃野心和一定的节俭精神(也可称之为新教伦理精神)。当资本扩张进入后期特别是晚期以后，单靠满足人们的正当需要已经不足以填充资本追逐利润的胃口。因此，它必须刺激人们的本能欲求，制造庞大的过度消费群体，然后要求他们对资本的殷勤服务付

① 《古希腊罗马哲学》第 138 页，三联书店 1957 年第 1 版。

费。这时的个人主义则应资本召唤，主要表现为享乐主义和消费主义。正是资本的无限扩张和享乐主义、消费主义的泛滥，使追逐金钱→过度消费→满足无边欲求成为美国人的基本生活方式。而超前消费，恰恰是美国发生次贷危机的重要诱因。正如俄罗斯总理普京所说："美国过着寅吃卯粮的生活，将自己的部分问题转嫁给全球经济"，"像寄生虫一样，依靠全球经济和美元垄断地位生活"。

观今溯古，我们不能不感叹历史的无情。如果从13世纪末的文艺复兴算起，资本主义文化已经有了600多年的历史；如果从1689年英国颁布《权利法案》算起，资本主义制度已经有了300多年的历史。不错，资本主义在人类历史上起过非常革命的作用，尤其是它所创造的生产力，比过去时代创造的生产力的总和不知要高出多少倍。但是，资本在对人和自然的贪婪攫取中，也逐渐耗尽了它的制度、文化的能量。国际金融危机以及危机中美国的对内、对外政策，使包括美国在内的全世界人民更加清楚地看到：正是以自由为外衣的垄断资本私有制、以民主为面纱的垄断资本专制和以人权为幌子的个人主义价值观，制造了人自身的分裂、人与人的分裂、美国内部的分裂、美国与世界的分裂、人与自然的分裂。长此以往，势必将全人类引向毁灭的地狱。人类的事情要大家商量着办，人类的财富要大家一起来用，人类要学会人与人、人与自然的和谐相处，所有这些，已经成为世界历史进步的迫切要求。

三

2008年春，约瑟夫·奈在题为《中国软实力的上升及其对美国的影响》一文中说："近年来，尤其是入侵伊拉克以来，美国软实力大大下降。根据许多观察家的估计，在美国吸引力或软实力下降的同时，中国的软实力却在提升。BBC（英国广播公司）最近对22个国家的调查显示，近一半的调查者把中国的影响视为是'积极的'，而只有38%的人认为美国是'积极的'。"应当说，这个估计是符合实际的，但是约瑟夫·奈对中国软实力上升之因的分析，却远未触及问题的本质。

那么,中国的文化软实力为什么能够不断上升呢?一句话,就是因为中国文化特别是核心价值观及其指导下的社会实践,顺应了世界历史进步的潮流。

中国的核心价值观是什么?就是中国化的社会主义。有人或许要问,近代以来,西学几度东渐,但作为体系都在中国热闹一阵以后黯然退场,为什么唯独科学社会主义能够在中国深深扎根,而且在世界社会主义运动进入低潮之后仍然大放光芒呢?原因当然是多方面的。从文化上说,则是由于它在中国有着比在西方更为深厚的土壤或者更为深刻的认同机制。

与西方个人主义相反,中华传统文化一直以辩证主体原则来把握人世间的各种关系。最具概括性的表述当推宋代张载的“民胞物与”。意思是说,但凡人类都是天地所生的同胞,世间万物都是人类的朋友。分类来看,在把握人与自然的关系时,中华传统文化一方面强调人“最为天下贵”(《荀子·王制》),承认人对自然的开发、利用权,一方面又强调要顺应自然、尊重自然、爱护自然。用《易经》的话说,就是“财成天地之道,辅相天地之宜”(《易经·上经》);“范围天地之化而不过,曲成万物而不遗”(《易经·系辞·上传》)。在把握人与人的关系时,中华传统文化主张推己及人,将关爱他人视为内在于人的主动要求。例如,儒家讲“仁爱”,“己欲立而立人,己欲达而达人”(《论语·雍也》),“己所不欲,勿施于人”(《论语·颜渊》);墨家讲“兼爱”,“视人之家若视其家,视人之身若视其身”(《墨子·兼爱中》)。在把握全社会的关系时,中华传统文化主张“天下为公”,“使老有所终,壮有所用,幼有所长,矜寡孤独废疾者皆有所养。”(《礼记·礼运》)在把握国与国的关系时,中华传统文化主张“协和万邦”(《尚书·尧典》),“视人之国若视其国”(《墨子·兼爱中》),“处大国不攻小国,处大家不篡小家,强者不劫弱,贵者不傲贱”(《墨子·天志上》)。

很明显,在抽象的意义上,上述思想与科学社会主义的基本原则有着深刻的内在统一性。因此,在中国共产党领导全国人民实践科学社会主义的进程中,这些优秀传统文化元素便像血液一样渗入我们的制度、精神和行为之中。从某种意义上说,正是因为有了中华优秀传统文化的肥沃土壤,科学社会主义才得以在中国大地上枝繁叶茂;正是因为有了科学社会主义的指导,中华传统文化中的优秀思想才得以在中国大地上不断地变成活生生的现实。中国社会主义基本制度的建立,总体上实现了劳动者与生产资料的统一、全社会对于经济的共同控制,因而能够做到全国上下一盘棋,集中力量办大事,使得新中国在短短60年间就由积贫积弱而跃升为世界第二大经济体。特别是在这次国际金融危机中,西方资本主义世界一片飞鸟各投林式的慌乱景象,而中国经济却在总体上依然保持稳定发展的态势。中国社会主义基本制度的建立,总体上实现了人民当家作主,保障了人们的生存权和发展权。在这里,我们可以把2005年美国卡特里娜飓风的救灾与2008年中国汶川大地震的救灾做一个比较。在美国那边,由于政府和社会对于贫困群体的冷漠,导致新奥尔良市20%的家庭无力于飓风到来之前撤离;灾害发生以后,政府的官僚作风、政府机构的相互扯皮及社会上的观望态度,使得临时避难所缺水无食、秩序崩溃,整个城市成为斗殴、抢劫、强奸、纵火等等犯罪的渊薮。而在中国这边,则是从中央到地方、从政府到民众上下齐动员,形成了一方有难、八方支援的强大合力,从而使得受灾群众的生命、财产得到了最大限度的救护。2008年5月16日,《纽约时报》的一篇文章在对中美两国救灾的表现进行对比之后指出:“如果中国政府能比美国政府更好地处理自然灾害,那么中国体制的优越性,也许能向世人表明的不光是快速增长的经济,还展示出有效的政府能力。”中国社会主义基本制度的建立,使剥削与压迫在总体上成为过去,因而从根本上改变了人与人的关系,使得互爱互助、助人为乐蔚然成风,甚至涌现了从欧阳海到周波等一大批舍己救人的模范人物。他们的崇高行为,谱写了人性的至美篇章,为人类赢得了骄傲与尊严。中国社会主义基本制度的建立,消除了殖民时代人与自然对抗的状态,厉行节约、反对浪费,建设资源节约型、环境友好型社会成为基本国策。中国社会主义基本制度的建立,既从根本上摆脱了帝国主义的束缚和压迫,又为推动世界的和平发展提供了坚实的政治基础。早在新中国成立初期,中国政府就提出并倡导互相尊重主权和领土完整,互不侵犯,互不干涉内政，平等互利，和平共处五项基本原则；进入新世纪以后，中国政府又提出推动构建和谐世界的主张。所有这些，正是无产阶级国际主义与中国“协和万邦”的思想在社会主义条件下相互融合而绽放出来的灿烂花朵。60 年来，中国没有对任何一个国家发动过侵略战争或策动“颜色革命”那样的政变；60 年来，中国一向反对以大欺小、以强凌弱的霸权主义，一向支持第三世界国家维护国家主权和民族利益的正义斗争；60 年来，中国在对外援助中从未附加过任何捞取好处的条件。更让世界人民称赞的，是中国的那种以德报怨的博大胸怀。例如，根据远东军事法庭计算，从 1931 年“九一八事变”到 1945 年抗战结束，日本侵华战争给中国造成的直接、间接经济缺失至少在 4000 亿美元之上。然而，在 1972 年，中国政府却正式宣布：“为了中日两国人民的友好，放弃对日本国的战争赔款的要求”。这与近代以来日本及其他帝国主义列强对待中国的态度形成了多么鲜明的对比！如果再回头看一看同是社会主义国家的苏联的对外扩张政策，就可以更加鲜明地感觉到中国化社会主义中的中华优秀传统文化的元素。

到底是资本主义厚道还是社会主义厚道，到底是美国是人类和地球的朋友还是中国是人类和地球的朋友，难道不是像泾渭一般分明的么？

四

站在时代的制高点上，人们可以清楚地看到：世界历史的发展方向与中国历史的发展方向已经交汇在一起。维护世界和谐、保障人类可持续生存和发展，需要中国作出榜样；中国在推动世界和谐、保障人类可持续生存和发展中作出了榜样，就是实现了民族的伟大复兴。中国不能放弃世界历史赋予的伟大使命，中国人民不能辜负世界人民的期望！

我们这一代及以后几代中华儿女的责任，就是将中国建设成为一个社会主义的文化强国，让自己的榜样化为光芒四射的火炬，引领人类走向光明的未来。

建设文化强国，当然需要相应规模的文化产业为支撑，但更重要的是要确保中国社会主义文化的性质和它的社会功能的充分实现。

为此，必须在新的历史起点上重建文化自信。毋庸讳言，自冷战结束以后，中国在文化自信上出现了较大的失落。这种失落，集中表现为对于西化的向往。稍有历史感的人都知道，近代以来，西化我们不是没有搞过，可是国际资本主义根本不让你搞。正如毛泽东所说："帝国主义侵略中国，反对中国独立，反对中国发展资本主义，就是中国的近代史。"①国际资本主义所要的，从来都不是什么"普世价值"，而是实惠。只要你能够依附于它，充当它的原料基地和商品市场，实行什么制度无所谓，对袁世凯复辟帝制那样的事情也照样支持得很。因此我们说，那种向往西化的他信，实在是一种民族的健忘症。失掉文化自信的原因当然很多，其中一个重要的客观原因，就是软实力的西强我弱。在西方软实力强光的刺激下，一些人便目迷五色、六神无主，由艳羡人家而自惭形秽，于是萌生皈依西方的念头也就势所必然。如今，西方软实力的光芒日见暗淡，中国的文化软实力如日初升。这正是重拾文化自信的大好时机。比如，在国际金融危机已经持续3年多的今天，时髦的经济学家们再唱"新自由主义好"的高调，恐怕是没有多少人相信的。我们应当抓住机遇，帮助丢掉自信的人通过历史与现实的反复比较，增强透过现象看本质的本领，而后回归理性，回归气定神闲。

所谓文化自信，就是基于理性把握而对自己的文化抱定的信念，就是不管潮涨潮落、云起云飞，始终坚信中国化社会主义是个无可替代的好东西。尽管它还不算成熟，但是它拥有未来；尽管它有过失误，但是它有强大的自我完善能力。其实，对于封建主义文化或资本主义文化的盲目依附或简单拒斥，都是文化不自信的产物，都是一种文化上的小家子气。只有确立了文化自信，我们才能表现出高山一样的定力和大海一样的襟怀，才能在总结人民群众创造的基础上，对孔夫子和华盛顿采取扬弃的态度，拣来精华的东西，抛弃糟粕的东西，从而把我们的社会主义制度文明完善好、建设好。在这一点上，我们应当向孟子学习。他说："尽信书，不如无书。吾于武成，取

---

① 《毛泽东选集》第2卷第679页，人民出版社1991年第2版。

二三策而已矣。”(《孟子·尽心下》)在新的历史条件下,我们应当表现出这种充满自信的大家风度。

为此,必须坚持精神文化建设的群众立场。劳动群众是社会历史的主体,是人类物质财富和部分精神财富的创造者,并且以其创造性的历史活动为一切精神文化创造提供基础和源泉。“民为贵,社稷次之,君为轻”(《孟子·尽心下》),这是中华传统文化的观念;全心全意为人民服务,这是中国化马克思主义的根本价值取向。劳动群众的主体地位,劳动群众创造历史的实践,劳动群众的根本利益,及其一切经济的和政治的、历史的和现实的、物质的和精神的联系和发展,都应当成为哲学、经济学、政治学、伦理学、文学艺术等等的主要研究对象或表现对象。这就要求我们的学者和艺术家们起码做到尊重他们的地位、了解他们的生活、体察他们的感情、服从他们的意志。前些日子,《中国艺术报》发表一篇短文,大意是讲:一位著名导演和一位剧作家在同为“草根”的时候曾经联手创作过不错的作品。这位导演阔起来以后,又请那位仍为“草根”的剧作家到北京讨论一下剧本,“派一辆奔驰来接,他吓了一跳,知道从此两个天地。面对不能打动的故事,他婉言谢绝。从此,再无珠联璧合之作。”从这个故事,我们似乎可以看出这位导演日渐虚浮的艺术危机所在,也似乎可以看出中国精神文化建设上的某种危机所在。远离生活、远离劳动大众的结果,必然导致艺术活力的枯竭和艺术魂魄的委琐。再看一看象牙塔上对于精英主义、社会达尔文主义的说教,大众传播中逢迎富贵、嘲笑劳动、奚落贫穷的炒作,对于这个问题的认识可能会更加清楚一些。如果我们的文化被资本和少数所谓“社会精英”主宰,人类的绝大多数会怎样看待中国?还哪里有什么中国特色社会主义文化的魅力?纠正这种不良倾向,已是提升中国文化软实力的刻不容缓的要求!

为此,必须把行为文化建设落到实处。我国在行为文化方面拥有十分雄厚的资源。在长期的革命、建设、改革进程中,我们的党和人民继承前人行为文化的优秀传统,不断总结新的实践经验,在伦理关系的各个方面都形成了完整的价值体系、行为规范和评价尺度。问题的关键是践行,尤其是普及性的践行。必须承认,目前,我国行为文化建设的问题不少,特别是一些人的极端消极行为,如大小“高衙内”现象,已经严重损害了党和国家的形象。有的学者甚至感叹:已经羞于再提中国是“礼仪之邦”的老话。进行行为文化建设,首先要健全引导机制。其中,领导干部是关键。很明显,裸官宣讲社会主义,没有多少人信服;贪官要求下属克己奉公,往往取得反效果。求实地说,在近些年来涌现的先进人物中,领导干部也不算少,但是普通党员和人民群众对于真正的人民公仆的仿效热情,往往被偷盗、损害主人的“公仆”所浇灭。必须狠下决心,从严治党,高标准治党,从总体上把领导干部的公信力和感召力恢复到接近革命时期的水平。其次是要建立鼓励先进行为的长效机制。对于那些无私奉献、扶危济困的先进人物,在给予崇高社会荣誉的同时,还要给予正当利益方面的鼓励。发一些奖金是必要的,但更重要的是要为他的全面发展创造条件。在劳动还没有成为生活的第一需要的历史阶段,尤其是在市场经济条件下,单靠精神鼓励不能完全保证先进行为的持久性。即使先进人物能够将先进行为持久保持下去,也不大可能在全社会产生持久的榜样力量。2009 年,长沙一中学生马天之参加美国高考(ACT),被宾州州立大学等 9 所美国大学同时录取。为什么?考分为次,主要是因为汶川大地震后,他只身前去救灾,是湖南省年龄最小的志愿者。美国高校说,我们看重的是他的社会责任感。要说向美国学习,这才是值得我们学习的地方,而不管美方是否还有其他的派生考虑。再次是要健全不良行为的惩戒机制。比如对于挑衅诚信、造假贩假者,不能从轻发落,不仅要让他名誉扫地,而且要让他付出比造假所得高出几倍甚至几十倍的代价。如此坚持下去,行为文化建设必有成效。

为此,必须真正落实科学发展观,在社会主义的实践效果上下工夫。坚持以人为本的首要问题是保障劳动群众对于社会财富的公平分配权。党的十六届五中全会将“效率优先,兼顾公平”的原则调整为“更加注重社会公平”。党的十七大又强调“初次分配和再分配都要处理好效率和公平的关系,再分配更加注重社会公平”,并且强调“提高劳动报酬在初次分配中的比例”。这是为体现社会主义制度优越性作出的重大政策调整。两极分化日益悬殊，基尼系数不断增大，还能叫社会主义吗？2007 年，一个企业的老板，年薪竟达 6600 万元，大约相当于同年北京一个保洁工年薪的 7000 倍。也就是说，一个保洁工从尧舜时期干起都不行，要从河姆渡文化时期干起，才能与这位老板 1 年的收入持平！为了给分配不公辩护，聪明的经济学家提出“蛋糕”论，说什么只有做大蛋糕，才能使低收入者多得蛋糕，所以分蛋糕不是重点。这种论点是没有根据的。不分好蛋糕，面包房的老板拿那么多，根本吃不掉，那蛋糕就要发霉、烂掉，而面包工们则吃不饱，吃不饱就没有力气干活，又怎能做大蛋糕？凡此种种干法和说法，都是对经济建设这个中心工作的干扰，都是在给中国的社会主义制度抹黑。在保障可持续发展方面，除了继续推进节能减排、加强环境保护之外，还应明确提出：我们要建设一个“节俭的国度”。节俭不是忍饥挨饿、不是勒紧裤腰带过日子，而是把人的物质消费定位在保障健康的水平上。有一种想法肯定是错误的，就是我们要在未来达到美国的生活水平。美国有 3 亿多人口，消耗全球能源比例约为 26%。中国有 13 亿多人口，如果都达到美国的生活水平，那就必须请求上帝至少再给我们造出一个地球。事实证明，过度消费对人的身心健康有百害而无一利。未来人类生活的理性选择应当是缩小剪刀差，将过度消费的那一部分降下来，把正当消费不足的那一部分补上来。如此一来，这个地球也就成了国与国和谐、人与人和谐、人与自然和谐的世界。数千年来，中华民族一直崇尚节俭、反对骄奢淫逸。三千多年前，周武王之所以伐纣，是因为商纣王有两大罪行：一条是坑害百姓，另一条就是暴殄天物。在资源紧缺的今天，无论是什么人，都没有挥霍浪费的权利。我们当然要加快发展经济，但是要把钱用在固本强基上，用在那些需要改善的群体的民生上。世人皆知，美国是一个“消费的国度”。如果我们将中国建设成为一个“节俭的国度”，那将是对全人类多么伟大的贡献！

早在上世纪 70 年代，面对人类的生存危机，英国历史学家阿·汤因比在对世界各民族的文化进行比较以后指出：中国人的“融合与协调的智慧”最适于人类未来的发展。“将来统一世界的大概不是西欧国家，也不是西欧化的国家,而是中国。”[1]我们感谢汤因比先生的错爱,但是“统一世界”的帽子太高,中国戴不起!“君子和而不同”。(《论语·子路》)正是因为中国是社会主义国家,正是因为中华民族具有“融合与协调的智慧”,所以中国永远不称霸,当然更不会统一世界。中国只希望把自己的事情办好,把中国与各兄弟国家的关系协调好,通过自己的榜样力量,促使人类社会和谐起来、美好起来。即使在那一天到来的时候,中国也绝不居功,更不要求回报。正如毛泽东所说:“待到山花烂漫时,她在丛中笑。”

(2011 年 10 月 18 日)

① 《展望 21 世纪》第 289 页,国际文化出版公司 1985 年第 1 版。

红色文化论

什么是中国红色文化?

大家都知道,在学习和日常生活中,我们几乎每天都能接触到这样一些词语和事物:红旗、红歌、红五星、红色电影、红色旅游、佩戴大红花等等。由此不难领悟到:红色文化是一种以颜色标示其本质内涵的文化种类。从光学的角度说,红色是可见光谱中波长大约为 630 至 750 纳米的长波末端的颜色。由于它类似人体新鲜血液的颜色,所以中国人民往往赋予它以希望、热烈、勇敢、创造、奋斗、牺牲等象征意味。这种特定的颜色及其象征意味,恰好与我们党和人民的共同理想、品格情操、精神气质形成了异常完美的"同构"关系。中国人的思维和语言善用"比兴",因而人们将中国共产党领导全国各族人民在长期革命、建设、改革进程中创造的以中国化马克思主义为核心的先进文化凝练地称呼为"红色文化"。显而易见,这一概念本身就是人民群众的一个伟大的文化创造!

应当说,红色文化较之我们经常使用的革命文化、抗战文化、解放区文化、新民主主义文化、社会主义文化等等,具有更加宽广的外延。在一些同志那里,一谈到中国红色文化,便仅仅与上海、嘉兴、南昌、井冈山、延安、西柏坡相联系,其实这是一种不全面的认识,因为那仅仅是历史上的红色文化。我们所说的红色文化,不仅上溯历史、涵盖现实,而且延伸到未来。这是一种大尺度的历史时代产生的蔚为大观的文化。它的上限,要追溯到五四新文化运动前夕马克思列宁主义传入中国的那一历史时刻。"十月革命一声炮响,给我们送来了马克思列宁主义。”[1]从俄国人民的胜利,中国人民看到了实现民族复兴的希望。一时间,社会主义成了中国社会的一个热词。然而,并非当时所有谈论社会主义的人都是中国红色文化的创始者,也并非所有涉及社会主义的著述都是中国红色文化的滥觞。比如研究系的梁启超、张东荪,安福系的王揖唐,直至投机政客江亢虎、反动军阀陈炯明都在谈论社会主义。但是,他们或是虚与附和,或是貌合神离,或是有始无终,与后来形成的中国红色文化没有任何传承关系。真正可以称之为中国红色文化创始者的有两种人:一是当时中国先进知识分子的代表,如后来成为中国共产党早期领导人的李大钊、陈独秀等;二是从俄国归来的中国工人。真正可以称之为中国红色文化滥觞的有两个:一是先进知识分子的著述和演说,如李大钊的《庶民的胜利》、《布尔什维主义的胜利》,陈独秀的《公理何在》等;二是从俄国归来的工人在劳苦大众中对于俄国“穷人党”胜利一事的口头传播。至于中国红色文化的下限,目前还不能作出准确的估计,但是可以推断,即使是在实现中华民族伟大复兴以后,也要延续相当漫长的时日。这是中国历史上最为灿烂辉煌而且必将更加灿烂辉煌的文化,这是人类历史上夺人心魄而且必将更加夺人心魄的文化高峰!展望开来,即使人类社会到了阶级消亡、国家消亡的共产主义阶段,它作为人类走向真善美的一座巍峨的文化丰碑,也将耸立于千秋万代。在这座丰碑面前,后人们将洒下感动、崇敬的热泪。

中国红色文化不是石头里面蹦出的神物,也不是凭空而降的天外来客。它的产生和发展有其深厚的文化来源和社会来源。

文化来源有三个:第一个是世界社会主义运动中所产生的先进文化。这种先进文化的核心无疑是马克思列宁主义,尤其是破解“历史之谜”的唯物史观、揭示资本秘密的剩余价值学说和告别空想的科学社会主义理论。核心之外,就是各国共产党人和其他革命者创造的无产阶级文化。《国际歌》自上世纪 20 年代初被译入我国以后,就成为中国革命者为理想忘我奋

---

① 《毛泽东选集》第 4 卷第 1471 页,人民出版社 1991 第 2 版。

斗的强大支柱。1931年中华苏维埃共和国成立时，曾把它作为国歌，可见它对早期中国共产党人的影响之深。而它的重译者瞿秋白以及其他许许多多的革命烈士，都是唱着这支歌走向刑场的。即使是在硝烟已经散去的今天，每逢我们听到那悲壮深沉的曲调，仍然禁不住热血沸腾、热泪盈眶。伏契克的长篇特写《绞刑架下的报告》，一直在深刻地感染、教育、启迪着中华儿女。其中的警言“人们，我是爱你们的。你们可要警惕啊”，至今仍像晨钟暮鼓一样回荡在我们的耳畔。第二个是中华优秀传统文化（包括民间文化）。在制度安排上，《礼记》提出“天下为公”，“使老有所终，壮有所用，幼有所长，矜寡孤独废疾者皆有所养”。在抽象的意义上，这种思想与共产主义的理想存在着深刻的内在统一性。从某种意义上说，马克思主义得以在中国传播并日益中国化，所依靠的正是这样的文化背景。在外交上，《墨子》主张“处大国不攻小国，处大家不篡小家，强者不劫弱，贵者不傲贱”。不难看出，这正是新中国政府提出和平共处五项基本原则的传统文化根基。在人与自然的关系上，《易经》提出“财成天地之道，辅相天地之宜”的原则。很明显，这是我们党的生态文明建设理论的一个重要思想来源。至于中国共产党员和其他先进分子，则把中华民族的优秀品德、精神融入自己的血液，化为英勇奋斗的动力。“满天风雨满天愁，革命何须怕断头。留得子胥豪气在，三年归报楚王仇。”这是革命烈士杨超于1927年就义时吟唱的一首诗。留得伍子胥的豪气，进而升华到为人民大众复仇的崇高境界，这就是中国共产党人对于中华传统文化的继承和发扬。第三个是世界优秀文化。共产党员白莽热爱匈牙利的伟大诗人、1848年欧洲革命的英勇战士裴多菲，曾经翻译过他的不少作品。在白莽、柔石等左联五烈士遇害以后，鲁迅着意将裴多菲的箴言诗《自由与爱情》完整地引入《为了忘却的纪念》一文，含蓄地道出五烈士是为争取人民自由解放而死的真相，并寄托对他们的一片崇敬之情。著名作家李尔重的抗战题材巨著《新战争与和平》，不但在创作方式和结构方式上有意识地借鉴了托尔斯泰，而且连书名都显示了它与《战争与和平》的继承关系。进入新时期以后，福柯的“权力－知识”说、萨伊德的“东方主义”等等，都对丰富和发展我们的文化理论提供了营养或助力。谁说中国共产党人和中国人民是僵化保守的呢？纵观一部中国红色文化发展史，可以无愧地说，中国共产党人和中国人民是全人类优秀文化的优秀继承者和发扬者。

社会来源有一个，就是中国共产党领导全国各族人民进行革命、建设、改革的伟大实践。对于中国红色文化的发展繁荣来说，这个来源较之文化来源更具有根本性的意义。文化上的一切继承和借鉴，都必须统一于这一伟大实践。实践是鉴别器，能根据需要分出哪些文化是应当拿来的、哪些文化是应当丢掉的；实践是制造厂，能把拿来的文化进行改造和制作，形成新的文化形态。马克思列宁主义是科学，但是只有与中国实际相结合，才能成为指导中国革命、建设、改革的指南。像王明那样削足适履地用教条或本本来剪裁中国革命实际，其结果只能是既害了中国革命，又害了马克思主义。斯塔夫里亚诺斯在介绍中国革命时说："毛泽东从一开始，就是一个对社会现实的敏锐的观察者。这不仅因为他出生于农民家庭，也因为他和农民生活在一起，并几乎毕生为之奋斗。这种深知民间疾苦的长期平民生活体验，使他终于敏锐地认识到有必要使马克思主义中国化，使之适合于中国向来被忽视的千百万民众的状况和需要。"[①]毛泽东思想的形成，是马克思主义中国化的基础性工程。正是因为有了这个坚实的基础，在新的历史条件下、新的社会实践中，才又形成了中国特色社会主义理论体系这一马克思主义中国化的新成果。实践是发展的，文化也是随着实践发展而不断发展的，但是实践与文化的发展并不是简单的同步对应关系。实践的高潮和胜利，必然要催生新的文化；实践的低潮或失败，并不一定带来文化的萎缩或凋零。1927年，以蒋介石为首的国民党反动派发动反革命政变，对中国共产党人和革命群众进行疯狂的军事围剿和文化围剿，中国革命进入低潮。然而，就是在这一时期，以毛泽东为代表的中国共产党人创造了农村包围城市、武装夺取政权的科学理论，革命烈士和志士们留下了震撼人心的壮美诗章，以鲁迅为代表的国统区革命作家创作了一批传世名篇，革命根据地的红色民

① 《全球分裂》下册第643－644页，商务印书馆1993年第1版。

歌得到了空前的发展繁荣。这是因为，越是低潮、越是失败，就越加需要创新理论的指导和精神力量的支撑。从中国红色文化萌芽到今天，已经有了近百年的光景。回头望去，革命、建设、改革的实践坎坷不平，但红色文化却是鲜花满路，令人目不暇接。

中国红色文化是一个结构复杂、规模巨大的系统。分析这个系统的结构，可以有多个角度、多种方法。比如，从历史上看，有新民主主义文化、社会主义文化；从文化的一般结构上看，有物态文化、心态文化、制度文化、行为文化；从学科上看，有哲学、经济、政治、伦理、党建、历史、新闻、文艺，如此等等，不一而足。但是，分析其意识形态结构，恐怕是更具根本性的工作。在这方面，最新的富有概括性的表述就是社会主义核心价值体系。其中，指导思想——马克思主义是灵魂。这里的马克思主义，主要指的是中国化马克思主义，它是中国红色文化经过近百年的艰难建设所取得的最为伟大的成就。中国特色社会主义共同理想是主题。这里的共同理想，其实就是实现中华民族伟大复兴的中国梦。它是科学社会主义在中国土地上正在创造并且终将完成的人间奇迹，是中国共产党人和中国人民在推进共产主义伟大事业的进程中必须承担的阶段性历史任务。以爱国主义为核心的民族精神和以改革创新为核心的时代精神是精髓。中国革命、建设、改革的每一步前进，中国红色文化的每一次发展，都是创新精神的胜利，都是爱国主义精神开出的灿烂花朵。没有这两种精神，就没有马克思主义的中国化，就没有红船精神、井冈山精神、延安精神、西柏坡精神、抗美援朝精神、大庆精神、航天精神、98抗洪精神、抗震救灾精神等等。社会主义荣辱观是基础。作为一种道德规范，其间沉淀着深厚的历史内容和现实内容。“砍头不要紧，只要主义真”（夏明翰《就义诗》）；“恨不抗日死，留作今日羞”（吉鸿昌《就义诗》）；“好八连，天下传……拒腐蚀，永不沾”（毛泽东《八连颂》）；“利人糜顶踵，示范耿星河”（董必武《读王杰同志日记》）……仅从以上所举的极少事例就可以看出，光荣和伟大出自行动。由此可以肯定，千百万共产党人和人民群众是社会主义荣辱观的第一创造者和忠实践行者。以上四个方面相互影响、相互渗透、相互作用，形成一个统一的整体，从而科学地完整地揭示了中国红色文化的本质特征。

新中国成立前夕，毛泽东曾经将中国红色文化称为“中国人民学会了的马克思列宁主义的新文化”。他深刻指出：“自从中国人学会了马克思列宁主义以后，中国人在精神上就由被动转入主动。”[①]这是对中国红色文化功能的科学概括。五千年来，中华民族创造了辉煌灿烂的文化，但是自 1840 年鸦片战争以后，随着国家主权的丧失，中国人在精神上也陷入被动。以儒家为代表的封建主义文化，在西方资本主义文化面前简直形同朽木，根本就不堪一击。于是，先进的中国人便转而虔诚地学习西方的资本主义文化。然而，西方的资本主义文化非但不帮中国人民的忙，反而和中国封建主义文化勾结，一起愚弄、压迫中国人民。只有在中国人民学会马克思列宁主义以后，只有在中国有了红色文化以后，中国人民的精神才变得自觉、自信和自强，中华民族复兴伟业才一路高歌猛进、势不可挡，从而终结了近代世界历史上看不起中国人和中国文化的时代。唱山歌是江西兴国由来已久的习俗。农民们自编自唱，抒发自己的情感。自从中国工农红军在这里建立根据地以后，山歌的内容便由原来的“我向地主借担谷，秋收一过还三箩”之类的哀怨和悲愤，演变为“千年铁树开鲜花，工农做了主人翁”这样的喜悦和自豪。当年，那发自人民群众肺腑的新山歌，简直就是动员令，就是进军号。歌声中，兴国曾在三天之内组建起模范师、工人师、少共师三支红军队伍，因此留下了“一首山歌三个师”的千古佳话。作家张长弓在赠给贺敬之的条幅中写道：“当年歌剧《白毛女》，唤醒贫穷亿万人。”就是这样一部歌剧，调动起了“千千万万”和“浩浩荡荡”，激发出了改地换天的伟力，极大地推动了人民解放的历史进程，从而创造了“一部新歌剧，一个新中国”的中外文艺史上的奇观。实践已经证明而且必将继续证明，中国红色文化是中国人民的精神家园，是中国人民永远告别苦难的福祉，是中国人民创造光辉未来的强大精神动力和思想保证。

为什么要弘扬中国红色文化？

求实地说，不管国内外形势多么复杂多变，弘扬红色文化的工作我们一

① 《毛泽东选集》第 4 卷第 1516 页，人民出版社 1991 年版。

天都不曾中断过。然而，必须看到，这项工作在今天比以往任何时候都显得更为迫切。

自上世纪八九十年代苏东剧变以后，世界社会主义运动进入低潮，资本主义永世长存、世界历史已经终结之类的神话一时间弥漫全球。就在这万花纷谢之际，社会主义中国却像一棵独立支持的大树，抗击八面来风，以其坚持科学社会主义、发展科学社会主义的艰难实践，为科学社会主义赢得了光荣，为人类前途保存了希望的灯火。20 多年过去，社会主义与资本主义的较量又进入了一个新的历史阶段。资本主义自我调节的能量几近枯竭，资本主义演进过程中出现的繁荣风光不再，资本主义基本矛盾再一次激化，资本主义经济再一次爆发全球性危机。就连美国学者弗朗西斯·福山，也不再相信自己当年鼓吹的“历史已经终结”的神话，于 2011 年初表示：“10 年前，在网络泡沫破灭前夕，美国占优势。美国的民主被广泛效仿，即便不是始终受到喜爱；美国的技术风行世界；稍加调整后的‘盎格鲁撒克逊’资本主义被视为未来的潮流。但美国的道德资本在很短时间内消耗殆尽：伊拉克战争，以及军事侵略与民主推广之间的密切联系给民主抹了黑，而华尔街金融危机则打破了市场自我调节的理念。”至于民间的反映，则更为激烈。2011 年 9 月，美国福克斯电视台公布的民意调查震惊世界：74%的民众认为美国的政治体系已经崩溃。与资本主义萧条形成鲜明对比的是社会主义中国的蓬勃发展。这不单表现在巨大的经济成就方面，也表现在制度优越性的其他方面。2008 年 5 月 16 日，《纽约时报》的一篇文章在对中美两国政府的救灾绩效进行对比之后指出：“如果中国政府能比美国政府更好地处理自然灾害，那么中国体制的优越性，也许能向世人表明的不光是快速增长的经济，还展示出有效的政府能力。”与社会主义中国和资本主义世界消长相应的是软实力对比的变化。资本主义软实力下降、社会主义文化软实力上升，这是连美国右翼学者约瑟夫·奈都不否认的事实。这主要表现在两个方面：一是中国国内红色文化热潮的大发展，二是世界范围内社会主义思潮的上升和对中国红色文化的向往。从“占领华尔街”、“占领华盛顿”等等运动中，都可以看到中国红色文化的元素。所有这些，都是对我们坚持和发展红色文化的极大鼓舞，都为我们进一步弘扬红色文化提供了有利条件。

与此同时，我们还必须清醒地认识到："西强我弱"的经济、政治、军事格局和文化格局在一个时期内仍然难以根本改变。特别是资本主义世界的危机和社会主义中国的发展，必然会极大地刺激国际资本，驱使他们加紧实施其西化、分化战略。除处心积虑地在经济、政治、军事上进一步挤压中国的生存空间外，就是以前所未有的广度和深度进行思想文化上的渗透。而国内的一些亲西方势力，则与其结成利益上的"神圣同盟"，共同向中国红色文化发起空前的挑战。这主要集中在以下几个方面：一是通过鼓吹指导思想多元化和所谓"普世价值"，甚至请来民主社会主义和中国腐朽文化助阵，颠覆马克思主义特别是中国化马克思主义的指导地位，让我们的党和人民成为精神上的流浪者，进而皈依西方的"极乐世界"。二是鼓吹新自由主义，颠覆社会主义的基本经济制度，实行彻底的私有化，进而剥夺民营经济的生存权和发展权，为国际资本占有中国的资源和市场扫除一切障碍。三是鼓吹所谓"宪政民主"，照搬西方的多党制，颠覆中国共产党的执政地位，瓦解社会主义的基本政治制度，让中国成为唯西方马首是瞻的一条温顺的小驴。四是鼓吹所谓"现代公民社会"理论，企图在基层党团组织和政府之外罗织新的政治势力，进而由小及大、由低而高，步步为营地建立起反对党，最终向处于执政地位的中国共产党"问鼎"。五是鼓吹所谓"公共知识分子"理论，并通过一年一度的推举活动营造声势、扩大影响，以此斩断知识分子与祖国、人民的天然责任关系，为"异见"知识分子传播错误思潮制造法理依据、营造舆论空间。六是鼓吹西方的新闻观，用"西方新闻绝对自由"的谎言蛊惑人心，以期消解新闻的意识形态属性，逃避新闻的社会责任，否定党管新闻的原则，让本是正能量的新闻变成足以搞坏一锅汤的老鼠粪。七是鼓吹历史虚无主义。"灭人之国，必先去其史"。为此，他们或掐头去尾地歪曲历史，或别出心裁地伪造历史，但是美化侵略、偏袒卖国、歌颂倒退，抹黑英烈、谮毁革命、否定进步却是他们一以贯之的原则。消解中国共产党领导全国各族人民奋斗的历史，必然要将主要矛头指向这一历史的人格化代表人物——老一辈无产阶级革命家。其重中之重，就是党和人民爱戴的领袖毛泽东。为了摧毁中国人民的这一精神支柱，他们的手段几乎到了无所不用其极的地步。例如，不管是“左”的还是右的，不管是林彪还是蒋介石，只要是反对毛泽东，在他们那里就是好人，就被描画成光环绕顶的人物，如林立果的“小舰队”，竟被说成是“一帮对中国前途很有先见之明的人”。否定毛泽东必然要否定中国共产党的历史根基，否定中国共产党的历史根基必然要否定中国共产党，否定中国共产党必然要实行多党制，这就是他们打算暂不告人大抵永远也没有机会告人的逻辑。同志们可以想一想，如果某一天早上，我们看到这些光怪陆离的东西已经形成了主导性气候，那就表明中国已经开始向半殖民地半封建社会倒退。什么民族独立、人民解放，什么国家富强、人民幸福，近代中国人民的一切奋斗成果都将付诸东流，实现民族伟大复兴的中国梦必然要变成黄粱梦。

问题就是这样提出来的：在如此复杂多变的国内外形势下，在关系党和国家前途命运的大是大非面前，一切袖手旁观的论点、首鼠两端的论点、随波逐流的论点，都是没有根据的。坚持红色文化、继承红色文化、弘扬红色文化，是历史赋予我们的庄严使命。倘若我们不敢或不能承担起这一使命，就会成为被后人所不齿的历史罪人！

怎样弘扬中国红色文化？

立足现实、保卫历史、创造未来，是弘扬中国红色文化的基本原则和方法。其中，立足现实是中心，它一极连接历史，一极指向未来。现实的事情搞不好，历史便宣告中断，未来也化为乌有。所谓立足现实，就是要从当前的发展需要和人民意志出发，寻找发掘、整理、研究、宣传红色文化的切入点，让红色文化遗产鲜活起来，成为排山倒海一般的正能量，为社会主义文化大发展大繁荣服务，为巩固中国共产党执政地位服务，为党和国家工作大局服务，归根结底，为最广大人民群众的根本利益服务。历史是根基。高楼挖掉基础必然坍塌，大树砍断根系必然枯死，这就是我们提出要保卫红色历史的全部依据。这里的历史不仅仅是指过去的人和事，而是指我们党领导人民创造的一切文化的总和。保卫历史并非全盘肯定历史，而是要以历史唯物主义的科学态度，是其大局之是，非其局部之非，换句话说，就是要保卫红色历史的本质方面。如果我们为了保卫红色历史，就连历史上发生的一些极左的东西都给予肯定，其结果只能是缘木求鱼，适得其反。创造未来是目标。没有民族伟大复兴，没有共产主义社会，过去的奋斗和今天的奋斗便没有任何价值，我们就会成为迷途的羔羊，彷徨于茫茫旷野而不知所之。其实，前辈们的一切奋斗，都不仅仅是为了今日的小康，更是为了彻底消除人与人、人与自然的对抗，创造一个永久安宁幸福的世界。把握住了未来，就有了继续前进的底气，就能够推动中国红色文化从繁荣走向更大的繁荣。因此我们说，坚定的共产主义信念，是红色文化工作者必须具备的基本精神素质。

遵循这一基本原则和方法，我们可以从多个侧面、多个角度，采用多种手段，投入到弘扬红色文化的工作中去。从现实需要出发，应当特别注意以下几个方面。

一是要善于运用红色文化遗产这面宝贵的镜子。比如“宪政民主”那一套，过去不是没有人搞过。远的且不去说它，仅以抗战胜利以后走“第三条道路”的各个政党（中国民主同盟、中国民主建国会、中国民主促进会、九三学社等）为例。所谓“第三条道路”，就是一面要共产党放弃斗争，一面要国民党开放政权，在中国“实现欧美式的民主政治”。与当今这些鼓吹“宪政民主”的人不同的是，他们当中的绝大多数都是真诚的，希望推动中国进步的。但是，良好的愿望却被无情的现实一次次打得粉碎。从 1945 年 11 月的一二一血案到 1946 年 6 月的下关惨案，再到 1947 年 5 月的五一八血案、五二〇血案，国民党反动政府频频以阴险毒辣的手段打击民主党派。接着，又相继封闭上海的《文汇报》、《新民报》、《联合报》，并在上海、北平、天津、武汉、重庆等地大肆搜捕民主人士。1947 年 10 月 27 日，国民党反动政府彻底撕下“刷新政治”的伪装，干脆宣布民盟为非法组织。下关惨案中被国民党特务打成重伤的民盟代表马叙伦，在病床上紧握周恩来的手说：我过去总劝你们要少一些兵、少一些枪，现在看来，你们的战士不能少一个，枪不能少一枝，子弹不能少一粒。1948年1月，民盟在香港召开一届三中全会，宣告站到中共一边，彻底推翻国民党反动政府，为建立民主、和平、独立、统一的新中国而奋斗到底。这段往事启示我们：在阶级社会里，没有超越阶级利益的民主政治。代表大地主、大资产阶级利益的政党绝不会与代表民族资产阶级、小资产阶级、农民阶级和工人阶级的政党实行多党制。中国如此，美国也是这样。在那里，真正当家作主的是以华尔街金融寡头为代表的垄断资本集团。他们可以用共和、民主两党竞选执政制造民主的假象，但是绝不允许中产阶级、小资产阶级和工人阶级的政党上台执政。“占领华尔街”运动才闹了几天，大亨们便如坐针毡，频频发出防止美国共产党上台执政的警告。当然，中国的政治体制必须改革，但是只能朝着巩固中国共产党执政地位的方向改，朝着恢复与加强党和人民群众血肉联系的方向改，朝着人民真正当家作主的方向改。

美国记者冈瑟·斯坦在他的《红色中国的挑战》一书中，曾经详细记述了延安实施“三三制”民主政治的情况：1944年的一个秋天，在延安市政府的一个小会议室里，有14个人与市长一起开会。这14个人就是由延安人民选出的市参议员，其中有共产党员、普通农民、知识分子、商人和开明绅士。市长报告前段工作，并提出下半个年度的施政纲领。参议员们则代表延安各阶层人民，对市政府的前段工作和即将实施的纲领提出种种直率的批评和建议。最后，市长根据议员们的意见对纲领进行了修改。由于实行了真正的民主，延安成为当时远东地区最为廉洁、最为高效的政府。目睹诸如此类的众多现象以后，冈瑟·斯坦感慨地写道：中国共产党“建立了一个对人民不构成沉重负担的，同时又勇于承担重大责任的行政机构，即一个从人民中产生，通过民主方式选举出来并向他们负责的政府。”很明显，这种实行人民民主的真诚态度和根据历史条件创造民主制度的精神永远不会过时。我们就是要这样，以红色文化遗产为鉴，透过各种反马克思主义思潮用谎言编织的华丽外衣，还他们为国际资本奔走的真面目，同时明确前进的方向，汲取进一步发展的力量和智慧。

二是要有红色文化的雍容大度。雍容大度是中国红色文化的显著风格。所谓雍容，就是胸有成竹、从容不迫。它依赖于实践主体道义上的高尚、文化实力的雄厚和斗争艺术的高超。在这方面，中央文献研究室的张素华研究员为我们作出了很好的榜样。近年有媒体传播说，1950 年，毛泽东在审阅“五一口号”时亲自加写了一条“毛主席万岁”，并由此得出结论：“‘毛主席万岁’这个几亿人呼喊了几十年的口号竟然是毛泽东自己要别人喊的。”面对这一不实之词，张素华并不急于表达义愤，而是沉下心去查阅当年中央拟定“五一口号”的原始档案及其他史料，然后撰文指出：“毛泽东没有在‘五一口号’中加写‘毛主席万岁’。”这个口号产生于 1943 年，是陕甘宁边区吴满有、赵占魁等 45 位劳动英雄喊出的。整篇文章要言不烦，不事雕琢，行文舒缓，语气平和，然而却有重过千钧的战斗力。所谓大度，就是要有广阔胸怀和高远眼界，这是中国共产党人大公无私品格在文化上的表现形式。必须看到，随着世界多极化、经济全球化的深入发展，世界范围内各种思想文化的交流、交锋更加频繁；而国内经济体制的深刻变革，利益格局的深刻调整，思想观念的深刻变化，必然导致人们思想活动的独立性、选择性、多变性、差异性日益凸显，思想文化的多元多变已是不争的事实。面对如此复杂的文化格局，我们既不能丧失原则和立场，又不能效法俄国的“无产阶级文化派”，以一切非红色文化为敌，关起门来自己讨生活。道不同不相为谋，道相近则可以相与为谋。我们要像前辈那样，善于与各种健康、进步的文化合作，结成反对腐朽、倒退文化的统一战线，为发展繁荣社会主义文化创造更多的机遇、开拓更加广阔的空间。我们要像前辈那样，以囊括四海的气魄、吐纳自如的内力、敏锐灵活的姿态，随时捕捉、鉴别、吸收古今中外的文化信息，以营养、壮大我们的社会主义文化。其中，包括与社会主义文化敌对的文化。例如，新自由主义是一个坏东西，但是有没有值得我们学习的地方呢？回答是肯定的。自上世纪 30 年代资本主义经济发生大萧条以来，特别是二战以后，凯恩斯主义位居上风，新自由主义陷入尴尬的窘境，但是以哈耶克为首的一批骨干分子并不甘心失败，于 1947 年组织起朝圣山学社，一边自我调整，一边等待时机，一直到上世纪八九十年代之交才转运翻身，实现了“对凯恩斯革命的反革命”，并且在苏东剧变中为国际资本立下了汗马功劳(当然,他们的好景不长,这是后话)。身处逆境坚守40年,至少这股顽强的劲头是值得我们学习的。总之,在胸襟气度上,我们要争取超过前辈,至少不能像九斤老太所说:一代不如一代。

三是要在践行上下工夫。从本质上说,红色文化是一种精神存在。它只有通过人们的实践,才能转化为推动历史前进的物质力量。而只有在转化为物质力量,并且给国家和人民带来实实在在的利益的时候,才能形成文化软实力,成为让更多的人主动接受、让更多的国家民族愿意分享的文化。一句话,弘扬红色文化,就是要增强、扩大红色文化的软实力。然而,红色文化从一种精神存在到形成文化软实力,是一个复杂的过程,起码要经过发掘→制作(研究、创作等)→传播(平面媒体、电子媒体、立体媒体等)→接受→行动→成效→影响这样几个环节。而在这一中心链条周围,还要有若干辅助链条,如组织管理、资金支持、技术设备等。无论你在哪一链条哪一环节上出力,比如写书、演戏、授课,或者种田、做工、站岗,都可以说是当之无愧的中国红色文化的弘扬者。

“不积跬步,无以至千里;不积小流,无以成江海。”让我们从我做起,从当下做起,从一点一滴做起,用心血和汗水去创造红色文化软实力的汪洋大海,去奔向千里万里之外的光辉未来!

(2013年5月25日—6月4日)

中国古代的生态文化

如今,我们正在从实现现代化的高度建设新的生态文明。身当今日之世,回顾古人在生态保护方面的所思所为,绝不是发思古之幽情,而是为了今天的进步。

任何事情都有两面性。我们不能说中国古代在生态保护上没有问题。从观念上说,中国古代也有不利于生态保护的东西。比如杨朱就说过,唯恐肚子饱了再也吃不下、精力不足不能放纵欲望,"损一毫利天下"我也不干。不过,他也没有把自我扩张推到西方那样的极端,因为他还说:让全天下的人和东西来供奉一个人也不行,你的就是你的,我的就是我的,人人都不应当为了别人而拔自己的毛。说到底,杨朱的享乐主义和利己主义,是战国时期小农私有意识的产物,而且是中华传统文化旁逸斜出的枝蔓,对后世没有多大影响。从实践上看,中国古代破坏生态的事情也不少。兵燹、田猎、厚葬、大建宫室豪宅等等,都曾导致大片森林被毁。杜牧在《阿房宫赋》中写道:"蜀山兀,阿房出",说的是秦始皇为了修建阿房宫,把蜀地的山林全部剃光,这话可能夸张了一些,但是说当时进行了毁灭性的采伐,肯定是没有多大出入的。

问题的另一面是,我们的祖先也在生态保护方面为全人类作出了巨大贡献。

从观念上说,在中国古代,一直居于主流地位的是"天人合一"说。《易经》提出"财成天地之道,辅相天地之宜"(《易经·上经》);"范围天地之化而不过,曲成万物而不遗"(《易经·系辞·上传》)。这两句话,历代注家的解释不尽相同。我以为,清代李光地对前一句的解释最为准确。他说:"凡天地所有而人用之者,谓之财成;天地所不有而人兴作者,谓之辅相。"明白了"财成"与"辅相"两个概念,这句话的意思便一目了然,那就是:对自然界的生产生活资料,不管是直接拿来还是再加工制造,都必须尊重自然规律。至于后一句，我以为南怀瑾先生的解释最为准确：适当干预大自然变化，而不能有过失；小心委曲地成全万物，而不能有遗漏。《易经》的这两句话，可以看作是中华传统文化在处理人与自然关系方面的总纲。后来，又有不少哲人从各个角度发表了很多具体的见解。管仲提出，山林虽广、草木虽茂，封禁开发必须遵从时令；国虽富足、金玉虽多，兴建宫室必须规定限度；水面虽阔、鱼鳖虽众，捕捞必须从严管理。老子认为，帮助自然万物生长而不占有、不居功、不主宰，才是高尚的德行。老子的弟子文子则假托老子说，上古时期，由于“德生不杀”，人与万物和谐相处，人们探触鸟巢而鸟不惊，走兽可以被人拴上绳子牵着走。上古时期人与自然的关系是否如此融洽，已不可考，但是文子的描画不妨看作古人对于人与自然关系的一种愿景。孟子指出：“苟得其养，无物不长；苟失其养，无物不消”。不违农时（意指不以劳役、兵役之类扰农），粮食就吃不完；不用细网捕捞，鱼鳖就取不尽；不在树木生长时砍伐，木材就用不竭。荀子则一方面强调人“最为天下贵”，承认人对自然的开发、利用权，一方面又强调必须把对自然的利用和养护统一起来，做到“不夭其生”、“不绝其长”、“不失其时”，同时还要节制人对自然的索取。《吕氏春秋》则警告世人：“竭泽而渔”，“而明年无鱼”；“焚薮而田”，“而明年无兽”。到了宋代，张载则集前人之大成，概括性地提出了“民胞物与”的理念，意思是说世间生人都是同胞，天地万物都是朋友。

我们的祖先不仅有丰富的生态哲学思想和生态伦理思想，而且能在一定程度上落实到制度、风俗、行动的层面。《逸周书·大聚解》载：早在大禹时期，就有春三月不得伐木、夏三月不得撒网打鱼的禁令。据《吕氏春秋·孟冬纪》：商汤见有人四面张网捕猎，认为这样做会把鸟兽杀光，是夏桀之类的暴君才能干出的残忍之事。于是，汤“收其三面，置一面”，以保障鸟兽繁衍不绝，这也是今天我们仍在使用的成语“网开一面”的出处。《礼记·王制》中明确规定：“草木零落，然后入山林”。《秦律·田律》规定：春二月，不得砍伐木材；不到夏日，不得烧草为肥，不得采摘正在发芽的植物，不准捕捉幼兽、掏取鸟卵。中唐诗人韦应物在苏州刺史任上，写过一首题为《郡斋雨中与诸文士燕集》的五言诗。其中有这样一个对句：“鲜肥属时禁，蔬果幸见尝。”一位地方最高长官在夏天请客，不上鱼肉之类的大菜，而只是吃些蔬菜、瓜果之类,可见当时禁令之严,当然也可看出这位刺史大人的自律。

至于民间,保护生态的风俗更是争奇斗艳。比如佛门的放生,就是保护动物的一种特殊形式。11年前我到丽江去,问时任地区外宣办主任的张文银同志:为什么这里树长得这么好、水这样清?这位纳西族的兄弟告诉我,他们纳西族古来有一种风俗,就是孩子从稍懂事起就被大人告知:如果你污染水源,就必然要生病;如果你损害树木,就必然要落得肢体不全。这些警告虽然说得重了一些,但对培养小孩子的生态意识却是起了大作用的。说到保护生态的行动,规模最大的莫过于武王伐纣。周武王之所以伐纣,是因为商纣王有两大罪行:第一条是暴殄天物,第二条是坑害百姓。可见对大自然恣意掠夺,在当时是一件多么不得人心的事情!到了春秋时期,孔子不用排网大量捕鱼、不射归巢之鸟的事迹,也被他的弟子们郑重记录在案。这可能是因为在时人看来,孔子大抵也算得上一个保护生态的模范。

古人保护生态的理念和作为,还反映到文学领域,形成了绿色文学的独特景观。"百啭千声随意移,山花红紫树高低。始知锁向金笼听,不及林间自在啼。"(《画眉鸟》)像欧阳修这样尊重万物本性的诗文歌赋,在中国古代可以说是汗牛充栋、不可胜数。除了这类正面宣传的作品之外,还有不少鞭挞破坏生态的丑恶现象的作品。《列子·黄帝篇》载:一人经常与海鸥嬉戏,彼此亲密、互不猜疑。一天,父亲却要他把海鸥捉回家来。他又到海滨时,海鸥便离他远去。显然,这篇寓言是在告诫人们:切不可心生邪念,破坏人与自然的关系。晚唐诗人韦庄在《天井关》一诗中写道:"太行山上云深处,谁向云中筑女墙……劚开岚翠为高垒,截断云霞作巨防。"这里揭露的是朝廷为修筑没有多大用场的关城而破坏自然美的愚蠢行为。又如明代凌蒙初《初刻拍案惊奇》中的《屈突仲任酷杀众生　郓州司令冥全内侄》。这里讲的是唐开元年间,温县有一个复姓屈突名仲任的纨绔子弟,家道中落以后仍恶习不改,为满足口福,酷爱杀生。先是偷宰别家的牲畜,后来就用弓箭、罗网、叉、弹等工具猎取飞禽走兽。吃法也格外残忍。先用火烘烤动物,待其口渴后灌入清水以洗净肠胃;再用火烤,待其又口渴难耐时灌入配好各种作料的水,而后杀食。由于他如此罪孽深重,被青衣鬼差拘押到地府。这时,被他残害的牛马驴骡猪羊獐鹿鸟兔等各种动物,一齐扑来向他讨还血债。

幸得他死去的姑父(生前为郓州司马)是此处判官。有官家从中斡旋,仲任自然逃过一劫,重返人世。但是从此他痛改前非,毕竟得以善终。拂去这篇作品虚幻、迷信的尘垢,便不难发现其劝诫人们珍爱生命、保护动物的积极主题。

历史是镜子,可以照出我们在生态保护的不少方面,不是比古人更加文明而是更加粗鄙,进而可以催生出我们的羞耻感。“知耻近乎勇”,近乎勇则有希望超越前人。历史是教科书,可以使我们增长智慧。当然,古人保护生态的某些做法已经随着自然经济的解体而成为过去,但是他们探究天人之际的思考却是我们应当继承的宝贵遗产。特别是其中包含的朴素辩证法,能帮助我们走向辩证唯物主义的科学方法论,从而摆脱金钱至上、占有至上等等形而上学的束缚,实现更高层次上的生态自觉。历史是启示录。我们的祖先在生态保护方面作出了那么多的思考、付出了那么多的努力,但是为什么还有那么多破坏生态的事情发生?这是古人不能回答而今人必须回答的问题。人与自然的关系,说到底是人与人的关系(核心是经济关系)的一种表现形式。在财富分配还存在巨大差距的社会条件下,不可能彻底解决人与自然的矛盾。人对财富的占有,其实就是对资源特别是能源的占有。不足者要争生存,有余者要无休止地争取更大的有余,这自然环境怎能好得了呢?有人或许会问:美国人的财富分配也不平等,但那里不是碧水蓝天吗?这种看法是片面的。美国为什么会那么干净?那是因为他们已经把财富分配的不平等推向了全球,也把环境破坏推向了全球。往第三世界倾倒垃圾,转移污染严重的夕阳产业,这样的事情我们见得还少么?污染了别人干净了自己,破坏了别人保全了自己,这不但是破坏,而且是更大的破坏,全球化的破坏。中国是发展中国家,中华民族是讲求“己所不欲勿施于人”的民族,美国的做法中国不能学也不可学。我们只能走把生态文明建设与分配文明建设结合起来的路子,以生态文明建设促进两极分化的缩小,以逐步缩小两极分化保障生态文明建设。两手都要抓,两手都要硬。如此长期坚持下去,一定会实现人与人、人与自然的和谐相处。到了那个时候,列祖列宗的梦想也就变成了现实。

(2013 年 8 月 31 日)

马克思主义与中国传统文化

马克思主义与中国传统文化的关系问题，是当前思想文化领域争论的一个热点或焦点。能否正确认识二者之间的关系，并且合规律性地驾驭二者交互作用的过程，不仅直接关系到社会主义文化的发展繁荣，而且还将影响到中国的发展方向、道路和未来，因此必须进行认真的探讨。

一

概括地说，马克思主义与中国传统文化是以前者为主的对立统一关系。要实现对于这一关系的具体的科学的把握，必须十分警惕和防止形而上学、折衷主义等等主观唯心主义的干扰。

有人认为，马克思主义产生于西方资本主义社会，中国传统文化是在五千年农耕文明基础上产生的，属于不相干的两回事。这就以两种文化产生的社会历史背景不同而否定了其间的统一性。

其实，只要是人类创造的文化，不管有着多大的差异，总会存在某种程度上的统一性。这是由人之为人的共同属性、由某些群体在社会存在和主观意识方面具有相近性或相似性等等因素决定的。《罗密欧与朱丽叶》产生于16世纪的英国，却并不妨碍它在20世纪中国的五四青年中产生《红楼梦》那样的强烈影响。如果人类的不同文化真的隔膜到了没有任何统一性的地步，人类也就成了石块、瓦砾一样的存在，非但不能进行文化交流，而且也不成其为人类社会。至于马克思主义，更不是离开人类文化土壤的天上白榆。正如列宁所说："无产阶级文化应当是人类在资本主义社会、地主社会和官僚社会压迫下创造出来的全部知识合乎规律的发展。条条大道小路一向通往，而且还会通往无产阶级文化”。[①] 在中国传统文化和马克思主义之间，当然也有一条相通的大道。

中国传统文化和西方传统文化一样，都是复杂的社会存在。从哲学上说，都是既有辩证思维的传统，也有形而上学的传统。不过，在西方占据主流地位的是形而上学。应用到社会层面，这种哲学表现为一种抽象主体原则，也就是割裂地、片面地、对立地看待人世间的各种关系，因而总是以自我为中心，立足于对他者的占有和征服。古希腊的普罗太戈拉说“人是万物的尺度”，17 世纪英国的霍布士说“人对人像狼一样”，当代法国的萨特说“他人即地狱”，如此这些，都是这种原则的不同表达形式。而在中国，占居主流地位的则是朴素的辩证思维。应用到社会层面，这种思维表现为一种辩证主体原则，也就是联系地、整体地、平等地看待人世间的各种关系。最具经典性的概括就是宋人张载的“民胞物与”(《西铭》)。意思是但凡人类都是天地所生的同胞，世间万物都是人类的朋友。在把握全社会的关系时，这一原则主张“天下为公”，“使老有所终，壮有所用，幼有所长，矜寡孤独废疾者皆有所养。”(《礼记・礼运》)在把握人与人的关系时，这一原则主张“己欲立而立人，己欲达而达人”(《论语・雍也》)，“己所不欲，勿施于人”(《论语・颜渊》)；“视人之家若视其家，视人之身若视其身”(《墨子・兼爱中》)。在把握国与国的关系时，这一原则主张“协和万邦”(《尚书・尧典》)，“视人之国若视其国”(《墨子・兼爱中》)，“处大国不攻小国”，“强者不劫弱，贵者不傲贱”(《墨子・天志上》)。在把握人与自然的关系时，这一原则一方面强调人“最为天下贵”(《荀子・王制》)，承认人对自然的开发、利用权，一方面又强调要尊重自然、顺应自然、保护自然。用《易经》的话说，就是“财成天地之道，辅相天地之宜”(《上经》)；“范围天地之化而不过，曲成万物而不遗”(《系辞・上传》)。不管这种辩证的思维有多么朴素，能说与辩证唯物主义没有统一性么？不管这些社会主张在当时具有怎样具体的社会内容，能说与科学社会主义没有统一性么？岂但有，甚至可以说，在抽象的意义上，马克思主义与中国传统文化比与西方传统文化更具内在的统一性。

近代以来，西方五花八门的各种主义都曾在中国粉墨亮相，但是无一不

① 《列宁选集》第 4 卷第 285 页，人民出版社 1995 年第 3 版。

以黯然退场而告终，唯独马克思主义在中国日益根深叶茂。上世纪八九十年代之交，东欧剧变、苏联解体，世界社会主义陷入低潮，但是马克思主义的旗帜依然在中国的上空高高地飘扬。个中原因当然很多，从文化上看，则不能不说是由于马克思主义在中国有着更为普遍、更为深刻的认同机制。中国共产党领导亿万人民群众进行革命、建设、改革的全部实践表明，坚持马克思主义的指导地位，必须以继承和发扬中国优秀传统文化为文化基础；继承和发扬中国优秀传统文化，必须以马克思主义为根本指导思想。只有继承和发扬中国优秀传统文化，才能从文化上巩固马克思主义的指导地位；只有坚持马克思主义的指导地位，中国优秀传统文化才能获得现实性的品格。如果人为地把马克思主义与中国传统文化割裂开来，其结果必定是既消解了马克思主义，也消解了中国优秀传统文化，从而在文化实践中招致灾难性的后果。党的十八大以后，面对中西方文化交流、交锋更加频繁的复杂局面，面对西方颜色革命的威胁，习近平同志一方面强调马克思主义在意识形态领域的指导地位，一方面倡导继承和发扬中国优秀传统文化，充分体现了一位马克思主义者的深思熟虑和深谋远虑。

二

问题的另一面是，如果只承认马克思主义与中国传统文化统一性的一面，而不承认二者对立性的一面，也是错误的，非但不能进行积极的统一，弄得不好，还有可能把社会主义文化建设引向歧路。

有人提出让马克思主义与孔子“和平共处”的问题。这怎么可能呢？就思想体系来说，马克思主义是无产阶级争取自身解放和全人类解放的科学，孔子创立的儒学是由复辟奴隶制（尽管是比较温和的奴隶制）演变为维护封建制的学说，二者在意识形态上存在尖锐的对立性。毋庸说在社会主义社会，即使在半殖民地半封建社会，它们也不可能“和平共处”。交椅只有一把，孔子坐了，马克思就没的坐；马克思坐了，孔子就没的坐。这是一个十分简单的道理。

那么，马克思主义会不会因此而对孔子创立的儒学采取虚无主义的态度呢？如果是那样，马克思主义就成了褊狭、顽固的学说，马克思主义者就成了列宁批判过的“无产阶级文化派”。

早在1938年，毛泽东就明确指出：“今天的中国是历史的中国的一个发展；我们是马克思主义的历史主义者，我们不应当割断历史。从孔夫子到孙中山，我们应当给以总结，承继这一份珍贵的遗产。”[①]承继，就是要综合、要统一，即在历史唯物主义的指导下，经过分析、挑拣、改造，把它综合到革命文化和社会主义文化中来，统一到推进中华民族伟大复兴的实践中去。

在这个过程中，以下几个问题是必须注意的：

*一是该抛弃的坚决抛弃。*继承、吸收，必须以可供今用为标准。儒学中的不少东西，是我们无论经过怎样的改造都无法吸收的。比如“君为臣纲，父为子纲，夫为妻纲”（《礼纬·含文嘉》）。在干群平等、父子平等、夫妻平等的时代，这些东西已经完全失去存在的依据。倘若有人在今天倡导这些陈腐的伦理教条，必然遭到全社会特别是广大妇女的坚决抵制。又如“唯上知与下愚不移”（《论语·阳货》），“民可使由之，不可使知之”（《论语·泰伯》）。这样的认识和主张是与当今劳动人民当家作主的社会根本不相容的。又如“父为子隐，子为父隐，直在其中矣”（《论语·子路》）。父子互相包庇，哪里还有什么正直可言呢？在全党全国反腐倡廉的今天，我们怎能提倡这样的道德呢？

*二是要把握儒学的历史嬗变。*经过两千多年的发展，儒学已经成为一种庞大、芜杂的文化体系。只有把儒学嬗变的历史搞清楚，把儒学在不同时代的不同表现形式搞清楚，我们才能在批判地继承时减少盲目性、增强自觉性。比如孔子的“君使臣以礼，臣事君以忠”（《论语·八佾》），虽然强调君臣双方权利和义务的对待关系，但是以君为主。到了孟子那里，位置便倒了过来，变成“民为贵，社稷次之，君为轻。”（《孟子·尽心章句下》）那么，哪一个更具有历史的进步性呢？显然是后者而非前者。《礼记》讲“饮食男女，人之大欲存焉”，孔子也说他绝不是一个“系而不食”的葫芦，可见早期儒学并不否定人的正当欲求。殊不料到了南宋的理学那里，却提出“革尽人欲，复尽天理”，“饿死事极小，失节事极大”之类的反人性主张。那么，哪一个更具有历史的进步性呢？显然是前者而非后者。再如儒家讲“孝”，可是在元代郭

① 《毛泽东选集》第2卷第534页，人民出版社1991年第2版。

居敬编录的《二十四孝》中，竟然树立了郭巨“埋儿奉母”那样的一个典型，从而把“孝”推到残忍的极端。对于儒学的这些发展变化，我们或是或非、或取或舍，是应当做到胸中有数的。

三是要历史地看待不同时代对于儒学的不同态度。儒学是一家入世性很强的学说。既然入世，不同时代不同的世人总要对它作出不同的解读，总是难免不同甚至完全相反的评价。怎样来看待这些现象呢？列宁告诉我们：“在分析任何一个社会问题时，马克思主义理论的绝对要求，就是要把问题提到一定的历史范围之内”。[①]

19世纪末，康有为为推动变法，附会儒家的公羊学派，力倡“通三统”、“张三世”之说。所谓“通三统”，就是说夏商周一脉相通。新朝受命，只改变服色（实即姓氏），而不改变前朝的道统，同时还对前朝实行保其嗣、封其国、存其礼的政策。用董仲舒的话说，就是“王者有改制之名，无易道之实”。（《春秋繁露·楚庄王》）所谓“张三世”，就是说人类社会演进遵循从据乱世到升平世再到太平世的顺序。据乱世尚君主，升平世尚君民共主（君主立宪），太平世尚民主。人们要用和平的方式，促使人类社会依次进化，最终实现“政府皆由民造”的大同世界。康有为说，所有这一切，无不出自孔子在两千多年前的精心设计，孔子就是一个“素王改制”的改革家。很明显，在敬天法祖的古老封建国度里，在“纲常名教亘古为昭”的思想文化氛围中，在守旧势力占据绝对优势的情况下，用“通三统”、“张三世”的温和理论推动资本主义性质的维新变法，相对来说，可以减少一些社会阻力，也更容易被最高统治者接受，因而它在当时所起的作用基本上是积极的、进步的。

然而在事情过去一百多年后的今天，居然有几位自称“康党”的人聚在一起，吹捧“通三统”的汤武“革命”，主张“张三世”的和平进化，指责孙中山领导的旧民主主义革命和中国共产党领导的新民主主义革命“造成了灾难性后果”，判定中国共产党领导的人民政权“没有合法性”，要求“回到康有为”，重新“将儒教立为国教”。这是近年来利用儒学否定革命的极端一例。问题在于，既然要“通三统”，又怎能达到“张三世”的目的？历史的事实恰恰

① 《列宁选集》第2卷第375页，人民出版社1995年第3版。

一再证明,只要坚持“通三统”,无论是流血的“改制”还是和平的“改制”,其结果永远是一个奴隶制代替另一个奴隶制、一个封建制代替另一个封建制,而不可能给社会带来任何实质性的进步。要让社会取得实质性的进步,就不能“通三统”,就必须进行改变整个经济基础和上层建筑的革命。在这方面,康有为们自己就是一个极好的教训。他们谋求“君民共主”的“升平世”,实际上已经对“通三统”的原则有所背离。正因为如此,尽管他们采用了和平的方式,还是为封建道统所不容,结果是康、梁亡命海外,六君子喋血刑场。这样的历史事实,那些自称“康党”的人大概是没有勇气正视的。再说以何立国的问题。自汉武帝“罢黜百家,独尊儒术”以后,“儒教立为国教”断断续续也有一千几百年的历史,但是中国人民一直处在封建专制的压迫之下,而且愈到近代灾难愈深。马克思主义传入中国仅仅 30 年,中国就由一个被列强主宰、封建专制的国家变成了人民民主共和的国家。儒教立国,连民族独立、国家主权尚且不保,何谈为万世开太平?饱受半殖民地半封建之苦的中国人民,怎么可能抛弃马克思主义,重新“将儒教立为国教”呢?说来说去,这些自称“康党”的人无非是要人民承认革命有罪、放弃革命成果,重新回到半殖民地半封建的“道统”,这难道不是历史的大倒退?按照他们鼓吹的“通三统”的逻辑,人民政权即使暂时不下台,至少也要像汤武那样拿出两块地来,“分封”给爱新觉罗氏和蒋氏的后裔,让他们在那里建立“诸侯国”,挂龙旗或青天白日旗。如果真的那样,非但人民不答应,恐怕连这“两统”的多数后裔也不会答应。可见这班开历史倒车的人的所思所念,已经到了何等荒诞的地步!中国人民不曾忘记,在近代中国,只要有帝国主义的文化侵略,就会有封建主义文化出来帮衬。它们总要结成“神圣同盟”,反对中华民族的生气勃勃的新文化,阻挡中华民族的伟大复兴。老调子仍未唱完,沉渣还将泛起,这是值得我们警惕的。

近 10 多年来,有人对五四新文化运动中的批孔颇多微词,认为它破坏了中国传统文化,应当予以否定。当年的批孔有没有问题?当然有问题,当然有些偏激、有些过头。从思想方法上讲,是因为“那时的许多领导人物,还没有马克思主义的批判精神,他们使用的方法,一般地还是资产阶级的方法,即形式主义的方法。他们反对旧八股、旧教条,主张科学和民主,是很对的。但是他们对于现状，对于历史，对于外国事物，没有历史唯物主义的批判精神，所谓坏就是绝对的坏，一切皆坏；所谓好就是绝对的好，一切皆好。”[①]例如饱读经史的鲁迅，激愤之下甚至提出要“扫除”“助成昏乱的物事（儒道两派的文书）”[②]。尽管陈独秀、李大钊等都曾以不同方式肯定过“孔学优点”，但是这种表态很快被淹没在对儒学激烈批判的浪潮中，不会引起人们太多的注意。批孔是当时的潮流所向，激烈批孔的学者是当时文化界的耀眼明星。例如四川学者吴虞，就是因批孔而声名大震，以至被胡适誉为“只手打孔家店的老英雄”。

除了思想方法上的原因之外，还有其客观的社会原因。必须看到，那时的儒学，占第一位的不是学术意义上的存在，而是政治意义上的存在。辛亥革命推翻了皇帝，却未能推翻封建专制。封建地主阶级仍然盘踞在广袤的中国乡村。由“君君、臣臣、父父、子子”演化来的政权、族权、神权和夫权，成为束缚广大农民的四条绳索，让他们备受剥削、压迫而无力反抗，也无心反抗。鲁迅笔下的祥林嫂、闰土、阿 Q 等等，绝非纯粹的艺术虚构，而是辛亥革命以后底层众生的真实写照。至于上层，孙中山之后的总统、总理之类，无一不是改头换面的封建统治者。“乱哄哄你方唱罢我登场”，多少复辟倒退、祸国殃民的丑剧假孔子之名而行！袁世凯称帝要尊孔，张勋复辟要尊孔，军阀争权要尊孔，土豪劣绅作威作福要尊孔，甚至帝国主义侵略中国也要尊孔[③]。为给守旧势力张目，康有为于 1916 年公开发表《致总统总理书》，要求宪法立孔教为国教，并复行拜圣之礼。事实毋庸置疑地表明，到了五四前夕，儒学原典中的那些崇实、进取的正能量已经消耗殆尽，而它的僵化、保守因素则被放大到极致，此时的儒学已经变成异常腐朽的学说，此时的孔子则成了帝国主义、封建主义的守护神。在如此严峻的形势下，如果五四新文化运动的前驱们以一种学究的态度来对待儒学，一边批判它的缺点，一边又充分铺陈它的优点，那就根本不可能改变当时的思想文化格局。要终结腐朽的儒家文化的统治地位，就必须造成强大的舆论定势；而要造成强大的舆

① 《毛泽东选集》第 3 卷第 831－832 页，人民出版社 1991 年第 2 版。

② 《新青年》第五卷第五号。

③ 如美国传教士李佳白曾于 1913 年出版《尊孔》一书。

论定势，就必须对腐朽的儒家文化采取激烈批判的方式。大势所趋，情绪偏激、说话过头，是很难避免的。但是，我们在看到这些问题的同时，还必须看到：如果没有这种激烈的批判，就不能祛除中国传统文化中的深重毒素，中国传统文化就有可能因为毒素的持续扩散而趋于消亡。从这种意义上说，五四新文化运动不是破坏而是挽救了包括儒学在内的中国传统文化。作为享受五四新文化运动成果的今人，我们没有资格也没有权利用它的某些偏颇来否定五四新文化运动的历史进步性。事实正如毛泽东所说："如果'五四'时期不反对老八股和老教条主义，中国人民的思想就不能从老八股和老教条主义的束缚下面获得解放，中国就不会有自由独立的希望。"①

孟子曰："彼一时，此一时也。"(《孟子·公孙丑下》)在今日中国，占居主导地位的是社会主义文化，腐朽的封建主义文化早已被赶到边缘地带。中国人民正在朝着实现中国梦的伟大目标，努力建设社会主义的文化强国。这样的文化环境、这样的文化使命，使得我们可以而且应该以五四前辈不可得的从容态度去对待儒家文化，比较地侧重于对它的继承、消化、再创新的方面。总之，批判地继承是马克思主义对待传统文化的总方针。具体到实践中，批判与继承并非刻板的半对半的关系，这一时期可能是批判上升为主要方面，那一时期可能是继承上升为主要方面。我们必须根据文化环境和文化使命的不同而与时俱进地进行调整。这是历史辩证法在文化领域的一个基本要求。

*四是要在转化上下工夫。*恩格斯深刻指出："一切以往的道德论归根到底都是当时的社会经济状况的产物。而社会直到现在是在阶级对立中运动的，所以道德始终是阶级的道德；它或者为统治阶级的统治和利益辩护，或者当被压迫阶级变得足够强大时，代表被压迫者对这个统治的反抗和他们的未来利益。"②当然，春秋时期的孔子不可能有阶级的概念，但是不能因此而否定他的学说尤其是道德说教的阶级内容。孔子一生孜孜矻矻、恓恓惶惶，念兹在兹的就是"其为东周"，即在东方复辟西周的奴隶制。"克己复礼"之"礼"，自然是"周礼"；"三军可夺帅，匹夫不可夺志"之"志"，自然也是"复

① 《毛泽东选集》第3卷第832页，人民出版社1991年第2版。

② 《马克思恩格斯选集》第3卷第435页，人民出版社1995年第2版。

礼”之志。从这种意义上说,儒学的精华与糟粕是一个整体,彼此融合、交叉和渗透,不可以简单地进行扒堆式的处理。对于它的区分和取舍,只能在适应时代需要的前提下,依靠人们的能动思维来完成。

从客观上说,随着时间的流逝,人们对于某些文化产品所含历史内容的关注度,往往呈现逐渐下降的趋势。最能说明问题的是宋之问的《渡汉江》:“岭外音书绝,经冬复立春。近乡情更怯,不敢问来人。”宋之问品行不端,曾以小道诡行趋附武则天的男宠张易之,为时人所不齿。武则天死后,宋之问被中宗流放到岭南,因不堪其苦于次年春逃往洛阳。这首诗就是写他作为逃犯,在接近洛阳时生怕被人告发又担忧家人或遭不测的复杂心情。设若是时人,大概会对它嗤之以鼻,至少不会说这是一首好诗。然而数百上千年过后,人们已经不大关注其中的个人化情感,而仅仅留意字面传达的一般性情感内容,因此这首诗也就成了抒写游子归乡情思的代表性作品。孔子的学说至于今日更为远矣,其具体的历史内容已经变得相当稀薄,这就为我们抽取它的一般意义提供了有利条件。

从主观上说,人的思维具有极大的能动性,完全可以对认识对象进行抽象性的处理。但是,当我们从儒学的东西中抽取出一般意义以后,切不可让它停留在抽象层面。如果是那样,儒学的东西就会成为另一种“普世价值”,成为超越一切时代、一切阶级的永恒真理。而这,正是那些叫嚷“回归孔孟道统”的人所欲所求的结果。这里应当强调说明的是,这个世界上根本没有超阶级、超时代的文化,越是声称“普世”的东西越不普世。正如恩格斯在批评费尔巴哈时所说:“费尔巴哈的道德论是和他的一切前驱者一样的。它是为一切时代、一切民族、一切情况而设计出来的;正因为如此,它在任何时候和任何地方都是不适用的,而在现实世界面前,是和康德的绝对命令一样软弱无力的。”①比如孔子的“泛爱众”(《论语·学而》),曾被儒家泛化为普遍的伦理原则,然而在事实上,毋庸说他人和其他时代,就是对孔子本人也不是一贯适用的。冉求背离孔子的政治立场,转而支持新兴封建势力进行农田制度改革,孔子便毫不留情地动员弟子们“鸣鼓而攻之”(《论语·先进》)。这分明是有所爱有所不爱,哪里有什么“泛爱”呢?我们是历史唯物主义者,

---

① 《马克思恩格斯选集》第4卷第240页,人民出版社1995年第2版。

我们绝不进行虚伪的“普世”说教，我们在从儒家的东西中抽取出它的一般意义以后，必须为其注入社会主义时代的内容，劳动者阶级的内容，在社会主义时代劳动者阶级可以实践的内容。即以“人能弘道，非道弘人”(《论语·卫灵公》)为例，如果将它原有的“其为东周”之“道”改换成马克思主义之“道”，就可以成为理论工作者的座右铭：我们的责任是让马克思主义发扬光大，而不是让马克思主义来光大自己。对于忠、仁、爱、义、礼、孝、节、智、信、耻等等儒家的许多概念和命题，都可以进行这样的创造性转化。这就叫“古为今用”，这就叫“推陈出新”!

三

马克思主义传入中国，在指导中国共产党和亿万人民群众改造中国的伟大实践中，被创造性地转化为中国化马克思主义。中国化马克思主义有两个显著特征：一是确定性。它坚守马克思主义的基本原则，任凭潮起潮落、云卷云舒，绝不发生任何的动摇。二是开放性。它总是在指导中国实践并接受实践检验的过程中不断地丰富和发展。确定性与开放性相辅相成、相得益彰。离开确定性，离开马克思主义的基本原则，就不成其为马克思主义；离开开放性，离开在中国的实践和发展，就不成其为中国化马克思主义。

有人说，中国化马克思主义还没有形成开放体系，能够吸纳具有五千年历史的优秀传统文化。这个观点是没有根据的。如果是把封建性的糟粕贴上“优秀文化”的标签而让中国化马克思主义接单，具有鲜明确定性的中国化马克思主义当然要给予拒绝；如果是真正的优秀传统文化，中国化马克思主义从创立那天起，就一直虚怀若谷予以拥抱，如饥似渴地予以吸收，浑然天成地予以化用。一部中国化马克思主义的发展史，同时也是借鉴、吸收、转化中国优秀传统文化的历史。

从文化的角度看，早期的中国共产党人之所以在纷纭缭乱的思潮中选择马克思主义，就是因为他们深受中国传统文化的熏陶。比如毛泽东，早在韶山私塾中就熟读五经之一的《礼记》，青年时代曾推崇康有为，深受其《大同书》的影响，由此产生追求大同社会的志向，这是他接受马克思主义的深刻文化动因。而在接受马克思主义以后，这种空想性质的志向就建立在科学基础之上，成为合乎规律性、具有实践性的理想。正如他在新中国成立前夕所说："康有为写了《大同书》，他没有也不可能找到一条到达大同的路。""唯一的路是经过工人阶级领导的人民共和国"。只有让"资产阶级的民主主义让位给工人阶级领导的人民民主主义"，让"资产阶级共和国让位给人民共和国"，才有可能"到达社会主义和共产主义，到达阶级的消灭和世界的大同"。[①] 事情从来都是两面的，在马克思主义为实现大同社会提供科学基础的同时，马克思主义的共产主义理想也被赋予"世界大同"这样一种中国特色的文化形式。在比以往任何历史时期都更接近中华民族伟大复兴目标的关键阶段，习近平同志又从《大方广佛华严经》和老子《道德经》中吸取营养，把"如菩萨初心，不与后心俱"和"慎终如始，则无败事"熔铸在一起，进而提炼出"不忘初心，继续前进"的警言，以告诫全党毋忘自我党成立之日起就确立的共产主义远大理想，从而在新的历史条件下，把共产主义理想的中国化又向前推进了一步。

小康是中国传统文化独有的概念。最早见于《诗经·大雅·民劳》："民亦劳止，汔可小康。"意思是老百姓真够劳累困苦的，什么时候才能安居乐业呢？与小康相对的是大康，出自《诗经·唐风·蟋蟀》。作者是一位官员。他见蟋蟀入堂，天气转寒，岁月匆匆，忽然心有所感，于是反复告诫自己："毋已大康，职思其居"；"毋已大康，职思其外"；"毋已大康，职思其忧"。翻译过来就是：过度安乐不可取，分内之事要干好；过度安乐不可取，分外之事也要做；过度安乐不可取，要与国家同忧患。可见在先民那里，大康是指少数统治者的腐败生活，小康是绝大多数劳动者祈盼的保障基本需要的生活。《礼记·礼运》则从政治的角度诠释小康的概念，认为小康是在私有制产生、战乱兴起以后能够稳定社会秩序、照顾各方利益、保障百姓生活的比较理想的社会形态。近三千年来，中国劳苦大众想小康、盼小康，但是小康总是像海市蜃楼一样可望而不可即。直到1949年人民当家作主以后，这种企盼才成为可能。1979年，邓小平顺应中国人民的历史感情和现实要求，提出建设"小康之家"，后来他解释说："所谓小康，从国民生产总值来说，就是年人均

① 《毛泽东选集》第4卷第1471页，人民出版社1991年第2版。

达到八百美元”[①]，“不穷不富，日子比较好过”[②]。1986年，邓小平又提出：“到本世纪末，我们的目标是人均国民生产总值达到八百至一千美元，实现小康社会。”[③]其后，又经过以江泽民同志为核心的第三代中央领导集体和以胡锦涛同志为总书记的党中央的不断丰富和发展，建设“小康社会”的理论日臻完善和成熟，从而在由温饱到现代化之间划分出一个中间阶段。古人的观念就是这样被转化到中国化马克思主义之中，为丰富社会主义初级阶段理论提供了文化助力。

上世纪70年代，美苏争霸，世界动荡，中国面临包括核打击在内的严重威胁。这与公元14世纪50年代朱元璋的处境有些相近之处。朱元璋虽然建立起以集庆为中心的根据地，但是并不巩固，四周的元军及陈友谅、张士诚、方国珍等多股势力都是他的强大对手。此时，学士朱升向他提出“高筑墙（做好军事防御）、广积粮（进行战略物资储备）、缓称王（避免四面树敌）”的建议。遵循这一战略方针，朱元璋打败元军、剪灭群雄，成就了明王朝的建国大业。面对十分严峻、十分复杂的国际局势，深谙历史的毛泽东在洞察秋毫、总揽全局的同时，自然会联想到元末的这一段往事，于是就有了“深挖洞、广积粮、不称霸”这一重大战略方针的问世。在这一方针指引下，我们最终赢得世界政治向有利于中国方向的转变。2016年，习近平同志在二十国工商峰会开幕式上的主旨演讲中提出一个著名论断：“‘轻关易道，通商宽农’。这是建设开放型世界经济的应有之义。”所引古典出自《国语·晋语》，是作者左丘明对于晋文公政绩的一个重要总结。意思是晋文公重耳复国以后，革除积弊，减轻关税、简化手续，整修道路、打击路匪，便利商贸、减负劝农，使晋国经济得到快速发展。很明显，这些政策措施贯穿着一个“通”字。轻关易道也好，通商宽农也好，都是要让经济畅通起来、流通起来，这是“穷则变，变则通”的传统哲理在施政方面的生动体现。在经济全球化的背景下，习近平同志提出这一重要论断，既是对尚易求通的传统思维和治国经验的借鉴，又是“一带一路”这一和平开放发展战略的对外宣示和倡导。近

① 《邓小平文选》第3卷第64页，人民出版社1993年第1版。
② 《邓小平文选》第3卷第109页，人民出版社1993年第1版。
③ 《邓小平年谱》(1975—1997)第1124页，中央文献出版社2004年第1版。

100年来，古老的中国智慧就是这样源源不断地渗入革命、建设、改革实践的沃土，滋养出一枝又一枝中国化马克思主义的灿烂花朵。

中国化马克思主义借鉴中国优秀传统文化是一个异常丰富多彩的过程，不是一篇文章或者一本书所能道尽的。以上所列，仅仅是从核心理论、基本理论、战略思想三个层面简略举出的几例。举例虽简却足以证明，没有中国优秀传统文化，就没有马克思主义的中国化；没有中国化马克思主义，就没有中国优秀传统文化的当代化。在未来的实践中，中国化马克思主义必将在中国优秀传统文化的滋养下继续丰富和发展，中国优秀传统文化也必将在中国化马克思主义的创造性转化中继续焕发出蓬勃的生机。

（2017年3月29日）

红色文化与文化自信

一

所谓文化自信，就是对于自我文化效能的确认感。大凡行为主体都有一定的文化，也都有预定的行为目标。当一个行为主体求实地认定自身拥有的文化能够保障实现预定目标的时候，它就产生了某种程度的文化自信。李白说“请日试万言，倚马可待”，即是对于个人才思的确信。近年来，我们强调要坚持文化自信，就是说要始终坚信党和人民拥有的文化是世间罕有的好东西，是实现民族伟大复兴中国梦的思想保证、精神动力和智慧源泉。

那么，我们党和人民拥有哪些文化呢？一种是中华优秀传统文化，即列祖列宗留给我们的有益文化；一种是我们党和人民创造的文化，即革命文化和社会主义先进文化，通常我们统称为红色文化。这两种文化虽然不同，但是在发挥效能时，却并非彼此孤立的二元存在，而是统一于推动中国发展进步的社会实践。而中华优秀传统文化一经党和人民实践的创造性转化，也就脱胎换骨，变成了红色文化。比如“实事求是”，原本是《汉书》作者班固称赞河间王刘德的话，意思是说刘德在古籍整理方面不尚浮辩、严谨扎实，但是到了中国共产党人这里，则被作出全新的解释：“‘实事’就是客观存在着的一切事物，‘是’就是客观事物的内部联系，即规律性，‘求’就是我们去研究。”[①]由此，这一词语也就从特指“修学好古”的学风上升为我们党的思想路线。在庆祝中国共产党成立95周年大会上的讲话中，习近平同志在阐述中华优秀传统文化和红色文化的精神价值之后，又着意归结强调说：“我们要弘扬社会主义核心价值观，弘扬以爱国主义为核心的民族精神和以改革创

① 《毛泽东选集》第3卷第801页，人民出版社1991年第2版。

新为核心的时代精神，不断增强全党全国各族人民的精神力量。”这样的严谨论述，充分体现了辩证唯物主义一元论的文化观。因此我们说，文化自信，归根结底是对红色文化的自信，或者说红色文化是文化自信的根本支撑。

二

历史的经验值得注意。

在漫长的古代历史中，我们中华民族创造了光辉灿烂的文化，因而一直以伟岸的身躯自立于世界民族之林，一直拥有山海一般的文化自信。正是因为有了这种坚定深沉的自信，我们的先人们才能够以博大的胸襟容纳外来文化，以从容的态度改造外来文化。佛教的中国化就是一个至今仍让我们引为自豪的光辉范例。可以说，如果没有先人们的那种文化自信，以儒、释、道为主的中华传统文化就会三分明月少其一。

但是，中国封建统治阶级随着政治上的日趋没落，在文化上也日趋腐朽。为了维护反动统治，他们日甚一日地阉割、窒息传统文化中的生机与活力，日甚一日地尊崇、放大传统文化中的保守、僵化因素。到头来，儒家文化以至整个中华传统文化似乎只剩下“君权神授”，“天不变道亦不变”，“三纲五常”、“三从四德”之类的枯槁信条，而“自强不息”，“与时偕行”，“苟日新，日日新，又日新”等等鲜活的元素则被抛到了九霄云外。这种文化上的倒行逆施，持续到1840年鸦片战争之后，终于在封建统治阶级内部引发上百年的文化危机。危机的根本标志就是丧失文化自信：一是文化自负，即过高估计封建主义文化的实力和效能。它往往表现为既抱残守缺又妄自尊大。面对西方资本主义生产方式、政治制度和文化观念的冲击，面对国内变法求新图强的呼声，慈禧太后控制的清廷虽然不得不作出一些赞成变法或实施新政的姿态，但是骨子里依然顽固地抱定“纲常名教，亘古为昭”，“不易者三纲五常”之类的陈腐宗旨。更有甚者，竟然连学习一点资本主义的先进技术都不能容忍。大学士、理学大师倭仁曾公开指责洋务运动“上亏国体，下失人心”，强调万万不可动摇“尚礼义不尚权谋”的“立国之道”。二是文化自卑，即过低估计中华传统文化的实力和效能，妄自菲薄、引喻失义，由自信转为他信。在这方面，胡适就是一个极好的反面教员。他虽然对五四新文化运动作出过不小的贡献，但是又由反封建而不分青红皂白地否定中国的历史和文化，甚至公开声明："我主张全盘的西化，一心一意的走上世界化的路。"

文化自信的丧失，实质上是民族自信的丧失。1931 年，日本侵略者制造九一八事变，继而东北沦陷。在这民族生死存亡的危急关头，一些代表统治阶级利益的文人、政客居然慌张到六神无主的地步，因此上演了一幕幕令人啼笑皆非的丑剧。《大公报》发表题为《孔子诞辰纪念》的社评，断言"中国人失去了自信力"。蒋廷黻扬言"为了对日和平不惜任何代价"。有蒋介石"国师"之称的戴季陶则联手下野军阀段祺瑞，请九世班禅在杭州灵隐寺举办时轮金刚法会，还振振有词地说："今则人心浸浸以衰矣！非仗佛力之加被，未由消此浩劫。"上流社会制造的乌烟瘴气，不可避免地要蔓延开来，泱泱中国弥漫着萎靡不振、手足无措的气氛，中华民族的文化软实力也随之跌入低谷。严峻的事实告诉人们，不打破腐朽的封建政治专制和文化专制，不但要导致中华传统文化的中断，也势必把整个中华民族推向覆亡的深渊。

那么，打破封建专制的力量何在呢？仍然存在于中华民族之中，存在于中华传统文化之中。早在 1900 年，梁启超发表著名的《少年中国说》，指出有两个中国：一个是"老大中国"，即腐朽没落的帝国；一个是"少年中国"，即充满朝气的工业化强国；有两种国民：一种是默认并固守"老大中国"的"老大国民"，一种是憧憬并创造"少年中国"的"少年国民"。"老大中国"是腐朽的封建统治阶级制造的"冤业"，"少年中国"将是由具有少年一样"心力"的国民创造的辉煌。他大声疾呼：要用"少年国民"取代"老大国民"，用"少年中国"取代"老大中国"，让"我少年中国，与天不老"，让"我中国少年，与国无疆！"1934 年，鲁迅针对"中国人失掉自信力"的悲观论调，明确指出："我们从古以来，就有埋头苦干的人，有拼命硬干的人，有为民请命的人，有舍身求法的人……虽是等于为帝王将相作家谱的所谓'正史'，也往往掩不住他们的光耀，这就是中国的脊梁。""说中国人失掉了自信力，用以指一部分人则可，倘若加于全体，那简直是诬蔑。"[①]

然而，在资本主义已经形成世界体系的国际环境中，在半殖民地半封建

① 《鲁迅全集》第 6 卷第 118 页，人民文学出版社 1981 年第 1 版。

的社会历史条件下，要激活、扬厉中华传统文化的生命活力，唤醒、振作民族精神，必须有一种新的文化元素的植入；要动员、组织富有民族精神的“少年国民”或“中国脊梁”，形成改写历史的伟力，必须有一种新的社会力量的出现。正是在时代的召唤下，马克思主义和中国共产党走到中国历史舞台的中央，承担起指导、带领亿万人民拯救中国及中华传统文化的重任。

马克思说：“理论在一个国家实现的程度，总是决定于理论满足这个国家的需要的程度。”[①]中国人民自古以来就崇尚和谐、追求和谐，一直憧憬“使老有所终，壮有所用，幼有所长，矜寡孤独废疾者皆有所养”的大同社会，向往没有城狐社鼠、没有剥削压迫的“乐土”，积淀之深，已经成为中华优秀传统文化的核心价值观。可以说，愈到近代，中国人民的这种向往便愈加热切。当年康有为的《大同书》不胫而走，就是一个明证。然而，中华优秀传统文化尽管确立了美好的核心价值观，却未能提供实现这一价值观的正确道路。这个时候，马克思主义一经传入，中华优秀传统文化必然会产生久旱逢甘雨、歧路见明灯那样的亲切感和依靠感，这就是我们通常所说的马克思主义与中华优秀传统文化的深刻的内在统一性。在马克思主义指导下，中国共产党团结、带领亿万人民改造中国的实践过程，也是扬厉优秀传统文化、荡涤腐朽传统文化的过程，实现马克思主义与优秀传统文化融合的过程，培养、造就千千万万具有崭新精神气质的“少年国民”或“中国脊梁”的过程。正是在这一无比壮丽的伟大历史进程中，诞生了以中国化马克思主义为核心的红色文化。历史毋庸置疑地证明，马克思主义是中华传统文化的救星，中国共产党人是中华优秀传统文化的忠实继承者和卓越发扬者，而用红色文化武装起来的中华优秀儿女则是改造中国的“少年国民”或“中国脊梁”。任何把红色文化与中华优秀传统文化对立起来的观点，都是没有根据的。

1949年新中国成立前夕，毛泽东曾把红色文化称为“中国人民学会了的马克思列宁主义的新文化”。[②] 回顾党和人民的奋斗历程，他十分自豪地指出：“自从中国人学会了马克思列宁主义以后，中国人在精神上就由被动

---

① 《马克思恩格斯选集》第1卷第11页，人民出版社1995年第2版。

② 《毛泽东选集》第4卷第1515页，人民出版社1991年第2版。

转入主动。”[①]

首先是指导思想上的主动。仅以革命时期为例。马克思主义的世界观和方法论与充满辩证精神的民族智慧在革命实践中的融合，孕育出《中国的红色政权为什么能够存在?》、《论持久战》、《抗日战争胜利后的时局和我们的方针》、《在中国共产党第七届中央委员会第二次全体会议上的报告》等一系列指导性的理论著作。这充分表明，在每一个转折关头，在每一个发展阶段，我们党都能发现规律、科学决策、成竹在胸，从而牢牢掌握斗争的主动权。这就是马克思主义的中国化，这就是马克思主义中国化的优秀成果！自从诞生了中国化的马克思主义，中国人民就彻底告别了近代历史上没有思想武器可用的窘迫局面，完全摆脱了四顾茫然、不知所之的被动状态。

其次是精神状态上的主动。自从有了马克思主义的武装，中国共产党人和中国人民就把“东亚病夫”、“劣等民族”之类的帽子甩到了太平洋中。越是面对艰难和坎坷、风险和挑战，我们党和人民越是迸发出惊人的勇气和智慧。红船精神、井冈山精神、延安精神、西柏坡精神、抗美援朝精神、大庆精神、航天精神、98 抗洪精神、抗震救灾精神……所有这些，都是筚路蓝缕、以启山林，和衷共济、众志成城，舍生取义、尽忠报国，先天下之忧而忧，后天下之乐而乐等等民族精神的灿烂升华，从而在一个更高的历史起点上诠释了中华民族之为中华民族的伟大与光荣。

再次是文化斗争上的主动。从 1927 年国民党反动派背叛革命到 1937 年全面抗战爆发，帝国主义、封建势力和官僚资产阶级结成“神圣同盟”，在对红色政权进行凶残的军事“围剿”的同时，也对红色文化进行了空前的文化“围剿”，甚至疯狂屠杀革命的、进步的文化工作者。然而其结果却是 1935 年一二九青年革命运动的爆发，而作为共产主义者的鲁迅，也正是在这一“围剿”中成为文化革命的伟人。这里还应当特别指出的是，红色文化的巨大效能和独特魅力还往往令对手折服。1947 年 9 月 9 日，国民党召开六届四中全会暨党团联席会议。根据蒋介石的指示，会上印发了中共延安整风的 3 个文件，即《关于调查研究的决定》、《关于在职干部教育的决定》、《关于增强党性的决定》。蒋介石还特别强调，这 3 个文件“是非常重要的参

① 《毛泽东选集》第 4 卷第 1516 页，人民出版社 1991 年第 2 版。

考资料，大家要特别注意研究，看看他们是如何增强党性，加强全党的统一；如何调查敌情，研究敌情；如何教育干部，改造学习的风气”。败退台湾以后，蒋介石痛定思痛，于1950年开展国民党改造运动。其间，他除再次将延安整风的有关文献作为参考资料外，还要求国民党干部学习4本书，即《辩证法》、《中共干部教育》、《中共工作领导及党的建设》和《中共整风运动》。当然，由于党的性质的根本不同，党和人民的红色文化是他们根本学不来的。

迄今为止，我们党和人民依靠红色文化打了三场大仗。第一仗取得新民主主义革命的胜利，推翻了帝国主义、封建主义和官僚资本主义的反动统治，建立了人民民主专政的共和国，从而终结了世界近代史上看不起中国人民和中国文化的时代；第二仗取得社会主义革命和建设的胜利，为中国实现现代化奠定了政治文化基础和物质技术基础，中国人民和中国文化得到全世界人民的普遍尊敬，我们的朋友遍天下；第三仗取得并且还在取得改革开放的胜利，短短30年间，中国就跃居为世界第二大经济体，中国的国际地位越来越高，中国人民参与国际交往的范围越来越大，中华民族的文化软实力空前增强。

试问，中国历史上有过这样的科学的大众的文化么？有过如此效能强大、战无不胜的文化么？没有，从来没有。完全可以肯定地说，党和人民在革命、建设、改革实践中创造并且还在创造的红色文化，正在复兴着中华优秀传统文化。这种文化就其先进性来说，不仅超越封建社会和半殖民地半封建社会，也超越了整个资本主义世界。它使得中国文化在世界文化之园中重新焕发出夺人心魄的光彩，它使得中华民族再次以伟岸的身姿自立于世界民族之林。作为具有民族感情的中国人，我们没有任何理由不对这种文化产生由衷的自信和自豪。

三

习近平同志指出：“现在，我们比历史上任何时期都更接近中华民族伟大复兴的目标，比历史上任何时期都更有信心、有能力实现这个目标。”然而，越是接近这一中国人民梦寐以求的理想，国际敌对势力越是千方百计地消解我们的红色文化，处心积虑地瓦解我们的文化自信。在这场看不见硝烟的文化较量中，帝国主义文化和封建主义文化再一次结成“神圣同盟”。他们或者鼓吹“以儒代马”，重新“将儒教立为国教”，或者鼓吹“全盘西化”，用西方的“宪政民主”颠覆我们的人民民主，用新自由主义改造我们的生产关系，用“普世价值”取代我们的社会主义核心价值观……而一些数典忘祖的人，见小利而忘大义的人，则像乱蝉一样跟着叽叽地鼓噪，给本应清新的文化环境平添不少的杂音和负能量。正是着眼实现民族复兴的远大目标，正是出于对当前文化态势的深刻洞察，党的十八大以来，习近平同志才一再强调坚持马克思主义的指导地位，一再强调弘扬中华优秀传统文化，一再强调传承红色基因，努力建设社会主义先进文化，一再强调在全党全国人民中树立起坚定的文化自信。其用心之良苦，寄托之深远，全党全国人民不可不察！

文化自信并非行为主体对于自身的文化实力和文化效能的机械反映。也就是说，不是拥有雄厚的文化就一定能够产生文化自信。楚厉王和楚武王都曾亲睹并可能拥有荆山之玉，无奈其识见鄙陋，反而认作普通的石头。可见文化自信的前提是文化自觉。这里所说的文化自觉，就是能在纷纭缭乱的文化现象中，把握红色文化的本质特征、普遍联系和发展规律，从而对它的效能和前途作出正确的判断。这是一种科学的理性，它恰如巨大的羽翼，托载我们上升到一个居高望远的境界。一旦进入这个境界，我们就会看到平日貌似庞然大物的资本主义文化其实并不足观，就会在浮云笼罩的时候看到即将普照的灿烂阳光，就会在遇到困难和挫折的时候看到民族和民族文化的光明前景。

从上世纪 90 年代起，美国国际战略学者约瑟夫·奈陆续发表《注定领导世界：美国权力性质的变迁》、《软实力》、《软实力：世界政治中的成功之道》等等著作和文章，不断阐发他的“软实力”(Soft Power)理论。在他看来，自冷战结束特别是苏东剧变以后，国际格局发生了巨大变化。世界的相互依赖日益加深，跨国公司林立世界。生产的一体化、工艺的扩展等等都在表明：传统的暴力、财富手段正在逐渐失灵，权力正在由“资本密集”型向“信息密集”型转移。在当今世界，倘若一个国家的文化处于中心地位，别国就会自动地向它靠拢；倘若一个国家的价值观和外交政策支配了国际秩序，它就必然在国际社会中居于领导地位。总之，在当今和未来，国际间的较量主要在文化领域进行。应当说，这个理论尽管漏洞不少，但毕竟勾勒出了国际竞争重点转移的大趋势。这是我们必须借鉴的。

约瑟夫·奈是一个政客出身的学者，他研究软实力理论的目的在于保持并强化美国的世界霸主地位，但是资本的逻辑并不以约瑟夫·奈的意志为转移。苏东剧变以后，世界社会主义陷入低潮，国际资本以为天下已定，又变得无法无天起来。有道是“天作孽，犹可违；自作孽，不可逭”。国际资本对于劳动大众和第三世界的贪婪榨取和疯狂掠夺，在不到 20 年的时间内，就把资本主义基本矛盾又一次弄到激烈对抗的地步，从而在 2008 年引发全球性金融危机，资本主义文化的软实力也随之迅速滑落。对于资本主义的极度失望，必然催生对于社会主义的热情向往，于是越来越多的人把希望的目光投向中国，投向中国的文化。在遍及欧美的反对资本主义的群众运动中，被剥夺者们举起了“天下为公”的旗帜。种种事实表明，社会主义的中国正面临提升文化软实力的大好机遇。

民族复兴，归根结底，体现为文化的复兴。我们应当不忘初心、不负使命，抓住机遇、锐意进取，不断实现中华优秀传统文化的创造性转化和创新性发展，不断推动红色文化的发展繁荣，让以中国化马克思主义为核心的充满民族智慧的红色文化在指导实践、推动发展中取得更加伟大的成就，让我国的国际示范作用越来越大，让我国的国际威望越来越高……到了我国在实现人与自然和谐、人和社会全面发展中居于世界领先地位的时候，我国在化解国际社会各种矛盾、保障人类可持续生存和发展方面靠榜样力量发挥引导作用的时候，我国因为对人类作出巨大贡献而得到国际社会普遍拥护的时候，我国文化特别是中国化马克思主义为世界人民所普遍倾心的时候，我们就可以自豪地宣告：中华民族实现了伟大复兴。

美国人民的一句谚语说得好：“未来属于那些坚信自己美好梦想的人！”

（2017 年 4 月 24 日）

近代中国的抉择

在苏格拉底对话中,有这样两个饶有兴味的哲学问题:“你从哪里来?要到哪里去?”在我们看来,这两个问题存在着深刻的因果关系。不知道从哪里来,也就不知道要到哪里去。同样,不了解中国近代史,不明白近代中国人民奋斗的历史进程,我们就不知道现在要怎么做,未来的路要怎么走。

中国沦为半殖民地半封建社会

我们中国是一个历史悠久的东方大国,在经济、政治、文化上曾长期处于世界领先地位,但是自 1840 年鸦片战争以后,昔日的强大与骄傲便逐渐褪去,而被无情地代之以羸弱和屈辱。通常,我们称这一段历史中的社会形态为半殖民地半封建社会。为什么要叫半殖民地半封建社会呢?这就是说,那时的中国既不是完整的殖民地,也不是完整的封建社会,而是这两种货色掺和在一起的畸形社会结构。说中国是一个半殖民地,是指尽管中国已基本丧失主权,但还不是彻底丧失,在某些方面还有一点点主权,至少还保留着独立国家的名义,而不是像印度那样被彻底殖民化;说中国是一个半封建社会,是指地主支配农民的封建生产关系虽然占据明显优势,但中国经济已被卷入世界市场,自给自足的自然经济已被破坏,资本主义的生产关系已经出现并得到发展。

我国古代有一个叫“为虎作伥”的成语故事,讲的是一个人被老虎吃掉以后变成伥鬼,这个鬼非但不记前世之仇,反而变得轻贱起来,干起了专门为老虎找人吃的营生。用这个故事来形容近代中国的社会秩序大概是十分贴切的。老虎是谁呢?就是国际资本主义,即西方列强。它张开血盆大口,要吞掉中国人民创造的一切财富。伥是谁呢?就是中国的封建势力。他们自从被国际资本主义征服以后,便扮演起帮助主子坑害中国人民的角色。

用慈禧太后的话说，就是"量中华之物力，结与国之欢心"。那个被吞噬的对象是谁呢？就是包括民族资产阶级在内的中国民众。

在这样一种畸形的社会形态中，中国社会没有发展可言，中国人民没有自由、民主和人权可言。仅仅百年，中国就与列强签订了1100多项条约和章程。这些条约和章程涉及中国经济、政治、军事、司法、文化教育等各个方面，其中绝大部分是不平等性质的。正如第二次鸦片战争时期英国侵华军的全权专使额尔金谈到《天津条约》时所说的那样，这个条约是"用手枪抵在咽喉上逼勒而成的"。通过一系列不平等条约，列强割去了中国的香港、台湾全岛及所有附属各岛屿和澎湖列岛，抢走了我国东北、西北的大片领土，同时又以"永远租借"为借口，占据了澳门。据统计，中国181万平方公里的土地被侵占，这相当于当时国土面积的7%，分别等于3个法国、5个德国、7个英国的面积。通过一系列不平等条约，列强掠夺了中国的大批财富。1901年9月7日，在八国联军的刺刀之下，清政府与俄、英、美、日、德、法、意、奥8国，以及比利时、西班牙和荷兰，共11国签订丧权辱国的《辛丑条约》。条约规定，中国须付赔款4.5亿两白银，分39年还清，本息合计约10亿两，这至少相当于清政府12年财政收入的总和。沙俄外交大臣拉姆斯多夫骄横得意地说："这是最够本儿的战争"。通过一系列不平等条约，清政府"将中国的兵权、利权、制造权、用人权、行政权一一授之以敌，可谓藩篱尽撤，一网俱尽"。（谭嗣同语）比如英国人赫德，任中国海关总税务司竟达45年之久。

更为骇人听闻的是明火执仗的抢劫和疯狂的屠杀。1860年10月，英法联军抢劫并焚烧圆明园，演出了世界近代史上破坏文明的最为骇人听闻的一幕。事后，强盗戈登厚颜无耻地说："我们就这样以最野蛮的方式摧毁了世界上最宝贵的财富。"八国联军统帅瓦德西也曾供认，1900年8月八国联军侵入北京以后，"曾特许军队公开抢劫三日，其后更继以私人抢劫。""抢劫时所发生之强奸妇女，残忍行为，随意杀人放火等事，为数极属不少。"史载，仅在庄王府一个地方，八国联军就火烧、枪杀义和团员和平民百姓1700多人。

从未有过的灾变，从未有过的伤痛！在西方侵略势力和国内封建势力的蹂躏下,锦绣中华一时间变得满目疮痍、遍体鳞伤,万户萧疏、百业凋敝,骨肉流离、饿殍遍野。中华民族到了亡国灭种的边缘!

前赴后继地走资本主义道路

伟大的爱国主义者谭嗣同在他的著名诗篇《有感一章》中悲愤地写道:“世间无物抵春愁,合向苍冥一哭休。四万万人齐下泪,天涯何处是神州?”中国的出路在哪里?怎样才能实现中华民族的伟大复兴?危厄的现实要求中国人回答这些严峻的历史课题。

太平天国建立资本主义国家的设想。太平天国早期提出的纲领是“有田同耕,有饭同食,有衣同穿,有钱同使,无处不均匀,无人不饱暖”。这一纲领集中反映了受压迫、受剥夺的农民阶级的利益诉求,是一种小农平均主义的空想,但是到了太平天国后期,事情却有了变化。1859 年,洪秀全的族弟洪仁玕来到太平天国的首都天京。他推崇美国的选举制度,称赞英国的法治。在总理太平天国朝政期间,洪仁玕提出了一个系统的社会发展方案,并由洪秀全下旨刊刻颁布,这就是著名的《资政新篇》。新在哪里呢?在政治建设上,主张制定法律、制度;在经济建设上,主张发展交通运输业,制造火车轮船,兴办邮政,创立银行,发行纸币,鼓励民间开矿、办企业,“准许富者请人雇工”;在文化建设上,主张崇信上帝教,设立新闻官、新闻馆,兴办学校。尽管这个方案没有条件也没有时间实施,但是它毋庸置疑地表明:在太平天国后期,其领导集团有过向西方学习,在中国发展资本主义的打算。然而,扼杀太平天国、剥夺其发展资本主义权利的,除了国内封建主义,恰恰还有国际资本主义。众所周知,太平军的拜上帝会实际上就是经过他们改造的基督教组织。西方列强起初以为,信仰的同一性会使太平军成为他们那一伙儿的人。于是,他们支持太平军造清政府的反。《北华捷报》在 1854 年 1 月 7 日的社论中曾经充满热情地说:“我们把他(按:指洪秀全)看作是以快速步伐推进中国真正开放的动力,他能促进与西方世界的联系,我们相信在他的更开明的统治下,我们的商人将能迅速摆脱目前的困难,赢得自由、互惠、清白无瑕的贸易的一切好处。”但是为时不久,他们便发觉这个如意算盘打得不对。太平军不但反对清政府,也反对他们入侵中国。1860 年签订的

《北京条约》,使他们在中国获得很多特权,可是在太平军的根据地内,这些特权都不算数。太平军非但不与他们进行鸦片这个“清白无瑕的贸易”,而且焚烧鸦片。于是他们便转而支持清政府镇压太平军。曾经夸奖太平军的《北华捷报》,翻脸就破口大骂太平军是“打家劫舍”的“盗匪”,并且扬言道:“为了尽快结束这场长期不止的动乱,无论采取什么手段几乎都无人计较,因为叛乱正在使贸易受到损害。”英国全权公使约翰·包令则向伦敦报告说:“现存的帝国政府,尽管它可能是很恶劣、腐败、愚昧的”,但是总要比太平军好。美国专员列卫廉也以同样的腔调向华盛顿报告:“一度认为有巨大影响的叛乱,现在却被视作应予结束的有害的灾变。对帝国政府应予支持。”从此,他们不但为清政府提供洋枪、洋炮和洋钱,而且还直接组织雇佣兵去杀太平军。美国流氓华尔、英国兵痞戈登,就是在这一极不光彩的勾当中出尽风头的。

洋务派学习资本主义“长技”的尝试。早在 1842 年,即鸦片战争失败以后,“睁眼看世界”的魏源等人就看到了中国在生产力发展水平上与西方资本主义国家的巨大差距,因而提出“师夷长技以制夷”的主张。第二次鸦片战争失败以后,在内忧外患中,清政府中的一些大员,如奕䜣、曾国藩、李鸿章、左宗棠、张之洞等,则将魏源的主张付诸行动,近代洋务运动就此拉开序幕。这一运动的宗旨是引进西方近代科技和工业,尤其是军事工业,为风雨飘摇的封建王朝提供全新的物质技术支撑。为此,他们兴办近代企业,建立新式海军,创办新式学堂,派遣留学生,一时间搞得红红火火、热热闹闹。这场运动在一定程度上推动了中国近代工业和民族资本主义的发展,但是它有两个不可逾越的障碍:一个来自内部,即“中学为体,西学为用”的框框。一定阶段的生产力发展,需要与之相适应的特定的生产关系和上层建筑。资本主义世界的先进生产力与封建主义的生产关系和上层建筑是根本不相容的。也就是说,在“中学”这个“体”下,“西学”是很难为“用”的。对于这种不可调和的矛盾,洋务派内部的一些有识之士是有所察觉的。如朝廷重臣文祥、张树声等,都曾提出“采西人之体,以行其用”的建议,但是这些建议根本不可能为清朝最高统治者所采纳。可能正是出于这种忧惧,他们都是在死前才将这些建议上奏的。另一个来自外部,即西方列强的打压。尽管洋务派异常小心地奉行“外敦和好”的妥协路线，但是西方列强也绝不允许他们去“稍分洋商之利”。19世纪70年代，英国的太古、怡和与美国的旗昌三家轮船公司企图联手挤垮中国的轮船招商局，就是一个有力的明证。在半殖民地的中国，国际资本主义留给洋务派的“取利”空间，实在是可怜得很。在这一小得可怜的空间翻转腾挪，根本就不可能实现“自强”、“求富”的目标。甲午一战，威海卫失守，北洋水师全军覆没，宣告持续30多年的洋务运动的彻底失败。

维新派对于君主立宪资本主义的探索。与洋务派比较，维新派要显得高明一些。他们不再将目光仅仅局限于坚船利炮和声光化电，而是尝试效法日本的明治维新，对国家政治制度进行改良。在给光绪皇帝的上书中，康有为明确提出了“君主立宪”的政治纲领。他的得意门生梁启超，则将批判的矛头直指历代帝王，断言“君权日益尊，民权日益衰，为中国致弱之根源”。严复在他的译作《天演论》中，用“物竞天择，适者生存”的竞争意识和危机意识唤醒国人。新思想的传播，使维新运动成为一次伟大的启蒙运动，恰如梁启超所说：一时间，“旧藩顿决，泉涌涛奔”。然而，变法仅仅持续了103天，便遭到了封建保守势力的血腥镇压。维新运动兴起之时，正是英美日与沙俄矛盾尖锐之秋。为了各自的利益，沙俄支持以慈禧太后为首的守旧派，英美日则试图利用维新派扩大在华的侵略势力。英国传教士李提摩太向光绪皇帝提出《新政策》意见书，要求成立由8人组成的“新政部”，其中“半用华官，半用西人”，而西人又必须是英国人和美国人。这就再也明显不过地暴露了它们把中国变成英美独占的殖民地的居心。不错，英美日确实对维新派表示过同情，维新失败后也确实为康梁等人的出逃提供了一定程度的帮助，但是对于中国问题的实用主义立场，决定他们根本不可能给维新派以任何实质性的支持。戊戌政变前夕，维新派试图通过伊藤博文、李提摩太等人乞求英美日的支持，结果无一不是竹篮打水一场空，而日本前首相伊藤博文对于维新派的批评，还为那些反对变法的守旧派提供了“炮弹”。

孙中山领导的资产阶级民主革命。1900年八国联军入侵北京，打掉了清王朝的最后一点儿骨气。此时，清王朝已经成为“洋人的朝廷”。日益深重的民族危机和社会矛盾，催生出孙中山领导的资产阶级民主革命。这场革命是中华民族实现伟大复兴的一座重要里程碑，它推翻了统治中国两千多年的封建君主，重创了在中国为非作歹的中外反动势力，带来了中国社会的思想解放，开辟了民族资本主义发展的空间，推动了亚洲被压迫民族的解放运动，所以列宁称赞它“具有世界意义”。但是它的历史局限性也是显而易见的。孙中山曾真诚地认为，美国“主持人道”，法国“尊重主权”，英国“主持公理”。1911年，武昌起义爆发。当时正在美国筹款的孙中山并未立即直接回国，而是特意取道欧洲，去寻求各国的政治支持和经济援助，结果是一无所获。资产阶级革命派在按照西方的政治模式建立政权以后，多次致电欧美等国恳请外交承认，为此甚至作出承认清政府与列强签订的一系列不平等条约的巨大妥协，不料均遭拒绝。相反，帝国主义却看中了一个反对共和、复辟帝制的人物，这个人就是袁世凯。1912年，袁世凯刚一就任中华民国临时大总统，各国公使便立即登门道贺。正是在屡屡受挫之后，孙中山才终于认识到：帝国主义是最为强大的反革命势力，进而明确提出了反帝主张。“必须唤起民众，联合世界上以平等待我之民族，共同奋斗”，从一定意义上说，这一遗嘱是对革命失败的总结，其间包含着多少辛酸、多少感慨！

*中国共产党早期领导人在五四运动之前对于资本主义的追求。*建立资产阶级共和国，自主发展资本主义，也曾是中国共产党早期领导人在五四运动之前的共同理想。陈独秀在题为《抵抗力》的文章中说：“美利坚力战八年而独立，法兰西流血数十载而成共和，此皆吾民之师资。”俄历1917年2月，俄国发生资产阶级民主革命。消息传来，李大钊立即著文给予热情称颂，并兴奋地表示：“今吾更将依俄国革命成功之影响，以厚我共和政治之势力。”

从太平天国、洋务运动、维新运动、辛亥革命一直到五四运动之前，中国人民在备受国际资本主义蹂躏的背景下，一直虔诚地前赴后继地从资本主义那里寻找挽救危亡、实现复兴的道路。可以说，为了在中国实行和发展资本主义，中国人民付出了一切可能付出的努力，真可谓“既余心之所善兮，虽九死其犹未悔”。

中国依旧是半殖民地半封建社会

然而落花有意，流水无情。回报这份虔诚的，是“先生”抽出的一记记无情的耳光;反馈这种探索的,是"希望"设置的一口口美丽的陷阱。皇帝倒了,封建专制没有变,又涌现出袁世凯、段祺瑞、蒋介石等一个个无冕或硬要加冕的皇帝;朝代改了,西方列强没有走,"二十一条"、巴黎和会、九一八事变、卢沟桥事变、南京大屠杀,豺狼入室、瓜分豆剖,乱哄哄你方唱罢我登场。而封建主义和国际资本主义的联姻,又孳生出一个官僚买办资本主义。中国依旧是半殖民地半封建社会,中国人民依旧挣扎在苦难的深渊。

1914 年夏季,第一次世界大战爆发。11 月 7 日,日军攻占青岛,在青岛的德国人向日本投降。1915 年日本政府向中国政府提出旨在灭亡中国的"二十一条"。不仅这个条约是丧权辱国的,就连谈判的形式也是丧权辱国的。据谈判代表、北京政府外交次长曹汝霖回忆:"适日使坠马受伤,会议停了三次,小幡来部告我,公使伤未愈,脚涂石膏,不能下床,就在床前设桌会议。"这就是有名的"床前外交",世界外交史上的丑闻!

第一次世界大战给日本提供了在华扩张的机会。1919 年,国际资本对华投资额(包括中外合资)占全国投资总额的 60%强,日资(包括中日合资)就占了 35.5%。日资比重不仅显著增加,而且渗透到中国经济的各个部门,甚至偏远地区和不少中小企业。例如四川泸县和湖南洪江的电厂,都受到日资的控制。美国后起,但后起直追。第一次世界大战爆发后,美国频频通过贷款加强对中国的经济控制和政治控制。从 1914 年到 1916 年,美国总计向中国贷款达 5600 万美元之巨,差不多相当于 1914 年以前历年投资的总和。1918 年五六月间,即第一次世界大战即将结束的时候,为了在战后同其他列强争夺在华利益,美国政府又授意 36 家(后来又有 7 家加入)银行对华投资。同年 7 月,美国政府又向日、英、法提议合组对华的国际银行,以打破日本独占的格局。英国对中国的经济侵略年深日久,尽管日、美咄咄逼人,除东北之外,中国大部分通商口岸的商行仍然掌握在英国手里。第一次世界大战期间,英国福公司和中原公司合并成福中总公司,控制焦作煤矿。1915－1920 年,英国又霸占了北京的门头沟煤矿。

第二次世界大战以后,美国成了帝国主义中的最大霸主。于是,独吞帝国主义各国在华的经济利益,就成了它的既定战略。美国战时生产局局长、蒋介石政府高级经济顾问纳尔逊说:"美国商人必须将中国视为美国之工业边界，其重要纵不比20世纪美国西部之边界更大，至少亦与之相同”。这也就是说，要把中国变成为发展美国工业服务的几个不发达的州。

以蒋家为首的蒋（介石）、宋（子文）、孔（祥熙）、陈（果夫、立夫）四大家族，则是国际资本的忠实买办。这从他们炮制的“新公司法”中就可以见出端倪。著名经济学家马寅初在当时一针见血地指出：“新近政府公布的‘新公司法’中第1条和第192条中没有规定外国公司在他们本国的总公司必须‘营业’……这是一个可怕的错误，因为照‘新公司法’的规定，外国在华设立的分公司既不必呈报资本额，那么他们可以随便增加资本额而逃避中国政府的所得税，另一方面，他们可以在本国向自己的政府说，总公司既未营业，当然也不必纳股东所得税。这样他们可以逃避一切的征税。试问在这种情况之下，中国的工商界如何能够和这种‘外国公司’竞争。这是外国资本家剥削中国老百姓的一种可怕的手段。”

四大家族与美国大财团勾结，控制了全国经济命脉，进而贪婪盗窃国家财产，中饱私囊，成为中国历史上最大的官僚买办资本集团。早在1939年，四大家族及其他政府要员一共18人，仅在上海外国银行的存款就达到6918万美元，相当于政府预算收入的77%、外汇储备的28%。1949年，据美国中央情报局和财政部调查，“四大家族”在美来历不明的财产达20亿美元以上。看了这份报告之后，美国总统杜鲁门在议会上气得大骂：“贼！他们是一群贼！一群可恶的贼！”

打着三民主义旗号、自诩为孙中山忠实追随者的蒋介石，在政治上则是专制、独裁得可怕。他的职务从上级兼到下级，从军队兼到党政，从前方兼到后方，从官方兼到民间团体。到1935年底，他的官衔竟然达21个之多，你说累也不累？由于他是国民政府主席兼陆海空军总司令、行政院长兼教育部长，所以在有关教育文化方面的公文中，就有了“蒋中正呈蒋中正，蒋中正再呈蒋中正”；“蒋中正训令蒋中正，蒋中正再训令蒋中正”这类令人匪夷所思、啼笑皆非的咄咄怪事。

让我们再来看一看北洋军阀统治时期3个煤矿的经营情况。一个是山西阳曲保晋公司，系民族资本；一个是山东枣庄中兴公司，系官僚资本；另一个是河北唐山开滦公司，系国际资本。每生产1吨煤，阳曲保晋的成本为

2.021 元，税捐为 1.731 元，占成本的 86%；枣庄中兴的成本为 2.025 元，税捐为 0.2 元，占成本的 10%；唐山开滦的成本为 1.5 元，税捐为 0.2675 元，占成本的 18%。悬殊的税捐，正是国际资本和官僚资本挤压民族资本的重要手段。在这样一种极端不公平的竞争环境中，民族资本还有什么生路可走么？采煤业如此，其他经济领域也是如此；北洋军阀统治时期如此，蒋家王朝统治时期也是如此。民族资本为肉，国际资本、官僚资本食之，这就是半殖民地半封建经济的逻辑。

南通的张謇是中国唯一一位由状元“下海”的实业家。从 1896 年创办大生纱厂开始，他为了实现实业救国的梦想，含辛茹苦奋斗近 30 年，然而在帝国主义和封建主义的压迫下，全部心血毕竟付之东流。1925 年，大生各厂纷纷破产。暮年晚景，回首往事，他不禁对天长叹：“太平在何时？今年待明年。呜呼！覆巢之下无完卵，野老洒泪江风前。”

穆藕初是中国近代棉纺织史上第一位受过西方高等教育的实业家、留美硕士。他最早翻译了美国泰勒的《科学管理法》，是一位懂技术、懂管理并富有进取精神的新型企业家。他的个人才质即使如此优秀，在半殖民地半封建的社会环境中也难逃失败的命运。他曾大声疾呼：“对内急应铲除建设之各种障碍，对外则应解除帝国主义对中国之束缚。”你看，这位当过国民政府工商部次长、明确主张反共的民族资本家，最终得出的认识竟然与中国共产党如此接近！

几代人筚路蓝缕，多少人心血耗尽，然而一直到 1949 年，中国却仅仅积累了占经济总量 17%的近代工业。

安格斯·麦迪森是英国国家人文与社会科学院院士。他在《中国经济的长期表现》一书中说：“早在 10 世纪时，中国在人均收入上就已经是世界经济中的领先国家，而且这个地位一直延续至 15 世纪。”世界经济从 1820 年以后 130 年间，都取得了巨大的进步。“世界生产提高了 8 倍以上，世界人均收入提高了 3 倍。美国人均收入提高了将近 9 倍，欧洲提高了 4 倍，日本提高了 3 倍以上。”但是，由于“内部动荡和帝国主义侵略的影响”，“中国在世界 GDP 中的份额从 1/3 降到了 1/20。它的实际人均收入从世界平均水平的 90%降到了它的 1/4”。

“茫茫大陆起风云，举国昏沉岂足云。最是伤心秋又到，虫声唧唧不堪闻。”这是青年学子周恩来在1916年与朋友唱和的一首诗，它充分表现了五四运动前夕中国青年知识分子伤时忧国的情怀。

社会主义是中国人民的最终抉择

从1840年到1921年，80年长夜，80年求索，80年不屈不挠！在追求资本主义的道路上，中国人民领受了太多的失败，付出了太多的牺牲。那么，我们为什么总是失败和牺牲呢？其根本的世界历史原因就是资本主义已经形成一个世界体系。

在这里，我们要提到美国的一位著名历史学家，加州大学圣地亚哥分校历史系教授斯塔夫里亚诺斯。他在《全球分裂》一书中详细描述了世界资本主义体系形成的过程。第一阶段是商业资本主义的扩张。它将美洲地区和非洲外缘地区变成西方资本主义的边缘，形成了一个洲际性的资本主义秩序，但是在这个时候，非洲内陆和亚洲还处在世界经济体系之外。19世纪上半期，随着工业革命的基本完成，西方的工业资本主义越来越强烈地要求开辟更广阔的世界市场。这个时候，发生了苏格兰传教士大卫·利文斯通横跨非洲的故事。利文斯通原本打算到中国传教并行医，鸦片战争的爆发使他转到了非洲。1849年，他穿过非洲西南部的卡拉哈里沙漠，到达恩加米湖；1851年，他发现赞西比河；1855年，他发现维多利亚瀑布；1866年，他找到了尼罗河的源头。利文斯通作为一名虔诚的基督徒，也许不曾逆料，随着他的探险结果不断公之于世，非洲内陆的图景便像200年前的美洲内陆那样在欧洲人的眼前展开，那些财欲熏心的商人们仿佛看到了又一个堆满黄金和白银的世界。于是，欧洲列强的魔爪纷纷伸向非洲内陆。到19世纪末，他们完成了对于非洲内陆的征服。在亚洲，英国首先占领印度，并入侵阿富汗、新加坡和缅甸等国家和地区，然后将矛头指向中国。1840年6月，英国舰队入侵，用大炮轰开了中国门户。正是这场鸦片战争，导致英国及其他列强对于中国这个最大的亚洲国家的征服。到了这个时候，西方列强已经基本控制全球，资本主义成了一个名副其实的世界体系。

在这个体系中，国际资本主义居于中心位置，而广大第三世界则处于边缘地带。中心与边缘的关系,是主宰与从属的关系、剥削与被剥削的关系、压迫与被压迫的关系、刀俎与鱼肉的关系。这种关系的形成,标志人类历史进入了世界历史的阶段。

正是资本主义世界体系的形成,改变了近代中国的历史走向。也就是说,阻挠中国走上自主资本主义道路的,正是国际资本主义。资本的逻辑是弱肉强食,是其不知餍足的扩张。这种逻辑决定他们绝对不可能放弃在中国既得的经济利益,更不容许再出现一个独立富强的资本主义国家来与他们争夺国际市场。你要进入资本主义的世界体系吗?可以,但是对不起,你只能站在这个体系的边缘地带,充当"中心"的商品市场与廉价资源的供应基地。从一定意义上说,一部中国近代史,就是国际资本主义反对中国发展资本主义的历史。20世纪初的美国总统顾问亨利·亚当姆斯曾经不加任何掩饰地说:"决不能容许中国和亚洲实现工业化和政治上的独立","如果容许中国和亚洲独立自主地开发自己的资源",如果容许中国"以无尽藏的黄河流域的生产资料为供应的民族工业体系成功地组织起来,对西方文明来说,将是不可思议的罪行"。

然而,就在中国人民追求资本主义屡屡失败的时候,国际资本主义体系却在欧亚大陆之间被撕开了一个巨大的缺口。1917年,列宁领导的俄国十月革命爆发。阿芙乐尔巡洋舰上发出的隆隆炮声,是对一次壮丽日出的礼赞,是科学社会主义胜利的盛大庆典,是启发中国人民觉悟的暮鼓晨钟。

一边让我们屡屡碰壁而极度失望,一边则送来了新的希望,于是中国人的思想天平开始向俄国倾斜。到了五四运动前后,资本主义在中国已经声名狼藉,而社会主义(尽管理解不同、种类不同)则成了热词。流风所及,研究系的梁启超、张东荪,安福系的王揖唐,直至投机政客江亢虎都在谈论社会主义。广东军阀陈炯明则著文宣称:"社会主义是现时和将来的人类的共同理想。"

"搬起石头砸自己的脚。"国际资本主义在中国投资开矿办厂,掠夺了中国的财富,同时也在中国造就了一支埋葬他们的产业工人阶级队伍。到1919年,以外资企业为主,包括合资和民族企业中的中国产业工人已达200万左右。在偌大的中国,200万人为数不多,但是他们非常集中。在上海、天津、青岛、武汉等大城市,都分别集中了十几万到几十万的产业工人。这些产业工人除了劳动力一无所有,又备受欺压,沦落在社会底层,所以特别想战斗、特别能战斗。

中国工人阶级和科学社会主义一旦对接,势必迸发出排山倒海一般的铲除霸权、扫荡黑暗的力量。在这种对接中,先进知识分子发挥了十分重要的作用。早在1918年初,李大钊就向友人宣传介绍十月革命。1918年7月至1919年1月,他连续发表《法俄革命比较观》、《庶民的胜利》、《布尔什维主义的胜利》、《新纪元》等文章或演说,热情称赞十月革命是"立于社会主义上之革命",是"世界人类全体的新曙光",大声呼吁中国沿着十月革命照亮的道路前进。1919年2月,陈独秀也在李大钊的影响下挺身而出,在《每周评论》第8号上发表《公理何在》一文,驳斥了帝国主义诬蔑十月革命的谰言。

除了知识界,关于俄国"穷人党"胜利的消息在劳苦大众中也不胫而走。传播这一消息的,是从俄国归来的中国工人。旅俄的中国工人是保卫十月革命的重要生力军。1920年12月1日,旅俄华工联合会在致苏俄外交人民委员会的信中说:"拿起武器保卫十月革命的号召一传出,数以万计的中国工人就志愿加入了先进战士的行列。他们在所有的战线上,经受了国内战争的艰苦考验,他们忠诚地捍卫了第三国际的口号和旗帜。"1918年12月15日,旅俄华工联合会通过《真理报》向祖国的工人兄弟发出呼吁:"中国工人应该记住:中国革命的命运与俄国工人革命的命运休戚相关。只有同俄国工人阶级紧密团结起来,才能在被压迫的中国取得革命的胜利。"

高举科学社会主义的旗帜,走俄国人的路,是当时中国工人阶级和先进知识分子共同的激越昂扬的呐喊!

1919年冬,蔡和森全家和向警予一同乘船赴法国。在颠簸的海轮上,在漫长的旅途中,蔡和森和向警予这一对有志青年有了更多的交流。他们面对着初升的太阳描画新中国的蓝图,他们沐浴着夜晚的灯光探讨中国解放的道路。1920年6月,两人在法国蒙达尼由爱情而结合,结婚照为两人同读一本打开的《资本论》。人们把他们的结合称为"蔡向同盟"。很明显,维系这种"同盟"的,是对科学社会主义的共同信仰。1920年初的一天,在故乡浙江义乌自家的茅草房里，陈望道焚膏继晷，奋力翻译《共产党宣言》。母亲心疼儿子，送进粽子和红糖。陈望道一边吃一边推敲词句。一会儿，母亲在门外喊："红糖不够，给你再添些。"儿子回答："够甜，够甜的了。"当母亲进来收拾碗筷时，只见儿子满嘴墨汁，红糖一点儿没动，原来陈望道竟是蘸着墨汁吃了粽子。为了探索科学社会主义的真理，我们的前辈们就是这样不辞辛劳、辗转万里，不舍昼夜、凝神忘我！

高举科学社会主义的旗帜，走俄国人的路，就是跳到国际资本主义的体系和制度之外去寻求民族解放的道路，就是把争取民族独立和人民解放的伟大斗争融合到全世界无产阶级争取解放的伟大斗争中去。一句话，就是在推动世界社会主义运动的历史进程中解决中国的民族独立和人民解放的问题。这是半殖民地半封建的中国的唯一出路，这是无数优秀中华儿女用鲜血换来的宝贵结论，也是国际资本主义逼迫中国人民作出的最后抉择。

领导中国人民沿着这条道路走向复兴彼岸的，则是由中国工人运动和科学社会主义相结合而产生的先进政治组织——中国共产党。

斯塔夫里亚诺斯在介绍中国革命时说："毛泽东从一开始就是一个对社会现实的敏锐的观察者。这不仅因为他出生于农民家庭，也因为他和农民生活在一起并几乎毕生为之奋斗。这种深知民间疾苦的长期平民生活体验，使他终于敏锐地认识到有必要使马克思主义中国化，使之适合于中国向来被忽视的千百万民众的状况和需要。"毛泽东——马克思主义中国化的第一人。

科学社会主义不是僵死的教条，而是行动的指南。任何教条主义地看待科学社会主义理论的观点，都从根本上背离了科学社会主义的方法和原则。科学社会主义只有与中国实际结合起来，转化为中国化的理论形态，才能成为中国亿万人民群众的强大思想武器，才能变成争取民族独立、人民解放和实现国家富强、人民富裕的巨大物质力量。实现中华民族伟大复兴的事业是不断向前发展的，科学社会主义理论中国化的进程也是不断深入的。

科学社会主义理论的中国化，形成了毛泽东思想和包括邓小平理论、"三个代表"重要思想以及科学发展观等重大战略思想在内的中国特色社会主义理论体系。在毛泽东思想和中国特色社会主义理论体系的指引下，中国共产党团结和带领全国各族人民取得了争取民族独立和人民解放的伟大胜利，取得了建立社会主义制度、建设社会主义事业的伟大胜利，取得了改革开放和社会主义现代化建设的伟大胜利。

抚今追昔，经历太多屈辱又拥有今日骄傲的中国人民，不能不形成这样一种不可动摇的共识：只有社会主义才能救中国！

（2009 年 4 月 23 日初稿　8 月 17 日定稿）

毛泽东与人民是一个整体

《毛泽东遗物的故事》是一部优秀的文献纪录片，甚至可以说是近年来不可多得的一部文献纪录片。

片子精心挑选毛泽东的20件遗物，由此生发开去，展示毛泽东的生活、情感、思想、道德、情操、战略、业绩的某一侧面。这些不同侧面尽管远远不能囊括毛泽东的全部，但是它们组合在一起，同样为观众展现了一个立体的毛泽东、有血有肉的毛泽东、可亲（也有普通人的情感、生活）可敬（超越普通人的思想能力、实践能力、道德能力）的毛泽东。整部作品史料翔实，信息的新颖量大；风格朴实，笔调委婉，抒情性强。这些艺术上的追求，与作品所要表现的内容取得了水乳交融般的统一，因而具有感动人心、发人深思、净化心灵的力量。当然，不是说它没有任何瑕疵。比如“十年生死两茫茫”，本是苏轼怀念亡妻的词句，用来形容毛泽东对毛岸英的思念很不妥当。但是，这些瑕疵毕竟遮不住它作为文献片精品的光辉。

总之，我们应当感谢这部片子的创作团队，因为他们以这种独特的表达形式，维护了我们党的形象、人民的根本利益和中国革命史以至整个中国近代史的尊严。记得在本世纪初的一次纪念毛泽东的会上，主持者让与会者在签到簿上写下一句话，我写了“人民肯定毛泽东，就是肯定人民自己”几个字。在长期的艰难的革命、建设进程中，毛泽东和人民结成了完整的不可分割的整体。他既是人民的一员，也是人民的领袖，又是人民根本利益的象征。他的一生，他的思想和实践，与我们党的生死存亡、人民的安危祸福、中国的前途命运紧紧地连在一起。否定了毛泽东，也就否定了我们党的历史，否定了近代以来中国人民争取民族独立、人民解放、国家富强、人民幸福的理想与实践，否定了中国人民选择的社会主义道路。这样一来，我们党的执政地位，我们党带领人民进行的一切奋斗和取得的一切成果，就统统失去了历史合法性，中国就必然要改变执政力量、政治体制和前进方向。古人说：“欲灭其国，必先去其史。”正是因为臧否毛泽东直接关系到我们党、我国人民、我们国家的前途命运，所以国内外那些想颠覆我们的人，搞历史虚无主义的人，搞民主社会主义的人，总是要处心积虑地否定毛泽东，手段可谓无所不用其极。30多年来，这股思潮从来都不曾止息过。

这部片子再现了真实的毛泽东，也就等于为毛泽东辩了诬。比如稿费问题。有人说毛泽东是新中国的第一个亿万富翁，因为他的稿费有1.31亿元人民币。片子用毛泽东的生活账目单和他的生活管理员的亲历证明：直到毛泽东临终的时候，他的稿费只有124万（旧币）多一点儿，而且身后全部归公，未给子女留下任何财产。又比如《沁园春·雪》的问题。有人说这首词为胡乔木所作，仿佛毛泽东成了共产党内的牛浦郎。片子从毛泽东诗词手稿切入，真实、详细地叙述了这首词从创作到发表的来龙去脉，从正面证明这首词正是毛泽东雄才大略和汪洋文思的外化。记得胡乔木的女儿胡木英也说过，“按照父亲的性格，他不会写出主席那样的气魄”。应当说，这是一句实话。

当然，我们在这里讲要拥护毛泽东、维护毛泽东，并不等于说要掩盖毛泽东的错误。人非圣贤，孰能无过？其实，即使是圣贤，也不可能没错。但是，“君子之过也，如日月之食焉。过也，人皆见之；更也，人皆仰之。”（《论语·子张》）毛泽东作为全心全意为人民服务的伟大领袖，他即使有错误，也是前进中的错误，追求伟大目标中的错误，为人民谋幸福中的错误，其中没有任何委琐、卑鄙、庸俗和低级趣味的成分。正如列宁在评价倍倍尔、卢森堡时援引的谚语所说：“鹰有时比鸡飞得低，但鸡永远不能飞得像鹰那样高。”我们只有用这样的观点来看待毛泽东的错误，才比较符合实际。进一步的问题是，有些我们认为是毛泽东的错误的东西，从大视角来看，从大尺度的历史眼光来看，其实也未必是错误。由于我们的胸怀、眼界、教养、经验和学识远远不能和他老人家相比。对于他老人家做过的一些事也许我们根本就无法理解，于是就认为是错误，恰如罗马教廷不能理解哥白尼的日心说一样。所以我认为，对于毛泽东的某些疑似“错误”，我们一时还搞不太清楚的、还没有多大把握的，还是以不轻言、不妄断为妥。让实践再检验一段时间，没有什么坏处。我们常说批评同志要慎重，难道批评毛主席就可以采取轻率的态度吗？

我希望所有对历史采取科学态度的人，对国家、民族采取负责态度的人，都能像这部片子的制作人那样，采取多种形式向广大群众特别是青少年真实地介绍我们党的历史。这个工作做细致了、做全面了、做扎实了，李锐、茅于轼、辛子凌这些人对党和领袖的诬蔑不实之词也就失去了市场。

（本文是2010年3月18日在文献纪录片《毛泽东遗物的故事》研讨会上的发言）

修志是提升文化软实力的基础性工程

《保定人物志》[①]是一部皇皇巨著。其收录人物之多(1715 人),时间跨度之长(上下 4000 年),在地市级人物志中是少见的。尤其令人钦佩的是,全书体例科学,史实基本准确,文字比较规范,堪称方志精品。很明显,在短短一年时间内,高质量地完成这样一个大工程,没有一支过硬的编纂队伍,没有全市各界的广泛参与,没有市委、市政府的有力支持,是不可想象的。因此,我们说这部人物志的成功编纂,充分体现了市委、市政府和全市人民对于本地历史的高度自觉。

史的自觉,就是文化的自觉。在文化软实力竞争日益激烈的今天,这种自觉正是掌握发展主动权的重要体现。什么是文化软实力?这要追溯到美国学者约瑟夫·奈那里。他说,软实力是相对于经济、军事等硬实力而言的。其来源有三个:一是文化,二是政治价值观,三是外交政策。当一个国家的这三样东西在世界范围内得到推行的时候,这个国家就是软实力强大的国家。自冷战结束以后,美国正是凭借独一无二的软实力,注定要领导全世界。但是约瑟夫·奈所说的软实力,其实并不软,因为美国软实力的推行不仅以美元、大炮等硬实力为开路先锋,而且其本身就有强制扩张的味道,所以人们称之为文化霸权主义。我们中国所说的文化软实力,则完全是靠中华文化的独特品性和现实功能来提升我们自己的精神境界,进而推动社会的不断进步,同时通过这种文化在育人兴国中取得的积极成果,自然而然地对其他国家产生吸引力,从而成为其他国家可以分享、愿意分享的精神财富。

一个国家可以形成国家的文化软实力,一个地区、一个单位也可以形成

① 中央文献出版社 2011 年出版。

地区、单位的文化软实力。

文化软实力不是无源之水，它必须依托优秀传统文化。优秀传统文化在哪里？就在历史中。但是，历史如果不为今人所了解和利用，就是一种自在的存在。比如说我自己，在保定上了4年学，自以为对这里的历史有所了解，看了《保定人物志》才大吃一惊，原来自己的那点儿积累不过是沧海一粟，特别是像我党早期革命烈士赵云霄、抗日女英雄官大奶奶这样极富历史价值的人物，以前更是闻所未闻。可见要让历史变成一种自为的存在，变成现实的文化软实力，必须做很多的工作，而修志无疑是其中的基础性工程。方志修得越精细、越完备，抢救的文化资源就越多，文化软实力的资源供给力就越强。

那么，方志作为一种史书，对形成和提升文化软实力有哪些作用呢？

方志教人聪明。毛泽东说："国民党怎么样？看它的过去，就可以知道它的现在；看它的过去和现在，就可以知道它的将来。"[①]一个政党如此，一个国家、一个地区也是如此，所以人们一直强调"为史"与"知道"的关系、"史鉴"与"资治"的关系。比如说保定，毋庸说了解全部历史，仅在读了这部人物志以后，就可以毫不犹豫地得出一个结论：这里自古以来就文史繁盛、人杰荟萃、群彦汪洋，发展包括旅游业在内的文化产业肯定是一个重要的发展方向。

方志给人寄托。祖国和家乡是人们的根基所在。那里历史底蕴的深浅，犹如"家底"的厚薄和"地位"的高低。这往往直接影响到人们的自信心和自尊心。1995年，我随《光明日报》代表团访问罗马尼亚。罗方负责接待的朋友带我们去参观一个基督教堂。他边走边说，凡来罗马尼亚的人，这个教堂是不可不看的，因为它的历史非常悠久。我问有多长的历史，朋友回答说建于14世纪。这时，我们的团长金成基同志说："老哥，您什么时候到中国来，我陪你去看一看耶稣出生之前的东西。"那位罗马尼亚朋友顿时为之瞠目，连说"中国伟大"，并表示要尽力攒钱，争取两年内和夫人一起到中国旅游。很明显，金成基同志在外国人面前的"牛气"，正是来自老祖宗们留下丰厚"家底"。《保定人物志》的编纂、出版，是从历史人物的角度对保定历史

① 《毛泽东选集》第4卷第1123—1124页，人民出版社1991年第2版。

进行的一次盘点。其结果显示:保定的历史家底非常雄厚、保定的历史地位非常崇高,这对于增强保定人民的自信心、提高保定市的美誉度,意义极大。比如,我们保定人与外地或外国的友人交往时可能要经常提到:保定是尧的故乡。古人常以地名为氏。我们这里的顺平县有一座伊祁山,尧因为生在那里,所以为伊祁氏。这样有根有据地娓娓道来,自己觉得自豪,对方听了大概也会肃然起敬。

方志助人升华。读方志,学历史,能够增长知识,净化心灵,塑造高尚品格,获得创造新的历史的力量。"自写鄂王词在壁,从头整顿旧河山","撑起东南半天壁,人间还有郑延平",这是清末台湾爱国志士丘逢甲写给义军老战友的两联诗 。人们一看便知,他是用岳飞、郑成功的大智大勇来激励自己和战友们抗倭保台的斗志。1941 年 11 月,在德国法西斯军队逼近莫斯科的危急时刻,斯大林也曾用俄罗斯民族英雄的坚毅和果敢来激励红军将士:"让我们的伟大祖先亚历山大・涅夫斯基、季米特里・顿斯科伊、库兹马・米宁、季米特里・波扎尔斯基、亚历山大・苏沃洛夫、米哈伊尔・库图佐夫的英姿,在这次战争中鼓舞着你们吧!"[①]读过《保定人物志》,人们相信:在未来的历史进程中,这里的文教之风将更加兴盛,因为这里是祖冲之、郦道元、颜元、牛满江的故乡;这里的民族气节将更加高扬,因为这里是荆轲、孙承宗、狼牙山五壮士的慷慨悲歌之地;这里的社会主义信念将更加坚定,因为这里深深印下了毛泽东、周恩来等老一辈无产阶级革命家实践科学社会主义的坚实足迹……

但是,这些宝贵的历史文化资源如果仅仅止于方志,其转化为文化软实力的作用就相当有限,因为这样大的一部志书是很难普及的。我们必须千方百计地在读志、传志、用志上下工夫。比如说,能否精选其中影响力很强的人物,编一本地方中小学的乡土教材;能否将其中故事性很强的人物,拍成电影或电视剧;能否在保定的媒体上搞一次地方史知识竞赛……总之办法很多。这方面的工作做好了,历史文化资源就变成了街谈巷议、口耳相传的活的东西。只有这样,其中蕴含的优秀精神元素才能和时代精神结合,转化为人们内在的精神素质,从而提升保定人的文明程度、塑造保定市的美好

---

① 《斯大林文选》上卷第 286 页,人民出版社 1962 年第 1 版。

形象。文明程度提高了、美好形象定型了,不但对他人、他方有榜样作用,而且能够吸引人才和资源,从而直接促进保定经济社会的发展。

大家都知道,任何一部史书都有遗憾,即使是被鲁迅称为“史家之绝唱,无韵之离骚”的《史记》也在所难免。《保定人物志》作为一部大书,同样不可能做到尽善尽美。一是个别史实有误。比如说苏轼“与其父同榜进士”,这是不对的。与苏轼同登进士榜的是他的弟弟苏辙,而非苏洵。据《宋史》记载:苏洵年轻时曾“举进士,又举茂才异等,皆不中”,这可能伤了他的自尊。他带着两个儿子到京师参加考试,自己却不再考。后来宰相韩琦推荐他参加舍人院的考试,他亦以有病为由婉拒。二是个别叙述不严谨。比如将崔护《题都城南庄》中的浪漫故事当作史实来写,难免要误导读者。此事出自唐人孟棨《本事诗·情感》。是本有此事,还是有了诗以后的附会,谁也弄不清楚。建议在叙述这个故事之前,加上“据唐人孟棨《本事诗》载”几个字。三是个别人物的记载不全面。比如说吴樾,如果只记载他暗杀清廷五大臣的事迹,而不介绍他的行为动机,他留给读者的印象就仿佛是一个恐怖主义者。其实,他的暴力行动是为了建设。采取刺杀行动之前,他在遗书中写道:“诚以无破坏则无建设,无激烈则无平和……若求其建设而不先经以破坏,则建设直无从建设;若求其平和而不先出以激烈,而平和亦无可平和。”希望在再版修订时,能够一条一条地予以仔细推敲,力争精品更精。

(本文是2011年7月28日在《保定人物志》专家座谈会上的发言)

关于革命与破坏的考辨

——中国近代史的一个视角

谁是近代中国的破坏者?

中国有着辉煌的过去,然而在近代却遭到了空前惨烈的破坏。这到底是谁之罪?是革命者还是革命的对象?这个问题只能由历史的事实来回答。

众所周知,中国近代史肇始于1840年的鸦片战争。从那时起到1945年,列强对中国发动的大小侵略战争绵延不断。除上世纪三四十年代的日本侵华战争以外,所有这些战争无一不以中国失败而告终。失败的结果,就是任人宰割和蹂躏。

仅仅百年,中国就与外国签订了1100多个条约和章程,其中的绝大部分是列强强迫中国接受的。正如第二次鸦片战争时期,英国侵华军全权专使额尔金谈到《天津条约》时所说的那样,这些条款是“用手枪抵在咽喉上逼勒而成的”。通过一系列的不平等条约,列强强占我大片领土,获得各种名目的巨额赔款和数不清的特权。第一次鸦片战争以后,中英签订《南京条约》,其中规定:割香港岛给英国,开放广州、厦门、福州、宁波、上海为通商口岸,中国向英国赔款2100万银圆。第二次鸦片战争以后,中英、中法签订《北京条约》,其中规定:割九龙半岛南端和昂船洲给英国,赔偿英、法军费各800万两白银,恤金英国50万两、法国20万两。其间,沙俄趁火打劫,通过中俄《瑷珲条约》、《天津条约》、《北京条约》等,侵占我领土150万平方公里,大致相当于3个法国的面积。甲午战争以后,中日签订《马关条约》,其中规定:割台湾全岛及所有附属各岛屿和澎湖列岛给日本,中国向日本赔款及支付赎辽费和威海卫守备费共计2.315亿两白银。如果再加上掠夺的其他物资及金银货币，总计合3.4亿两白银，是日本当时年财政收入的6.4倍。八国联军侵华战争以后，清政府与俄、英、美、日、德、法、意、奥八国，以及比利时、西班牙和荷兰，共十一国签订《辛丑条约》。其中规定，中国须付赔白银4.5亿两，分39年还清，本息合计约10亿两白银，至少相当于清政府12年财政收入的总和。如此贪婪的榨取和残忍的肢解，即使是再富足的国家也不堪其祸，何况羸弱凋敝的中国。

更为骇人听闻的是惨绝人寰的杀戮、抢劫和毁灭。英法联军对圆明园的劫后焚毁，八国联军对五代古都北京的疯狂洗劫，如此等等，不胜枚举。1900年北京再度沦陷以后，仅在庄王府一个地方，八国联军就火烧、枪杀义和团员与平民百姓1700多人。“曲槛临湖面面开，内官惊看骆驼来。”颐和园里所藏历朝文物，被强盗们用骆驼运往天津，累月不绝。目前，全球47个国家和地区的200多个博物馆中，收藏的中国珍贵文物不下百万件。八国联军统帅瓦德西供认：侵占北京以后，“曾特许军队公开抢劫三日，其后更继以私人抢劫”。1937年12月，侵华日军在攻陷南京以后，开始了持续6周的烧、杀、淫、掠“大竞赛”，南京城的三分之一被毁，两万多名中国妇女惨遭日军强暴，30多万名手无寸铁的中国平民和被俘士兵被活活杀死。据不完全统计，从1931年九一八事变到1945年抗战结束，中国军民伤亡3500多万人；按1937年的比值折算，中国直接经济损失1000亿美元、间接经济损失5000亿美元。

人们常说，落后就要挨打，这无疑是对的。不过，我们似乎还应进一步追问：近代中国为什么落后？这原因不是别的，就在于中国封建统治的反动性和腐朽性。首先，他们拒绝革新和进步，就像将头扎入沙堆的鸵鸟一样，无视外面世界发生的巨变，死死抱住陈旧的封建政治体制、经济体制和文化观念不放。社会活力的阙如，生产方式的落后，直接导致综合国力的虚弱。仅在第一次鸦片战争期间，中国就几乎耗尽了国库储备，以后的财政状况更加糟糕。其次是极端的专制。清朝的统治者专制，窃取辛亥革命成果的袁世凯则由假民主真专制而赤裸裸专制，打着三民主义旗号的蒋介石同样是专制统治的行家里手。到1935年底，蒋介石一人同时披挂21个官衔，从党政兼到军队，从上级兼到下级，从前方兼到后方，从官方兼到民间团体。由于他是国民政府主席兼陆海空军总司令、行政院长兼教育部长,所以在有关教育、文化方面的公文中,就有了“蒋中正呈蒋中正,蒋中正再呈蒋中正”,“蒋中正训令蒋中正,蒋中正再训令蒋中正”这类令人匪夷所思、啼笑皆非的咄咄怪事。其三是袁世凯之后的军阀混战。“洒向人间都是怨”。直奉大战、蒋桂大战、蒋冯阎大战等等,都是封建军阀们演出的一场场祸乱国家、荼毒生灵的丑剧。其四是官僚机构的结构性腐败,对于百姓盘剥的日益加重。早在鸦片战争之前,著名爱国主义诗人龚自珍就非常愤怒地指出,那些封建官僚都是“老成之典型”,“因阅历而顾审,因顾审而尸玩”。这就是说,不作为、各顾个,是他们的共同特点。非但如此,他们还疯狂聚敛财富、过着骄奢淫逸的生活,从朝廷到地方几乎层层吃赃,于是“贪官污吏,布满天下”,搞得民怨沸腾、社会动荡。至于后来的各色封建统治者,同样在盘剥、腐败的道路上下滑不止。早在 1939 年,蒋、宋、孔、陈四大家族及其他政府要员一共 18 人,仅在上海外国银行的存款就达 6918 万美元,相当于当时政府预算收入的 77%、外汇储备的 28%。1949 年,据美国中央情报局和财政部调查,四大家族在美来历不明的财产达 20 亿美元以上。看了这份报告之后,美国总统杜鲁门在议会上气得大骂:“贼!他们是一群贼!一群可恶的贼!”面对国民党无可挽回的腐败,中华民国中央研究院第一届院士萧公权尖锐指出:“三民主义已沦为权贵豪门的镇宅灵符,总理遗嘱已是当代最大的讽刺文学”。

毫无疑问,如此僵化、腐败的封建政权,已经失去了基本的社会支撑,更谈不到什么国防动员力。在西方列强面前,他们除了战败、妥协、依附,与列强一道镇压人民反抗以求维持虚弱的统治之外,恐怕是别无出路。“量中华之物力,结与国之欢心”,慈禧太后的这句话,大抵道出了近代中国所有封建统治者主动的或者是无奈的选择。

然而,自由主义的代表人物胡适却说:破坏中国的是“贫穷、疾病、贪污、愚昧、扰乱”这“五大仇敌”,而这“五大仇敌”则不应当将帝国主义、封建主义包括在内。当时,著名学者梁漱溟曾公开致书胡适,针锋相对地指出:贫穷出于帝国主义的经济侵略,扰乱出于帝国主义操纵的军阀。故帝国主义实为症结所在。今日三尺童子,皆知此理。先生闭眼不看,自说自话,岂能令人心服！穆藕初是一位坚持反共立场的民族实业家，但是他在历经无数挫折之后也明确指出，要发展民族实业、实现国家富强，“对内急应铲除建设之各种障碍，对外则应解除帝国主义对中国之束缚”。英国国家人文与社会科学院院士安格斯·麦迪森在《中国经济的长期表现》一书中也特别指出，15世纪之前，中国经济一直居于世界领先的地位，但是由于“内部动荡和帝国主义侵略的影响”，“中国在世界GDP中的份额从1/3降到了1/20。它的实际人均收入从世界平均水平的90%降到了它的1/4。”仅从以上援引的几例就可以清楚地看出：说帝国主义、封建主义是近代中国的最大破坏者，绝非共产党人“革命史观”的偏见，而是中外一切严肃学者和有识之士基于顽强事实得出的共识。

革命是无奈的选择

面对近代中国的破坏，有人说，只要顺从地去做殖民地，中国自然就会实现现代化。这不能不说是一种罔顾世界发展大势的虚浮之论。

世界大势是什么？就是国际资本主义在相继征服美洲、非洲之后，又通过鸦片战争实现对于中国这个亚洲最大国家的征服。至此，资本主义已经形成一个比较完整的世界体系。在这个体系中，国际资本主义居于中心位置，而亚非拉美的广大第三世界国家则处于边缘地带。中心与边缘的关系，是主宰与从属的关系、剥削与被剥削的关系、压迫与被压迫的关系。资本的逻辑是弱肉强食，是其不知餍足的扩张。这种逻辑决定国际资本主义绝对不可能放弃在中国的既得经济利益，更不容许再出现一个富强的大国来与他们争夺资源和市场。从一定意义上说，一部中国近代史，就是国际资本主义反对中国实现现代化的历史。

当然，我们不能说国际资本主义从来没有在中国搞过建设。比如列强在上海、天津等地建造的“飞地”和在东北铺筑的铁路，都曾具有一定的规模，但是所有这些，都不是为了中国的发展繁荣，而是为了更加方便地对中国进行金融控制、资源掠夺和军事侵略。1926年，英国麦加利银行的豪华大楼在天津落成之际，就被英国驻华公使夫人称为停泊于中国的“一艘巨大的金融战舰”；日本侵华期间，南满铁路株式会社一直是日本的所谓“野战铁道部队”。对于问题的这一实质，西方列强有时是并不回避的。20世纪初，美国总统顾问亨利·亚当姆斯曾公开扬言:“决不能容许中国和亚洲实现工业化和政治上的独立”，如果容许中国“以无尽藏的黄河流域的生产资料为供应的民族工业体系成功地组织起来，对西方文明来说，将是不可思议的罪行”。事情非常明显，殖民地就是殖民地，只有被剥削、被奴役的份儿，又哪里谈得上现代化呢?

当然，这类伤害民族感情的论调，无论过去还是现在，在中国的土地上都没有多大的市场。依靠自己的力量救亡图存、起弱图强，才是中华民族的执著探索。在这一进程中，有过不少采用平和手段的尝试。洋务救国、改良救国、教育救国、科学救国、实业救国等等，都曾发出过闪亮的光彩，然而又先后归于寂灭，中国上空依旧是雾也深沉、夜也深沉。这是因为，诸如此类的举措都奈何不得帝国主义、封建主义这两大破坏者。而奈何不得这两大破坏者，中国的生产方式就不可能有任何实质性的改变，中华民族伟大复兴的中国梦就永远像海市蜃楼一样可望而不可即。于是，革命——用暴力手段推翻帝国主义和封建主义的统治，就成为历史的必然。

进一步说，即使是近代中国的革命者，也没有一个先天地带有革命的基因，没有一个从牙牙学语起就吵嚷着要造反、要革命。革命之于他们，可以说是经过万般无奈以后的最终选择。

孙中山是中国革命的先行者，然而他的第一选择却是“以和平之手段、渐进之方法请愿于朝廷，俾倡行新政”，即在体制内解决问题。1894年6月，他专程赴天津上书李鸿章，提出“人尽其才”、“地尽其利”、“物尽其用”、“货畅其流”、“启用新人”、“发展国防”六大带有资本主义性质的强国方略，被置之不理。迫不得已，孙中山才在同年11月组织兴中会，提出“驱除鞑虏，恢复中华，创立合众政府”的革命纲领。即使在投身革命以后，孙中山也是将矛头主要指向清王朝的封建统治，而对于帝国主义的破坏性则缺乏足够的认识，甚至一度真诚地以为，美国“主持人道”、法国“尊重主权”、英国“主持公理”。经历了帝国主义的一次次冷遇、欺骗和打击之后，孙中山才终于认识到:阻碍中国实现民族独立和国家富强的，不仅有封建主义，还有帝国主义，而后者是比前者更为强大的反革命势力，因而明确提出了“反帝国主义的革命纲领”。

中国共产党的早期领导人陈独秀，起初同样对帝国主义心存幻想。1918 年 11 月，第一次世界大战结束。1919 年 1 月，中国首次以战胜国的身份出现在巴黎和会的大厅。中国政府代表向会议提出废除外国在华势力范围、撤退外国驻军等七项要求和取消日本强加给中国的“二十一条”及换文的陈述书。巴黎和会召开之前，美国总统威尔逊发表“十四条宣言”，公开声明：“对殖民地之处置，须推心置腹，以绝对的公道为判断”。这样的许诺让中国人备受鼓舞，北京的一些市民甚至涌向美国驻华使馆，发出“威尔逊总统万岁”的欢呼。陈独秀也撰文盛赞威尔逊为“现在世界上第一个好人”。然而，事情的结果竟然是：不仅中国的合理要求遭到和会拒绝，而且列强还决定把德国从中国山东夺取的特权转让给日本。巴黎和会给了中国什么？只是归还了八国联军侵入北京时被德国军队抢走的几件天文仪器。这无疑是对中国的恶意戏弄。无耻的强权，再次使中国人从“公理战胜”的迷梦中惊醒。此时的陈独秀也激愤地说：“什么公理，什么永久和平，什么威尔逊总统‘十四条宣言’，都成了一文不值的空话。”正是因为这样的沉痛教训，才使得他选择了俄国十月革命的道路。青年毛泽东也曾是一个和平主义者。1919 年 7 月，他在《湘江评论》的《创刊宣言》中提出，要向强权发起“忠告运动”，实行“呼声革命”、“无血革命”。直到 1920 年，他的认识才发生根本性的转变。同年 12 月 1 日，他在写给蔡和森等人的信中曾这样倾诉自己的心曲：“用平和的手段，谋全体的幸福”，“在真理上是赞成的，但在事实上认为做不到”。“俄国式的革命，是无可如何的山穷水尽诸路皆走不通了的一个变计，并不是有更好的方法弃而不采，单要采这个恐怖的方法。”[①]

中国共产党成立之初，其工作重点也是放在工农运动上，对于掌握革命武装则没有给予足够的重视。为此，革命者付出了惨重的代价。四一二反革命政变以后，短短 3 天的时间内，仅上海一地，据不完全统计，就有 300 多名共产党人和革命群众惨遭杀害，500 多人被捕，5000 多人失踪。“宁可错杀三千，绝不放过一个”的反革命暴力，教育并迫使中国共产党人和革命群众拿起了枪杆子。

---

① 《毛泽东书信选集》第 4—6 页，人民出版社 1983 年第 1 版。

当然，“革命不是请客吃饭，不是做文章，不是绘画绣花，不能那样雅致，那样从容不迫，文质彬彬，那样温良恭俭让。革命是暴动，是一个阶级推翻一个阶级的暴烈的行动。”①这种强烈的社会震荡，必然要带来这样那样的破坏，但是就其本质方面来说，则是对于破坏者的破坏，为建设扫除障碍的破坏，孕育着新生和希望的破坏。正如鲁迅所说：“革命有血，有污秽，但有婴孩”。如果我们只是指责革命的破坏而讳言反动暴力的破坏，而且拒不承认首先是因为有了反动暴力对于国家、民族的破坏才有革命对于反动暴力的破坏，这样的观点显然是违背史实、有失公正的。

革命者是热忱的建设者

早在20世纪初，针对改良派攻击革命“破坏一切”的谰言，孙中山指出：“革命之破坏与革命之建设必相辅而行，犹人之两足、鸟之双翼也。”纵观近代中国的革命者，几乎没有一个是为了破坏而革命，几乎都对建设怀有强烈的热情和殷切的期待。

洪仁玕在总理太平天国朝政期间，提出了一个系统的建设方案，并由洪秀全下旨刊刻颁布，这就是著名的《资政新篇》。这一方案提出，政治上制订法律、制度；经济上发展交通运输业，制造火车、轮船，兴办邮政，创立银行，发行纸币，鼓励民间开矿、办企业；文化上设立新闻官、新闻馆，兴办学校。尽管这个方案没有条件也没有时间实施，但是它足以表明：在太平天国后期，其领导集团有过按照西方资本主义模式建设富强中国的打算。

1912年民国成立，特别是南北和谈结束以后，革命党人大都认为革命已告结束，中国将迎来一个建设的时代。孙中山于1912年4月1日解职之后，更是在各种场合郑重宣告：从今以后，将专注于建设和民生问题，首先是他所倾心的铁路事业。为了实现10年内筹60亿元资金、修20万里铁路的设想，为了振兴中国的实业，孙中山奔波于大江南北、长城内外。所到之处，除考察、访问之外，就是宣传他的工业化主张。为了消除政治纷争，团结起来搞建设，孙中山明确表示“十年内不预政治”。同时，他还要求革命党人全力赞助民国政府和袁世凯，并且非常乐观地认为，“建设前途，于此望之矣”。

① 《毛泽东选集》第1卷第17页，人民出版社1991年第2版。

革命党的主要军事领导人黄兴也辞去留守一职,遣散军队,对外宣布将“避政界和趋实业界”,并告诫同志:“吾党从前纯带一种破坏性质,以后当纯带一种建设性质。”即使是在革命失败、建设告吹以后,孙中山依然不曾忘怀于建设。1917—1920 年,他完成了著名的《建国方略》。这本书由《孙文学说》、《实业计划》、《民权初步》三部分组成,描绘了一幅工业化的资产阶级共和国的蓝图。在中国北部、中部、南部沿海各建一个大港,在长江上游建设三峡大坝,让火车开进西藏等等设想,就是在《实业计划》中提出的。

至于中国共产党人,则从来都不曾简单地将历史划为“破坏”与“建设”两个阶段,从来都是在破坏旧世界的同时努力地建设新世界。

土地革命时期,毛泽东亲自搞过调查的江西兴国县的长冈乡,就是“苏维埃工作的模范”。这里的政治建设、经济建设和文化建设都搞得热火朝天。政治建设上,建立了苏维埃政权的最高权力机关——代表会议。代表会议之下,还建立了检查制度、值日代表、常委会、代表领导居民等组织或制度。经济建设上,成立了模范耕田队、劳动互助社、犁牛合作社等组织,最大限度地调动生产力,并且帮助红军家属和孤老家庭解决生产困难的问题。与此同时,还成立合作社,组织居民入股做生意。文化建设上,首先是抓教育:7—15 岁的孩子上列宁小学;16—45 岁的青壮年白天参加生产劳动,晚上上夜学。其次是抓文艺。全乡成立了 4 个俱乐部,每村一个,每个俱乐部里都有新戏。令人感到饶有兴味的是,1934 年 11 月,国民党军在攻占中央苏区宁都县以后,也搞了社会调查。调查发现,在成为苏区以前,全县仅有 15 所小学和一些私塾;成立苏区以后,“遍设列宁小学及俱乐部,尤以消灭文盲运动更为积极,每家悬挂一识字牌。”苏区建立前后发生的巨大变化,使国民党的调查者颇为感慨,认为共产党在文化教育方面的“办理精神足资仿效”。

1940 年 1 月,也就是在抗日战争还处于战略相持阶段的时候,毛泽东就以高远的科学预见描画了战乱中国的光辉未来。在《新民主主义论》中,他明确提出:“我们要建立一个新中国。”政治上,这是一个“无产阶级领导下的一切反帝反封建的人们联合专政的民主共和国”。其国体——各革命阶级联合专政,其政体——民主集中制。经济上,“走‘节制资本’和‘平均地权’

的路”:大银行、大工业、大商业归全民所有,但不禁止“不能操控国民生计”的资本主义生产的发展;“扫除农村中的封建关系,把土地变为农民的私产”,实现“耕者有其田”。文化上,扫除帝国主义、封建主义的东西,同时吸收古代的和外国的优秀文化,并在新的社会实践中进行新的创造,从而建设起“民族的科学的大众的文化”。最后,他用诗一样的语言激励人们的创造热情:“新中国航船的桅顶已经冒出地平线了,我们应当拍掌欢迎它。”[①]

《新民主主义论》这一光辉文献,既是我们党对未来新中国光明前景的展望,也是对革命根据地建设实践的总结,又是指导我们党在此后建设解放区以至新中国的根本性指导方针。

政治上,当年抗日根据地实行的“三三制”,就是在特定历史条件下,将民主集中制落到实处的成功创造。所谓“三三制”,就是在抗日民族统一战线政权的人员分配上,共产党员占三分之一,非党的左派进步分子占三分之一,不左不右的中间派占有三分之一。其产生的方法,就是广大人民群众进行民主选举。美国记者冈瑟·斯坦曾用半年的时间对延安实施“三三制”民主政治的情况进行深入考察。嗣后,他感慨地写道:中国共产党“建立了一个对人民不构成沉重负担的,同时又勇于承担重大责任的行政机构,即一个从人民中产生,通过民主方式选举出来并向他们负责的政府”。经济上,从土地革命战争时期的打土豪、分田地开始,经过抗日战争时期的减租减息,到解放战争时期声势浩大的土地改革,中国共产党终于在中国历史上第一次实现了“耕者有其田”。文化上,中国共产党人和其他先进分子更是创造了前所未有的辉煌。马克思主义中国化的日益深入,诞生了指引中国走向光明的毛泽东思想;从红船精神、井冈山精神、长征精神、延安精神一直到西柏坡精神,中国共产党及其领导下的广大人民群众将民族精神和时代精神不断地升华到新的高峰;革命文艺工作者、进步文艺工作者和广大革命群众创作的大量优秀文艺作品,构成了一个令人叹为观止的璀璨星空。

这里还要特别介绍一下城市的保护和建设。解放战争时期,面对每一座将要解放的城市,中国共产党人都精心谋划怎样才能为日后的建设保存更多的物质、文化基础。为此,我们以最大努力促成北平的和平解放;为此,

① 《毛泽东选集》第2卷第663、677、678、706、709页,人民出版社1991年第2版。

我们在解放上海时严令不得使用重型武器。当时，我第三野战军司令员兼政委陈毅幽默地说：解放上海就像在瓷器店里打老鼠，既要打到老鼠，又不能毁坏瓷器。而在解放每一座城市之后，我们更是以惊人的效率稳定社会秩序，保障居民生活，恢复、发展生产及各项社会事业。1949 年春，由张西曼、章伯钧、蔡廷锴等 59 人组成了一个“民主人士赴东北参观团”。在目睹沈阳、长春、哈尔滨等 10 大城市及部分农村的管理、建设实践之后，参观团的成员一致认为：东北是一片充满希望的天地，“新生的朝气冲洗了旧社会的残渣，勤劳朴实的作风代替了过去的奢侈颓废的病态”；向来被看作一盘散沙的中国人民，已经被教育和组织成钢铁般的集体。他们坚信，在不久的将来，中国共产党领导的人民革命就会在全国取得胜利。

在推翻帝国主义、封建主义的反动统治，从而清除中国建设的最大障碍之后，中国共产党人和全国各族人民更是以踔厉风发的姿态投入建设新中国的壮阔进程。1949 年 9 月，毛泽东在中国人民政协会议第一届会议上庄严宣告：“全国规模的经济建设工作业已摆在我们面前。”“如果我们的先人和我们自己能够渡过长期的极端艰难的岁月，战胜了强大的内外反动派，为什么不能在胜利以后建设一个繁荣昌盛的国家呢？”[①]如今，一个独立自主、繁荣昌盛的中国已经傲然矗立在世界的东方；如今，“我们比历史上任何时期都更接近中华民族伟大复兴的目标”！有人说，“沿着 1789—1871—1917 的道路”，中国人民获得的“只能是大灾难和大倒退”。这种论点在举国上下同心逐梦的火热现实面前显得何等苍白，这种心理又与中国人民的豪迈情怀相去何远！

只有在新中国成立以来迅猛发展与旧中国艰难坎坷的比较中，我们才能够更全面、更深刻地领会近代革命对于国家、民族究竟意味着什么。正是摧枯拉朽的革命，洗雪了百年耻辱，争得了民族独立和人民解放，开辟了中华民族伟大复兴的广阔前景。

历史雄辩地证明：革命是建设的序曲，是历史前进的火车头，是照亮国家、民族前途的火炬，是人民告别苦难、驶向幸福彼岸的航船。

（2014 年 6 月 23—25 日）

① 《毛泽东文集》第 5 卷第 345 页，人民出版社 1996 年第 1 版。

否定革命就是否定中国近代史

——答求是网记者问

反帝反封建是中国近代史的主线

问：刘老师，您的《革命与破坏的考辨》（载《求是》杂志2014年第17期）一文，论证了近代中国革命的必然性，也表达了您肯定革命的学术立场。但是，近年来一些学者试图提出一种新的认识，认为"近代史不仅仅是三大革命（太平天国、义和团、辛亥革命）的历史，还应当包括洋务运动、戊戌变法等改良运动的历史"，即"两条线索"的中国近代史。进入新世纪以后，他们还特别提出，不能再把革命当作圣物。您对这种"告别革命"的观点持何看法？

答：说到中国近代历史，其"历"上下109年；其"史"汗牛充栋、不可胜数。你的本事再大，也不可能一气吞下这么多东西。研究中国近代史，只能一条线索一条线索、一个专题一个专题地研究。这好比穿糖葫芦，这样一穿成了一串，那样一穿又成了一串。穿的串串越多，我们就越接近历史的全貌。所以说，研究中国近代史不是一条线索，也不是两条线索，而是N条线索。

不过，要注意两个问题：一是各条线索对历史进程的作用或影响是不一样的。这里有主次之分、本质方面与非本质方面之分，甚至还有一级本质与二级本质之分。显而易见的是，反帝反封建，也就是你们刚才提到的太平天国、义和团、辛亥革命这一条线索，才是中国近代史的本质方面，对中华民族伟大复兴产生根本性影响的方面。没有反帝反封建，中国就不可能获得民族独立和人民解放；而没有民族独立和人民解放，中华民族伟大复兴也就成了空中楼阁。多年来，史学界有人企图通过抬高蒋廷黻或"自铸伟词"来反对胡绳的《从鸦片战争到五四运动》（矛头所向还包括毛泽东的《中国革命和中国共产党》及范文澜的《中国近代史》)。胡绳的这本书有没有毛病?当然有,当然可以讨论、可以批评。比如说我,就不同意将义和团运动看成是一场革命,因为它没有比较完整、稳定的奋斗纲领和相对严密的统一性组织,准确地说,它是一场以农民和小手工业者为主体的自发的爱国主义运动。但是,如果连胡绳提出的一条红线(反帝反封建)和两个过程(帝国主义、封建主义将中国变成半殖民地半封建社会的过程,中国人民反帝反封建,争取民族独立、人民解放的过程)都一起反对掉,也就消解了中国近代史的本质方面,从而斩断了近代中国与当代中国的联系。

二是各条线索并非孤立的存在,而是相互交叉、相互渗透、相互转化的。比如说,你搞中国近代服饰史或礼仪史,就必然要碰到这样的问题:官员的补服为什么改成了中山装?跪拜、作揖为什么换成了鞠躬、握手?大人、老爷的称谓为什么被先生、同志所取代?研究这些问题,是绕不过辛亥革命的。再举一例,就是蒋廷黻的近代化线索。从这条线索研究中国近代史是很有意义的一件事。但是,这位蒋先生却认为,近代中国的根本问题只有一个,就是能否赶上西洋,实现近代化。而要赶上西洋,就不能反抗西洋。从这种妥协史观出发,他大胆假设,如果让林则徐再战,则必然失败,“败则中国会速和”,“维新或可提早二十年”;从这种妥协史观出发,九一八事变以后,他力主“为了对日和平不惜任何代价”,吹捧蒋介石的不抵抗政策,说“蒋先生为民族计忍受国人的非议和敌人的无礼,绝不轻言战,亦绝不放松民族近代化之推进。我们能从九一八到七七得着宝贝光阴的建设,这是蒋先生深谋远见的结果。”一直到1965年,他在临终遗嘱中,仍然将当年未能实现中日媾和引为终生的憾事,而此时此际已是中国人民抗日战争胜利后的第20个年头。“信念”固然执著得可爱,但是他的那一套东西符合近代中国的实际么?按照他的主张,旧中国能够实现近代化么?一条好端端的线索,就这样被蒋先生搞砸了,可惜呀!倘若不对反帝怀有偏见,循着这样一条线索沿波讨源,就一定会得出这样的结论:要实现中国近代化,就必须学习西方;而要学习西方,就必须反抗西方的侵略;不把西方的侵略势力赶出中国,就无法学习西方,当然也就不能实现近代化。你们看,中国近代史的本质方面,就是这样无处不在地影响着、主导着其他线索,躲也躲不开,逃也逃不掉。换一种说法就是:离开反帝反封建,其他的一切线索都无附丽,因而也就从根本上消解了中国近代史。这就好比一个人,你把他的脊梁抽掉,将会变成什么样子呢?

至于你们说到的另一条线索,即洋务运动、戊戌变法的历史,当然也要研究,而且是具有重要价值的研究。在这条线索上,还可以再续上几个线段,如清末新政、民国宪政、第三条道路等等。但是,这些研究只要是沿着求实的方向前进,就会清晰地发现:在半殖民地半封建的旧中国,用平和的手段、改良的办法来达到救亡图强的目的是不可能的。这就从另一个角度揭示了反帝反封建的历史必然性。当然,如果你的动机就是要“告别革命”,消解反帝反封建的主线,那也只好悉听尊便,但以尴尬收官却不可以怨天尤人。

评价历史事件和历史人物的几个问题

问:现在国内正在掀起一股“重评历史人物”、“重评历史事件”的浪潮。像慈禧太后、李鸿章、袁世凯这样一些历史人物开始得到推崇,而太平天国、义和团、辛亥革命这些历史事件却越来越受到负面评价。您能帮我们厘清一下这种现象吗?

答:厘清不敢说,可以谈一点看法。史学界的这种思潮其实还是否定革命的产物或者说是另一种表现形式。

对于慈禧太后的评价,我认为关键在于她是否反对维新变法。为她辩护的人说,这位老佛爷是不反对变法的,怪也只能怪维新派策略失当,太冒失了,你看她后来不是还主动搞了清末新政吗?这种说法是经不住推敲的。不错,慈禧太后公开表态时并不反对变法,但那是迫于《马关条约》签订以后的压力。日本拿走台湾全岛和澎湖列岛,又外加 2.315 亿两白银;两年后德国又霸占了胶州湾,搞得举国哗然、民怨沸腾。面对这种危局,即使再专制、再顽固的统治者也不能不有所顾忌。慈禧太后之所谓不反对变法,不过是平息民怨、摆脱危机的权变而已。其实,在怎样对付维新派的问题上,这位老佛爷早已成竹在胸。宣布变法后的第 4 天,即 1898 年 6 月 14 日,她罢免了帝党首领,光绪帝的老师,维新派在朝中最主要的支持者翁同龢。变法第

5天,她又逼迫光绪帝连下三道圣谕,使她得以把持朝廷的人事任免权和京津地区的军政大权,为控制局势作了最关键的准备。变法推行之际,守旧派则纷纷上书,敦请慈禧太后垂帘听政,杀康、梁以谢天下。正是在守旧派磨刀霍霍的危急关头,才发生了谭嗣同密访袁世凯要求护驾的事。哪里是什么维新派的"冒失"才惹怒了老佛爷呢?当然,维新派出台变法举措是急了一些、集中了一些,但是不急、不集中又能怎样呢?变法尽管是体制内的改良,但毕竟要触动贵族及其他八旗人的利益。毋庸说更厉害的条款,单是取消旗人由国家供养这一条,在慈禧太后及其他贵族那里就通不过。镇压维新派以后,慈禧太后虽颁布了要继续改革的懿旨,但也是做样子的。该旨劈头写道:"国家制治保邦,纲常名教,亘古为昭。"时人孙宝瑄在《忘山庐日记》记载:有人问他,"政府已主张变法,所不变者惟心术耳……此何意耶?"他回答说:"心术者,即君权之代表也。彼惧怕变法而民权之说起,故以'心术'二字压倒之。"值得注意的是,孙宝瑄并非维新派,而且其父其兄其岳父均任清廷要职,他的话应当是客观的。

至于清末新政,更像是拿立宪派当猴耍的一场闹剧。1906年9月1日,清廷发布上谕,宣称"仿行宪政,大权统于朝廷,庶政公诸舆论,以立国家万年有道之基。"于是成立了内阁,但12个内阁成员中有9个是皇族大员。这叫什么?换汤不换药。立宪派不甘失败,组团赴京请愿、伏阙上书,但是一点用也没有。请愿代表"押解回籍",继续抗争者发戍新疆。立宪派痛心疾首,发表《宣告全国书》,哀叹"新内阁如此,议员等一再呼号请命而不得,救亡之策穷矣!"

综观慈禧太后掌政,不能说她一点国家民族意识也没有,但是在掂量国家民族与统治集团利益的时候,她绝对把统治集团放在第一位;在掂量统治集团中一般成员与皇族利益的时候,她绝对把皇族放在第一位;在掂量皇族成员与她自己利益的时候,她绝对将个人放在第一位。而这些利益,还多是眼前而非长远的东西。正是因为这样极端的自私、狭隘和僵化,使得她对中国进步的消极作用千万倍地大于积极作用。说她在中国近代史上乏善可陈,似乎并不为过。有人说,如果慈禧太后不死,又不发生什么革命,中国早就实现了近代化。这样的议论只能当作笑话听。

说到李鸿章，我们首先要肯定他对洋务运动的贡献。尽管洋务运动的初衷是维持清王朝风雨飘摇的统治，尽管洋务运动以失败告终，但它毕竟引进了西方的一些科技成果，培养了一批像詹天佑那样的留学生，兴建了若干工业企业。我的家乡唐山的开滦煤矿，就是从那时开采的。毛泽东说：讲重工业，不能忘了张之洞。余类推，我们也不能忘了李鸿章。但是，对于李鸿章评价的主要分歧，不在这个地方，而在他对外妥协的问题上。推崇李鸿章的人说，李鸿章的妥协是忍辱负重，应当给以体谅。有一部电视剧，把李鸿章在《马关条约》上签字的情节渲染得极为悲壮，俨然有担荷天下罪恶的释迦胸怀，这就未免太过虚张。

当然，我们并不一般地反对妥协。十月革命胜利以后，列宁曾与德国及其同盟签订过《布列斯特条约》。尽管搞了妥协，列宁非但没有受到诟病，反而威望飙升。原因何在呢？让我们以《布列斯特条约》和《马关条约》的签订做一番比较。先看签约前的局势。就苏维埃政权来说，沙俄因参加第一次世界大战而使俄国大伤元气，列宁接过来的是一个百孔千疮的乱摊子，亟须恢复、发展经济；革命虽然胜利，但是革命武装并未形成规模；新生政权岌岌可危，随时可能被国内反革命势力和 14 国反动武装颠覆。可见在当时的情况下，苏维埃政权不作出妥协必定是死路一条。就中国来说，大东沟一战，日本海军虽略占上风，但中国海军并未丧失再战能力，可是李鸿章一战胆寒，从此避敌保船，拱手让出了制海权，终至北洋水师覆灭。甲午战败后，中国国力羸弱不堪，日本也几乎到了灯油将尽的地步。但是，中国地大人多，尚有相当可以调动的资源；日本小国寡民，回旋余地不大。倘若咬紧牙关，举全国之力再战，胜算的天平大抵是向中国倾斜的。这也就是说，在当时的形势下，李鸿章是可以不妥协或者作出小退让的。再看妥协的目的。列宁是为了以空间换时间，巩固苏维埃政权；李鸿章则是为了苟且偷安，凑合一天是一天。从妥协的结果看，列宁达到了巩固苏维埃政权、最终战胜敌人的目的；李鸿章则引来了更大的瓜分狂潮。6 年之后，中国又与 11 国签订丧权辱国的《辛丑条约》。同是妥协，列宁与李鸿章就是这样泾渭分明，怎能等量齐观呢？张謇在弹劾李鸿章时指出：李鸿章自任北洋大臣以来，凡遇外洋侵侮中国之事，无一不坚持和议。以四朝之元老，筹三省之海防，统胜兵精卒五十营，设机厂、学堂六七处，历时二十年之久，用财数千万之多，一旦有事，只能漫为大言，胁制朝野。曾无一端立于可战之地，以善可和之局。李鸿章非特败战，并且败和。应当说，张謇的评价是实事求是的。

李鸿章对外妥协，其实还有个人的目的。1896 年，也就是签订《马关条约》次年，李鸿章又与沙俄签订《中俄密约》，使俄国不费一枪一弹就把中国的东北纳入了自己的势力范围。其间，沙俄承诺给李鸿章三百万卢布（约合白银 210 万两）的酬金。沙皇冬宫档案资料表明，李鸿章至少拿到了其中的 170 多万卢布，因而被俄国人称为“最厚颜无耻地出卖民族利益的老手”。而此时的中国老百姓，却正在抽血抽髓，为《马关条约》那两亿多两白银买单，真个是“宰相合肥天下瘦”！截至李鸿章去世，李家来源不明的财产达白银四千万两之多。至于他算不算卖国贼，可以暂时搁置争议，相信后人比我们聪明，能够作出恰如其分的评价。现在我们完全有把握的，是把他作为丧权辱国的一个代表性人物。上世纪 80 年代，邓小平说：如果不能如期收回香港，我就是李鸿章！

说到推崇袁世凯的那些议论，多属强词夺理、漏洞百出、牵强附会之类，不值得我们在这里讨论。不过也有一个比较有迷惑性的论点，就是袁世凯重视建设，理由是在他当政期间民族经济发展较快。不错，在 20 世纪早期，中国的民族工业确实得到了前所未有的发展，但那是因为袁世凯领导得好吗？当然，我们不能说袁世凯没有搞过一点建设，但是把当时民族经济发展的功劳记在他的头上，则是不公平的。当时民族经济发展主要取决于两大因素。从外部环境来说，此时恰在第一次世界大战期间。帝国主义列强忙着打仗，从而放松了对中国的经济压迫，这就给中国民族经济发展腾出了一定的空间；从内部动力来说，则多是由于张謇、穆藕初、简照南、简玉阶、荣德生等一大批杰出实业家的艰苦奋斗。不错，袁世凯是经常将建设挂在嘴边的，在攻击革命党时也不忘给他们扣上一顶“有革命习惯无建设思想”的帽子，好像只有他才是一个建设型的领导者。其实，他所处心积虑的是如何剪灭革命党人、自己当皇帝。建设与他的这一“工作重心”相比，则不知道要轻多少倍。也许有为自己塑造建设形象的考虑，他曾任命著名实业家张謇为内阁的农商总长。在两年的任期内，为发展民族实业，张謇殚精竭虑、呕心沥血，起草了20余种法令、条例，制定了一套完整的实业发展计划，但是在袁世凯的领导下，这一切都成了一纸空文。建设无望，张謇只好自炒鱿鱼。他在辞呈里不无心酸地说："是謇就职时之设计已穷，日在官署画诺纸尾……国民实业前途，茫无方向"。如果袁世凯真是一个建设型的领导者，张謇会一筹莫展、无所作为么？

在今天，骂太平天国、义和团和辛亥革命的都不少，但比较而言，太平天国和义和团挨骂更多，所以我想谈一下太平天国和义和团的评价问题。

4年前，我去过洪秀全的故乡——广州市花都区的官禄㘵。那里陈列着一首当时的民谣："官禄㘵，官禄㘵，食粥送薯莰(音：芋)。苍蝇咬粒饭，追到新街渡。"老百姓穷到这个份上，能不造反么？太平天国有没有问题？问题多得很。前期纲领超越现实，后期涣散、内讧、腐败，如此等等，但是他们坚决反对清王朝的反动统治，坚决反对帝国主义的侵略。公平地说，后者才是太平天国的本质方面。

为了说明问题，需要介绍一个史实。你们知道，拜上帝会是经过太平军改造的基督教组织，或者叫太平军特色的基督教组织。信仰的同一性，让西方列强以为太平军可以成为他们一伙的人。因此，当初他们是支持太平军打倒清王朝的。英国官方媒体《北华捷报》在1854年1月7日的社论中热情地说："我们把他(按：指洪秀全)看作是以快速步伐推进中国真正开放的动力，他能促进与西方世界的联系，我们相信在他的更开明的统治下，我们的商人将能迅速摆脱目前的困难，赢得自由、互惠、清白无瑕的贸易的一切好处。"但是经过一段时间，他们发觉这个如意算盘打得不对。太平军不仅反对清政府，也反对他们侵略中国。1860年，他们与清政府签订《北京条约》，从而在中国获得很多特权，可是在太平军的根据地内，这些特权都不算数。太平军不但不与他们进行鸦片这个"清白无瑕的贸易"，而且还焚烧鸦片。于是他们便转而支持清政府镇压太平军。以前夸奖太平军的《北华捷报》，又开始大骂太平军是"打家劫舍"的"盗匪"，并且扬言："为了尽快结束这长期不止的动乱，无论采取什么手段几乎都无人计较，因为叛乱正在使贸易受到损害。"美国专员列卫廉则向华盛顿报告："一度认为有巨大影响的叛乱，现在却被视作应予结束的有害的灾变。对帝国政府应予支持。"从此，他们不但为清政府提供洋枪、洋炮和洋钱，而且还直接组织雇佣兵去杀太平军。我们不难推想，如果太平军仅仅是为了个人富贵，他们完全可以与列强沆瀣一气；而与列强沆瀣一气，即使自身有再多的毛病，也能够取代清王朝的统治。但是他们心里有国家、有民族，这就是值得我们肯定、尊敬之处。太平天国作为中国近代史上空前的农民革命，沉重地打击了帝国主义和封建主义的统治，有力推进了中国人民争取民族独立、人民解放的进程。这一历史的功勋，不是几个文人的口水就能湮灭的。

谈到义和团（包括红灯照等），我的话可能更多一些。我上小学六年级的时候，历史课本上印的那面义和团团旗，就是唐山市遵化县（当时叫州）的。旗虽残破，但字迹清晰可辨。我们那个村，当时参加义和团的人也不少，我爷爷就是义和团员。童年时期，我经常听祖辈、父辈（父辈多属转述）讲义和团的故事。其中正面的、负面的都有。我的一位未出五服的大伯（年龄和我爷爷差不多），叫刘锡珍，就是当地义和团的首领，自称练就了刀枪不入的本事。他的二叔不信，说这是骗人的，大伯说是真的。他二叔说，那咱们就试一试。这位大伯被逼到这个份上，只好硬着头皮允诺。于是他二叔拿起一杆鸟枪，装了几粒铁砂，拉开不至于致命的距离，朝他的后背开火，结果有两粒铁砂嵌入大伯的后背。这是一个负面的故事。当然，更多的是正面的故事，他们视死如归，手持原始武器抗击侵略者的故事。当时参加义和团的，不只是贫苦农民和小手工业者，也有一些富家子弟甚至下层官吏。我爷爷和前面说到的那位大伯，都是大地主家的少爷。他们参加义和团不是为了混一碗饭吃或趁机捞点什么，只是因为不能忍受洋人在中国的土地上横行霸道。

“还我江山还我权，刀山火海爷敢钻。”这就是义和团的精神，这就是义和团的气概！1900 年 6 月，英国海军大将西摩率领八国联军 2000 多人，由天津进犯北京。义和团员手持大刀、长矛，在落垡、廊坊等地与侵略军展开激战。面对敌人的枪林弹雨，义和团的勇士们面无惧色，奋勇地向他们发起冲锋。一位勇士甚至逼近联军副统帅麦卡加拉，用长矛向他猛刺过去，结果壮烈地倒在麦卡加拉的手枪之下。此次交锋，敌军死伤近 300 人，不得不狼狈逃回天津。

正是他们的英勇斗争，沉重打击了帝国主义的侵略势力，显示了中华民族有同自己的敌人血战到底的气概，有在自力更生的基础上光复旧物的决心，有自立于世界民族之林的能力。时人林鹤年先生在为《红灯照》所写的序中说："天生忠义，成此国殇。二十二行省得此番小儿女一振疲癃，不特寒众国之心，且壮中原之气。"八国联军统帅瓦德西在给德皇威廉二世的报告中说："皇上诚然有瓜分中国的思想"，可是"彼等在实际上尚含无限蓬勃的生气"，"可于此次'拳民运动'中见之"，"故瓜分一策，实为下策"。英国老牌的殖民者、中国通赫德，更是透过义和团运动看到了中国的未来。他说："义和团运动是为使中国强盛的爱国主义运动，是一个将要发生变革的世纪的序曲，是远东未来历史的主调：公元2000年的中国将大大不同于1900年的中国。无论如何，外国人决不可能期望永远保持他们的治外法权地位以及中国被迫让与的种种通商条件。终有一天，外国人在中国国土上为所欲为地发号施令必须停止"。特别值得一提的是，美国著名作家马克·吐温也旗帜鲜明地站在义和团一边。他在演讲中说："洋人们在中国只是惹事生非，中国为什么不应摆脱他们？我无论何时都站在义和团一边。我祝愿它成功。我也是一个义和团员。"

你们听了这四个人的评价，就会知道，那些把义和团骂得一无是处的人，其认识水平和求实态度连古人、洋人都不如，甚至连殖民者、侵略者都不如。当然，我们必须如实地承认，义和团确有迷信、愚昧、简单排外等等以小生产为特征的历史局限性，但是如果因此而对他们作出否定的评价，甚至进行无端的指责和辱骂，则无论如何不能说是公正的，也是至今仍在享受民族独立成果的中国人民在感情上难以接受的。

保卫革命就是保卫未来

问：在文章最后部分，您提到"1789—1871—1917的道路"这样一个命题。我们都知道，这些年份都是世界近现代史上的重要节点，可否请您解释一下这条道路及其意义？为什么有些人会认为"沿着这条道路，中国人民获得的'只能是大灾难和大倒退'"？

答：你们说得很对。这些年份分别指代世界近现代史上的重大事件、影响人类历史进程的重大事件。1789，指法国大革命；1871，指法国巴黎公社；1917，指俄国十月革命。这是一条人类进步的路线。法国大革命尽管流血很多，但是它“反映了当时整个世界的要求”（马克思语）。巴黎公社尽管以失败告终，但它毕竟是人类建立人民民主、共同富裕的美好社会的第一次尝试，因而“公社的原则是永存的”（同上）。十月革命尽管也付出代价，但是第一次将巴黎公社的基本原则落到了实处，从而开辟了人类历史的新纪元。我们都知道黑格尔，他用绝对精神的七拐八拐论证了普鲁士的封建专制是人类最完美的社会制度（就像福山以前坚持的历史终结论一样），因而被称为保守主义哲学家。但是，他又是怎样看待法国大革命的呢？他说那是“一次壮丽的日出”，而且这一立场始终不渝。老年黑格尔针对诬蔑法国大革命是破坏的论调，明确指出：“这个（启蒙哲学的）否定方面以破坏的方式对待了本身已经破坏了的东西……他们攻击的是什么国家？是大臣和他们的宠姬仆妇的最盲目的统治”。1820 年，为纪念法国大革命，他特邀好友到家中相聚。席间，他深情地说：“今天是 7 月 14 日。为攻破巴士底狱干掉这一杯！”俄罗斯著名学者和作家季诺维耶夫，早在青年时代就和几个同学策划暗杀斯大林，后来一直反对十月革命、反对苏维埃制度，因此而被迫流落海外。但是在目睹苏东剧变给祖国和人民带来的灾难性后果以后，他从苏维埃制度的激烈批判者变成了苏维埃制度的坚定捍卫者。1994 年，他在米兰的一次学术会议上坦言：“我写了 30 本反对共产主义的书，但是假如我知道这一切会有这样的结果，我就永远不会去写这些书。”1997 年，他在《文学报》上撰文，明确表示：“我接受整个十月革命和它的产物——共产主义社会。这也是我的革命，这也是我的社会。”一个近代的保守主义者，一个当代的“反革命”，都能或早或晚对革命作出公正的评价，何以今天中国的某些人却偏要把革命说成是“大灾难和大倒退”呢？这绝不是学风、认识、视野的问题，而是出于一种政治上的动机。

毛泽东在《中国人民英雄纪念碑碑文》中写道：“由此上溯到一千八百四十年，从那时起，为了反对内外敌人，争取民族独立和人民自由幸福，在历次斗争中牺牲的人民英雄们永垂不朽！”他又在《贺新郎・读史》中写道：“盗跖庄蹻流誉后，更陈王奋起挥黄钺。歌未竟，东方白。”所有这些都告诉我们:不管古今中外,凡是革命,都有着牵一发而动全身的内在联系,肯定了这个就必然要肯定那个,否定了这个就必然要否定那个。这个道理不仅共产党人明白,那些搞所谓宪政改革的人同样明白。否定太平天国、辛亥革命也好,否定法国大革命、巴黎公社、十月革命也好,其目的都在于否定中国的新民主主义革命。否定了新民主主义革命,中国共产党的领导地位、中国的人民民主政权和社会主义道路就失去了历史依据。这样一来,所谓宪政派就能振振有词地要求共产党下台,实行多党制;让全国人民代表大会和全国政治协商会议解散,实行西方的两院议会制;让中国特色社会主义靠边,代之以依附式的资本主义。这就是他们否定革命的用意所在。如果他们的图谋得逞,那才真正是中国的"大灾难和大倒退",又何谈实现中华民族伟大复兴的中国梦?正所谓"灭人之国,必先去其史"啊!所以,我们说,保卫革命就是保卫新中国,就是保卫中国人民的福祉,就是保卫中华民族的光明未来。

历史虚无主义泛滥的根源

问:自新中国成立直到改革开放初期,"革命"一词都站在中国主流话语体系的制高点,代表着正面的力量;但进入新时期以来,"革命"却越来越多地同"激进"、"极左"等概念相联系,以至出现彻底否定革命的倾向,有人说今天已经把革命驱逐到了话语体系的边缘地带。这是什么原因?

答:新中国成立以后,"革命"的确是一个好词、一个热词。那个时候,几乎没有人肯于承认自己是不革命的,更罕见有人像今天这样公开否定革命、谮毁革命、咒骂革命。我给你们讲一个故事,那是我上高小的时候,亲见一位不识字的农民问我的老师:"岳老师,你有文化,你给我说一说革命到底是啥?"我的老师是一位人情练达的人。他大概知道,向一位不识字的农民讲理论是不应该的。于是,他略作思忖之后说:"革命就是好哇!"那位农民听后,高兴得几乎要跳起来,竖起大拇指连声说:"岳老师这个!岳老师这个!谁也没有把革命给我说得这样透亮。革命打跑了小日本,革命分房子、分地,还让我娶上媳妇。革命可不就是好哇!"我讲这个故事是想说明两个问题:一是那时距离革命的时间还近,广大人民群众尚能清晰地记得革命给自己带来的实际利益;二是当时认同革命的广度和深度,连普通的讲不出任何理论的农民都打心眼里拥护革命，可见革命之深入人心。

革命受到公开的责难，起自上世纪 70 年代末，以后则有愈演愈烈的态势，甚至发展到某些主流媒体为这样的言论提供传播平台的地步。但是，说否定革命是今天的主流话语，则未免夸大其词。其实，否定革命的主要市场在精英圈子。这个圈子包括一些人文学科的教师、学者，一些党政干部，一些散落在内企、外企的"白领"，还有一些不知道从哪里讨生活的自由知识分子。这些人加起来，即使作最大胆的估计，也超不出中国总人口的1%。他们有 1300 万人么？我看没有。而另外那 99%的人则是不认同他们的说教的。比如大骂中国革命和毛泽东的言论，如果给工人、农民去讲，他们肯定不买账，十有八九还要被轰下台去。这样的事件已经发生过不止一次。他们就那么一点人，即使再能折腾，搞出再大的动静，也只是泰山上的一铲土。区区一铲土，怎能和泰山相比呢？

不过，我们绝不能因此而对这种思潮放松警惕。古人说："蝼蚁之穴，溃堤万里。"在常态环境下，在江流平缓时，一个小小的蚂蚁窝成不了多大的气候，但是在洪水来临又疏导不当时，那个蚂蚁窝就有可能制造大灾难。因此，我们对这样一群"蚂蚁"又不可等闲视之。

否定革命的思潮在精英阶层泛滥，有其复杂的原因，不是一个访谈就可以说清楚的。在这里，我只能撮其大要。

其一是极左倾向的影响。有些人以"革命"之名行极左之实，结果让革命这个好东西受到了玷污，就像李鬼让李逵蒙垢一样。在这方面，我的体会也是很深的。1970 年，我姐姐从北大无线电系毕业。原定她是留校的，而且已经宣布了名单，但是等政审外调的老师回来之后，却宣布让她到北大 653 分校（地点在汉中市）附近的一个农村去劳动锻炼。其原因是政审不合格：姥爷是混进革命队伍的富农分子，舅舅是潜藏党内的日本特务。这在当时确实给姐姐造成了极大的精神伤害。姐姐并非鄙视劳动，而是调整分配去向的理由让她难以接受。当然，姥爷和舅舅的问题先后在 1972 年和 1973 年平反，这是后话。

其二是苏东剧变的消极影响。国内某些糊涂的人受到这种影响也开始怀疑革命，而某些另有图谋的人则大受鼓舞，以为机会来了，可以大干一场了。那时，就有西部的一个作家写了一部长篇小说，揶揄法国大革命、巴黎公社和十月革命，控诉中国共产党领导的人民革命剥夺了他家的“贵族”地位和生活。

其三是西方敌对势力对我加紧实施其西化、分化战略。这种战略又可以分为三个招数。第一招是外部的意识形态攻势，向我抛售什么历史虚无主义、“普世价值”、新自由主义、宪政民主那一套东西。你们可以估算一下，光出自海外的攻击中国革命的出版物就有多少种？在这些出版物中，又有多少内容经得起事实检验呢？第二招是派人打进来。这些受命打进来的人，大多披着客座教授、访问学者、公司高管之类的光鲜外衣。然后，西方又出钱把他们包装成意见领袖、网络大V之类。这样一来，这些人就既是成功人士又是名人，因而很容易俘获某些企盼成功又天真烂漫的青年的心。第三招是花钱买奴才。可悲的是，我们国内就有那么一些没出息、不长进的人，不顾国格人格，为了那么一点蝇头微利、蜗角虚名而甘当西方霸权的“牛马走”。这些人分布于经济、政治、法律、历史、教育、新闻、文艺等各个领域，为数不多，但由于有西方敌对势力和国内某种社会力量的支持，能量却不可小觑。

其四是党内的原因。有的领导干部过分爱惜自己的羽毛，乡愿作风严重，老想着两边讨好、四处结缘、八面玲珑，以塑造自己的开明形象。更有甚者，则走上了纵容、支持错误思潮的道路。上世纪80年代两个总书记先后栽跟头，就是深刻的教训。上头有人纵容、支持，那历史虚无主义能不闹得欢吗？党的十八大以来，以习近平同志为总书记的党中央坚决抵制历史虚无主义及其他形形色色的错误思潮，明确强调新民主主义革命的胜利成果决不能丢失，社会主义革命和建设的成就决不能否定，改革开放和社会主义现代化建设的方向决不能动摇。中央的这一明确态度，大煞了错误思潮的气焰。今年春节前夕，我参加一个会。会议主持者请那个“吐痰”经济学家发言。我原本以为他又要夸夸其谈一番，殊不料他只说了一句话：“快过年了，我们说话小心点儿。”很明显，他已感到了压力。

至于把革命同激进、极左等概念相联系，这是往革命的头上泼脏水——历史虚无主义惯用的伎俩。其实，这两个概念与革命之间连半毛钱的关系也没有。相反，正是因为中国共产党坚持不懈地反对极左倾向和激进主义，才领导人民革命从胜利走向更大的胜利。

把坏事变成好事

问：您的文章直指历史虚无主义思潮。历史虚无主义不仅给党和国家造成极大危害，甚至试图动摇中华文明的根基。您能否提几点希望和建议，使我们的舆论阵地建设更加有力？

答：多年来，糟蹋本民族的历史，早已不仅仅是指向老一辈无产阶级革命家、中国共产党和新民主主义革命，就是古代的优秀人物也难逃口诛笔伐。如说屈原是一个花下死的风流鬼，岳飞是千古罪人，如此等等，不一而足。总之，只要中华民族有了一位值得我们骄傲的人物，他们便要把他涂黑、矮化或者妖魔化。更有甚者，竟然说中华民族是犹太人的移民，根本没有自己的起源。综观世界，哪个民族能有这样糟蹋自己历史的现象？又有哪个国家能够容忍这样糟蹋自己的历史？如果这种现象持续泛滥，人家会笑话我们，瞧不起我们。我们不能忘记郁达夫的警世之言："没有伟大人物出现的民族，是世界上最可怜的生物之群；有了伟大人物出现而不知崇敬爱戴的国家，则是没有希望的奴隶之邦！"

不过，坏事也可以变成好事。在上世纪五六十年代，小学、中学的历史教科书对重大历史事件、重要历史人物的结论基本正确，但由于课时有限，不可能写得详细，且某些结论有绝对化的不足。在这种教育环境、社会环境中成长起来的绝大多数人，包括非历史专业的知识分子在内，所得历史知识差不多都来自教育和与这种教育保持一致的各种读物。随着岁月流逝，对于所学历史只记得结论和大致梗概，便是不可避免的事。然而，人们不曾逆料，若干年过去，"标新立异"的来了。他说原来的那些结论不对，甚至完全相反。你没有充分占有这些方面的资料，是听他们的呢还是相信过去的结论呢，于是迷惘、彷徨、动摇甚至跟着跑便在所难免。社会心理越是发生这样的波动，他们就越加放肆，以至汹汹嗷嗷，大有舀干四海、踏平五岳之势。既然他们挑战，我们就得应战。不管多么耗时费力，我们也要扎进故纸堆里，耐心地去寻找历史的真相，给当下和未来一个负责任的交代；不管因袭的思维惯性多大,我们也要解放思想、补阙拾遗,完善原来不完善的结论,把历史唯物主义的原则贯彻到底。这方面的工作做好了,历史唯物主义的各个结论就等于浴火重生,变得更加牢不可破。用它来教育青年、掌握群众,也就更加富有说服力。你们说,这是不是坏事变成了好事?

当然,对历史虚无主义的消解进行反消解,光靠史学研究还不够,必须调动多方面的相关资源,形成全社会齐抓共管的态势。这里,只想谈一些我感触较深的方面。

一、必须坚持舆论导向和利益导向相结合。在兜售历史虚无主义的人群中,除别有图谋者外,还有一些跟着起哄的青年。他们为什么要跟着历史虚无主义跑呢?就是因为那里边有实惠,往往可以轻轻松松地落得个名利双收。在某卫视的一个娱乐节目上,就有一个中学历史教师宣称:“我要做一个像袁腾飞老师那样的了不起的人物。”这种现象在社会心理学上叫作比照效应。当务之急是必须从根本上扭转这种消极效应,让正派学者吃香,让造谣生事者风光不再。

二、将上述一项延伸下来,就必须强调“学术无禁区,爱国有底线”。史学研究是一个汪洋大海,它不容忍任何形式的垄断和霸权。必须坚持“双百方针”,必须鼓励大胆创新,必须营造自由宽松的学术环境。但是,学术自由不等于无政府主义的自专,不能背离学术规范,不能背离尊重历史的科学精神,不能背离爱国主义的基本立场。目前,世界上有很多国家都在对待历史的问题上出台了法律、法令或法规。2009 年,俄罗斯联邦总统签署第 549 号总统令,成立反击篡改历史、损害俄罗斯利益委员会,负责协调有关方面,共同应对虚无民族历史、损害国家利益的行为。2014 年,俄罗斯正式出台法律,把否认纳粹二战罪行和歪曲苏联二战角色认定为违法行为,违法者将面临 5 年以下监禁或 50 万卢布(约合 1.4 万美元)以下罚款的惩治。当然,各国的国情有所不同,我们不一定要让篡改历史的人去坐班房,但是相应的法规和纪律是绝对必要的。起码我们应当做到:在党内,不允许存在特殊资格的党员(不管他资历多老),不允许他们恶搞我们党的历史、损害党的形象;在教育、文化领域,不给篡改中国历史特别是革命历史,损害国家利益的所谓教师、学者提供讲台和其他传播平台。这样坚持下去,就能在三五年内有效地净化学术环境，激发积极健康的创新活力，而绝不会阻碍文化的繁荣。在当今的法国，由于各方面保障得力，极少发生抹黑本国历史的现象，但是那里的历史研究和历史题材的文艺创作不是都很活跃么？要知道，恶搞绝不是繁荣，而是变态或病态。

三、必须遵循经济基础与上层建筑统一的规律。工夫有时候是在“诗外”的。意识形态领域的工作要靠经济基础来支撑和保障。分配不公，基尼系数过大，人民群众就会对我们有意见，从而给历史虚无主义留下口实和空子。必须毫不动摇地坚持以公有制为主体、多种所有制经济共同发展的基本经济制度，不折不扣地贯彻公平正义的原则，诚心诚意地走共同富裕的道路。有了这个基础，我们说话就底气壮、有人听，就能掌握思想斗争的主动权，而历史虚无主义的日子就会变得一天比一天难过。

四、必须有长期斗争的准备。鲁迅说得好：“战斗正未有穷期，老谱将不断袭用”。例如，早在20世纪初，改良派就攻击革命是破坏，只能导致“血流成河”、“亡国灭种”。今日那些诋毁革命的论调有什么新的东西么？没有，不过拾前人牙慧而已。可以肯定，100年以后也还会有历史虚无主义。但是，中国历史的光辉不可遮蔽，中华民族伟大复兴的潮流不可阻挡。站在未来的制高点回望1840年以来的中国历史，必定是从苦难走向新生，从新生走向辉煌的壮美画卷。

（2014年9月12日）

文艺领域的历史虚无主义

改革开放以来，在文艺如何对待历史的问题上，多数作家、学者做得是好的，因而产生了不少优秀文艺作品和学术著作。与此同时，历史虚无主义的东西也在滋长蔓延，其主要表现是："有的调侃崇高、扭曲经典、颠覆历史，丑化人民群众和英雄人物"。（习近平《在文艺工作座谈会上的讲话》）只有彻底纠正这一错误倾向，才能保障以人民为中心的创作导向落到实处。

一

文艺历来是社会思潮的晴雨表。自《苦恋》发表以来，36 年间，历史虚无主义思潮几乎渗透到文艺创作的一切方面。在此略举几例，稍作分析。

大凡了解一点中国近代史的人都知道，在半殖民地半封建的旧中国，是中国共产党团结带领全国各族人民，在继承孙中山领导的旧民主主义革命宝贵遗产的基础上，经过 28 年的奋斗牺牲，取得新民主主义革命的胜利，从而实现了真正的人民共和。然而，有的电视剧却指鹿为马，极力贬损孙中山、宋教仁等追求共和的先驱，而把慈禧、李鸿章、袁世凯这样顽固维护封建专制的人物描绘成为共和奠基的悲剧英雄，同时提示人们：时至今日，走向共和仍未成功。这不仅颠覆中国的近代史，也颠覆中国的现实和未来。

对于被压迫阶级和被压迫民族来说，革命是诞生新世界的分娩，但是"分娩是痛苦的。除了生下一个活生生的、有生命力的生物，它还必然会产出一些死东西，一些应当扔到垃圾堆里去的废物。"[①]很明显，如果只看到"死东西"、"废物"，而看不到"活生生的、有生命力的生物"，则是在把握事物本

① 《列宁选集》第 2 卷第 216 页，人民出版社 1995 年第 3 版。

质方面的一种倒错。然而，有的“文化”散文却无视近代革命对于实现中华民族伟大复兴的基础性作用，对太平天国、辛亥革命，尤其是中国共产党领导的革命横加指责，甚至说这些革命对于中国经济的破坏比西方列强的侵略还要严重；有的小说则直接控诉道，中国共产党领导的革命没有革命，“只剩下一堆‘暴力’”，由这样的革命所创建的政权也是“独裁和排他得可怕”；指引中国共产党取得革命胜利的指导思想——马克思列宁主义，简直“把我们折腾得死去活来”；至于这个党的领袖毛泽东，则是一个靠《笑话大全》进行决策的玩笑家，像某些人“熟悉男女间的调情一样”，“熟悉怎样挑动群众斗群众”，“常常做出些莫名其妙的事”。说这部小说“以最恶毒的敌意、最疯狂的仇恨、最放肆的诽谤”反对中国共产党及其领导的一切，似乎并不过分。

毋庸讳言，中国共产党在领导农村社会主义建设、改革的进程中，有过失误，甚至很严重的失误，但是中国农业现代化毕竟以举世罕见的速度发展，中国农村的面貌毕竟发生了翻天覆地的巨变，中国农民的生活水平、人权状况、精神面貌毕竟不可与旧社会同日而语，这是95%以上的亿万农民都能感觉得到的事实。然而充满希望的新中国农村在个别作家笔下却变成了一个肮脏、恐怖、丑恶、混乱、荒诞的世界。这样的作家“用夸张、滑稽模仿加上变异的神话和民间故事，对50年来的宣传进行修正”，“令20世纪中国的残酷前所未有如此赤裸地呈现，向我们展示一个没有真理、常识、怜悯的国度，以及那里鲁莽、无助和荒唐的人们”，从而“揭露了人类最黑暗的一面”。这些出自“颁奖辞”的评语再也清楚不过地表明，西方之所以奖励这样的作家，是因为这样的作家对中国共产党、对社会主义、对中国农民以至对整个中华民族的描写，迎合了西方的政治需要。事实正如习近平同志所说：“如果‘以洋为尊’、‘以洋为美’、‘唯洋是从’，把作品在国外获奖作为最高追求，跟在别人后面亦步亦趋、东施效颦，热衷于‘去思想化’、‘去价值化’、‘去历史化’、‘去中国化’、‘去主流化’那一套，绝对是没有前途的！”①

创作领域虚无历史的另一个表现，就是恶搞红色经典。红色经典是红色历史的艺术再现，红色精神的载体，中国文化软实力的坚实基础。珍爱、

① 习近平：《在文艺工作座谈会上的讲话》(2014年10月15日)。

保卫、传承本民族的经典，是世界上一切有出息民族的共同选择。然而，有的作家却无视民族尊严和民族感情，对红色经典进行肆意的篡改。流风所及，几乎没有一部红色经典能够幸免。沪剧《芦荡火种》和京剧《沙家浜》中的郭建光、阿庆嫂，本是家喻户晓的抗日英雄形象，可是到了新编小说《沙家浜》那里，郭建光却成了品位低下、遇事窝囊的委琐之徒，而阿庆嫂则成了一个卖弄风情的荡妇。郭建光、阿庆嫂与胡传魁的矛盾冲突，也不再具有任何严肃的内容，而变成了情色纠缠、争风吃醋的“三角”戏。凡此种种轻佻和放纵，使文艺工作者在全国人民中蒙受耻辱，使中华民族在世界民族之林中蒙受耻辱。对于实现民族复兴的大业来说，这是一种极具腐蚀性的负能量。

二

历史虚无主义反映到文艺研究领域，就是否定五四运动以来的革命文艺史，尤其是1942年毛泽东《在延安文艺座谈会上的讲话》发表以后的革命文艺史。比如，有的认为，在延安革命根据地，封建思想占统治地位，谁反封建谁就是反革命，所以反封建的作家们便由启蒙者变成了革命的对象。这一耸人听闻的立论，显然是经不住事实的检验的。它不能解释当时的革命根据地怎么会成为那么多追求民主的青年们向往的圣地，也不能解释延安的共产党人何以那么坚决彻底地反对封建主义的经济、政治和文化。事实上，随着“三三制”及“保障人权”等各项制度的落实，在当时的革命根据地，不但经济上、政治上是民主的，文化上也是民主的。例如毛泽东《在延安文艺座谈会上的讲话》，就是从文艺工作者和广大群众中来，又到文艺工作者和广大群众中去的产物，集中文艺工作者和广大群众智慧和意志的产物。美国记者冈瑟·斯坦在深入考察革命根据地的民主实践之后，曾明确指出：中国共产党“建立了一个对人民不构成沉重负担的，同时又勇于承担重大责任的行政机构，即一个从人民中产生，通过民主方式选举出来并向他们负责的政府。”把革命根据地这样的人民民主政权说成是一个“偏安的封建小朝廷”，丝毫无损于中国共产党和毛泽东的形象，而只能暴露论者的深刻偏见。

再如所谓“重写文学史”的主张。其实，这并非“重写”论者的发明，而是拾自美籍华裔学者夏志清的牙慧。必须肯定，人们对于历史的认识是不断深入的，不可能永远停留在一个水平上。从这个意义上说，重写文学史是一个无止境的过程。然而，这些论者所谓的“重写文学史”，却不是一个严肃的科学命题。在他们看来，“构建”在“社会历史”基础上的文学史是“非文学史”，必须“改变这门学科原有的性质，使之从从属于整个革命史传统教育的状态下摆脱出来”。这就怪了。综观现代作家，大概没有一个是桃花源中人。既然如此，文艺怎么能够脱离社会历史呢？“文变染乎世情，兴废系乎时序。”五四以来的最大世情，就是中国共产党领导的反帝反封建的新民主主义革命。离开这一中国现代史的本质方面，一切文艺的发展变化都会变得不可理喻。比如，陈独秀为什么会提出“文学革命”的口号，李大钊为什么要“导以平民主义的旗帜”，左翼文艺阵营为什么要发起无产阶级文学运动；五四运动之前流行的鸳鸯蝴蝶派小说、后期文明戏等等为什么会衰亡，赣南的山歌为什么在1927—1937年间如火如荼，延安的秧歌剧为什么在抗日战争时期空前繁荣，所有这些文艺的变化、文体的兴废，离开革命史能够说得清么？事实上，五四运动以来，文学史的发展与革命史的发展恰恰是相辅相成的。革命实践发展到一定阶段，必然要催生新的文艺内容和形式；新的文艺内容和形式又反过来推动革命实践的发展。正是在这个意义上，鲁迅把左翼文艺称为革命的“一翼”，毛泽东把革命文艺看作“团结人民、教育人民、打击敌人、消灭敌人的有力武器”。因此，对于党和人民来说，革命文学史的教育与革命史的教育是不可分割的，这里没有任何矫情、亏理之处。新中国成立以后，唐弢、王瑶、刘绶松等编写的几部新文学史或现代文学史，尽管有这样那样的毛病，但是基本上贯彻了唯物史观的原则，基本上实现了历史与美学的统一。今天的学者重写文学史，应当在继承前辈宝贵遗产的基础上，裨补他们的遗漏，纠正他们的局部失误，把他们未及深化的方面深入下去。如果全盘否定前辈的研究成果，甚至把他们坚持的基本立场、原则和方法也一起否定，就不仅否定了中国革命文学史，也否定了中国革命史。而由否定之火生成的灰烬拼凑起来的文学史，才是地地道道的“非文学史”。

否定革命文艺史的“理论依据”主要有三个：

一是唯启蒙论。在“否定”论者看来，救亡压倒了启蒙，革命更是压倒了启蒙，于是向人民启蒙的作家便志不得酬、才不得展，革命文艺史自然也就变得一塌糊涂。问题在于什么是启蒙？顾名思义，启蒙就是启智开蒙，让自在的人变成自为的人，自在的阶级变成自为的阶级，自在的民族变成自为的民族。在一个濒临亡国灭种边缘的民族，最大的启蒙应当是认清中国国情，把握社会发展规律，明确前进道路，以历史首创精神去争取民族独立和人民解放，进而实现民族的伟大复兴。没有这一本质性的启蒙，中国就永远是半殖民地半封建社会。在这样一个灾难性的社会，其他一切启蒙，如提倡新道德、反对旧道德，提倡新风俗、反对旧风俗，提倡科学、反对迷信，提倡恋爱自由、反对包办婚姻等等都无从谈起。怎么能把救亡、革命与启蒙割裂开来、对立起来呢？即以论者认为受到革命束缚而不得启蒙的丁玲而论，其早期呼吁个人反抗压迫是启蒙，参加革命后弘扬集体反抗压迫也是启蒙，但是哪一种启蒙才具有现实性的品格呢？显然是后者而非前者。其实，这种用启蒙否定救亡、否定革命的论调并非新鲜的东西，而是近 80 年前蒋廷黻的近代史观的翻版。在蒋廷黻看来，近代中国的根本问题只有一个，就是能否赶上西洋，实现近代化。而要赶上西洋，就只能学习西洋而不能反抗西洋。按照这样一种逻辑：学习西洋就是启蒙，反抗西洋就是反对启蒙。一部中国近代史早已证明，蒋廷黻的近代史观是一种虚幻的史观，指引中国在半殖民地半封建社会打转转的史观，对侵略势力有好处、对中华民族没好处的史观。在中华民族已经独立了一个甲子以后，“否定”论者仍然坚持这种史观，不能说没有文艺以外的诉求。

二是唯个性论。在“否定”论者看来，作家一旦参加革命，一旦来到延安，一旦选择为人民服务的道路，就会导致个性泯灭，沦为工具，因而其创作也不可能具有任何积极的价值。什么是个性？就是人的精神世界的特定结构。对于文艺创作来说，个性尤其占有至关重要的地位。没有作家的个性，就没有风格，没有独特的审美发现，因而也就没有创作可言。然而，人的个性不是一种独立自足的存在，它的培养和发挥必须依托于一定的群体、一定的社会实践。一个离群索居的人，不可能获得丰富的个性，更无从表现什么个性。恰如马克思、恩格斯所说:“只有在共同体中,个人才能获得全面发展其才能的手段”。[①] 一般地说,在具有历史先进性的集体中,一个人的集体共性(群体规范意识、责任意识、价值目标意识等)越强,他的个性(意志、品格、能力等等)内涵和个性发挥也就越丰富、越充分。欧阳山早期是一个小资产阶级个人主义者。生活领域的狭隘和无归属的彷徨,极大限制了他的个性发展和发挥,所以只能创作一些表现小资产阶级苦闷、感伤情调的作品,直到去了延安,在一段时间内也未能摆脱这种因袭的重担。但是经过延安文艺整风之后,他在毛泽东《讲话》精神的感召下,逐渐融入延安的大集体,融入延安的人民群众,融入争取民族独立和人民解放的伟大洪流,于是他的集体共性日益增强,个性的发展也愈益充实、深沉和丰富,终于写出了深受党和广大群众称赞的长篇小说《高干大》。如果我们把这部作品和其早期作品《桃君的情人》、《密斯红》等等作一番比较,便不难看出:二者无论在思想深度、生活厚度还是艺术高度上,都是判若云泥的。大批作家成长的经历证明,革命队伍和革命实践,是作家培养健康个性的深厚沃土,扬厉创作个性的广阔舞台,实现个人价值的坚实阶梯,哪里会压抑、泯灭个性呢?著名诗人贺敬之说过,“不参加革命,我将不我”。其实,那些诬称革命作家失落个性的人,绝不是在尊重、维护作家的个性,而是要用另一群体的共性,一种与广大人民群众的意志和利益相悖的共性来主宰作家。这当然是为我们所坚决反对的。

三是唯艺术论。在“否定”论者看来,鲁迅是“鲁祸”,茅盾的《子夜》是“高级形式的社会文件”,闻一多的爱国诗篇是诗人“狭隘性”的表现,赵树理的小说是“问题小说”,柳青的作品存在“明显的政治化倾向”……一言以蔽之,所有革命作家的作品,都不能称其为艺术。他们重写文学史,就是要建立“一门独立的审美的文学史学科”。当然,文艺作为人类把握世界的方式,自然具有不同于其他把握方式(哲学的、宗教的、伦理的)的特质,其中最基本的特质就是形式。一旦消解了形式,文艺便不成其为文艺。然而,一切文艺的形式都不可能成为一种孤立的存在。首先,艺术形式本身就是社会历史的产物,比如抛开古代城市经济和市井生活,就无法解释词曲的产生和发

① 《马克思恩格斯选集》第1卷第119页,人民出版社1995年第2版。

展；其次，形式必须“是活生生的实在的内容的形式，是和内容不可分离地联系着的形式”①。作家对一定艺术形式的追求，也必然是对一定内容的追求；作家对世界的艺术把握，也必然蕴含着对于社会历史的把握。当然，有的作品可能以艺术胜，有的作品可能以内容胜，但是无论以哪一方为胜场，都不可能把另一方完全赶走。也就是说，在这个世界上，根本没有纯粹的文艺，唯艺术论恰如皇帝的新衣，是一个自欺欺人的伪命题。即以夏志清认为文学成就高于鲁迅的张爱玲而论，在民族危亡、举国抗战的时候，她却在那里沉迷于“玩世不恭的享乐主义的精神游戏”（傅雷评《倾城之恋》语），这难道不是一种明显的社会倾向？在全国人民保卫新中国、建设新中国的时候，她却在《秧歌》、《赤地之恋》中对人民中国极尽诬蔑毁谤之能事，这难道是纯艺术么？经过时光的洗涤，一切遮遮掩掩都已脱落，如今人们已经看得十分明白：“否定”论者否定革命作家的作品，绝不是因为这些作品缺失艺术，而是因为他们不赞成这些作家坚持的以人民为中心的创作导向。当然，我们不是说革命作家的作品完美无缺，也不是说因为那些作品内容进步就可以掩盖艺术上的缺陷，但是有缺点的战士毕竟是战士，完美的苍蝇毕竟是苍蝇。夏志清在艺术上是极力贬低丁玲而拔高张爱玲的，且不说丁玲在艺术上未必逊于张爱玲，退一步说，即便就是如此，丁玲也要比张爱玲高尚得多，因为她站在争取民族独立、人民解放伟大斗争的潮头。

三

历史虚无主义在文艺领域的泛滥，有其深刻的历史哲学根源和国际政治根源。

自 20 世纪 80 年代起，随着世界社会主义运动走向低潮，反对唯物史观也在世界范围内形成一种狂潮。其中对我国影响最大的，当推卡尔·波普尔和海登·怀特。

波普尔是英国学者，新自由主义经济学魁首哈耶克的朋友。波普尔认为，马克思主义是最精致、最广泛同时也是最危险的“历史主义”。马克思关于生产力决定生产关系、经济基础决定上层建筑的理论，关于资本主义基本

① 《列宁全集》第 55 卷第 77 页，人民出版社 1990 年第 2 版。

矛盾的分析，关于社会主义取代资本主义的论断，都强调了经济的决定性作用，这是根本错误的，因为知识的增长极大地影响着人类历史的进程。知识的增长不可预测，人类历史的未来也无法预测。举凡历史的确定性、社会发展规律等等，都是子虚乌有的东西。正是从这种唯心史观出发，波普尔指责马克思主义的“历史主义”蓄意挑拨无产阶级和资产阶级之间的矛盾，而在事实上，资本主义的灭亡并非不可避免，因为随着民主制度的确立，资本主义的基本矛盾已经缓和，资本主义初期的残酷剥削现象已经成为历史。此后人类的历史任务不是革命，而是不断改良和发展民主。一方面鼓吹历史的不可知论，一方面又预言共产主义不可能实现；一方面反对历史的任何确定性，一方面又确定资本主义制度永世长存。仅此自相矛盾之处，就足以暴露这个披着现代科学外衣的学说的反科学本质，为国际资本张目的实用主义本质。值得注意的是，波普尔的历史唯心主义与哈耶克的新自由主义一样，自问世以来的三四十年间，一直屡遭冷遇、影响甚微，直到20世纪80年代柏林墙倒塌以后，才成为西方向第三世界极力兜售的“显学”。其命运在特定历史节点上的浮沉，足以证明它是西方进行意识形态战的武器。

海登·怀特是美国人，后现代主义史学观的开创者。应当说，怀特的后现代主义史学观对于纠正现代主义实证史学的机械性具有一定的作用，但是由于他对史家的主观能动性作了完全脱离客观的抽象夸张，毕竟沦为一种彻头彻尾的唯心主义。唯物史观认为，以物质生产为核心和基础的实践是人的基本存在方式。正是因为有了实践，才有了人的发展，有了历史，有了语言；有了历史、现在与未来的联系，有了人的意识、语言和客观世界的联系。实践赋予人类、历史和语言的统一性。然而，在怀特看来，历史却是一个杂乱、无序、矛盾、混沌的领域，没有任何统一性或普遍联系。是写作者的主观意识（思维方式、政治立场、伦理观念、审美倾向等）和特定解释（情节化解释、论证式解释、意识形态蕴涵式解释），赋予历史以联系、生命和意义。写作者的这一切主观因素，可以归结为语言，而且历史的叙述也必须以语言的形式出现，所以在历史写作中，处于核心地位的不是历史，而是语言。这样一来，历史叙述也就没有真假、优劣的区别，而成了人们可以随意玩耍的语言游戏。值得注意的是，2004年，其《元史学》在中国出版时，怀特着意在《中译本前言》中写道："史学家们需要一种更多的是'文学性'，而非'科学性'的写作"。很明显，这是在鼓励中国的历史写作更加放纵写作者的主观意识。

有了以上简略分析，我们就可以归纳波普尔和怀特对于中国文史领域的特定影响：如果说波普尔颠覆人们对唯物史观以至整个马克思主义的信仰，那么怀特则为人们随意涂改、编造历史提供了"理论依据"。当然，搞文艺的人不一定去读他们那些晦涩的著作，也不一定能懂他们那些玄虚的理论，但是通过理论界特别是高校的似懂不懂、似通不通的鼓噪，可以形成一种舆论氛围：唯物史观被波普尔推翻啦，以往的历史结论不对啦，文艺可以随便书写历史啦。如此等等，无疑是对历史虚无主义的"解放"和"开放"。

历史是什么？它是一个民族得以凝聚的纽带，得以寄托心灵的港湾，得以自立的一切精神文化、制度文化和行为文化的母体，得以开创未来的智慧和勇气的不竭源泉。国际资本要把中国纳入其主导的世界体系，必须摧毁中国共产党领导的经济体系、政治体系和文化体系。而要摧毁这一切，就必须摧毁中国历史宫殿的一切建筑，尤其是中国共产党成立以来的核心建筑。关于这一点，丹尼尔·贝尔的"意识形态消亡"论和弗朗西斯·福山的"历史终结"论说得十分明白，即消亡非西方的意识形态、终结于西方的历史。在这一旨在"西化"、"分化"的战略图谋中，国际资本在国内买办势力的策应下，除了发动外部攻势和派人打进来以外，就是以大奖、资助、访问等等名目繁多的"实惠"诱惑一些作家、学者上钩。这是一场你追我赶的竞赛，无论是作家还是学者，谁伪造的历史最符合国际资本的利益，谁获得的奖励、报酬也最多。

至此，我们便可以得出如下结论：如果说唯心主义史学观的渗透为历史虚无主义提供了"理论"支持，形成来自后方的推力，那么国际资本的诱惑则为历史虚无主义提供了激励机制，形成来自前方的拉力。这样一推一拉，倘若正能量又未能得到应有的发挥，那历史虚无主义能不愈演愈烈吗？

四

历史虚无主义思潮的泛滥，已经对我国的经济安全、政治安全和文化安全构成了严重的现实威胁。保卫中国历史，保卫中国近代历史，尤其是保卫中国革命建设改革的历史，已经成为坚持民族独立、维护国家主权、实现民族复兴的迫切要求。

必须坚持反对唯心主义与反对机械决定论的统一。在历史领域，机械决定论不承认偶然性和人的主观能动性的作用，把复杂、曲折的历史过程看作一条直线，把用唯物史观研究历史当作按图索骥式的演绎推导；在文艺领域，机械决定论把文艺作品看作意识形态的简单传声筒，把复杂的极具精神个体性的艺术创造等同于机械式的生产。这些违背历史研究规律和文艺创作规律的错误倾向，往往以唯物史观和马克思主义文艺观的名义大行其道，因而让后者的形象受到极大玷污和损害。其结果是让唯心主义抓住把柄，钻了空子，从而给予历史又一种更加深广的破坏。事实就是这样，机械决定论看上去好像是和唯心主义对立的东西，其实他们是兄弟，总是要一前一后跑到前台来表现自己。只有把清理机械决定论和清理唯心主义的工作全都进行到底，才能剥夺它们相互依赖的依据，堵塞它们得以招摇过市的空间。当然，这两项工作在不同时期有不同的重点，当下的重点无疑是清理唯心主义。

必须坚持自由与责任的统一。在我国，随着经济体制深刻变革，社会结构深刻变动，利益格局深刻调整，思想观念深刻变化，人们思想活动的独立性、选择性、多变性、差异性不断增强，社会思想文化日趋多元多变多样，各种社会思潮不断涌现，这是不能回避的现实。给人以思想自由、学术自由和创作自由，既为社会发展的客观趋势所决定，也是哲学社会科学和文学艺术发展繁荣的必然要求。但是，自由不是一厢情愿的幻想，而是脚踏实地的社会实践。既然是社会实践，就必然离不开群体和社会；既然离不开群体和社会，就必然要对群体和社会承担责任或义务，而不能想怎么样就怎么样。自我放纵不是自由，而是无政府主义的自专。恶搞历史、抹黑历史绝不是学术或创作，而是对民族尊严、国家利益的肆意伤害，对学术自由、创作自由的粗暴践踏。这好比踢足球，你无视比赛规则，抱起足球横冲直撞，哪里还有大家踢球的自由？又好比过日子，你吃着自家的饭又砸着自家的锅，哪里还有全家人吃饭的自由？有必要对那些搞历史虚无主义的人提个醒：既然身为中华人民共和国公民，那么无论你怎样强调个人的思想自由，也不能逾越爱国主义的底线；无论你怎样翻滚腾挪，也不能侵犯国家民族的利益。在这个地球上，除了沙漠，凡有人群的地方，都没有绝对的自由。即使是在某些学者、作家视为自由天堂的美国，也绝不允许抹黑美国独立的历史，污辱华盛顿、林肯这样的领袖人物。君不见，三年前恶搞林肯的电影《亚伯拉罕·林肯：吸血鬼猎人》刚一出笼，即遭到美国民众的"拍砖"。

必须坚持主体性与客体性的统一。无论是历史研究还是文艺创作，都是复杂的精神劳动。没有主体的主观能动性，不可能产生任何成果。即使是最严谨的史学著作，也会留下作者深刻的精神印记。对于以虚构见长的文艺创作来说，更是如此。不过，问题还有另一面，即主体性不能离开客体性的依托，主观意识不能背离历史的真实。只有站稳尊重历史的立场，才能实现主客体的无垠融合，从而使主体的主观能动性得到正面的激发和表现。恰如古希腊神话中的安泰，只有立足大地才有无穷的力量一样。前述那些抹黑中国革命、建设、改革史的作家，由于其创作意图处处与历史的真实抵触、与自己的生活经验抵触，创作起来只好求助于生编硬造，于是文思不畅、笔下滞涩也就势所必然。请看他们的作品，那里除了概念化的政治宣泄，就是对于西方后现代主义的拙劣模仿，哪里有什么戛戛独造、生气灌注的东西呢？

对于历史题材的创作来说，所谓坚持客体性，并不是要求作家像史家那样去追求历史事件、历史情节的真实，而是要求必须尊重历史本质的真实。也就是说，即使你在某些历史事件、历史情节上达到了相当程度的真实，但是对历史的本质方面却作了扭曲的描写和评价，也不能说是尊重历史客体性的创作；即使你对某些历史的描写，其事件、情节完全是虚构的，但是正确反映了那一时代、那一时代特定阶级的本质方面，也可以说是尊重历史客体性的创作。毛泽东的《蝶恋花·答李淑一》，写了杨开慧、柳直荀的忠魂飞到月宫的情景，这自然是游仙体的艺术虚构，然而却真实表现了人民革命的本质方面，千千万万革命烈士的本质方面。可以说，历史题材的创作好比一个线段：一极是历史真实，一极是艺术虚构，这两极之间的广阔地带都是作家的用武之地。你可以往历史真实那边靠近，艺术虚构较少；也可以往艺术虚构那边靠近，历史真实较少。但是无论你选择哪一个点，都不能与两极中的任何一极重合。和历史真实一极重合，就成了历史学著作而非文艺作品；和艺术虚构一极重合，就会因违背历史本质真实而陷入历史虚无主义的泥淖。归根结底，历史真实与艺术虚构的统一，就是历史规律与艺术规律的统一。作家要实现这样的统一，自己首先必须实现唯物史观与社会主义文艺观的统一。只有实现了这样的统一，才有可能成为一个人民作家、一个有前途的作家。

（2015 年 12 月 13 日）

慷慨悲歌是燕赵文艺的主调

《燕赵文艺史话》[①]的问世，是河北省的一件大事。编写组的同志们做了很好的工作。整部书材料翔实、评介得当，而且脉络分明、通俗易懂，这是求真务实的科学态度和尊重读者的群众观点在文艺史学领域的表现。那么，这套书有没有遗憾呢？当然也是有的，特别是"遗珠"的问题。我认为，谈河北的古代作家，不能没有刘禹锡。尽管学界的主流意见说他是洛阳人，但他自己却承认是中山人，也就是今天的定州人。既然他自己都承认是河北人，我们为什么不拉他进来呢？他的文学成就可是比写"人面桃花相映红"的那个崔护要大得多。谈河北的当代作家，不应丢掉郭小川和李瑛。郭小川是丰宁人，李瑛是丰润人，文学成就毋庸赘言。当然，任何一部史书都会有遗漏。总体上说，这部书是毋庸置疑的上乘之作。

古人说："欲知大道，必先为史。"什么是大道呢？用我们今天的话说，就是发展规律以及合乎规律的发展目标。而要明白这些问题，就必须研究历史。研究历史就是要弄清楚"我从哪里来"的问题。只有弄清楚"我从哪里来"的问题，才可能明白"我是谁，我到何处去"的问题。《燕赵文艺史话》就是要帮助我们弄清"河北文艺从哪里来"的问题。这个问题至少包括以下几方面的内容：河北文艺的初始面貌是什么样的？在多声部的合奏中，它的主调是什么？它的最大亮点在什么地方？如果这三个问题基本重合的话，应当说就是带有规律性的。当然，文艺史和其他历史一样，线索复杂、现象纷纭，个例不可胜数。河北文艺史上的作家，可以分为河北籍的文艺家，本自外籍但在河北生活过、写过河北的文艺家两种。不仅这些文艺家的生活经历、所受教育和作品风格千差万别，而且即使是同一作家，在不同社会环境

① 花山文艺出版社2006年出版。

和人生际遇中也会形成不同的风格。像削足适履那样，将他们经过标准化的切割而放到一个模子里边去，显然是非常愚蠢的。但是，这是不是等于说河北文艺就无法总结、无章可循、无从把握呢？不是的。《燕赵文艺史话》告诉我们，燕赵文艺的初始面貌是大气，燕赵文艺的主调是大气，燕赵文艺的最大亮点也是大气。从美学角度说，这种大气表现为崇高。直到今天，外地人甚至一些外国人对河北文艺的评价，仍然忘不了这一标准。“燕赵古称多慷慨悲歌之士”。这种风格的最早标志性作品，就是荆轲的“风萧萧兮易水寒，壮士一去兮不复还”。我们可以想见，在山河板荡、烽烟四起、生灵涂炭之际，面对肃杀秋风、凛冽流水，该是怎样的一种离情去意！明知此去绝无生还，却偏偏要毅然前行，为的就是扭转乾坤。这是一种充塞宇宙的精神，一种震撼天地的气概！如果把荆轲说成是恐怖主义分子，把他的行为贬损为自杀式匕首袭击，恐怕是不妥当的，也是我们河北人民在感情上不能接受的。肯定秦始皇统一全国的历史进步性是一回事，肯定荆轲的人格力量是另一回事，不能混为一谈。不然，我们就要犯庸俗社会学的错误。

“诗言志，歌咏言。”文艺上的这种大气，是河北人民的伟大历史精神在文艺上的表现。而河北人民的这种伟大精神，则植根于燕赵这片广袤深厚的土壤，燕赵古国可歌可泣的历史，燕赵人民为争取自由幸福而进行的艰难的伟大的实践。

那么，什么是河北人民的伟大历史精神或者说慷慨悲歌之气呢？在价值目标上，它表现为对人的本能和狭隘私欲的超越；在胸襟气度上，它表现为大处着眼、举重若轻的放达；在实践方式上，它表现为一往无前甚至不惜付出生命代价的执著。这种精神及其实践，是对人的尊严、对人之为人的高贵的最为有力的确证。当然，我们承认，从现有史料分析，这种精神在荆轲那里是有一定的局限性的。他没有把自己的行为动机从狭隘的感恩思想中解放出来，即所谓“士为知己死”，但是我也怀疑或因为史料亡佚，或因为秦统一后，御用文人们从韩非子“儒以文乱法，而侠以武犯禁”的论调出发，对荆轲的行为动机做了歪曲性的解释，致使到太史公时，在关于荆轲的史料中，其行为动机已经失去了更为庄严的内容。但是不管怎么说，我们现在只能根据现存的史料来分析，承认他作为战国时期剑士、游侠的那种局限性。

令人欣慰的是，在后来的历史发展中，这种精神上升到了“天下兴亡，匹夫有责”的高度。比如闻鸡起舞、枕戈待旦的祖逖和刘琨，比如被文天祥尊崇为“为颜常山舌”的常山太守颜杲卿，比如“铁肩担道义”的死节之士杨继盛……至于以李大钊为代表的中国共产党人，则将这种精神升华到为了民族独立、人民解放、国家富强的高度。这种升华了的伟大精神，永远是推动河北以至中国发展进步的强大动力。

而负载这种大气的文艺作品，则随着历史的变迁、时代精神的变化和文艺家个性教养的不同而出现多样化的状貌。举例来说，汉末魏初，表现为邺下文人集团的“悲凉慷慨”，也就是“建安风骨”。西晋时期，表现为刘琨的激昂慷慨。有唐一代，表现为魏征散文的“气骨高古”，陈子昂《登幽州台歌》的悲壮幽深，高适边塞诗的浑茫雄健。有宋一代，河北文艺陷入“低谷”。大名人柳开自视甚高，然而除了对宋代散文革新运动有首倡之功外，他自己的文学成就并不高。但是燕赵大气是否就中断了呢？也不是。我认为这起码在赵匡胤那里得到了承续。比如他的《咏初日》：“太阳初出光赫赫，千山万山如火发。一轮顷刻上天衢，逐退群星与残月。”（见《庚溪诗话》）诗虽俚俗，类似打油，但那吞吐日月的气概却是不能否认的。到了元代，表现为关汉卿的忧愤深广。明清之际，表现为薛论道的豪迈奇伟，赵南星的峻峭犀利，申涵光的沉毅英爽……自五四新文化运动以来，燕赵文艺的大气被推上了前无古人的高度。李大钊的诗文，田间的诗歌，梁斌、李英儒、徐光耀的小说和众多戏剧、音乐作品，绘成了展示燕赵大气的蔚为壮观的长卷，为河北文艺赢得了空前的光荣和骄傲。

通过这样简单的分析回顾，我们不难看出：大气，即慷慨悲歌之气，是河北文艺的主旋律，是河北文艺最主要的“根”，是河北文艺的品牌和形象。守住这个“根”，在新的历史条件下进一步弘扬这一主旋律，是我们河北文艺家的责任，也是中国特色社会主义文艺发展的需要。不可否认，在经济全球化、传播信息化的今天，人员的流动日益广泛，人际交往日益频繁，文化的融合、碰撞日益深入。在这样一种形势下，要求河北那么多文艺家都去追求大气那样一种风格，显然是不现实的，也不利于文化、文艺的发展。但是，这一切又不能成为我们丢掉文化之根、文艺之根的理由。与此相反，越是在这样的历史条件下，我们越应当在积极开放创新的同时，有意识地保护我们的文艺之根、留住我们的文艺之根。不然，我们拿什么去走向中国、走向世界呢？不然，又怎么能够叫作文化自信、文艺自觉呢？因此，要求河北产生两三部、三四部大气磅礴的作品，应当是可以被接受的。大气磅礴的作品不一定非在动荡的岁月产生不可。前几年我看过河北的一个电视连续剧，叫《特勤中队》，就是写今天我们的特勤战士的生活的，尽管这部作品在人物塑造上还有不少的毛病，但是毕竟表现了燕赵大气，看后让人感动。进一步的问题是，即使是不以大气见长的文艺家，如婉约风格的、写身边小情小事的，自觉接受一下燕赵文艺传统的熏陶，注入一点儿慷慨悲歌的思想元素和情感元素，对发展自己的风格也不会有什么坏处。最有力的例证就是孙犁的《荷花淀》。清新秀美的水乡，情意绵绵的少妇，渲染了典型的婉约意境，但是深层包蕴的却是荷花淀儿女的挺拔风骨和健朗意态。这种风骨和意态是什么？就是燕赵大气的另一种表现形式。同志们可以想一想，如果没有沉潜于作品深处的这种大气，那令无数人倾倒的荷花，就成为“无力蔷薇卧晓枝”了。

（2007年4月9日）

理想与审美的统一性

在正常情况下，理想与审美的关系是内在统一的，不仅统一于创作主体的精神建构，而且统一于创作过程和创作成果。弄清这种统一性，对于作家艺术家精神世界的优化和创作质量的提高都有一定的好处。

什么是理想？从广义上说，就是人们期盼的"应当如此的生活"。但是这种向往或憧憬，必须顺应绝大多数人的发展需要，必须符合人类历史进步的方向，否则只能说是狂想或妄想。大凡人类，谁不希望一年更比一年好，一代更比一代强？这种不断改变自身及其所处环境的超越性，就是人类生存的意义所在、社会前进的动力所在和人之为人的依据所在。什么是审美？对于这个问题，尽管美学界一直众说纷纭，但是说审美是主体对客体拉开一定距离的观照，大概没有多少分歧。当然，这种距离能否拉开、拉开多远，一方面要看客观条件是否允许，另一方面要看主体精神境界的高低。困于沙漠者不能欣赏眼前浑茫的壮景固然是人之常情，但是面对死亡从容地以诗言志，在历史上特别是革命史上也不乏其人。从一定意义上说，所谓拉开距离，也是主体对于自身及其所处环境的超越，特别是对与自身存在直接利害关系的因素的超越。这种超越的水平越高，他的审美能力也就越强。

问题是主体靠什么来实现这种超越，理想又靠什么得到美的展现？就是在这样一个联结点上，理想与审美实现了内在统一。概括地说，由于理想深植于时代和人民的土壤，所以具有强大的支撑力和推动力。只有它，才能使作家艺术家的心灵摆脱自身及其所处环境的束缚，得以在审美的天空中自由翱翔。由于审美是人类为陶冶性灵、愉悦心神而进行的精神创造，所以具有优美的形式感和浓郁的情感色彩。只有它，才能使理想的表达产生摇荡心旌、感动人意的效果。正是理想与审美的完美统一和相互促进，创造了文艺史上的一个个辉煌。

大家都知道,杜甫的《茅屋为秋风所破歌》是唐诗名篇,然而它恰恰写于诗人境遇相当糟糕的时候。由于安史之乱,当时的中国兵燹四起、田园寥落、骨肉流离。诗人寓居的成都虽然相对安宁,但是全家的日常生活已困顿至极。这种境况下,面对屋破、寒冷、潮湿等等雪上加霜的打击,很容易让人陷于愁苦不能自拔,哪里还有写诗的情致?即使写诗,也极可能仅仅是对个人命运的嗟叹。杜甫的伟大,就在于他能够跨过一己之悲,而以天下苍生之悲为悲。很明显,支撑和促成这种超越的,就是“致君尧舜上,再使风俗淳”的宏大抱负。这种抱负虽然在现实政治中屡屡碰壁,但在诗人的内心却愈挫愈坚,以至成为不可动摇的信念。站在这一精神的制高点上望去,个人的遭际还算得了什么呢?如果说《茅屋为秋风所破歌》是杜甫对于个人困厄的超越,那么《新制绫袄成感而有咏》则是白居易对于个人安逸的超越。晚年定居洛阳的白居易,尽管失去了早年的政治锋芒,但是疗救“生民病”的理想并未泯灭,而且身体力行,做了不少像疏通伊河那样解民忧的好事、实事。正是因为这样,他在穿上新做的绫袄之际,思绪才能飞向寒苦的百姓一边:“百姓多寒无可救,一身独暖亦何情。心中为念农桑苦,耳里如闻饥冻声……”这就是理想的力量!而在理想支撑和促成审美之后,审美反馈给理想的,就是让它像花儿一样灿烂地绽放。“安得广厦千万间,大庇天下寒士俱欢颜”(《茅屋为秋风所破歌》),“争得大裘长万丈,与君都盖洛阳城”(《新制绫袄成感而有咏》),这些富有强烈感染力和深沉震撼力的名句,不是直到今天依然感动着千千万万的读者么?

与杜甫、白居易这些伟大诗人相反,由于理想的缺失而导致审美能力下降以至丧失的现象,也是时有所见的。远的且不去说它,仅以当代中国文坛为例,至少存在以下四种情形。其一是心灵空虚,情致委琐。自上世纪90年代中期以来,我们经常可以看到:一些当年很有激情的作家逐渐变得庸俗无聊起来。翻开大小报刊为他们开辟的专栏就不难看到,其中尽是一些阿猫阿狗、鸡毛蒜皮,怨怨艾艾、搔首弄姿之类的东西。显而易见,这与数亿人民群众的感觉、愿望和激情根本没有什么关系。凡此种种,尽管是以名家名作的名义隆重推出的,但是它们根本就不是什么审美成果或者艺术作品。其二是贬损人类,倾心丑恶。在某些作家眼里,人类几乎无可救药,甚至与蛆虫、臭虫没有本质上的区别。既然对人类鄙视、绝望到这个地步，哪里还会在乎人类的发展和进步？于是，审美倒错也就在所难免。他们或者以一种超然人群的冷酷，欣赏暴力、残忍的场面；或者以一种嗜痂的心态，津津有味地描写生活中的秽物，如此等等。其三是放纵本能、沉迷享乐。有的诗人公然宣称“诗就是驴叫”，有的作家则坦言他写小说就是为了“打麻将时不致手面太窄，玩心跳游戏时能让靓姐另眼相看”。当然，饮食男女是人之大欲，绝不能排斥在审美视野之外，但是这类题材的创作，必须反映出人之为人的教养和尊严，必须有助于推动人类的文明和进步，然而这一切都需要崇高理想的支撑和纯洁心灵的净化。其四是颠覆经典，亵渎理想。其主要手法是把英雄人物卑微化，反面人物人性化，壮烈场景滑稽化，高尚情感低俗化。经过这样一番恶搞，经典蕴含的中华民族赖以生存和发展的核心价值观也就荡然无存。多年来，躲避崇高之风在中国文坛上一直不曾止息。殊不知所罗门的瓶子一旦打开，召唤出来的竟是这样一些光怪陆离的东西。尽管这些东西与中国文坛百花争妍、千帆竞渡的主流相比，显得很不足观、很不足道，但毕竟不是中国文艺界的骄傲和光荣。

我们不能鄙薄理想。树立理想，就是对艺术负责；审美地表达理想，就是对人类的未来负责。这样说并非矫情，而是对于审美规律的尊重。有人认为表达理想会产生概念化之类破坏艺术的后果。不能否认，数十年来，我们在表达理想的创作实践中的确出现了一些这样的败笔。但是，如果因此而把板子打到理想的头上，则是地地道道的冤案。其实，这里没有理想的责任，除了众所周知的客观原因以外，问题主要出在作家艺术家自己身上。将理想转化为审美作品，是一种艰难的精神登攀，需要充分、必要的精神条件的支撑，需要坚韧而又小心翼翼的努力。一个条件的欠缺或稍有不慎，便有可能走入歧路。其中最为关键的，就是必须将理想建立在深刻的人生体验之上，使之无形地溶到自己的情绪、情感中去，溶到直觉、联想、想象中去，并且不断地沉淀下来，形成丰厚的情感积累和生活积累。这样的情感积累在胸中沸腾翻滚，便形成表达理想的创作冲动；这样的生活积累由于经过理想的浸染，便成为积极的创作素材，使得作家艺术家进入创作过程以后得心应手、左右逢源。在这样的基础上创作出来的作品，必然枝繁叶茂、生气勃发，怎么会概念化呢？汤显祖写《牡丹亭》为什么哭倒在自家后院的柴堆上？就是因为他的情感积累与生活积累已经达到不能自持的地步。由此我们也就不难理解，他为什么能够将“花花草草由人恋，生生死死随人愿”的理想表达得那样委曲婉转，夺人心魄。与此相反，如果理想只是停留在作家艺术家的理性层面，又是在纯粹理性动机的支配下投入表达理想的创作，其结果必然是理想与情绪、情感、生活的分离，其枯槁、空洞是必然的。枯槁、空洞是什么？就是货真价实的概念化。

有人将概念化与审美表达的直白挂钩。其实，直白还是含蓄，并非判断概念化与审美化的标准。没有深刻的人生体验，没有整个生命的投入，含蓄蕴藉的结果往往是矫揉造作；有了深刻的人生体验，有了整个生命的投入，即使是直抒胸臆，也会气蕴饱满、感荡心灵。以深刻的人生体验为基础，一切依审美对象的规定性为转移，当含蓄的便含蓄，当直白的便直白，才是正确的审美选择。“中华民族到了最危险的时候，每个人被迫着发出最后的吼声……”《义勇军进行曲》以其对民族理想和民族气概的酣畅表达，成为抗日战争中引领全民族与敌人血战到底的精神旗帜，而且激励着一代又一代中华儿女热血沸腾地投入实现民族复兴的伟大实践。倘若我们嫌其直白，将其改为“神州就要陆沉哪！炎黄子孙岂能作壁上观呀”，会是什么效果呢？较之原作，这固然是有了几分含蓄，但是它还有那种巨大的感染力和号召力么？还能够表现当时的历史氛围和民族精神么？

深刻的人生体验是理想与审美表达的桥梁。它不仅赋予理想以鲜活充盈的生命，而且在作家艺术家审美个性、艺术风格的形成中发挥着基础性的作用，从而使得理想的表达呈现出姚黄魏紫、争奇斗艳的状貌。哲人说，世界上没有两片完全相同的树叶。每位作家艺术家的秉性、素养不同，所处的大、小环境不同，历史、文化背景不同，人生轨迹不同，其人生体验必然表现出千差万别的特殊性。对于这种特殊性，作家艺术家必须保持清醒的认识，必须据此去选择相应的创作方法，形成相应的艺术风格。马尔克斯从学生时代起，就是一个“贪婪的读者”，研读过从索福克勒斯到福克纳几乎所有西方优秀作家的作品。他读卡夫卡的《变形记》，激发了写小说的兴趣；读伍尔芙的《黛洛维夫人》，改变了他的时间概念；读格林和海明威的作品，得到过纯技术性的借鉴……但是作为一位优秀的作家，在创作方法和艺术风格方面，他却明确表示："我总是使自己不像任何人。对于我喜欢的作家，我不是模仿他们，而是千方百计地躲开他们。"[①]马尔克斯为什么要"躲开他们"？就是因为他的人生体验是独特的"这一个"，而那些作家的创作方法和艺术风格则是一个个的张冠、王冠或赵冠，一概不适合"李戴"。他要寻找最适宜表现他的人生体验的创作方法和艺术风格！为此，他在酝酿创作《百年孤独》时曾经苦恼过许久。直到1965年的一天，顿悟才像闪电一样到来："我决定像外祖母给我讲她的故事那样叙述我的故事"。这是一种极为高明的艺术选择：一是因为外祖母讲故事本身就是马尔克斯童年人生体验的重要部分，二是因为那些故事本身就充分体现了拉美文化多元混合的特征。正是出于对人生体验的忠实和对艺术的自觉，马尔克斯才创造了属于自己的魔幻现实主义方法，形成了独有的博大深沉、诡谲斑斓的艺术风格。也正因为这样，他才能够将争取拉美新生的理想表达得云蒸霞蔚、气象万千。假若马尔克斯为了时髦而去硬性地模仿哪一位作家，那么留给读者的，就不是《百年孤独》，而是东施效颦那样的笑话。

以人生体验为中介，理想与审美相互支持、相得益彰，这就是结论。实践一再证明，只要我们在深入生活、深化人生体验的基础上自觉地执其两端，就不必再借助一些小手段来修补因失去理想而造成的艺术缺陷，也不必再去做他人的艺术附庸，从而进入一个高远自由的创作境界。正所谓："居高声自远，非是藉秋风。"

（2010年12月30日）

① 《诺贝尔文学奖获奖作家谈创作》第487页，北京大学出版社1987年第1版。

不能丢掉列宁这把刀子

课题组的专家们能够在较短的时间内写出《文学理论》的书稿，是难能可贵的，其中的甘苦可以想见。我要向各位专家的辛勤劳动表示敬意！

这部书稿有两个优点：一是在体系上，与以群的《文学的基本原理》和蔡仪的《文学概论》相比，具有一定的创新性；二是力图吸收一战以来西方文学理论，如新批评、结构主义、接受美学、西方马克思主义中的一些东西，特别是其中一些富有辩证思维的东西，显示了一种比较开放的眼光。但是同时我也认为，这部书稿还不成熟，加工的空间很大。本着知无不言的精神，谈几点意见，供课题组的专家们参考和批评。

一是单独把“马克思主义与文学理论”列为一编的问题。书稿把“马克思主义与文学理论”列为第一编，独立于整个体系之外，给人的感觉好像是一个人戴了一顶帽子。这样做，一是不合学术规范，因为一个理论体系应当是完整的、有机统一的，就像一个生命体，而头上的帽子肯定不能算是生命体的一部分；二是在以下各编的体系展开中，马克思主义的观点又贯彻得不大彻底，这就很容易给人造成这样一种印象：挂马克思主义的牌子，讲自己的东西。我认为不应当单列这一编，而应当将这一编的内容贯穿到、渗透到以下各编各章中去，也就是说，让这本书彻头彻尾地成为马克思主义文学理论的教科书。

进一步的问题是，即使在这一编，也有极为不妥的地方。一是丢掉了列宁的文学思想。应当说，列宁的文学思想，如关于文学为谁服务的观点，文学的党性原则与创作自由的关系的观点，作家作品的内在矛盾的观点，用全人类精神财富武装自己的观点，无产阶级文化不能脱离世界文明的观点等等，直到今天仍有重要的指导意义。丢掉列宁的后果很严重：一是导致马克思主义文学理论发展的断裂。从马克思、恩格斯、列宁到毛泽东、邓小平、江泽民、胡锦涛，你把列宁的那一个环节拿掉了，还怎么一脉相承呢？二是丢了一把刀子。列宁可是一把刀子啊！关于文学的党性、阶级性的观点，在列宁那里体现得十分突出。要知道，我们给高校编这本《文学理论》教材，是党和国家的行为，如果丢掉了列宁，差不多就等于发出这样一个信号：我们要淡化文学的党性、阶级性了，这可是要造成思想混乱的呀！另一个是对胡锦涛同志文学思想的阐释，使用了很长的篇幅，甚至超过以往历代领导人的篇幅，但仔细一看，里边有很多内容并不是胡锦涛同志讲的。还有一些即使胡锦涛同志讲过，也发挥得太远。我认为这一部分应当本着胡锦涛同志一贯倡导、一贯践行的求真务实的精神进行删改。

二是第二编中关于文学倾向性的问题。这一部分谈了三种倾向性，即阶级倾向性、民族倾向性和性别倾向性。应当说，这三种倾向性不是同一层面的东西，是有本质和非本质的区别的。如果把性别倾向性也作为一类列出的话，同类的倾向性还可以列出很多。假设我们是为了突出一下女权主义的问题，讲一讲性别倾向性也是可以的，但是文中并未谈到女权主义问题，所谈的是妲已、褒姒这类女性的命运问题。而这类例子是说明不了什么性别倾向性的，其实那是宗法制的问题，归根到底是阶级性的问题。话再说回来，即使谈女权主义，脱离阶级分析也是谈不清楚的。我认为这一部分不一定非写三层，而应当有多少写多少。另外，还要注意问题的另一面，即倾向性在不同作家作品中的表现有隐有显。比如陶渊明的一些田园诗，单从文本中几乎看不出什么倾向性，只有联系作者生活的社会历史背景及其生活经历，才能发现文本隐藏下的倾向性。我以为这样来叙述，会显得辩证一些。

三是“创作的主体条件和追求”一节的问题。在这一节，要理直气壮、旗帜鲜明地讲创作主体的立场问题、世界观问题，做人类灵魂工程师的问题。如果回避了这些问题，就丢掉了文学的意识形态性，那还叫马克思主义文学理论吗？当然，我们强调这些，不是要回到极左的轨道上去，而是要让这些先进的东西、崇高的东西化为创作主体的精神形式，渗透到创作主体的精神生命中去，与精神生命中的其他因素实现血肉的融合。应当看到，在当前创作思想比较混乱的情况下，强调这些具有特别重要的意义。

四是正确的理论原则贯彻得不彻底的问题。比如创作自由与社会责任问题，书稿是将二者作为对待关系来谈的，这是对的，但是未能很好地将二者统一起来。我们注意到，在这一节的结尾处也点到社会责任与创作自由统一的问题，但是因为前面没有铺垫，没有合乎逻辑的论证，这一结论不足以服人，给人的印象仍然是二者处于对立的状态。在这里，起码要讲清这样的道理：自由是对必然的认识和改造。那种不负任何责任的自由，想干什么就干什么的自由，其实不是自由，而是无政府主义的自专。马克思、恩格斯在《德意志意识形态》中说："只有在共同体中，个人才能获得全面发展其才能的手段，也就是说，只有在共同体中才有个人自由……在真正的共同体的条件下，各个人在自己的联合中并通过这种联合获得自己的自由。"[①]既然如此，合理的义务、责任之类所限制的，就不是真正的自由。不但没有限制真正的自由，而且它们本身就是通过对于必然性的认识和驾驭而达到的自由。正如黑格尔所深刻指出的那样："在义务中个人毋宁说是获得了解放"，"义务所限制的并不是自由，而是自由的抽象，即不自由。义务就是达到本质、获得肯定的自由。"[②]

又比如文学经典化的问题。书稿已经涉及到历代读者对于文学经典化的作用，但是没有充分的论证，强调得也不够有力。应当明确强调、雄辩论证这样的观点：文学作品是否成为经典，人民群众是最终的最权威的评判者，这正是唯物史观在文学研究中的具体体现。

五是体系的中国化问题。《文学理论》是中央马克思主义理论研究和建设工程的重要子工程，是大学中文系的教材，无疑具有极强的权威性，因此应当用高标准来要求。我想一个不可缺少的高标准，就是要有鲜明的中国特色，也就是要拿出我们自己的文学理论体系。前面已经说过，这部书稿很注意吸收西方现当代文学理论的一些成果，不足之处是吸收得比较生硬、援引的原文太多。说句不太恭敬的话，一部书稿读下来，给人的感觉好像是西方现代主义、后现代主义文学理论的杂糅。尤其是"文学接受"一节，情形似乎更为严重。我想，对西方的东西的借鉴，也应当遵循"得鱼忘筌"的原则。

① 《马克思恩格斯选集》第1卷第119页，人民出版社1995年第2版。

② 《法哲学原理》第167、168页，商务印书馆1961年第1版。

拿到鱼就可以了,没必要把鱼篓子也搬过来。我希望《文学理论》这本教科书能在倡导中国化的学风、文风上带个好头,在对外来学术成果进行“引进—消化—吸收—再创新”上带个好头。

六是具体内容和语言文字上的一些问题。其一,有些概念用得不当。例如“极权时代”,这是西方用来攻击社会主义民主的,出现在“马工程”的书稿中实在不应该。其二,重复引用太多。比如马克思关于“对于不懂音乐的耳朵,再美的音乐也没有意义”的名言,还有恩格斯评价巴尔扎克的那段话,不知引了多少遍。其三,一些具体内容要仔细推敲。比如所引辛弃疾的《青玉案·元夕》。书稿说词中“笑语盈盈暗香去”的美人与“灯火阑珊处”的美人是同一个人,还说这首词是写青年男女爱情的,这就有些随意了。其实这首词是写作者报国无门的悲凉心境的,恰如梁启超所说,是“自怜幽独,伤心人别有怀抱”。又如在谈到文学批评的含义和性质时,引了李长之对鲁迅《伤逝》的评论。应当说,李长之对《伤逝》的评论并不准确,而且顺藤摸瓜,还要牵出他与鲁迅在感情上的恩恩怨怨。这对保护我们民族的优秀人物没有任何好处。其四,语法和用词上存在不少毛病。比如“诉诸于”和“亲眼目睹”这类词语在书稿中反复出现。“诸”就是“之于”的意思,后边的“于”字多余。“眼”就是“目”,写作“亲睹”或“目睹”即可。

总的来说,读完整部书稿,感觉问题还是出在丢掉列宁这把刀子上。把列宁拿掉,说明什么呢?说明编写者是不大愿意去碰文学的党性、阶级性、意识形态性这类问题的,大概是觉得现在谈这些问题有些不合时宜,有“左”的嫌疑,但是这本书又是“马工程”,一点儿不谈这些东西显然是说不过去的,这就形成了“足将进而趑趄,口将言而嗫嚅”的纠结状态。希望课题组的专家们丢掉疑虑和纠结,以彻底的唯物主义精神把马克思主义的原则贯彻到底,在现有基础上更进一步,搞出一个“马工程”的精品。

(本文是 2008 年 1 月 25 日在“马工程”书稿《文学理论》审议会上的发言)

迎接中国化马克思主义文艺理论的春天

必须老老实实地向老师和同学们交底:我从未参与过高校文艺理论的教学,只是因为工作的关系了解到一些情况,所以对于端正高校文艺理论教学方向的问题没有太大的发言权。在座的曹桂方、董学文、曾镇南教授,才是真正的专家。至于我呢,就是一块砖,你们的党委书记李建强教授先把我抛出来,目的大概在于引玉,引出三位教授的上等好玉。

大家都知道,在最近召开的文艺工作座谈会上,习近平同志发表了很好的讲话。这个《讲话》既是毛泽东《在延安文艺座谈会上的讲话》精神的承续,又是新时代文艺实践的科学总结,不仅为发展社会主义文艺事业提供了新的指导思想,也为改进高校文艺理论教学指明了方向。

一个时期以来,非马克思主义甚至反马克思主义的文艺思潮充斥大学讲坛,而马克思主义文艺理论则被驱逐到边缘地带,这是一个不争的事实。如今,像河北师大这样坚持开设马列文论课的高校已经很少,研究马列文论、讲授马列文论的老师在相当程度上成了被冷落、被嘲笑的对象。至于专攻这个专业的研究生,工作难找、待遇偏低,也是较为普遍的现象。凡此种种,在一个社会主义国家是极不正常的。我听说,在座的曹桂方教授对此是痛心疾首的。不过,现在好了,有了以习近平同志为总书记的党中央的坚强领导,有了习近平同志在文艺座谈会上的讲话,马克思主义文艺理论的"教"与"学"再也不会陷于过去那样的尴尬境地。"好风凭借力,送我上青云。"我们应当抓住机遇、乘势而上,用创造性的工作去迎接中国化马克思主义文艺理论的春天。

为什么要坚持马克思主义?

有人或许要问,各种主义多的是,为什么偏要坚持马克思主义呢?这是一个属于大前提的问题。这个问题不解决，就谈不到坚持马克思主义文艺理论的问题。必须说明的是，我们坚持马克思主义，绝不是因为像吸毒、喝酒一样有了这份“瘾”或“癖”，也不是出于上帝的安排，从一出生便注定要给马克思主义当牛做马。大凡人类，都希望自己活得明白一些、活得好一些。我们信仰马克思主义、坚持马克思主义，正是出于这两个目的，换句学术性的话说，就是出于认知需要和价值选择。应当承认，迄今为止，还没有一种世界观和方法论比马克思主义更高明，更能科学地解释自然世界、人类世界和心理世界。我的一位朋友是搞量子力学的，他不大在意政治问题、意识形态问题，但是他说过，现代物理学的每一个新发现，都未能推翻唯物辩证法，反倒是给唯物辩证法提供了新的证明。现代物理学认为，物质，就像我们现在使用的桌子、椅子、茶杯等等，只是能量存在的一种形式。还有的科学家据此提出大胆设想：将来科技发达到一定程度，人们出国旅游，再也不需要乘坐轮船或飞机，可以先把旅客转化为电磁波，到目的地再还原成人的存在形式，也就是我们现在这样有血有肉的样子。我们说，能量尽管看不见、摸不着，也是客观存在呀，或者说像水之于冰、雹和雪，是物质的基本存在方式，并未颠倒物质与精神、存在与意识的逻辑关系呀。当然，倘若有一天证明了是精神决定物质，马克思主义就算是被彻底推翻了。不过，这在客观上是不可能的，充其量不过是一些人的虚幻愿景。在价值取向上，迄今为止，也没有任何一种价值观更符合全人类的根本利益。与普世价值不同，马克思主义追求的不是少数人的好，而是你好、我好，大家都好。具体路径是通过阶级斗争和无产阶级专政解放无产阶级和其他劳动大众，进而实现包括剥削阶级在内的全人类的解放。因此，我们说，马克思主义是让劳动大众以至全人类活得明白的哲学，让劳动大众以至全人类活得好的哲学。这么好的东西，我们为什么不去坚持呢？当然，如果有人说，我从来不想大多数人的事、全人类的事，我就是为自己和自己的小圈子好，那我也无话可说，正所谓“道不同不相为谋”。

还是从大家身边的事情来说吧。各位同学都关心毕业以后就业的问题。那么，怎样来竞争岗位呢？无非三种办法：一种是“拼爹”，看谁的老子有权有势；一种是“拼富”，看谁家有钱；另一种是讲公平、公正，拼个人的德才。“拼爹”是权贵主义，“拼富”是资本主义，拼德拼才是社会主义，即马克思主义。同学们愿意选择哪种主义呢？我想你们当中的绝大多数都愿意选择马克思主义。你们说是也不是？

当然，坚持马克思主义也不是一件容易的事。一是因为特定的社会存在往往限制了我们的视野和认识程度。比如马克思主义讲，人们的私有观念是它的物质根源——私有制的产物，随着私有制的消失，人们的私有观念也就自然而然地消失。说实话，在相当长的时间内，我对这一论断是困惑不解的。不但愚人如我如此，就连哲人如李泽厚先生也不能免俗。前些年，李泽厚先生在一篇文章里说，如果没了财富上的比拼和斗争，人活着还有什么滋味？这种困惑来自我们的狭隘的社会存在。正如庄子所说：“夏虫不可以语于冰者，笃于时也。”后来，我对这个问题总算有了一点点感悟，这得益于我的“社会存在”的变化。上世纪 80 年代的时候，有人请吃饭我是非常高兴的，可以说乐此不疲。如果当时有人告诉我：将来有一天，人家请你吃饭，你会感到很烦、很不情愿，我是绝不肯相信的。可是，这一天真的来了，至少从本世纪开始，如果谁请我吃饭，不但没有快乐，反而觉得是一种负担。为什么呢？我的“经济基础”变了，已经超越“温饱”的初级阶段了。由此我悟到，存在对意识的限制，真是厉害得很！今人不能理解后人无私，后人也可能不理解我们为什么会为了一点钱财争得死去活来，甚至不惮铤而走险、锒铛入狱。马克思、恩格斯比我们高明，从一定意义上说，就在于他们的精神具有巨大的超越性和穿越性，能够既从眼下的社会存在出发，又能突破有限社会存在的限制，把人的认识能力、创造能力发挥到极致，充分表现出人之为人的伟大。我们要学习马克思主义、理解马克思主义，就要不断拓展社会实践的广度和深度，并且在这个过程中有意识地培养远大眼界和开阔胸怀。

二是因为我们的知识储备和文化素养的局限。仅以方法论为例。关于唯物辩证法，恩格斯下过两条经典定义：1.“关于自然、人类社会和思维的运动和发展的普遍规律的科学”[①]；2.“关于普遍联系的科学”。[②] 但是，熟记了这两个定义并不等于我们拿到了解决问题的万应灵丹。要让这种科学的方

① 《马克思恩格斯选集》第 3 卷第 484 页，人民出版社 1995 年第 2 版。

② 《马克思恩格斯选集》第 4 卷第 259 页，人民出版社 1995 年第 2 版。

法论结出新鲜的研究成果，必须有相应的大量知识储备。比如中国古人论诗，喜欢讲含蓄，讲“不著一字，尽得风流”。不著一字，怎么会尽得风流呢？读者又是怎样从诗中体味到这种风流的呢？研究这个问题，唯物辩证法只是指引我们从普遍联系去中去进行考察和分析。至于主体与客体、作品与读者、读者经由作品与作者等等诸多方面联系的具体情形，就不只是方法论所能解决的问题，还必须借助心理学（包括格式塔等现代心理学）、美学、文艺学以及从平日阅读、阅历中获得的大量知识。正是在这种意义上，列宁说，只有用人类创造的全部知识财富来丰富自己的头脑，才能成为共产主义者。

在这里，我想送同学们两句话：学习学习再学习，实践实践再实践。话虽陈旧，却是我们娴熟地运用马克思主义的不二法门。

恢复和发展中国化的马克思主义文艺理论体系

坚持以马克思主义为指导，端正文艺理论教学方向，绝不是说只要在高校恢复了马列文论课，就可以鞭炮齐鸣，欢呼马克思主义的胜利。如果只是恢复了马列文论课的教学，其他文论的教学依旧是各拿个的号、各吹个的调，那个马列文论课的恢复，大抵就是一个形象工程，一个为卖狗肉而挂出的羊头。恢复马克思主义在高校文艺理论教学中的指导地位，不仅要恢复马列文论课的教学，而且要恢复马克思主义在古代文论、西方文论、现代文论、当代文论等一切文艺理论教学中的指导地位。也就是说，要用马克思主义的立场、观点和方法去观察、分析、总结人类的一切文论成果。其根本目的，是不断完善和发展中国化的马克思主义文艺理论体系。

不能说我们没有中国化的马克思主义文艺理论体系。早在1942年，毛泽东发表的《在延安文艺座谈会上的讲话》，就是中国化马克思主义文艺理论体系的辉煌创造。这篇著作尽管是针对当时延安及其他解放区的文艺实际讲的，不可能像教科书那样面面俱到，但是基本上揭示出人民文艺的本质及其内在联系。上世纪六七十年代以群主编的《文学的基本原理》、蔡仪主编的《文学概论》等等，尽管有这样那样的不足，但基本上是中国化马克思主义文艺理论体系比较完整的叙述方式。说我们没有中国化马克思主义文艺理论体系，大抵也是一种历史虚无主义，文艺上的历史虚无主义。

问题在于，中国化马克思主义文艺理论体系不是一个封闭、僵化的系统，而是一个开放、鲜活的系统。一方面，它是不变的。它的灵魂（为人民服务的根本属性）及其主干（如文艺与人民、文艺与生活、文艺与阶级的关系等等）不能变，变了就不成其为中国化马克思主义文艺理论体系。另一方面，它又是变的，总是随着时代变化和文艺实践的发展不断地进行新陈代谢，或者叫自我更新。如果不是这样，它就会因活力的阙如而丧失对文艺实践的指导作用。变与不变，就是中国化马克思主义文艺理论体系的内在对立统一性。正是在这样的矛盾运动中，马克思主义文艺理论体系才能像无尽的长河和长青的大树，永远奔腾向前，永远葆其美妙之青春。

站在历史的制高点上来俯瞰今天，就会发现：中国化马克思主义文艺理论体系既面临前所未有的严峻挑战，又恰逢新发展的绝佳机遇。为什么这样说呢？就是因为从新中国成立以来，我们既积累了丰富的成功经验，又有了深刻的“左”、右两方面的教训，而时代的变化和社会主义文艺的发展，又强烈呼唤中国化马克思主义文艺理论体系以适应新的时代特点和文艺实践的面貌发挥指导作用。以习近平同志在文艺座谈会上的讲话和马克思主义经典文论为指导，建立新的中国化马克思主义文艺理论体系，是我们义不容辞的历史使命。

然而，这是一项庞大、复杂的的系统工程，需要从多个角度、多个层面进行长时间的艰苦努力。在这里，我只能谈谈其中的部分工作。

一、对 60 多年来的创作实践进行深入的总结。这方面的工作虽然已经做了很多，但是还不能说已经将辩证唯物论、历史唯物论的精神贯彻到底。比如庸俗社会学，以往我们只是把它当作前 30 年的东西。其实，这类东西不仅前 30 年存在，后 30 年也同样存在。回头去看，被称为新时期小说滥觞的《爱情的位置》、《班主任》（刘心武）等，就是概念化的作品。这类东西在当时产生反响，绝不是因为艺术上的成功，而是因为它们是当时政治要求的传达者或呼吁者。如果说这些作品所传达的观念尚与当时中国的历史走向同步的话，那么《习惯死亡》（张贤亮）、《为人民服务》（闫连科）等，则是错误政治观念的异常浅露、异常粗鄙的传达方式。与其说是小说，毋宁说是大字报式的“大批判”。既然如此，我们仅仅把庸俗社会学归结为极左思潮的产物就是不太妥当的：一是不全面。“左”的倾向可以产生庸俗社会学的东西，右的倾向以至于正确的倾向也可以产生这类东西。如果我们以为只要消除了极左倾向，就可以把庸俗社会学连根拔起，就可以让好作品像蝴蝶那样联翩飞来，这是不符合实际的。其二是流于浮浅。文艺政策、文艺导向上的失误，固然是产生庸俗社会学的重要原因，但是更为深层的恐怕是内因，即作家艺术家自身的问题。其中，起码有两个问题是应当注意的：一是作家艺术家的生活积累、情感积累和艺术积累贫乏，不足以溶解所要传达的观念，进而使其从场面和情节中自然地流露出来，《爱情的位置》、《班主任》当属此类；二是想要传达某种观念的动机过于强烈，以至于形成一种偏激的冲动。这样一来，用观念取代生活真实、剪裁生活真实、歪曲生活真实也就成了必然的选择。《习惯死亡》、《为人民服务》就是这种失误的典型。对于这个问题，我们还可以追溯到半个多世纪以前。李准是一位肯于深入生活的作家，但是在紧跟“穷过渡”、“共产风”的动机驱使下，竟写出了《李双双小传》这样一篇虽有生活气息却违背广大农民意愿的作品。

又比如对于魔幻现实主义的试验。内蒙古老作家扎拉嘎胡的试验是成功的。在他的长篇小说《嘎达梅林传奇》中，莫名的预感、离奇的梦境、无由头的遭际、不可理喻的偶然等等，与真实生活场景是那么妙合无垠地交织在一起，从而形成了一种独特的艺术魅力。莫言的试验则是失败的。《生死疲劳》中的那个地主，无论变驴变猪变狗，都仅仅是推进主观诉说、演绎政治观念的一种小手段，与具有丰富民族、地域文化内涵的魔幻现实主义还有十万八千里之遥。两个作家的试验，其成败得失为何这样判若云泥呢？一是文化态度不同。前者深植于培育自己的民族文化、地域文化的土壤（那种文化中本来就有比较丰富的神秘主义的成分）。后者则是东施效颦。培育你的那个地方，盛行的是儒文化。《论语》的记载非常清楚：“子不语怪力乱神”，哪有多少魔幻的东西呢？本来是一块高粱地，偏要去种榴梿，那怎么成呢？二是创作态度不同。前者和马尔克斯一样，为的是揭示本民族的命运，弘扬本民族的精神，为本民族的自由幸福而呐喊；后者则是出于玩弄花样的艺术动机和迎合某种国内外情绪的社会动机。说到这里，有人或许要问，那为什么莫言能获诺贝尔奖，而扎拉嘎胡却无此殊荣呢？在这里，我要说：诺贝尔文学奖给谁，那是西方的事，根本不能代替我们的评价尺度。在我们的社会主义国家，只有用马克思主义的观点来评判作品，总结创作的经验教训，才能保障最广大劳动人民的文化利益。

二、把马列经典文论中一些被搞乱了的问题搞清楚。只有把这些问题重新搞清楚，才有可能实现理论自信和理论自觉。比如文艺评价的标准。毛泽东提出的政治标准第一、艺术标准第二，与恩格斯提出的美学的和历史的标准是一致的。马克思、恩格斯批评拉萨尔剧本《济金根》中的错误悲剧观，恩格斯批评哈克奈斯的小说《城市姑娘》是现实主义而不是充分的现实主义的，都是把政治标准放在第一位，也就是着眼于当时推进工人运动的大局。

从资历上说，文艺比阶级要老得多。在无阶级的原始社会，文艺仅仅是人们表达情感、相互交流的工具。文艺既然有表达、交流的功能，进入阶级社会以后，统治阶级就不会不利用它来影响人们的思想，除非他是司马衷皇帝那样的傻瓜。既然要拿文艺来影响人们的思想，当然要往有利于他们统治的方向走，而不可能用它来砸本阶级的锅。这样一来，政治标准就不可能不放在第一位。奴隶主阶级如此，封建主阶级如此，资本家阶级同样如此。如若不然，为什么会有“文以载道”一说？为什么会有那么多禁书、焚书以至文字狱之类的事？众所周知，在中国历史上，《水浒》屡屡遭禁，绝不是因为它的艺术水平太差；在上世纪50年代的美国，白劳德、史沫特莱等75位作家的作品全被列为禁书，甚至连马克·吐温的作品也被打成“危险书籍”，也不是因为麦卡锡等极右政客是一批艺术至上主义者。既然哪个阶级都把政治标准放在第一位，为什么到了劳动者阶级这里就不可以了呢？这完全没有道理。进入新时期以来，那些反对“政治标准第一、艺术标准第二”的人，貌似忠实于艺术，实际上只要察其言而观其行，就不难发现，在他们手里，举得最高的还是政治的标准，只不过是另外一种政治，一种与广大劳动者的利益背道而驰的政治。他们为什么指责魏巍《谁是最可爱的人》囿于党派和民族的偏见，为什么说鲁迅是“鲁祸”？这是艺术的标准吗？在这里，我劝大家千万不要上“纯艺术论”的当。坚持“政治标准第一”，我们绝不输理，绝不要有任何心虚、犹豫和彷徨。

政治标准第一，不等于唯政治标准。这包括三个方面的含义：一是对于一些作品，主要的评价尺度并非政治的。毛泽东曾说："李白的《蜀道难》写得很好，有人从思想方面作各种猜测，以便提高评价，其实不必。不要管那些纷纭聚讼。这首诗主要是艺术性很高，谁能写得有他那样淋漓尽致呀！它把人带进祖国壮丽险峻的山川之中，把人带到神奇优美的神话世界，让人们仿佛也到了'难于上青天'的蜀道上面了。"二是对作品的评价必须兼顾政治和艺术两个方面。马克思、恩格斯强调"莎士比亚化"而反对"把个人变成时代精神的传声筒"，强调"较大的思想深度和意识到的历史内容，同莎士比亚剧作的情节的生动性和丰富性的完美的融合"，都深刻体现了文艺批评的辩证法。列宁说高尔基的长篇小说《母亲》是"一本及时的书"，在肯定其积极政治倾向的同时，实际上潜含着对其艺术性不足的委婉批评。总之，必须坚持政治标准与艺术标准的统一。抽掉政治标准，就无法判断一部作品是有益的还是有害的、进步的还是倒退的，从而也不可能从意识形态方面保障最广大劳动人民的根本利益；抽掉艺术标准，文艺作品就不成其为文艺作品，文艺批评也就因此失去了对象。但是，二者如何统一起来，需要经过怎样复杂、曲折、微妙的过程，还需要我们做深一步的研究。三是文艺评价标准呈现出动态的特征。比如梁实秋、周作人的闲适小品文，在今天，我们完全可以比较从容地去阅读它，但是在民族危难、国破家亡之时，人们似乎就没有这份闲情逸致。著名历史学家金冲及先生曾经说过：他年轻的时候，读这类小花小草、小猫小狗的东西，就像吞了苍蝇一样恶心。为什么呢？全民忧患，举国抗战，你却在一旁摆弄这些玩意儿，讨厌不讨厌呀？

三、对西方现当代文艺理论下一番"洋为中用"的工夫。第一步是挑挑拣拣。比如新批评理论。必须老老实实承认，我们对作品文本的分析没有新批评那么细密。它的结构——肌质、语境、反讽、张力、隐喻等理论主张和分析方法，对于我们深化对作品的分析都有不少的启发和帮助。对它视而不见、听而不闻，绝不是一种聪明的态度。但是与此同时，我们还应当清楚，它掐头去尾，不管作者与读者，把文本作为一种孤立的存在，甚至提出"意图谬见"和"感受谬见"，这就陷入了形而上学。所以，在借鉴新批评方面取得很大成就的叶嘉莹先生说:既要有文本分析,又要"知人论世",实现中西方的融会贯通。又如接受美学,它反对唯文本倾向,仔细研究审美接受的社会心理机制,强调读者接受的主观能动性,重视作品的社会效果,所有这些都具有积极的价值。但是,它回避艺术的本质,否定作品对接受的客观制约性,规避作家艺术家的社会责任,因而带有唯心主义的气息。又比如葛兰西的"文化霸权"说,福柯的"权力—知识"说,萨伊德的东方主义等,尽管在理论上都不彻底,但是都为我们反对西方文化霸权主义提供了新的视野和思路。第二步是消化吸收。即使是对我有益的东西,也不可和盘搬来。生吞活剥、生搬硬套,那些东西就无法转化为我们的营养。"得鱼忘筌"、"得意忘言"的原则,同样适用于西方文论的引进。换句话说,就是要善于取其精要,而不必买珠带椟,吃了香蕉带着皮。第三步是再创新。在这方面,我们不仅应当向老一辈马克思主义者学习,也应当向古人学习。佛家文化本是一个外来品种,却被我们的老祖宗成功地改造为一种国货。一是与本土的儒家、道家融合,"事君事亲,也能成佛",就是明显的一例。二是进行简易化、大众化的处理,把佛由心外移到心内,由此佛也就不再高不可攀,从而适应了重视现世生活的中国人的需要。大家都知道,出身寒门的六祖慧能懂得草根的心思,对佛教大众化作出了杰出贡献,所以毛泽东说他的《六祖坛经》"是老百姓的"。正是因为实现了这样的再创新,佛家便与儒家、道家一样,成为中华传统文化的一大流派,在对中国文化发展产生深远影响的同时还远播海外。当然,佛家中国化不是一蹴而就的事,其间经历了漫长、曲折、反复的过程,但是中华文化泰山一样的独立性和大海一样的包容性,毕竟战胜了虚弱、自大、偏见和僵化。我们是开创未来的一代,应当有更坚强的文化自信和更宽广的文化胸怀,应当比古人做得更好一些。

四、梳理一下新时期的文艺思潮。这一时期文艺思潮的一个显著特点就是"乱"。不彻底地把这一团乱麻梳理清楚,建立新的中国化马克思主义文艺理论体系就无从谈起。首先是要把好东西挑出来。什么是好东西呢?就是马克思主义文论家回答新挑战、新实践的新成果。例如在座的曹桂方、董学文、曾镇南三位教授的著作,我们都要很好地进行研究。其次是对五花八门、光怪陆离的错误思潮逐一进行认真的剖析。这项工作我们以往已经做了不少,但是还应当进一步深化,务求解剖彻底、分析透彻,从根本上剥夺它们的市场空间。

在这个过程中,我们应当特别注意学习鲁迅的智慧战法。1927年,梁实秋在《晨报副刊》发表《文学批评辩》一文,说“普遍的人性是一切伟大的作品之基础”,并以莎士比亚为例,断言“文学当描写永远不变的人性,否则便不久长”。很明显,对于这样一种抽象人性论的错误论点,如果从理论上去反驳,是要耗费很大工夫和很长篇幅的。鲁迅的高明之处,在于轻松地绕开繁难的论证,以异常简洁的方式解除了论敌的武装。首先是用归谬法,顺着论敌的逻辑把它推到荒谬的极端:并不流传的作品,现在的人们肯定看不见,既然你没有看过,又怎能知道它们写没写普遍、不变的人性呢?二是用类比法,即用众人皆知的实例导出论敌的荒谬。譬如出汗。凡人都必出汗,所以出汗似乎是普遍、不变的人性。“然而‘弱不禁风’的小姐出的是香汗,‘蠢笨如牛’的工人出的是臭汗。”那么,你是去写“香汗”呢,还是去写“臭汗”呢?只要一具体,就不可避免地要有阶级的分别,哪里有普遍、不变的人性呢?这样的驳论,显示了一种居高临下、玩论敌于股掌的恢宏气度,不仅让读者一看就懂、一看就信,而且会产生一种茅塞顿开的快感。在今天,这种战法也有很多用场呀!比如新时期的一个重要思潮就是极端个人主义。这些论者高喊表现自我,否定作家艺术家的社会责任,说什么“不屑于表现自我以外的一切丰功伟绩”。对于它的批评,我们不妨也使用一下归谬的方法。“喊”要耗费热量吧?热量来自食品吧?食品是哪里来的呢?是农民种植、工人加工出来的。离开了工农,喊声都要“失落”,还怎么能够“表现自我”呢?中国人讲究的是礼尚往来。既然工人、农民供你衣食住行,你怎么能不为他们做一点什么呢?怎么能不屑于表现他们的丰功伟绩呢?同学们想一想,这样一分析,那个论点还能不能站得住脚?当然,我在这里强调鲁迅战法,并不意味着否定常规的理论辨析。理论辨析是不可缺的、永远必要的。可以先用鲁迅战法驳倒论敌,服了、认错了,我们再坐下来慢慢讲理论;也可以两种战法并举,各取所长、各尽其妙。总之,以彻底解除错误思潮的武装为目的。

以改进文风为抓手

从一定意义上说，高校文艺理论教学与研究中的一切问题，几乎都表现在文风上。文风的最大问题是什么？就是不说中国人的话。具体地说，就是试图从语言、思维方式、价值判断上全盘后现代化。然而，他们又没有“化”透，因为在这个“化”的过程中，他们塞进了不少对后现代主义“误读”的东西，以及自己生造的不伦不类的货色。准确地说，这套东西应当叫中国学院特色的后现代主义，或者叫伪后现代主义。装腔作势、自命高深，思维混乱、玄虚空泛，不知所云、莫名其妙，是这种文风的共同特征。

它起自上世纪80年代中期。那个时候，西方现代主义、后现代主义的东西大量涌入，成为模仿的对象，而翻译的低劣，又起到了火上浇油的作用。以后，这种趋势则愈演愈烈，一发不可收拾，以至连一些搞马列文论的教授也逢迎其间。

其实，这是一种价值取向上的倒错。一位以操此文风而著名的教授曾这样倾诉衷肠：“在当今时代，中国知识分子要取得话语权力，要成为中国文化的象征之物，就有必要得到西方发达国家的文化权威包括海外汉学家的指认和命名。本土的文化权威已经颓然死去，人们也没有耐心听取同样的破落者的声音。一个经济和精神双重困窘的族类，它无法指望其他结局，也许这是最好的出路。我们的文化早已把我们置身于这样的境遇，我们已经没有奔赴这一目标和那一目标的自由，连逃脱也注定了落网，这就是我们的文化归属。”我费了好大工夫才猜到他的大意：中国的文化已经没戏了，除了皈依西方，没有别的出路。怎么说这位教授也算是中国人，好好的一个中国人，你不为弘扬、发展中国文化出力，偏要一门心思地去讨洋人的好，这算是怎么一回事呢？

这还是写作动机上的倒错。文章是写给人看的，目的是让人们接受你的思想观点。看的人越多，接受你思想观点的面越广，你花费的心血就越有价值。但是伪后现代的东西似乎不是为了给人看，而是为了唬人和欺人。你看不懂了吧，没学问吧，自卑了吧？伪后现代就是这样以荼毒读者来反衬自己的高贵，说是一种学术贵族主义似乎并不为过。由于你不尊重绝大多数，所以这类东西出了校门、出了小圈子，是没有多少人理睬的。那么，这类东西在学院之内、在他们的小圈子，情形又是怎样的呢？其实彼此的东西也是相互看不懂，还在那里煞有介事地交流、讨论，就像皇帝的新衣，“穿”的人觉得很美，看的人也跟着起哄。到头来，这无用之“用”便只剩下一种：获取地位、名誉、实惠的敲门砖。我曾问过人大的一位博士生：很明白的问题，为什么非要用洋词绕来绕去？他苦笑说：其实我也不愿意这样写，问题是不这样写，毕业论文答辩通不过。这个事实表明，在高校里面，这种文风已经成为一种固化的写作模式、一种学术专制的戒律、一种进入“学术殿堂”的绿卡。你要毕业么？你要评职称么？你要当研究生导师么？就得顺着这一套东西来。国家每年把大把大把的钱投入高校，投入科研项目，结果竟弄出这样一些百无一用的东西，这和古代蓄养方士又有什么区别？

有道是“真佛只说家常话”。我听过星云大师讲佛。至于这个和尚的政治背景，这里却不去说它。令我钦佩的是他的演讲艺术。他不用艰深的佛学概念，更不打超度鬼魂之类的诳语，而是从百姓日常生活讲起，告诉你佛家提倡怎样的生活态度、道德操守和行为方式。比如他引用近乎大白话的古代诗偈：“春有百花秋有月，夏有凉风冬有雪。若无闲事在心头，便是人间好时节”，说只要有了这样的感觉，就是实现了内心和谐，就进入了觉者的生活境界。我们的教授们身居学术殿堂之高，当然要做高深的学问，但是学问的表述不一定非要高深的方式。表述不明快、不简洁、不平易，反倒显得我们有些呆头呆脑，这与学者的睿智形象是很不相称的。我们应当记得古人的话：“能于浅处见才，方是文章高手。”换成今天的话说，就是要接地气，要讲点群众路线，要有中国老百姓喜闻乐见的中国作风和中国气派。很明显，只有纠正了教学与研究中的种种不良倾向，才有可能出现这样的文风；如果哪一天这样的文风占了主流，也就实实在在地表明：文艺理论教学与研究的方向已经端正，新的中国化马克思主义文艺理论体系建设已经走上康庄大道。

同学们，你们都知道：在上世纪的第一个年头，梁启超先生发表过气势如虹的《少年中国说》：“美哉我少年中国，与天不老；壮哉我中国少年，与国无疆！”中国的命运与少年的强弱永远联系在一起。你们应当自觉把握所处的历史方位,以扎实的学术成果推动新的中国化马克思主义文艺理论体系的建设,以推动中国化马克思主义文艺理论体系建设的实际贡献来证明自己的水平、实现自我的价值。我们在台上坐着的几位,都已垂垂老矣,干不成什么大事了,但是愿意给你们打杂帮衬,愿意为你们摇旗呐喊、擂鼓助威。同学们,加油!

(本文是2014年10月24日在河北师范大学"学习习近平在文艺座谈会上的讲话,端正高校文艺理论教学方向"学术报告会上的发言,整理时有所增删)

中国文艺的大道

“烂锦飞千丈，金波涌万棱。”伟大的延安文艺运动是中国文化领域的一次壮丽的日出！它不仅开辟了中国文艺史的新纪元，而且为中华民族建造了一座煊赫千古的精神丰碑。在这场伟大运动发轫80周年之际，追溯它的来龙去脉，倾听它的启示教导，对于我们提高文化自觉、增强文化自信，在新的历史条件下推动社会主义文艺的大发展大繁荣，显然是不无益处的。

一

恩格斯在《马克思墓前的讲话》中指出：“正像达尔文发现有机界的发展规律一样，马克思发现了人类历史的发展规律，即历来为繁芜丛杂的意识形态所掩盖着的一个简单事实：人们首先必须吃、喝、住、穿，然后才能从事政治、科学、艺术、宗教等等”。[①] 生产这些直接的物质生活资料的，不是别人，正是最广大的劳动人民。没有人民从事艰苦劳动这个基础，任何文艺的产生和发展都是不可想象的。进一步的问题是，人民在从事劳动生产的同时还创造了大量文艺作品和文艺半成品。如著名的《弹歌》(“断竹、续竹，飞土、逐肉”)，就是上古劳动者的逸响绝唱。经典诗篇《木兰辞》的问世，固然离不开文人的加工，但是起码百分之七十的功劳应当归于人民群众的原始创作。综观整个文艺活动的系统，可以明确地得出这样的结论：人民是文艺的第一创造者。既然如此，人民理所当然地应该成为文艺的主人。然而，在剥削阶级统治的旧中国，基本的文艺资源却被少数富人、贵人所占有，人民不仅被剥夺了文艺表现的权利，而且被剥夺了文艺享受的权利。这无疑是对于历史的颠倒。

① 《马克思恩格斯选集》第3卷第776页，人民出版社1995年第2版。

对于这种颠倒，自古以来都不曾停止过质疑、不平，甚至不同程度的抗争。比如白居易主张把人民的疾苦作为创作的对象（“惟歌生民病”），并且尽量让自己的诗歌通俗化；刘禹锡甚至接触到劳动造成艺术的社会真实（“美人首饰侯王印，尽是沙中浪底来”）；郑板桥则公开声明：“凡吾画兰、画竹、画石，用以慰天下之劳人，非以供天下之安享人也。”但是这些古代士大夫的议论，还远不能说是把立足点移到了人民一边，而仅仅是对人民的不平境遇有几分恻隐之心或人道情怀而已。五四新文化运动期间，陈独秀、胡适等上承梁启超的“三界（诗界、文界、小说界）革命”，举起“文学革命”的旗帜，号召“推倒雕琢的阿谀的贵族文学，建设平易的抒情的国民文学”，为在文艺领域动摇封建贵族的统治作出了基础性贡献。不过这里所说的国民，主要是指资产阶级、小资产阶级特别是他们的知识分子。在中国，真正把劳动人民置于文艺主人公地位的，是觉醒的劳动人民自己，是觉醒的劳动人民的代表——中国共产党。

中国共产党自成立之初，即在着手解决中国社会问题的同时，紧密团结左翼文艺阵营，努力用马克思主义的唯物史观和文艺理论解决中国的文艺问题。

从理论上说，李大钊早在1923年1月就指出：“无论是文学，是戏曲，是诗歌，是标语，若不导以平民主义的旗帜，他们决不能被传播于现在的社会，决不能得群众的讴歌。”[①]很明显，李大钊所提倡的是劳动大众的平民文学，而非五四时期一般意义上的城市资产阶级、小资产阶级及其知识分子的文学。此后，瞿秋白、邓中夏、恽代英、萧楚女等则通过《中国青年》提出：“新诗人须从事革命的实际活动”，主张用文艺唤起工农的阶级觉悟和革命勇气，强调“现在还没有进煤窑的文学家”，“是文学家的耻辱”。在1928年开始的革命文学论争中，郭沫若倡导文学青年“到兵间去，民间去，工厂间去，革命的漩涡中去”。成仿吾呼吁“以农工大众为我们的对象”。左联成立以后，在关于文艺大众化的讨论中，瞿秋白倡导革命文艺工作者“向群众去学习”，“给大众服务”，“养成群众的新的习惯”，“表现革命的英雄，尤其要表现群众的英雄”。在苏区中央政府领导教育和文艺工作期间，瞿秋白更是告诫革命

① 《平民主义》，《李大钊文集》第4卷第245页，人民出版社1999年第1版。

文艺工作者切毋闭门造车，要向高尔基学习，到生活中去，到斗争最尖锐的地方去，与群众联系，创作群众容易听懂、看懂的艺术。[①] 中国文化革命的主将鲁迅，则最早提出文艺工作者改造世界观的问题。他说："我以为根本问题是在作者可是一个'革命人'……从喷泉里出来的都是水，从血管里出来的都是血。"[②]正是出于这样的自觉，他敏锐察觉到自己的"灵魂里有毒气和鬼气"，所以"月月，时时，自己和自己战"，并且"从别国窃得火来"（按：指翻译马克思主义著作），"煮自己的肉"。[③]

从创作上说，国统区的革命文艺工作者在中国共产党的领导下，顽强地推进革命文艺运动，创作出了一些具有历史主动性的工人、农民形象。如田汉于 1925 年创作的话剧《顾正红之死》，以不久前发生的五卅运动为题材，热情讴歌了中国工人阶级反抗帝国主义压迫的不屈精神。蒋光慈于 1930 年创作的长篇小说《田野的风》（原名《咆哮了的土地》），以大革命前后农村复杂的社会现实为背景，反映了广大农民在中国共产党的领导下挣脱反革命封建势力的桎梏、掌握自己命运的英勇斗争。其中对于贫苦农民王荣发走上革命道路的心路历程的描写，尤其符合人物的性格逻辑和生活逻辑，表现出了较大的思想深度和意识到的历史内容。叶紫的短篇小说集《丰收》，将主要笔墨集中于他的家乡洞庭湖滨，描写了旧中国农村的深重苦难和广大农民中蕴藏的火山一样的革命力量，揭示了人民革命取得最终胜利的历史必然性，被鲁迅誉为回答压迫者的战斗文学。在中央苏区，中国共产党则积极推动人民文艺运动，于举国肃杀之中开辟出了一块花团锦簇的文艺胜地。戏剧是苏区文艺中最为鲜艳的花朵。各种剧团、剧社、俱乐部遍及部队和城乡。如毛泽东搞过调查的兴国县长冈乡，就成立了四个俱乐部，每村一个，每个俱乐部里都有新戏。戏剧工作者根据革命斗争需要，编演了《父与子》、《破牢》、《松鼠》、《活菩萨》、《武装起来》等反映革命斗争生活、深受广大军民欢迎的作品，从而与国统区的左翼戏剧运动形成相互呼应之势。与争奇斗艳的戏剧相映生辉的是人民群众的山歌创作。唱山歌是苏区人民的悠

① 参见李伯钊：《回忆瞿秋白同志》，《人民日报》1950 年 6 月 18 日。
② 《鲁迅全集》第 3 卷第 544 页，人民文学出版社 1981 年第 1 版。
③ 《鲁迅全集》第 4 卷第 209 页，人民文学出版社 1981 年第 1 版。

久传统。自从中国工农红军在这里建立根据地以后，山歌的格调便为之一变，成为人民群众抒发新的感觉、愿望和激情的有效形式。“山歌不打不风流，共产不行不自由。行起共产郎先去，唱起山歌妹带头。”正是在这些歌声的激励下，兴国县曾在三天之内组建起模范师、工人师、少共师三支红军队伍，因此留下了“一首山歌三个师”的千古佳话。

从1921年中国共产党成立到1935年党中央和红一方面军到达陕北，这一时期党所领导的革命文艺运动，是划破暗夜的曙光，是冰天雪地中报道春天的一簇寒梅，是人民争夺文艺的威武活剧的序幕。14年的艰难奋斗，为人民文艺奠定了作家作品、实践经验和理论创新的基础。但是，那一时期的人民文艺毕竟还处于初始阶段，局限和不足是不可避免的。在国统区，尽管中国共产党发出了到实际斗争中去的号召，但是由于国民党反动派疯狂进行文化围剿，革命文艺工作者受到禁锢、压迫，甚至惨遭杀害，致使革命文艺运动未能与实际革命斗争紧密结合在一起。在这种情况下，无论革命文艺工作者多么热切地想去表现工农、服务工农，进入创作过程以后也必然会遇到难为无米之炊的困窘。茅盾在总结《子夜》描写工人失败的教训时深有体会地说：“由于我们生长在旧社会中，故凭观察亦就可以描写旧社会的人物。但要描写斗争中的工人群众，则首先你必须在他们中间生活过；否则，不论你的‘第二手’材料如何多而且好，你还是不能写得有血有肉的。”至于中央苏区，才仅仅存在7年，而且是异常艰难危厄的7年，几乎每天都要面对国民党反动派的经济封锁和军事围剿，这就决定苏区文艺不可能形成大规模的有深度的运动。在理论上，早期共产党人虽然作出了宝贵探索，但是那些成果还不可能实现对于文艺运动的全面、有力的指导。从主观上说，不少革命文艺工作者虽然信仰马克思主义，抱定表现工农、服务工农的宗旨，但是由于其世界观并未发生根本改变，小资产阶级个人主义的东西，如自我表现、自我欣赏、自我膨胀及其他小情小调，仍然潜藏在意识的深处。以这样的思想状态和情感状态去对接工农，是很难产生共振共鸣的。这种毛病，在国统区的革命文艺工作者那里似乎显得更为突出一些。

二

所有这些成就和问题，都作为宝贵遗产和内在动力，与陕甘宁革命根据地的经济、政治等因素综合在一起，为人民文艺运动的飞跃准备了充分的条件。

抗日民族统一战线的建立，为陕甘宁革命根据地创造了相对和平的外部环境。这就使得中国共产党在集中力量投入抗战的同时，能够相对稳定地进行根据地的经济、政治建设。减租减息、调节劳资关系等法令、政令的推行，劳动互助等生产组织方式的建立，精兵简政政策的实施，军民大生产运动的开展，极大激发了社会生产力，为战胜困难、改善人民生活、争取抗战胜利奠定了物质基础。“三三制”、“保障人权”等民主政治的落实，使得各级政权真正掌握在工农群众手里。经济、政治上的翻身，必然要导致文化上的翻身；精神上的焕发和进取，必然要转化为文艺上的参与和创造。于是，一场大规模的深入持久的延安文艺运动便应运而生，磅礴兴起。

“时来天地皆同力。”国统区的大批革命文艺工作者纷纷来到延安，与原中央苏区、陕北苏区的文艺队伍胜利会师。全国各地文艺青年的不断涌入，又增添了新的生力军。所有这些，为延安文艺运动提供了坚实的人才支撑。

1935 年 10 月，党中央和红一方面军到达吴起镇，与陕北军民举行盛大文艺联欢，由此拉开了延安文艺运动的序幕。此后，党中央指导文艺工作的文件陆续推出，各种文艺组织纷纷成立，文艺表演团体接踵奔赴抗日前线，“长征记”征稿、街头诗等大型群众性创作活动接连不断，戏剧、秧歌剧、诗歌朗诵等文艺表演令广大军民目不暇接……然而，就在延安文艺运动热火朝天、凯歌行进的时候，小资产阶级个人主义的东西又一次探出身来，顽强地表现自己、放大自己。其具体表现是：有的将 20 世纪 30 年代革命文艺运动中的宗派情绪带到延安，搞无谓的争论，甚至相互攻击；有的拒绝理论武装，认为马克思主义是束缚创作自由的绳索；有的标榜所谓独立人格，不屑于歌颂党和人民的光明，而热衷于“暴露黑暗”；有的自诩高雅，无视群众需要、脱离实际斗争，模仿“洋”、“大”、“古”，搞所谓“关门提高”；有的离开阶级分析，痴迷于“爱的呓语”；有的孤芳自赏、顾影自怜，偏爱同类、疏离工农兵，常常照自己的形象来塑造笔下的人物，因而出现了“衣服是劳动人民，面孔却是小资产阶级知识分子”这样的分裂形象。也许这篇题为《隔膜与欢乐》的散文诗，能够让我们窥测到当时的一些情形：

多少至诚的大勇者，为要冲破这些又高又厚的重重叠叠的城墙，受伤了，“可笑”地倒下了。

马克思就是受伤最深的一个。

我像看见他也灰心了，也沉郁了，也失望了。

……

人们一看便知，在这里，作家犯了以己度人的错误，即把自己的小资产阶级感伤情绪安到了马克思的头上。凡此种种，引起广大军民和革命文艺工作者的严重不满。前方的文艺战士甚至发出质问：“堡垒里的作家为什么躲在窑洞里连洞门都不愿意打开去看看外面的世界？”“提高是否就是不叫人看懂或‘解不了’？”很明显，倘若任由这些消极现象滋长蔓延，20 年来中国共产党在文艺战线取得的斗争成果必将付诸东流，如火如荼的延安文艺运动必将半途而废。

人民文艺运动发展到这个阶段，无论是取得的成绩还是存在的问题，都迫切需要得到理论上的回答和引导，同时也为理论回答和引导提供了各种必要的条件，于是便有了毛泽东《在延安文艺座谈会上的讲话》（以下简称《讲话》）。

这篇重要讲话是在中国共产党团结带领全国各族人民争取民族独立、人民解放的伟大实践中，在总结人民文艺运动理论与实践两个方面的成果，并借鉴世界无产阶级文艺运动宝贵经验的基础上，形成的中国化马克思主义文艺理论。它在中国第一次全面、深刻地回答了什么是人民文艺，人民文艺与整个革命事业的关系、与社会生活的关系、与文艺工作者的关系，人民文艺工作者与社会生活的关系、与革命事业的关系、与人民群众的关系，人民文艺与古代文艺、外国文艺的关系，文艺工作者思想改造，文艺批评的方法和标准，文艺队伍的团结和建设等等问题，从而揭示了人民文艺的本质及其普遍联系，形成了一个完整严密而又充满发展活力的科学体系。《讲话》的诞生，是划时代的标志。它向全世界庄严宣告：数千年来被剥夺文艺权利的中国人民已经有了自己的强大理论武器，中国工人阶级、农民阶级在文艺领域已经由自在的阶级转变为自为的阶级，近百年来屡遭侵略的中华文化将在世界民族文化之林中再度崛起。

马克思说："理论在一个国家实现的程度，总是决定于理论满足这个国家的需要的程度。"①在延安文艺运动面临歧路和迷茫的关键时刻，《讲话》分辨了是非、澄清了疑惑、指明了方向、给出了办法，所以它必然会像久旱之中的甘霖，唤起万紫千红的动人春色。

在《讲话》精神指引下，广大革命文艺工作者积极投入文艺整风运动，随后又以意气风发的姿态奔赴抗日前线，深入火热生活，在与工农兵一起摸爬滚打中实现彼此的相知和相通，在无限丰富的生活中不断进行思想感情和创作素材的积累，于是描写军民形象、传达群众心声、深受百姓喜爱的作品如同群星一样闪烁在根据地的上空。艾青为了创作叙事长诗《吴满有》，主动住到吴满有家里，与他朝夕相处、平等交流，终于走进其生活世界和情感世界的深处。写出初稿以后，诗人又到吴满有家里当面听取意见、不断修改，直到吴满有满意为止。诗人倾心于人民的回报，就是人民对于自己作品的肯定。1944 年，艾青被评为陕甘宁边区甲等模范工作者。贺敬之于 1943 年创作的歌词《翻身道情》，由于没有署名，一直被认为是地地道道的民歌。这一长达半个多世纪的"误会"表明，诗人经过深入陕北农民生活，已经在情感方式和语言形式上完全实现了民族化、农民化和陕北农民化。

革命文艺工作者与工农兵的结合，还包括与群众文艺运动的结合。在革命文艺工作者的参与、支持下，延安群众性文艺创作出现空前繁荣的局面，其间涌现出不少的杰出人才和优秀作品。如民间艺术家韩起祥，就是在边区文化协会的帮助下创作出《刘巧团圆》等优秀曲目，成了边区家喻户晓的明星。

有人说延安文艺"艺术水平低"。当然，从今天看去，延安文艺中确有一部分作品显得粗糙一些，但是如果历史地来看，这种粗糙则有其不可避免的客观原因。延安文艺不是一般意义上的文艺，而是民族解放战争、人民解放

---

① 《马克思恩格斯文集》第 1 卷第 12 页，人民出版社 2009 年第 1 版。

战争年代的革命文艺。战争，用战争的手段去赢得民族解放和人民解放，是当时压倒一切的大局。其他各条战线、各项工作，都必须服从、服务于这个大局。革命文艺工作者是拿笔的战士，也是拿枪的战士。战事紧迫时，他们要冲上火线，与敌人进行生死的搏斗。而当他们拿起笔来时，也是要以笔为刀枪，让它迅捷地发挥团结人民、教育人民，打击敌人、消灭敌人的作用。任务的急迫和条件的限制，往往不容许他们进行精雕细刻的创作。作为文艺家，谁不钟爱自己的作品，谁不希望自己的作品成为无瑕的美玉？但是在那样一种特定环境下，革命文艺工作者为了民族和人民的根本利益，宁可舍弃作品的精致，这是具有使命感和奉献精神的表现。我们这些享受他们当年奋斗成果的人，非但不对他们当年的忘我奋斗心存敬意，反而无端地加以指责，这难道是应该的么？与此同时，我们还应当看到：这些作品尽管粗糙，但是无不透露出昂扬奋发的神采，无不是推动民族解放和人民解放的助力。相反，周作人等在侵略者用刺刀搭成的安乐窝中优哉游哉地炮制出来的小品文，固然精致得可以，但是到了最危险时刻的中华民族需要这样的精致吗？粗衣俗表的战士毕竟是战士，精致完美的苍蝇毕竟是苍蝇，我们应取这样的评价尺度。另一面的事实是，尽管处在那样一种异常严峻的环境中，但是通过革命文艺工作者和广大人民群众的共同努力，仍然创造出了一大批内容与形式完美结合的经典作品。如交响乐《黄河大合唱》，歌剧《白毛女》，小说《荷花淀》、《小二黑结婚》、《太阳照在桑干河上》、《暴风骤雨》，诗歌《王贵与李香香》，歌曲《东方红》、《咱们的领袖毛泽东》、《歌唱南泥湾》、《山丹丹开花红艳艳》等等，都以对那一时期时代精神和人民情绪的独特概括，感染着一代又一代的来者。纵观历史，任何一场文艺运动，无论规模多大、时间多长，留下来的经典作家和经典作品终究是少数。唐代古文运动和宋代散文革新运动合在一起，流传下来的也仅有唐宋散文八大家和他们的代表性作品。两相比较，延安文艺运动岂不远胜于古所云耶？更何况参加延安文艺经典创造的，还有李有源、孙万福等农民文艺家，这更是亘古未有的文艺奇观。

“萧瑟秋风今又是，换了人间。”从 1935 年 10 月到 1949 年 9 月，持续 14 年之久的延安文艺运动，终于以科学的成体系的理论方式与自觉的大规模的实践方式，完成了对于被颠倒的历史的再颠倒，终于将中国人民推上了文艺主人的宫殿。这是扭转乾坤的历史巨变！

三

延安文艺运动不是一种独立自足的实践。经济、政治、文艺上的斗争，从来都是相互交叉、相互渗透、相互转化的。没有经济、政治上的胜利，就没有文艺上的胜利。革命文艺工作者在国统区进行了长期的不屈斗争，为什么未能形成大规模的文艺运动？就是因为那里的经济、政治不掌握在人民手里。相反，如果没有文艺斗争的胜利，也不能保障和推动经济斗争、政治斗争的胜利。没有延安文艺的辉煌，就不可能激发起“千千万万”和“浩浩荡荡”，从而加快民族解放、人民解放的进程。这个道理同样适用于社会主义条件下巩固人民的文艺权利。只要有阶级和阶级斗争存在，人民的文艺权利与经济权利、政治权利一样，总是面临得而复失的危险。人民的经济权利、政治权利的丧失，必然从根本上导致人民的文艺权利的丧失；人民的文艺权利的丧失，也必然反作用于经济和政治，最终导致人民一切权利的丧失。改革开放以来，社会主义文艺有了很大发展，但也不可否认，在文艺以至整个文化领域的某些环节、某些方面，人民的权利已经被部分地甚至全部地剥夺。人民文艺的经典遭到篡改，为争取和保卫人民权利而牺牲的英雄遭到荼毒，中国共产党领导人民争取人民权利的斗争历史遭到颠覆，作为社会主人的广大劳动者遭到嘲弄……凡此种种，在延安时期是不可想象的。其间折射出来的经济、政治方面的消息，是颇为耐人寻味、发人深省的。要巩固人民在文艺上的主人公地位，首先必须言行一致地而非虚与周旋地坚持公有制为主体、多种所有制经济共同发展的基本经济制度，必须毫不动摇地而非忽冷忽热地坚持中国共产党领导、人民当家作主的基本政治制度。当务之急是要把巩固、壮大公有制经济落到实处，把缩小两极分化落到实处，把广大劳动者在政治生活中的主体地位落到实处。延安时期的经济基础，虽不能叫作市场经济，也是多种所有制并存的复杂经济体系，而且还有相当多的工人、农民受着地主、资本家的剥削。但是，中国共产党完全有办法让广大工人、农民当家作主，完全有办法让广大工人、农民在社会上扬眉吐气。因此,工农群众才在文艺上表现出那么强烈的首创精神,并牢牢占领了文艺阵地。这一宝贵经验,值得我们认认真真地记取。

延安文艺运动在本质上是中国共产党领导的一场群众运动。人民不仅是这场运动的主导主体、推进主体、受益主体,而且是其间一切成败得失的评判主体。这是延安文艺运动健康发展的根本保证。上世纪五六十年代之交,毛泽东在读苏联《社会主义政治经济学》的谈话中,进一步深刻指出:"社会主义民主的问题,首先就是劳动者有没有权利来克服各种敌对势力和它们的影响的问题。像报纸、刊物、广播、电影这类东西,掌握在谁手里,由谁来发议论,都是属于权利的问题……总之,人民自己必须管理上层建筑,不管理上层建筑是不行的。我们不能够把人民的权利问题,了解为国家只能由一部分人管理,人民在这些人的管理下享受劳动、教育、社会保险等等权利。"在今天,我们同样不能把人民的文艺权利理解为人民的文化福利,理解为一种只管吃不管做的被动存在。然而,在一些文艺组织那里,摒人民于文艺之外的关门主义早已不是个别现象。所谓文艺,在一定程度上成了少数人放纵情欲、物欲、自我表现欲的闹场;至于某些文艺组织,也在一定程度上成了以利益为纽带的"联邦"或"邦联"。说到评价尺度,则言必称收视率、言必称市场份额、言必称国际标准。人民群众喜欢什么、厌恶什么,则是这些人从来都不大理会的。可以说,他们与人民的唯一联系,就是诱取人民群众手中的钱包。既然脱离了人民这一深厚土壤和根本依靠,那个文艺能搞得好吗?能够成为人民的文艺吗?大概正是出于这样的忧虑,习近平同志在文艺座谈会上谆谆告诫文艺工作者:"文艺不能在市场经济大潮中迷失方向,不能在为什么人的问题上发生偏差,否则文艺就没有生命力。"必须"把满足人民精神文化需求作为文艺和文艺工作的出发点和落脚点,把人民作为文艺表现的主体,把人民作为文艺审美的鉴赏家和评判者,把为人民服务作为文艺工作者的天职。"要把这一重要讲话精神落到实处,首先是必须保证文艺工作的领导权牢牢掌握在忠于人民的马克思主义者手里。没有这一条,人民的一切文艺权利都无从谈起。其次是必须健全人民管理文艺的体制机制。比如各种评奖和项目评审,必须有一定比例的劳动群众的代表参加,并赋予他们以有效的否决权;又比如,必须出台相应措施,鼓励媒体开展实质性的文艺批评，尤其要畅通人民群众表达意见的渠道，把文艺工作置于广泛的舆论监督之下。其三是必须开展群众性的创作活动。“十步之泽，必有香草。”群众性的创作活动一定能够涌现出一批工农文艺家。对于这样一批文艺家，要像延安革命文艺工作者那样给予热情扶持，为他们的崭露头角拍手叫好，为他们的成长鸣锣开道。习近平同志主持召开的文艺座谈会，特别邀请农民网络作家花千芳参加，托意重要而深远。希望总书记的示范能够得到更多响应，在全国蔚成风气。

从一定意义上说，延安文艺运动是一场革命文艺工作者的自我教育运动。教育的实质是克服资产阶级、小资产阶级及其他错误思想的影响，把立足点、思想感情真正转移到以无产阶级为核心的劳动人民一边。延安文艺整风是教育，整风以后的深入生活、深入工农兵更是教育。《讲话》发表以后，延安文艺运动之所以能够焕发新活力、开辟新境界，从主观上说，就是因为多数革命文艺工作者实现了思想感情的蜕变。欧阳山在20世纪20年代曾写过不少传达苦闷感伤情绪的小说，直至来到延安以后，仍然存在“马列主义妨碍文艺创作”之类的糊涂观念。但是经过整风，特别是经过火热斗争的洗礼，他逐渐甩掉小资产阶级的因袭重担，逐渐学会用马克思主义的观点观察事物，于是写出了深受广大工农兵喜爱的长篇小说《高干大》。如果我们把这部作品和其早期作品《桃君的情人》、《密斯红》等作一番比较，便不难看出：二者无论在思想深度、生活厚度还是艺术高度上，都不可同年而语矣。实践证明，以马克思主义为指导，在深入生活、深入群众的过程中不断改造主观世界，是文艺工作者把握生活真实、激发艺术潜能、获取创作自由的必由之路。新中国成立以后，广大文艺工作者发扬延安传统，一直在深入生活中自觉地改造世界观，因此从创作主体上保障了文艺的社会主义性质、推动了社会主义文艺的发展繁荣。但是，“改造世界观”这个本来正确的命题后来却被极左倾向所利用，成为压制、打击文艺工作者的借口。进入新时期以后，事情似乎又走到另一极端：由反对极左倾向而把“改造世界观”的命题一起否定。人的精神生命和物质生命一样，一旦停止新陈代谢的运动，必然要导致腐败。文艺圈子中人在圈内、圈外生出的种种乱象，都可以从这里找到原因。事实总是在从正反两方面提醒人们：在社会主义市场经济条件下，要巩固人民作为文艺主人的地位，就必须对文艺工作者重提“改造世界观”的要求；文艺工作者倘若还有为人民服务的愿望，就必须把改造世界观作为自己主动采取的精神形式。为此，以适当方式专门搞一次文艺整风也是必要的。

古人说：“欲知大道，必先为史。”一切从人民的意愿出发，一切由人民主导，一切归结于人民的根本利益，就是延安文艺运动昭示给我们的大道。只有遵循这一大道，而不是别的什么旁门左道，社会主义文艺才能从繁荣走向更大繁荣，才能促进中国文化软实力的提升，才能保障民族伟大复兴的中国梦变成辉煌的现实。

（2015年7月14日）

陈涌先生给我的二十三封信

算来陈涌离开我们已有半年多了,但是先生的音容笑貌却时常浮现在我眼前。每逢此刻,心里都有一种莫名的伤感。3月上旬,祝东力同志曾用短信通知我:今年是《文艺理论与批评》创刊30周年,希望我写一篇纪念文章。这又让我想到先生,于是用短信回复:整理一下你们的第一任主编陈涌先生给我的信吧。东力回复:很好。

其实,我对收藏一道向来兴趣不大,但先生的信却是我异常宝爱的。翻开那一张张已经发黄或变脆的信纸,重读那一行行熟悉的笔迹,一幕幕往事像潮起潮落、云卷云舒一样掠过我的心头。

我知道先生的名字,应当追溯到1972年。那时,从一本书中读过姚文元的《论陈涌在鲁迅研究中的反马克思主义的修正主义思想》,但是并未留下怎样深刻的印象。1982年大学毕业以后,我被分配到河北戏剧杂志做编辑。主编是延安时期著名戏剧家、京剧《三打祝家庄》的编剧之一李纶同志。他曾对我说:你既然是搞文艺理论的,就要多读陈涌的文章。在当代文艺理论家中,他的文章写得最深。于是我开始注意陈涌,并从图书馆借阅他的著作。

1983年,为了回归自己的专业,我从河北省文化厅主办的《河北戏剧》"跳槽"到河北省文联主办的《文论报》,先后任编辑、编辑部主任、副主编。此前,在白村、白海珍等老同志的努力下,《文论报》已成为业内颇有影响的报纸,并且与北京的文艺理论界建立了很好的关系。经这些老同志牵线,我很快与李准、丁振海、程代熙、陆梅林等同志建立了联系,不时约他们为《文论报》撰稿。也就是在那个时候,我们的主编白村同志交给我一个任务:通过中宣部副部长贺敬之的秘书赵铁信约陈涌写稿,于是与先生也建立了书信联系。

事情到了1985年，文艺理论界出现空前活跃的局面，后来人们称之为“八五新潮”。特别是这一年《文学评论》第6期发表的刘再复《论文学的主体性》一文，把这一“新潮”推到了更高的“新潮”。当时，为这篇文章叫好的几乎占压倒优势，持不同意见的很少，还有些尽管持不同意见，也是在私下议论，不肯站出来公开表态。就在这时，陈涌先生不计毁誉，挺身而出，在红旗杂志1986年第8期上发表题为《文艺学方法论问题》的长篇文章，对刘再复的观点提出了批评意见，由此引发了长达3年的文艺方法论的论争。6月份我到北京出差，向陈涌文章的组约者、红旗杂志文教编辑部副主任丁振海同志提出：我还未与陈涌先生见过面，希望他带我前去拜访。这时，文教编辑部主任林文山同志走进来，说：“我也想去看看陈涌，从司机班叫个车，咱们一块儿去。”于是我们一起来到先生家中。交谈中，我再次提出请老人家为《文论报》写稿，先生当即应允，同时特别强调说：你们不要只发侯敏泽、陆梅林、程代熙我们这些人的文章，也要发刘再复和支持刘再复那些人的文章，这叫一碗水端平。先生的质朴和雅量之于我，无疑产生了巨大的亲和力，此后我们的交往便愈发密切。

读者从这些信中可以看出，1991年之前的居多，原因是1991年4月我被调到北京工作，与先生见面方便，且打电话不必再用昂贵的长途。有了事情，我们基本上是通过面谈或电话的形式联系，书信自然极少。但是每逢新年，我都要给先生寄上一张贺卡；春节前夕，也经常带上一盆鲜花，去给先生拜年。2002年我进入求是杂志社编委会以后，春节前给先生拜年则发展成整个文化编辑部的集体行动。先生收到贺卡，必快速回赠。如手头无贺卡，就一定要写一封信表示心意。当大家一起去给老人家拜年的时候，先生则总是要恳切地留大家吃饭。这时我们往往一哄而散，弄得老人家连声叹息。有一次，我们实在推脱不掉，便跟随先生来到万寿路一家餐馆。买单时被文化编辑部副主任赵光同志抢先。为此，先生十分生气，第二天还给我打电话发泄怒气。事后，他又交给马列文论研究所所长李正忠同志1万块钱和一瓶珍藏多年的茅台酒，委托他代请我们吃饭。

说实话，先生给我的这些信，在当时也没有什么更深的感觉。如今放到一起重读，才感觉到其中的分量。他的文风、品格、感情、思想、立场以及他的为人处世，在这些信中都有丰富、生动的表现。可以说，这些信为我们还原了一个有血有肉的陈涌的形象，因而无论对于陈涌研究还是对那一段文艺史的研究来说，都有十分珍贵的价值。倘若因为我的原因，使这些书信湮没而不闻于世，将是我对历史的极大犯罪。但是事实上已经有所犯罪，因为这些信肯定不是全部，肯定有所遗失。这已成为无可挽回的损失，除了自责，夫复奈何！

誊录过程中，遵照丁振海同志的意见，一字一标点都不加改变。个别错字或缺字的地方，用括号加以说明或补充。至于一些确有必要为人避讳的地方，则用××或×××替代。

为了使读者对信的内容能够大致看得明白，加了一些注释，但是因为年深日久，又未能保存相关资料，注释尚未尽如人意。这是我所愧对于先生和广大读者的。

（2016 年 4 月 20 日）

1986 年 4 月 20 日

刘润为同志：

写了几篇短论，已经和赵铁信同志说过，在月底前寄给你的，但后来看看，实在不好，连我自己也没有勇气把它们寄出。请你再容许我半个月左右的时间，另给你们写一篇多少像样点的东西。

你为约我作文，花了许多时间和精力，而我一再拖延，实在惭愧。你的好意我是理解，也感谢的。

你好！

陈　涌

四月二十日

1986 年 9 月 10 日

润为同志：

信和载有范国华[①]同志写的消息的《文论报》都看到了。我感谢你的好意，特别是你告诉我高占祥氏关于这次论争的看法[②]，使我开了眼界。以前丁振海同志未曾向我提及,大约是忘记了。

现在情况是复杂的。精神文明的决议[③]是一个好的文件,是无疑的,但也并不因为有了这个文件便会使斗争减弱,而只会改变一下方式。现在已经有人在说:对自由化不批评了,文件上对自由化问题提得如此尖锐,而又不让批评,这逻辑真是奇极妙极。但因为这类说法于六中全会文件找不到根据,我以为是可以不去理睬的。何况,那些人对马列主义还是照样批评下去的,在“道义”上恐怕还是不应不还手。

我正在把《红旗》座谈会[④]上的发言整理成文章,但因为还有别的事,还不能那么专心,所以可能要慢一些,月底前能结束就是好的了。到时当寄呈无疑。

史莽[⑤]的地址是:浙江杭州北山路 69 号楼上,史莽也算是他的真名。

陈　涌

九月十日

注:

①范国华:《文论报》理论版编辑。当时,中国艺术研究院马列文论研究所副所长、文艺理论与批评杂志副主编李正忠同志函邀我参加当年 9 月 1 日在京举行的马列文论研究所成立暨文艺理论与批评杂志创刊大会。我因事不能成行,便请范国华同志代表《文论报》参加。他回来后写了会议消息,发在《文论报》第 1 版。

②高占祥氏的看法:其实不是高占祥同志的看法,而是他转述的×××的看法。1986 年 8 月底,阎纲同志任河北省文联党组成员期满。正当河北省委准备正式任命他为党组副书记的时候,又奉调回京,任《中国文化报》副总编辑。河北省文联文艺理论研究室主任龚富忠同志和我受省文联党组委托,送阎纲同志回京,当天住在锥把胡同的河北驻京办事处。高占祥同志来看(时任文化部副部长)阎纲同志。几个人坐在一起聊天,记得有阎纲、龚富忠、何望贤和我,还有另外一位同志,想不起名字了。当谈到陈涌与刘再复关于文艺方法论的论争时,高占祥同志说:×××同志说,陈涌的文章是从概念到概念,刘再复的文章倒有些新意(大意如此)。很快,×××的这个看法便在北京思想文化界传开。回到石家庄不久,丁振海同志便打电话向我核实此事。我说了大致经过和主要内容后,丁振海同志说:这么重要的东西,你应当向陈涌同志通报一下。于是我便在约稿信中向先生报告了此事。

③精神文明决议:《中共中央关于精神文明建设的指导方针的决议》。

④《红旗》座谈会:据丁振海同志回忆,这是1986年9月初,《红旗》杂志社文教编辑部为深化文艺理论争鸣而召开的组稿座谈会。参会的学者中,既有支持陈涌观点的,也有支持刘再复观点的。会上,丁振海等红旗杂志社的同志要求先生把口头发言整理成文,对《文艺学方法论问题》一文提出的观点进行更加深入的阐述。先生当时允诺,但终未完稿。

⑤史莽:浙江省作家,曾任中国作家协会浙江省分会顾问。

1986年9月20日

润为同志:

信收到了。你们的决心和勇气是我们这里许多人都理解,也很佩服的。现在,能发表我们这样文章的地方,除了我们的刊物,便是《红旗》和你们的《文论报》了。那天北京开的那个会①,消息本来已被缩得很小,但即使这样,《人民日报》还决定不予发表,结果是一位领导人发了火,提出尖锐的质问才勉强登出来的,至于又加以删削,标题含糊其辞,则是意中事。

你说现在的斗争复杂不复杂?这种状况将来还会怎么样?

我感谢你们的好意。当然,我们是为了一个共同的目标在战斗,不像他们有些人一样,实际上是搞小集团、小宗派。他们把大部分希望寄托在"上面"有人撑腰,也仅仅因为这点,才"有恃无恐"。他们,包括刘再复本人在内,倒是很怕真正在理论上辩论的。

最近收到史莽的杂文一篇,主要是从作风上揭示和讽刺在争鸣中的表现,有一些事实,文章也颇锋利。作者善于写这样形式的文章,主要是讽刺世态的。现在的这篇,寄来请你看看,不知你们能否发表?在这里,怕是难找到发表的机会的了。

我的文章,当尽力而为,也实在欠债太久,大约要像杨白劳那样躲也是难了。

你好!

国华同志请代致意。

陈 涌

九月二十日

有余、邓②两位中央领导人出席的会,党报也居然敢于不发表,这是什么

"党报"？这又是怎样的胆大包天？

注：

①那个会：马列文论研究所成立暨文艺理论与批评杂志创刊大会。

②余、邓：余，余秋里，时任中央政治局委员、解放军总政治部主任、中央军委副秘书长；邓，邓力群，时任中央书记处书记。

1986年11月13日

润为同志：

文章终于没有写出来，又一次失信了。《红旗》座谈会[①]是开了，我也发言了，而且也算是经过准备的，但后来因为准备这月中桂林的文艺理论的会[②]，便压下来了，也和我过去许多虽然经过准备的会议发言一样，一压下来，以后便再也提不起写的兴趣了。

但我很愿意在别的方面为你们效劳，例如给你介绍文章。今天又收到史莽同志的一篇，是谈他对不久前北京的鲁迅会议[③]的。这个会议从指导思想和具体做法，我也听说颇有人表示不满。史莽这篇谈得算是含蓄，而且留有余地的。如果发表，也约略使人知道这个会的一些状况。这是一个全国性的会议，纪念鲁迅逝世五十周年的会议，且有外国专家参加，开成这个样子，真不知怎么说才好。

不知《文论报》是否能用？请裁夺，为幸！

你好！

陈　涌

十一月十三日

我们的刊物本来也可以发表此文，但为了集中从理论上批刘的观点，避免牵涉过多问题，便寄给你们，也许报纸可以容纳更多的信息，发表起来更自由更多样一些。

注：

①《红旗》座谈会：即上述组稿座谈会。

②桂林的文艺理论的会：由马列文论研究所、广西师范大学等14单位在桂林召开的马克思主义文艺理论与改革学术研讨会，时间是1986年11月18—24日。我至今记

得：在会议结束时，广西师范大学教授、著名文艺理论家林焕平先生曾赋诗一首，其中有两句是："漓水逐群英，南国木棉红。"

③鲁迅会议：中国社会科学院于1986年10月19—23日在北京举办的纪念鲁迅先生逝世五十周年——"鲁迅与中外文化"学术讨论会。

1987年1月20日

润为同志：

现在形势很好。我和你的心情是一样的。

但工作却是艰巨的，×××这个资产阶级自由化的保护伞、总后台，多年来根扎得很深，恶劣影响也大，要在思想领域里扭转过来是很费力、很不容易的。但今后，会有越来越多的人站出来反对那些不良倾向，这是可以肯定的。

你的照片技术很好[①]，而且也和我们一起交谈那样自然，这在我也是觉得珍贵的。我十分感谢你的惠赠。

丁振海氏说，你什么时候会来，那么，能在一起畅叙并痛饮一次，亦一快事。十六日晚广播×××"左迁"的消息，我忍不住放了近六元的炮。放鞭炮在我还是第一次。当时我并未听到广播，第二天从报上看到中央的精神。知道放鞭炮总不甚好，近于文艺上的"宣泄"。我不能隐瞒，当时我如同大热天喝了一升半冰镇啤酒，真是快如何之！

你好！

陈　涌

一月廿日

注：

①你的照片技术很好：桂林会议期间，我为许多朋友拍了照片，回到石家庄冲洗出来后，又分寄他们。大概是因为彩色照片在当时还比较稀罕，先生误认为是我的技术好了。

1987年10月10日

润为同志：

好久不见，只是从旁知道你的一些情况。昨日听说你从远地来电话，使我感到抱歉的是我因外出未能"晤谈"。

我是曾经和赵铁信同志说过，他写的对我的评介[①]是不必再在报刊上用的。我主要考虑的是，现在气候乍阴乍晴，而阴多晴少。我早已成为一些人忌恨的对象之一，讲多了反足以增加“逆反”心理。铁信同志所写的，无疑是充满好意，但过誉、溢美之处不少，我虽删去了一些，但仍然担忧会使人不快以至怨愤。也因此，我也希望你能考虑，你们《文论报》是否可以免载。我上次没有给他相片，其中也是含想赖过去之意。

但此事我也只能提出我的意见，我是不愿使你们认为（我）过于拘执，因此相片还是寄上一张。在现在，我总是认为我们主要还是要做更切实的工作，进行更深沉更韧性的战斗。个人如何如何，意义是很小的。现在确有一些自封是“新观念”的发明人一天天自吹，但这大都是算不到账上去的。

你也一定听说，我们单位已撤销[②]，我准备离休。这在我并不需要作什么精神准备，我将一无所失，而得到的是全部时间，也就是全部“评论自由”。只要一息尚存，我还是照样做我的事、写我的文章！

你的情况如何？河北省看来是好的，这是你值得庆幸的，但愿你们《文论报》能更健康长寿！

你好！

陈　涌

十月十日

照片用后能还退我最好，这都是别人给我照的，没有底片。

注：

①他写的对我的评介：指赵铁信同志写的对于先生的专访。当时，《文论报》有一个栏目，叫“评论家访问记”，发表过许多文艺理论家、评论家的专访。专访须配一张被访者的照片。先生为人谦虚谨慎，数次表示最好不要发表对他的专访。在我的坚持下，先生才勉强同意，并把照片寄我。

②我们单位已撤销：先生的单位是中央书记处研究室，于 1987 年 7 月撤销。

1988 年 4 月 23 日

润为同志：

我前几天出院了。情况良好。气管炎是一时好不了的，经过内窥镜观察,大夫说,先前出血的部分还在充血,但不要紧。这样,人也就暂时死不了。

漓江出版社出书事[①],我一出来便打听了一下,说是今年的已经排满了。但我以为,你还是可以把书选编起来,大家慢慢想办法去做。

如果有时间,你也可以为《文艺理论与批评》写点东西。这刊物看来还沉闷,甚至沉重,生动活泼的文章少,文艺批评(作家作品评论)也少,而且反应迟钝。我们前些日子开了一个关于学风、文风的座谈会,二三十人参加。但这个问题不是短时间便会有大变化的。现在的情况是,讲马列主义的文章的可读性往往比那些讲歪道理的文章差。

不知新作品有什么值得评论的?刘白羽的新长篇《第二个太阳》我们认为是应该介绍和评论的,不知你看过没有?有什么看法么?

《文艺研究》的林元[②]原来和我住在一个医院,他主要是糖尿病,而我最初自以为(医生也以为)是癌,我和林元说过,看来我是比他先到西方的极乐世界(那是发达的共产主义)的,想不到倒是他先去了,在前一周。

你好!

陈　涌

四月廿三日

注:

①漓江出版社出书事:当时漓江出版社拟出一套文艺理论评论丛书,先生和丁振海、卫建林同志推荐我出一本。后,光明日报出版社副社长、漓江出版社原副社长邓小飞同志受三位同志委托,于1991年由光明日报出版社、广西师范大学出版社出版了我的《文心与文变》一书。

②林元:编辑家、作家、文艺理论家,曾任《文艺研究》主编。

1988年5月6日

润为同志:

信收到好些天了。前些日子,我听说你现在处境仍然不算好,这点从你们报纸的版面也常常令人觉得。给你们写文章,在我实在是很难推辞再推辞了,但现在的情况下,写什么呢?

我再想想吧，看有什么可写而不致在言路很窄的时候有碍于你们的内容吧。

《红旗》改组的事[1]公报了，那谈话，真令人有欲盖弥彰之慨。当然，这不是谈话(者)个人的问题，大约不论什么人都只能这样的。

看来你们和洋人一起开的对话会[2]很有点意思，那位托洛……说：王蒙的幽默是目的，铁凝的幽默是手段，真是一针见血！看来这位洋人是懂得幽默，而且认为幽默是手段的。

北京近日如常，天气是乍寒乍暖——我说的是自然天气，而不是别的。

你什么时候再有机会来北京呢？也就是说，什么时候我们能一起喝两杯呢？我记得，我们是曾经许约过的。

你好！

陈　涌

五月六日

注：

①《红旗》改组的事：1987 年 12 月 16 日，时任党中央总书记的赵紫阳等人决定：撤销红旗杂志，改办求是杂志，同时由中共中央主办改为由中共中央委托中央党校主办。1988 年 6 月 16 日出版最后一期《红旗》杂志，7 月 1 日出版第 1 期《求是》杂志。

②你们和洋人一起开的对话会：1988 年 3 月 28 日，《文论报》召开当代文艺对话会。参加对话的有河北省文联主席徐光耀，中共河北省委宣传部副部长周申明，河北省文联党组副书记、副主席浪波，河北省作家协会副主席铁凝，河北师范大学教授冯健男等。会议特邀苏联汉学家谢尔盖·托洛普采夫参加。《文论报》主编杨振喜主持会议。

1988 年 8 月 21 日

润为同志：

信收到了，知道了你的处境，颇令人不安。但大环境使然，也实在无法。你大约也早知道了，陆、程[1]已被正式通知退下来，下一步大约就是向他们的研究所开刀了吧。

看来能说话的地方是越来越小了，那就真是天下归一，“在真理面前人人平等”了。

我有一次和魏(卫)建林同志说,希望他能以他和漓江的关系,出一本你的文选,他当时是表示很乐于这样做的。也不知后事如何,是否和你有过联系。我以为,只要你自己以为可行,也不必过于谦虚。

我白看了你们几年的报刊,却一直欠着你们的债。现在寄上一篇杂文试试,不知是否合用。我近来颇用这个笔名[②]写些兔子尾巴式的短文,意在改变一下自己的文风,但也想到,将来无处登载我们的大块文章时,化整为零地向别处投稿,或者也是一个出路。

但此文如不合用,也就算了,请不必客气,尤其不要增加你现在处境的困难,为幸!

听说你是如期来过一次北京的,但我见不到你。我开始还以为你因事未能成行。

你好!

陈　涌

八月二十一日

有关沈从文的文章[③],打算对这位作家两面都说一说,但这在现在也等于浇冷水,会激怒文坛的英雄们的,还是弄得更周到点再说,因此现在还在抽屉躺着。

注:

①陆、程:陆梅林、程代熙。

②这个笔名:左迁。那一段时间,先生用这个笔名发表了好几篇文章。

③有关沈从文的文章:先生曾表示为《文论报》写一篇评论沈从文及其作品的文章。

1988 年 11 月 24 日

润为同志:

信和《文化报》都收到了。电话一定有误,否则不至于通话多至十余次都毫无结果,如不是电话本身有问题,便是号码错了。我这里的号码是:815490。我即使不在家,家里也是有人在的。

北京的情况你也一定很了解。文代会[①]不准串联,部队作家参加会前已由有关领导"打招呼",不要提什么意见。参加会的人有告诉我的,说是一点民主也没有,还不如四人帮时代的九大、十大,但这其实是一点也不奇怪的。

我什么全委会、代表会都未去,倒是落得清静。

你的关于王昭君的大文[②],我拜读过了。我自愧不知,难于说什么,但你对虞集诗的解释和对昭君的看法,我看却比较合于事实。你这篇文章不长,却使我看到你治学确系严谨、扎实,如你所希望于别人的。

《文论报》现在看来已颇近于黄土高原上的《当代文艺思潮》了,对姚雪垠唠叨不休,都是些帮闲文人所为。××也是研究马克思主义美学的,无聊一至于此,令人兴叹!要之,中国现在是一大染缸,不染得一身灰黑,亦良难。

你们最近有一篇评《红高粱》的文章,竟认为这部电影用轻蔑的态度表现"毛泽东们的游击队"也是一种突破框框之类。我不知道当今中国的领导人知道这类看法,会觉得怎样。

但听说,你的处境会改善,真是但愿如此!

你好!

陈　涌

十一月廿四日

注:

①文代会:指于1988年召开的第五次文代会。

②关于王昭君的大文:指我批评电视连续剧《王昭君》误用虞集《题昭君出塞图》一诗为该剧主题歌的文章,发表于1988年11月6日的《中国文化报》。

1988年12月17日

润为副主编:

我对你荣任要职表示热烈的祝贺和崇高的敬意和亲切的慰问。

这对发扬你们的正气应该是有利的,实际上也会带来刊物面貌的变化。但鉴于现在整个形势,似乎还需要保持冷静和清醒。我是极愿意为你们刊物作文的,但还是以等一下为好。否则,会因为盲目乐观造成对事情的不利。

从总的方面看,我们中国大约是只能就这样一路滑下去了,很可能陷入深渊，然后又重新奋起。看来此外也别无选择。

现在即使还能发表一些文章，也只是我们这些秀才知其不可而为之，成不了什么气候的。中国需要的不是书生的文章。

到得你真正站稳脚跟，刊物不再像现在这样的时候，有了变化的时候，大家都会乐于为你效劳的。

你好！

陈　涌

十二月十七日

1989 年 10 月 8 日

润为同志：

信回得迟了。

先前说好的那篇文章，虽然已作好准备，也写了一些片断，但终于流产，这在我也是多少意外的。

原因之一是我被决定负责编一套规模较大的《中国现代作家评传丛刊》。先前好些日子，到处奔走于名家之门，目的是为了组织编委会和组稿，这不但耗去了许多时间，而且脑子里想的，也早已不是先前的那一类问题，变成这个作家如何，那个作家又如何那一类了。

丁振海同志为此约我写一篇有关“重评文学史”的文章，他真是善于出题目的编者，使我不能不“乐于”接受。我看这是不会流产的了，因为短时期不会离开这个问题。我看，还是采取既定方针，文章写成后截取主要部分寄奉。这篇文章也涉及你们发表的头版头条李泽厚接受记者采访的谈话。

你现在还是忙么？但如果心情愉快，忙也是值得的。

现在形势是好的，但实际工作展开似亦不易，艰巨的工作还在后面。

你好！

陈　涌

十月八日

1989年11月1日

润为同志：

信收到了。先前我不知道你又来过一次北京，我因有事没有参加那个会[①]，便没有机会见到你。

冯健男同志[②]只因我不知道他的地址，因此请你转告他我的问候和意见，或者把这封信给他看看也可以。

一、我们是欢迎他的稿子的。那稿子看来写好也有几年了，是否需要根据新的情况考虑修改一遍，请他自己斟酌一下。近年《上海文论》发起“重写文学史”的讨论，对延安文艺座谈会以后的创作说了不少意见。我个人认为，有些是未必妥当的，但也有些是值得我们认真“反思”的。我们许多解放区出来的作家，在根本方向上应该肯定，但也确有一些可说是共同的弱点，值得研究。是否也可以在周立波的创作上“反思”一下这个问题？是否可以从一个新的高度评价过去？

二、我不知道这部评传字数多少。我们的评传丛书大致定为15—20万字一部，可以有些伸缩，但长的也不宜超过25万字。如太长，就请作者本人考虑压缩一下，例如着重主要方面，挤掉一些可以挤掉的水分之类。

三、在共同方向下尊重作者独立的意见，文风不拘一格，希望能注意到科学性和可读性的结合，标题也不要都是《×××评传》。当然，这主要不是考虑到作品的销路。理论、评论文字能改进得更接近更多的读者，确实是一个问题。

四、稿子可以直接寄给我：北京万寿路甲15号（邮编：100036）。

你好！

陈　涌

十一月一日

注：

①那个会：据李正忠同志查阅有关资料，是指1989年7月11—12日，由中国延安文艺学会、马列文论研究所、《文艺理论与批评》和《作品与争鸣》编辑部联合召开的座谈会。会议的内容是学习中共中央十三届四中全会精神和邓小平同志重要讲话，就如何在文艺领域贯彻四中全会精神，反对资产阶级自由化问题交换意见。中顾委副主任宋任穷到会看望大家并讲话。首都文艺界知名专家学者70多人出席会议。陈涌先生

因事未能出席。

②冯健男同志：河北师范大学教授，曾为先生主编的《中国现代作家评传丛刊》投寄名为《周立波评传》的书稿。

1990 年 1 月 15 日

润为同志：

文章[①]一共写了四个问题。昨夜一看，除现在送上的以外，另两题连我自己也觉得还需要再斟酌才能拿得出来，因此也就抽掉了。

现在大约只有八千字，不够你预约的数目，看来你们还得另外找文章补上。这一定是很麻烦、很费力的，真是十分抱歉！

这八千字是否有用，还得请你考虑。

我是带着急切还债的愿望写这文章的，结果反而给你添了麻烦，这怎么说好呢？

标题如果和你送出的广告不一致[②]，当然可以以广告为准，但我想，如只差一两个无关内容、不影响大体的字，就这样算了也是可以吧。

陈　涌

一月十五日早

文章写成的总共 14000 字左右，也超过预约的字数。又及。

注：

①文章：《一个理论工作者的手记（二）》，发表于《文论月刊》1990 年第 1 期，后收入先生的《在新时期面前》一书。

②标题如果和你送出的广告不一致：《文论报》于 1990 年改为《文论月刊》。因为第 1 期是创刊号，需要有重量级文章扩大影响，但是先生的文章直到 1 月 15 日才寄出，我们只好先排出目录去有关报刊登广告。

1990 年 1 月 20 日

润为同志：

信收到了。我的文章，看来有疏忽之处，你的改动我以为是可以的。我感谢你的好意。

文内第一节提到尼采、叔本华、弗洛伊德、萨特那地方，说了一句："他们多数早已腐烂不堪”(大意),最好改为:“他们本来就不是先进的思想家”,较为妥当,因为他们多数都不是后来才变了的。甚望能费神改动一下。因为草稿已被弃去,便只能记得大意。

有关列宁那篇文章的部分,现在还在躺着,万一定稿,我不会寄给别的刊物。

梅林同志的稿子,原是给《文艺理论与批评》写的。在我看来,为久远计,你们办刊物,还是以组织本地作者撰稿为主,如果依靠北京或外地,便反而失去自己的特点。

你好!

陈　涌

一月二十日

1990年5月4日

润为同志:

信和何、耿对话[①]都看到了。这篇对话,看来确有些含糊之处,但意思还是可以看出的。他们不满多年来不提至少是不能正确、公正地评价鲁迅的《答徐懋庸……》,我想这主要是对周扬他们说的,但大约也同时对我。他们可能还记住我是“周扬派”,也批评过胡风他们,以为我也是有意不提《答徐懋庸……》的吧。

但我那篇《手记》原来不是全面分析鲁迅在文艺与政治上的思想的,所举的鲁迅和朱的论争[②],只是作为一个例证。其所以举这个例证,是因为过去很少提到它,这在我的《手记》中也说到这点。我对《答徐懋庸……》的看法,一直是站在鲁迅的方面的。

大约他们二位(何、耿)都还有点客气,所以说得委婉而又多少有点含糊,而且这种比较随便、自由的对话,也容易这样。

但这只是我的印象,不知道是否合乎他们的原意。我看,总的方面,他们也并不反对我的看法。似乎他们只是不满我不去反“左”,而且也不去反对周扬的右。

何的对话引用我说鲁迅是最伟大的革命家和思想家,我本来的意思是在文化领域里是这样,并不包含政治方面。文章发表后,我也想到过应加上"在文化领域里"或"在意识形态领域里"一类的字样,就不至引起误会。其实在我看来,毛是最伟大的政治家和思想家,说最伟大的革命家和思想家也可以,但说鲁迅是伟大的政治家则不恰当。他也和高尔基一样,都不是政治家。政治家是指职业政治家。

文章寄还给你。

我感谢你的关心,近来心脏不大好,但也似乎不要紧。我能做的事很少,也不致因劳累而加重这老病,请释念,为幸!

你好!

陈　涌

五月四日

我的电话是815490,大约后来你也弄清了。

润为兄:后来我又想到,或者请两位作者使自己的一些不够十分明确的地方弄得更明确些,再考虑发表,也有好处,例如,也可以把我的"印象"请他们考虑是否属实(但不宜提是我提出的)等等。

五月六日又及。

注:

①何、耿对话:何,何满子,原名孙承勋,著名文艺理论家、杂文家,曾于1955年被错误牵入胡风案中;耿,耿庸,著名学者、杂文家,曾于1955年被错定为胡风反革命集团骨干分子。进入新时期以后,两位先生不断以书信的形式就一些现实文艺问题进行讨论,形成了十几篇《文学对话》。经范国华同志之手,《文论报》曾发表过"对话"中的《关于当前文学的一二问题》。陈涌先生的《一个理论工作者的手记(二)》在《文论月刊》1990年第1期发表以后,何、耿两位先生就《手记》又搞了一篇"对话",寄给范国华同志。这篇"对话"在肯定《手记》基本观点的同时,也提出了一些批评意见。收到稿件后,主编杨振喜同志说:这篇文章可以发表,但为稳妥起见,最好请陈涌先生看一看,并责成我与陈涌先生联系。收到这封信后,范国华同志将陈涌先生的建议变成自己的话,转告给了何、耿两位先生。两位先生说:你们的意见是对的,并表示此文没有再发表的必要。2000年,上海书店出版社出版两位先生的《文学对话》,也没有收入此文,足见何、耿两位先生为人之坦荡、厚道。

②鲁迅和朱光潜的论争:1936年,著名美学家朱光潜在《中学生》杂志12月第60

号上发表《说"曲中人不见,江上数峰青"》一文,否定文艺的倾向性,认为这一联诗和古希腊雕塑《阿波罗》及陶渊明的诗都是以"静穆"而达到艺术的"极境"。鲁迅则以大量事实有力驳斥了朱光潜的这一唯心主义艺术观。参见鲁迅《题未定草七》(《鲁迅全集》第 6 卷第 425—430 页,人民文学出版社 1981 年第 1 版),亦可参见陈涌《一个理论工作者的手记(二)》(《在新时期面前》第 232—238 页,人民文学出版社 1993 年第 1 版)。

1990 年 10 月 20 日

润为同志:

《文论月刊》免费为《真理……》登了整整一个封底的广告。这种宽容、大度,这里的几位主编都表示十分感谢!我们这个刊物以后都及时寄给你,也希望每期给这里的编辑部寄赠一份,这是有利于互通声息的。

你的大作[①],我收到后便及时看了,选题是重要的,意思也好,只是觉得内容能更实在、更具体一些会更有力。这是一个大题目,也需要做一些更切实的研究才能更切中要害。现在你的文章似乎使人觉得议论较多,而你所批评的现象说得不够精确、具体。所谓具体,也并不一定罗列很多,而是经过自己的认真概括的。

总之,你如果能再下一些功夫,是可以使这个题目写得更好、更充实的。看来这篇文章还是写得太仓促,一篇涉及面这样广的文章,太仓促是不容易写好的。

我前些天去了绍兴一趟,回来后凭记忆写了上面这些话,你也许会觉得空疏、抽象。

你提到我给《文论》写文章的问题。记得半年前在任丘研讨班[②]我讲了个把小时,下来后你们编辑部的同志对我说,录音他们想法整理出来,由《文论》发表。我当时表示也可以,但以后便没有了下文。我所讲的,有很一般的,但也有些是用过心的,也许再加修改、补充,还有点用。但现在大约是连录音带也不存在了吧。

我只是希望你把文章改写得更好,寄给我们。

你好!

陈　涌

十月二十日

注：

①你的大作：由于时间久远，已经想不起是哪篇文章，又向《文论报》旧雨咨询，也不得而知。大概是在收到先生的批评意见以后，感到无力完成，便废弃了。

②任丘研讨班：指河北省委宣传部在任丘举办的马克思主义文艺理论研讨班。《文论月刊》派范国华同志参加。他当时在会上向先生约稿，后来又是他根据录音替先生整理的。

1990 年 12 月 10 日

润为同志：

稿子[①]寄上。删了后面一大截，但改动较多，大约也不少于 12000 字，也来不及再抄一遍，但愿还能看清楚。

我担心不挂号会丢掉，因为改动得多，丢了便再也记不来，等于白费力气了。

这次录音整理得很好，真是费了我还不知道的这位同志的心血了。我一面改，一面深深地感谢他。此文如发表，甚望能将稿费一半或三分之一给这位同志。我认为这才是真正合理的。

你好！

陈　涌

十二月十日

注：

①稿子：即在任丘研讨班上演讲录音基础上整理成的文章，题目是《关于学习理论的一些问题》，发表于《文论月刊》1991 年第 1 期，后被先生收入《在新时期面前》一书。

2006 年 2 月 9 日

润为同志：

正好春节当天，我收到你的豪华的贺年卡，真是感谢！但其时，我的能够和你的水平比拼的贺年卡已用完了，万寿路邮局也买不到，因此无以为报，真是十分抱歉！

年前你们那里的诸位大员又访，曾议论春节后一起共饮，不知你们是否考虑过什么时候，在什么地方聚合比较适合？你们也同意出题让我作文，不知是否也想到过你们认为需要和合适的题目？这些，如有必要和可能，都希望能于便中告知。

春节已过，想来你一家都是生活在独立、自由、幸福、和谐、富足之中的！

你好！

陈　涌

二月九日

2008年2月5日

润为同志：

刚见过面，没有想到你又寄来贺年卡。

我不是“林副主席”，是不可能“身体健康，永远健康”的，但是你既然这样说，那我就暂时不理解也照样相信吧。

祝愿：

福星高照，紫气东来，

抬头见喜，万事如意！

我也知道，这是难于办到，也不易理解的，但暂时不理解，也请你照样相信吧。

杨思仲

二月五日

2008年3月25日

润为同志：

我是渴望我们相约的共饮早日实现的，但我的左腿复原太慢，现在还没有恢复到卓别林走路的水平，而且现在还在为《文艺理论与批评》写一篇费力的文章。我看，晚些时候情况缓解一些再相聚吧。

除了工作，现在又写了些什么文章？你先前那篇关于和谐文艺的篇幅不长的大文，真是奇极妙极，这可说是打着白旗反白旗的好榜样，不是不谙兵法的人能够写得出来的。作为一个读者，我十分敬佩！

你好！

诸位友好请代致意！

陈　涌

三月二十五日

2008 年 7 月 22 日

润为同志：

这些日子，为了奥运会安全问题，空气紧张，连我这样不出门的人也有一种过去很少有过的异样的感觉。看来，在外面喝酒也难得有较为轻松、闲散的心情。因此想到，干脆在奥运以后再践约吧。

现在，我这里的好酒还在那里如有所待，正是等着你们这些贵客的到来。至于在外面餐馆由我埋单的原则不能改变，也正如马列主义的原则不能改变一样。

你好！

诸位同志、朋友请代致意！

陈　涌

廿二日

那时，我走路也会超过卓别林的水平，可以更加自由了。

2010 年 7 月

润为同志：

这大都是几十年前的旧作，你是很知道的，而且你是很了解我的战友之一，现在把这个集子呈献，只希望你随意翻翻，当然，也希望听到你的新的意见。

陈　涌

2010.7

注：2017 年 4 月 10 日，因查找资料，又发现先生写在《陈涌文论选》扉页上的这封信。该书于 2009 年由人民文学出版社出版。

在文艺领域恢复和巩固人民主体地位的宣言

——答求是网记者问

一

问:习总书记在文艺工作座谈会上强调,文艺创作应该以人民为中心。您觉得这句话应该怎么理解?不少人可能认为"以人民为中心"这一创作导向在市场经济条件下过时了,认为这样的作品都是主旋律作品,会变得说教、难看。您怎么看?

答:习近平《在文艺工作座谈会上的讲话》,是新的历史条件下在文艺领域恢复和巩固人民主体地位的宣言。这和他在经济领域、政治领域、社会领域的治国理政思想是相通的、配套的。它的重大历史意义,必将在今后的实践中生意盎然地展开。

这篇讲话的中心思想就是坚持以人民为中心的创作导向。所谓以"人民为中心",就是说人民既是文艺表现的中心,也是文艺服务的中心,又是文艺评判的中心,或者说一切从人民的需要出发,一切由人民主导,一切归结于人民的根本利益。这是唯物史观在文艺领域的必然要求。

这里需要注意的是:一、人民是一个历史概念,在不同时期有着不同的外延和内涵。比如在抗日战争时期,民族矛盾是社会的主要矛盾。那个时候,只要不是汉奸卖国贼,如主张抗日的封建地主阶级、大资产阶级,都属于人民的范围。到了解放战争时期,阶级矛盾成为主要社会矛盾,封建地主阶级、大资产阶级就不能再归入人民的范围了,因为此时此刻他们已经变成最大多数人民的对立面。在今天,情形可能更复杂一点。从社会管理上说,只要是没有被剥夺政治权利的人,哪怕他每天都在从事反党、反社会主义、反爱国主义的活动，你毕竟还得承认他是人民；从政治立场上说，上述人等则不可以归入人民的范围。应当说，在社会分化日趋复杂的今天，后者的区分更具本质性的内容。比如说那位“宁可给富人盖厕所，也不给穷人盖房子”的房地产商，在法律层面还是属于人民的，非但属于人民，而且还是共产党员，尽管是受了处分的共产党员，但是从政治立场上说，他与广大劳动者是冰炭不相容的。文艺家在看待人民这一概念时，我认为应当侧重于政治立场的区分。二、在人民内部，既然是划分为不同阶层、不同群体的，那么就有一个以谁为主的问题。毫无疑问，在中国共产党领导的人民民主专政的国家，应当以工人、农民、知识分子和解放军战士为主，也就是以占人民绝大多数的广大劳动者为主。我们的文艺既然称为人民文艺，主要的应当是表现他们的生活、为他们服务、接受他们的评判的。如果有一位文艺家站出来说，我就是要为人民中的少数人服务，要为那位房地产商那样的人民服务，那么我们就基本可以判定：他大概根本就不是为人民服务。三、为人民服务，说到底，就是要从文艺的一翼，在人民中培养全面自由的个性。传达人民的感觉、愿望和激情是服务，提高人民的感觉、愿望和激情也是服务。文艺家要既当学生又当先生，既适应群众又提高群众。如果只知道做群众的尾巴，就不是真正的为人民服务，至少是不称职的服务。

说在市场条件下“坚持以人民为中心的创作导向”已经过时，是没有依据的。我猜说这话的人是对人民没有感情的人，十有八九可能是新自由主义的信徒。他们的逻辑是：既然是市场经济，就必须遵循无限扩张的资本逻辑，必须遵循利益最大化的市场原则，也就是要以金钱为中心。按照这种逻辑和原则发展下去，文艺就会丧失一切高尚、庄严的内容，而成为资本的婢女或市场的仆役，就会低级趣味遍地流、胡编乱造满天飞。文艺家千万不能忘记，我们的市场经济还有一个定语，即社会主义。江泽民同志曾经指出：“我们搞的是社会主义市场经济，‘社会主义’这几个字是不能没有的，这并非多余，并非‘画蛇添足’，而恰恰相反，这是‘画龙点睛’，所谓‘点睛’，就是点明我们市场经济的性质。”①什么叫社会主义？就是不允许资本乱来，不允许资本统治一切，不允许资本骑在人民的脖子上作威作福。对于文艺领域

① 《论社会主义市场经济》第203页，中央文献出版社2006年第1版。

来说，就是不允许资本“同某些精神生产部门如艺术和诗歌相敌对”[1]。你们应当注意到，自实行社会主义市场经济以后，我们党一贯强调艺术生产要把社会效益放在第一位。为什么？因为无论怎么发展市场，我们还是搞社会主义的。可以肯定地说，只要社会主义这杆红旗不倒，以人民为中心的创作导向就不会过时。

不过，我们也应当清醒地看到，几十年来，新自由主义及其他错误思潮的工夫也没有白费。在文艺领域的一些环节、一些方面，人民的中心位置已经丧失，甚至被严重边缘化。在一定程度上，文艺成了损害人民根本利益的东西。某些文艺组织则成了以利益为纽带的“联邦”或“邦联”。至于评价尺度，则言必称收视率、言必称市场份额、言必称国际标准。人民群众喜欢什么、厌恶什么，是一些所谓文艺家从来都不大理会的。这与社会主义制度和共产党的执政宗旨是根本不相容的。习近平同志强调坚持以人民为中心的创作导向，就是要下决心纠正这种偏向、扭转这种局面，把本来属于人民的还给人民。

当然，如果你们一定要打破砂锅“问”到底，以人民为中心的创作导向也有过时的一天。到了共产主义社会就过时了。为什么呢？因为人民和敌人是一种成对的规定，互以对方为其存在的前提。到了共产主义社会，阶级消灭了，人民这一概念自然也就失去了存在的依据。为了这一天的到来，当下我们必须理直气壮地坚持人民民主专政，必须毫不动摇地坚持以人民为中心的创作导向，这就是“欲取之，必先与之”的道理。

坚持以人民为中心的创作导向并非要求所有的作品都是主旋律。人民的审美需要有着无限的丰富性和多变性。他们既需要花前月下、小桥流水的心灵抚慰，也需要怒发冲冠、挑灯看剑的豪荡感激。紧张的劳作战斗之后，他们可能要轻声哼唱“树上的鸟儿成双对……”；抗洪抗震抢险救灾中，他们可能要齐声高唱“团结就是力量……”，如此等等，不胜枚举。正是因为尊重人民丰富的审美需要，我们党在文艺布局上才提出主旋律与多样化的统一。这就好比一棵大树。因为社会主义核心价值观是人民的根本利益在意识形态上的实现形式，所以表现社会主义核心价值观的主旋律作品理所

---

① 《马克思恩格斯全集》第 26 卷第 1 册第 296 页，人民出版社 1972 年第 1 版。

当然地应该是主干。没有这个主干，不但人民的文化利益不能得到保障，经济利益和政治利益也会得而复失。但是只有树干不行，还必须配以枝杈、绿叶、鲜花之类，这就是多样化的作品。把坚持以人民为中心的创作导向与主旋律创作画等号，就等于只要树干不要枝叶、花朵。你们想一想，那是一种多么愚蠢的行为！共产党人能那样干么？所以我说，把以人民为中心等同于主旋律的人，不是脑子糊涂，就是不怀好意。除此二者之外，恐怕没有别的解释。

认为凡主旋律创作都要导致说教、不好看，这种看法也是不符合事实的。其实，自进入阶级社会以来，文艺总是要传达某个阶级的意识形态，只不过有的明显一些，有的隐晦一些；有的厚重一些，有的稀薄一些；有的直接一些，有的曲折一些。上世纪 90 年代我就说过，不包含任何思想观念的所谓纯文学，只有鬼才能见到。

回顾一下中外文学史，你们就可以发现，无论包含哪种意识形态的文艺，都有说教式的作品。比如孟郊的《烈女操》："梧桐相待老，鸳鸯会双死。贞妇贵殉夫，舍生亦如此。波澜誓不起，妾心古井水。"作者是著名诗人，这首诗又是被选入《唐诗三百首》的，至少清人蘅塘退士认为它是 5 万多首唐诗中的上乘之作。可是这首诗除了一些浅显的比兴之外，有多少艺术性可言呢？简直就是封建伦理的直白说教，字里行间散发着反生命的陈腐气味。维克多·雨果是 19 世纪法国的一位著名作家，可是他也有说教式的作品，如《悲惨世界》。这部小说中的主人公冉·阿让，就是一个经不住推敲的形象。他的所言所行，严重背离生活逻辑和性格逻辑，给人的感觉就是一只木偶，由作家随意牵来牵去，以完成对于资产阶级人道主义的演绎。奇怪的是，我们的一些论者似乎从来不去指责封建主义、资本主义的主旋律文艺家，而专门在社会主义主旋律的作品中吹毛求疵。这显然是有欠公平的。

记得自上世纪 80 年代起，文艺界有一种流行的观点：只有摆脱政治束缚，即放弃社会主义的意识形态，才能产生真正的艺术作品。事实上，自那时起，确有不少作家放弃了社会主义的意识形态，有的则公开站到反社会主义的一边，但是他们创作出了真正的艺术吗？一个没有。说到这里，你们可能会说：难道莫言的作品不是真正的艺术吗？不然怎么能获诺贝尔文学奖呢？事实上，莫言获奖并不是因为他有艺术，反而恰恰是因为那种鲜明、强烈的意识形态性。你们看看他的小说，再看看西方给他的那个颁奖词，就可以知道他恶心中国共产党、恶心社会主义、恶心中华民族，已经到了何等地步！你们千万不要以为诺贝尔文学奖是唯艺术标准。他们和我们一样，都是政治标准第一、艺术标准第二，只不过他们的政治是国际资本的政治，我们的政治是人民的政治。

我们从不讳言社会主义主旋律创作中的说教倾向。这种倾向，是由主客观两种原因造成的。从客观上说，是因为一个时期内，我们在文艺领导上存在"左"的错误倾向，如过多强调党性而相对忽视个性，过多强调社会责任而相对忽视创作自由，过多强调政治标准而相对忽视艺术标准，如此等等。从主观上说，则是因为一些文艺家所要表现的社会主义思想还没有转化为自己的情感形式，没有获得有血有肉的生活体验的支撑。于是，抽象、空洞、生硬也就在所难免。比如丛维熙的《大墙下的红玉兰》，本来是要表现爱国主义的，然而男主人公的那种爱国主义精神却非常不近人情。他的恋人越狱根本不是出于叛国的动机，但是男主人公却偏要把她打成叛国者，以显示自己对祖国的忠贞。这不是爱国主义，而是教条爱国主义。这样的"爱国主义"说教，有谁会买账呢？相反，凡是获得充实的情感积累和生活积累的主旋律创作，都能产生真正的艺术品。比如周立波的《暴风骤雨》、柳青的《创业史》、贺敬之的《回延安》，还有最近正在热播的电视剧《海棠依旧》等等，你能说这些作品是说教的吗？能说这些作品老百姓不喜欢吗？

总之，说教之过，在于没有贯彻好党的文艺政策，在于文艺家自身存在这样那样的问题，与主旋律或者社会主义意识形态毫无干系。把"说教"、"难看"之类归罪于社会主义意识形态，其目的绝不是为了纯洁艺术，而是要用损害人民利益的意识形态取代社会主义的意识形态。然而，我们作为社会主义文艺事业的建设者，绝不能因为坚持社会主义意识形态有理而原谅自己在艺术上的缺陷。我们不仅要在意识形态上超越资本主义，也要在艺术上超越资本主义。要有这样的雄心壮志！

二

问：总书记在讲话中还指出，中国精神是社会主义文艺的灵魂。对于中国精神，总书记还特别强调了社会主义核心价值观。您是怎么理解中国精神的？我们现在的文艺作品该如何发掘中国精神的内涵？

答:要理解中国精神，首先要把握传统中国精神。而要把握传统中国精神，就要抓住中国传统哲学观念的主流。这个传统哲学观念是纲，纲举自然目张。

你们都知道，黑格尔和马克思的辩证思维不是西方哲学的主流。在西方，占据主流位置的是形而上学。在看待人世间的各种关系时，这种哲学表现为一种抽象主体原则，也就是孤立地、片面地、对立地看待主体与自我、他人、社会、自然的关系，因而总是以自我为中心，立足于对他者的占有和征服。用古希腊哲学家普罗太戈拉的话来说，就是“人是万物的尺度”。[①] 而中国传统哲学却正好相反，占据主流位置的是朴素的辩证思维。应用到社会层面，这种哲学表现为一种辩证主体原则，也就是联系地、整体地、平等地看待人世间的各种关系。最具经典性的概括就是宋人张载的“民胞物与”(《西铭》)。意思是说，但凡人类都是天地所生的同胞，世间万物都是人类的朋友。这种观念体现到社会制度追求上，就是“天下为公”(《礼记・礼运》)；体现到个人与国家的关系上，就是“尽忠报国”(《宋史・列传第一百二十四：岳飞》)；体现到人与人的关系上，就是“己欲立而立人，己欲达而达人”(《论语・雍也》)；体现到君与民的关系上，就是“民为贵”、“君为轻”(《孟子・尽心章句下》)；体现到人与自然的关系上，就是“范围天地之化而不过，曲成万物而不遗”(《系辞・上传》)；体现到国与国的关系上，就是“协和万邦”(《尚书・尧典》)；体现到人与自身的关系上，就是“自强不息”(《易・象传》)、“舍生而取义”(《孟子・告子下》)。当然，传统中国精神像大海一样深邃而广博，远不止如上所述，但是上述几条是精髓，抓住这些，也就掌握了传统中国精神的基本方面。

必须肯定，这些传统中国精神对于中国古代社会的发展是起了积极作用的，起码在一定程度上引导、规范了人们的思想和行为。比如赵威后、李世民这些人受到民本思想的影响，便成了比较开明的封建统治者。因为在道义上有了“天下为公”的主张，受剥夺的先民们可以理直气壮地称剥夺者

---

① 《古希腊罗马哲学》第138页，三联书店1957年第1版。

为“硕鼠”，公开表达“适彼乐土”的社会向往。而屈原、颜杲卿、岳飞、文天祥等，则是忠实实践“自强不息”、“舍生取义”精神的仁人志士。

但是，由于历史条件的限制，这些传统中国精神在古代是不可能从根本上得到实现的。这些精神实现质的飞跃，焕发新的活力，形成社会的普遍实践，是中国有了工人阶级、有了中国共产党之后的事。

是中国共产党人，将“天下为公”置于科学社会主义的理论基础之上，从而使空想变成实实在在的社会实践。是中国共产党人，将“尽忠”对象由以君王为主彻底转移到人民一边，从而赋予爱国主义以全新的内涵。是中国共产党人，为“己欲立而立人，己欲达而达人”创造了以公有制为主体的坚实经济基础，从而使公平、正义、友爱成为一种全社会的普遍行为。是中国共产党人，将“民贵君轻”的民本思想提升到人民民主的高度，从而用人民公仆替代了过去的“父母官”。是中国共产党人，将古代人与自然和谐的思想融入实现社会主义现代化的进程，从而发展成为一种全国范围的生态文明建设。是中国共产党人，将“协和万邦”的外交主张发展成为和平共处五项基本原则，从而赋予它以无产阶级国际主义的崭新内容。是中国共产党人，将“自强不息”、“舍生取义”精神投入亿万人民群众的伟大事业，从而在价值取向上提升到为人民服务、为全人类解放的高度。“砍头不要紧，只要主义真。杀了夏明翰，还有后来人。”这种为共产主义而慷慨赴死的崭新境界，是古代仁人志士所不曾有过的。一言以蔽之，中国共产党人是传统中国精神的忠实继承者、优秀发扬者和成功实践者。没有中国共产党人，传统中国精神很可能在进入近代以后渐渐归于消亡，更不可能实现由传统到现代的创造性转化。

有了以上简略回顾，你们可以看出：社会主义核心价值观其实就是经过中国共产党人创造性转化的中国精神，即红色中国精神的概括。对于这个价值观，我也听到过一些议论。有人说，它与西方的普世价值没有什么区别。这是不对的。当然，从字面上看，“富强、民主、文明、和谐，自由、平等、公正、法治，爱国、敬业、诚信、友善”这些，放到任何一个国家都是可以接受的。但是，这里的每一个概念都有与西方普世价值完全不同的内涵。比如说“民主”，西方的民主是国际垄断资产阶级的民主，我们的民主是人民民主;又如"法治",西方的"法治"是国际垄断资产阶级专政的国体下实行的"法治",我们的"法治"是在人民民主专政的国体下实行的法治。用西方语言学的概念说,这叫能指相似、所指不同;用中国话说,叫作"叶徒相似,其实味不同"。怎么可以因字面相似而混为一谈呢?

毫无疑问,习近平同志提出"中国精神是社会主义文艺的灵魂",其实质就是以社会主义核心价值观为社会主义文艺的灵魂。但是他为什么用"中国精神"而没用"社会主义核心价值观"呢?据我理解,应当有三个方面的用意:一是提醒文艺家们在弘扬社会主义核心价值观的时候要有点文化的历史感。正如他在讲话中指出的:"中华优秀传统文化是中华民族的精神命脉,是涵养社会主义核心价值观的重要源泉"。如果只知道今天不知道昨天,只见江流不溯其源,只掌握核心价值观而缺少优秀传统文化的涵养,那个社会主义核心价值观是理解不深、把握不牢、弘扬不好的。鲁迅的那些革命文学作品,无论是小说还是散文、杂文,为什么会那么深沉厚重?一个重要原因就是他对中华优秀传统文化积累太厚、陶冶太深。二是出于对创作规律的尊重。比如苏武、张骞、包拯、林则徐等,都是传统中国精神的载体。我们在今天描写他们,自然应当站在社会主义核心价值观的高度去审视他们的精神价值,但是在表现这些历史人物时,还是要还原他们的传统中国精神,而不能让他们变成社会主义核心价值观的象征。也就是说,对于中国古代题材的创作,社会主义核心价值观是作品的灵魂,传统中国精神是主人公的灵魂。很明显,提"中国精神是社会主义文艺的灵魂",有利于文艺家在传统中国精神与红色中国精神即社会主义核心价值观之间溯洄溯游,实现历史精神与时代精神的统一。三是强调文化自觉和文化自信。你既然是一位中国文艺家,自然应当在广泛借鉴世界优秀文化的基础上,着眼于反映中国人的生活、讲述中国人的故事、表现中国人的精神。这本来是常识范围的问题,但是一个时期以来,不少文艺家却在"反传统"的旗帜下,醉心于文艺的全盘西化。正如习近平同志所批评的:他们"'以洋为尊'、'以洋为美'、'唯洋是从',把作品在国外获奖作为最高追求,跟在别人后面亦步亦趋、东施效颦,热衷于'去思想化'、'去价值化'、'去历史化'、'去中国化'、'去主流化'那一套"。长此以往,在中国文艺的殿堂中,哪里还有人民的位置?习近平同志强调“中国精神是社会主义文艺的灵魂”，就是在告诫我们的文艺家：“要坚守中华文化立场、传承中华文化基因，展现中华审美风范”。一句话，我们首先是中国人，其次才是文艺家。

实践证明，只要我们具有深厚的优秀传统文化修养，能够将传统中国精神融入自己的血脉，将传统中国精神的现代升华——社会主义核心价值观化为支配思想和行动的灵魂，那么无论你是怎样的艺术个性，选取怎样的题材，创作怎样的作品，其间浸透的都是中国精神。恰如鲁迅的名言：“从喷泉里出来的都是水，从血管出来的都是血。”①

三

问：总书记最后还提到要加强和改进党对文艺工作的领导。近年来，针对文化领域，特别是影视剧市场出现的一些乱象，国家相关部门加大了管理力度，例如对于人民群众诟病较多的“抗战神剧”和千篇一律的娱乐节目进行了规范，并且取得了良好的效果。但是也有人认为这种管理会抹杀文艺创新的积极性，甚至阻碍我国文化产业发展。您怎么看待加强管理和创作自由二者之间的关系？管理部门应该扮演什么样的角色呢？

答：凡文艺都有领导。美国文艺是大财团领导，中国文艺是共产党领导；大财团领导文艺是为了资本扩张，共产党领导文艺是为了人民福祉。我们党领导文艺，我看主要有两个功能：首先是要当好服务员，即尊重文艺创作规律，为文艺家多出精品创造有利的主观环境和客观环境；尊重人民群众的审美需要，保障丰富而健康的艺术品的供应。而要当好服务员，就必须当好管理员。当不好管理员，就当不好服务员。管理缺位，让假冒伪劣泛滥，能不伤害严肃文艺家的积极性吗？能够保障人民群众精神食粮的安全吗？

习近平同志严正指出：“要重视文艺阵地建设和管理，坚持守土有责，绝不给有害的文艺作品提供传播渠道。”近年来对一些低俗文艺作品和娱乐节目进行整顿，是落实总书记指示精神的应有之义，广大读者和观众是支持的，但我以为这种整顿的力度还应进一步加大。一些攻击中国共产党、诋毁中华民族的作家作品，还没受到应有的批评；一些无良艺人进行黑社会式的

① 《鲁迅全集》第3卷第544页，人民文学出版社1981年第1版。

文化操作，还没受到应有的惩处；一些嘲笑穷人、阿谀富贵的作品和节目，还没得到应有的整顿；一些唯洋是尊、唯洋是趋的文艺倾向，还没得到应有的遏制。凡此种种，不仅严重干扰了社会主义文艺的发展繁荣，而且极大损害了中国的国际形象。一位法国朋友曾对我说过：像屈原、毛泽东、雷锋这些人物，连我们法国人都很尊重，你们中国作家怎么可以随意糟蹋呢？这时，他的眼神里流露出来的是鄙夷和不屑。

管一管这些东西，非但不为妨害创作自由，反而是为创作自由提供保障。违规球员被罚出场，叫妨害踢球的自由么？清除杂草，叫妨害庄稼生长的自由么？治理 PM2.5，叫妨害人们呼吸的自由么？这是多么明白的道理！一些无良作家和艺人把这盆清水搅浑，目的在于摆脱党的领导和人民的监督，从而得以肆无忌惮地放纵自己的情欲、物欲和自我表现欲。要知道，摆脱一切约束的状态不是自由，而是无政府主义的自专。

现在的问题是，我们的一些部门和领导有一种媚俗的倾向。他们不怕得罪老百姓，而怕得罪文人；他们可以不听老百姓的呼声，而特别在意文人的吵闹。为什么？老百姓没话语权啊，文人有话语权啊，他们怕沾左的包啊，他们要塑造开明形象啊！这样长久下去，怎能落实以人民为中心的导向？当务之急是必须在提倡什么、反对什么方面公开表明立场。没有这个东西，无论对《讲话》精神的学习贯彻搞得多么热闹，也毕竟属于虚与周旋一类。

（2016 年 7 月 26 日）

颜元的人才论

在社会急剧变化的明清之际，中国思想界出现了一位杰出的人物——颜元。他不仅是唯物主义的哲学家和进步的教育家，而且说他是我国人才学的一位先驱者，也是当之无愧的。

颜元(1635—1704)，字易直，又字浑然，号习斋，河北省博野县人。他一生未曾出仕，长期在农村从事教书和行医，晚年应邀讲学于河北肥乡的漳南书院。在批判虚浮空疏的理学方面，他不仅比同时代的顾炎武、王夫之、黄宗羲等更为激烈，而且更能抓住要害，即理学窒息人才的问题。在他看来，培养人才是教育的第一要务，是治国平天下的根本。“人才者，政事之本也。”(颜元《习斋记余》，以下凡颜元著作，皆仅署书名)“有人才则有政事，有政事则有太平；天地生民，自受其福。”(钟錂：《习斋先生言行录》，下文中未注明出处的均见此书)为了巩固封建制度，他从唯物主义的哲学思想出发，联系当时的社会实际，深刻地总结关于人才问题的历史经验，提出了一套较为系统的人才学说。

人才的概念

什么是人才？在这个问题上，一直存在着唯物主义与唯心主义的斗争。颜元以前，人才就是“文学儒雅之士”的传统观念一直居于统治地位。颜元以他“学能致用”的崇实主义思想，大胆地否定了这一传统观念，赋予人才这一概念以全新的进步的内涵。

在他看来，自秦汉以后，中国教育率皆虚浮空疏，严重脱离了实际，因而培养出来的人才，虽以尧孔、禹颜自况，其实大多是一些尚乎清谈、学用脱节的无用之辈，一些光鲜而不中用的银样镴枪头。即以宋代而论，尽管科举兴盛、儒士如云，然则“偏缺微弱，兄于契丹，臣于金元”，“前之居汴也，生三四尧孔、六七禹颜；后之南渡也，又生三四尧孔、六七禹颜；而乃前有数圣贤，上不见一扶危济困之功，下不见一可相可将之才，两手以二帝畀金，以汴京与豫矣！后有数十圣贤，上不见一扶危济困之功，下不见一可相可将之才，两手以少帝付海，以玉玺与元矣！多圣多贤之世，而乃如此乎？噫！”(《存学篇》)双手葬送了国家，还要以圣贤自诩；山河破碎，还被史家吹嘘为多圣多贤之世，这构成了多么绝妙的讽刺！不唯宋代如此，明代的士大夫亦然。颜元指出：明末的那班士大夫，由于专事注疏读讲，腹无半点治国安邦之策，身无一射一御之技，所以一旦国家大难临头，一个个只能面面相觑、一筹莫展，捶胸顿足、泣涕涟涟，徒作“愧无半策匡时难，惟余一死报君王”的哀号。这是多么深刻的历史教训！

事实证明，这些空疏无用的“文学儒雅之士”根本算不得什么人才。那么，究竟怎样的人是真正的人才呢？颜元认为，“人必能斡旋乾坤，利济苍生方是圣贤。不然虽矫语性天，真见定静，终是释迦、庄周也。”这是说，只有具备真才实学，于时世有所裨益的人，才是真正的人才。这种人才的具体标准是：首先要有德，而不是那种言行不一、不分是非的乡愿。他说：“世宁无德，不可有假德，无德犹可望人之有德，有假德则世不复有德矣，此孔孟所以恶乡愿也。”其次要有真才实学，而不能是那种袖手无用之徒。他说：“人于六艺但能究心一二端，深之以讨论，重之以体验，使可见之施行……斯为儒者之真。”再次，要有一个健康的体魄，他说：“天下无不弱之书生，无不病之书生，生民之祸，未有甚于此者也。”(《朱子语类评》)

颜元又把这样的人才分为两类，即“全体之圣贤”和“偏胜之圣贤”。所谓“全体之圣贤”，也叫通儒，就是全才；所谓“偏胜之圣贤”，就是各种专门人才。他的弟子李塨解释道：“惟六艺尽人宜习之，但有专精、兼通之分耳。”(李塨《论学》)兼通者即为全才，专精者即为专才。颜元认为，全才是允文允武的维护封建统治的高级人才。“夫儒者，学为君相百职，为生民造命，为气运主机者也。”(《习斋记余》)他们应当是“持世之人”，“朝廷大政，天下所不能办，吾门人(笔者按：即通儒)皆办之；险重繁难，天下所不敢任，吾门人皆任之。”非但如此，还应当是“转世之人”，“勇往直前，以我易天下，不以天下易我……举国非之而不摇，天下非之而不摇。”这是说，通儒们不但不应当与腐败的社会风气同流合污，而且应当不怕造谣诽谤，大胆地扭转社会风气、改变天下的面貌。用今天的话来说，就是要有“反潮流的精神”。颜元认为，专才也同样是圣贤之才。他曾经列举历史上的先例加以说明。“学须一件做成便有用，便是圣贤一流。试观虞廷五臣（按：指舜的贤臣禹、稷、契、皋陶、伯益），各只专一事，终身不改，便是圣；孔门诸贤，各专一事，不必多长，便是贤；汉室三杰（按：指萧何、张良、韩信），各专一事，未尝兼摄，亦便是豪杰。”这种专才，虽然读书不多、知识有限，但是由于接触实际、学而致用，终为那些自认为“读尽天下书”的空疏无用之辈所不能比拟。他明确指出：“读尽天下书而不习行六府六艺，文人也，非儒也；尚不如行一节、精一艺之为儒也。”（《存学编》）颜元认为通儒是不多的，大批的乃是各种专门人才。他曾问弟子果斋如何学习，果斋回答说：我想无所不能。颜元马上就批评他说：错了！孔子门下的各个圣贤，礼乐兵农各科都只精通一种。书本上见到的，心头上想到的，可以无所不及，然而这是一个心造的幻影，是最容易自欺欺人的。究根问底，不接触实际的书本所得、心头所想，不用说算不得真本事，也算不得真知识。

从以上的分析中可以看出，颜元的人才观有两个显著的特点：一是讲究学能致用，二是注重专才，这无疑体现了明显的民主性和进步性。但是，颜元所指的人才，无论是通儒还是专才，都只是局限于士大夫阶层。本来颜元是主张“人皆可以尽尧舜”，“人皆可以为圣贤”的，但是在这里，“尧舜”、“圣贤”的外延是很宽泛的，其中有阶级地位的不同。他的解释是：“只就各人身分，各人地位，全得各人资性，不失天赋善良，则随在皆尧舜矣。”既然如此，他又进一步下结论道：“果愚蒙人也，宜耕田凿井，以养父母，以受天子法制……若聪明人也，则以天地粹气所钟，皆学为公卿百执事，以勤民生，以佐王治，以辅扶天地。”（《存人编》）这就道破了天机。原来只有士大夫之流的“聪明人”才可称为“佐王治”、“辅扶天下”之才，至于“愚蒙”的百姓，则只能做脸朝黄土背朝天，老老实实接受天子统治的芸芸众生。因此，他把孔子的愚民政策作为万古不变的金科玉律，认为“守之则易简而有功，失之徒繁难而寡效”。（《存人编》）这就暴露了颜元人才观的阶级局限性。

人才的培养

颜元认为，人的个性是有差别的，每个人的天资禀赋、心理基础、兴趣爱好各不相同。因此，应当因材施教，从各自不同的特点出发，充分尊重个性，因势利导。只有这样，才能使教学合拍，尽快尽好地造就各种人才。

但是，个性的发展又是和每个人的主观努力紧紧联系在一起的。只有勤奋自励、锐意进取，才能成为人才。因此颜元十分强调立志用功在个人成才中的作用。他说："圣人亦人也，其口鼻耳目与人同，惟能立志用功，则与人异耳。故圣人是肯做工夫庸人，庸人是不肯做工夫圣人。"这就是说，圣人与庸人之间没有一条不可逾越的鸿沟，关键在于是否"肯做工夫"。他认为，只有树立了远大志向，才能有用功进取的动力。"常以大人自命，自然有志，自然心活，自然精神起。"因此，他热情鼓励当时的知识分子争做圣贤之才。"人须知圣人是我做得；不能做圣，不敢做圣，皆无志也。""学者自勘，我是何等禀赋！若不能修德立业，便是不能尽其天性，便是负天，便是负父母之生。"

一个人能否成才，个人因素仅是问题的一个方面，与此同时还需要具备客观方面的条件。因此，颜元十分重视学校教育在个人成才中的作用。他说："不知人才为政事之本，而学校犹人才之本也。"（李塨、王源《习斋先生年谱》）学校既然是产生人才的本原之地，所以他主张大力兴办学校。他认为过去之所以未能出现真正的人才，一个重要原因就是没有办好学校。为了办好学校，他一反过去经院式的教学，提出了一套全新的教学内容和教学方法。

在教学内容的安排上，颜元以"宁粗而实，勿妄而虚"为基本原则，以真学实学作为教学的内容。他认为宋明诸儒，如朱熹、王阳明之流空谈性天的东西，是不能培养出真正的人才的。至于佛老之学，则更不足取。只有尧舜周孔时代的所谓"六府"、"三事"、"三物"才是真学实学，应当作为教学的基本内容。所谓"六府"，就是金、木、水、火、土、谷；所谓"三事"，就是正德、利用、厚生；所谓"三物"，就是六德（智、仁、圣、义、中、和），六行（孝、友、睦、姻、任、恤），六艺（礼、乐、射、御、书、数）。在这三项内容中，他尤其重视六艺。

在他那里，六艺是德、智、体的共同教材。学好了六艺，就可以有真德真行、全德全行、有用之德有用之行。他说：六艺“似苦人事，而且物格知至，心存身修而日壮。”这是说，六艺不仅可以使人提高学识，增长才干，而且能培养人的道德品质，强健人的体魄。

这六艺是否需要全部掌握呢？颜元的意见是根据各自的特点酌定。如果是“全体之圣贤”，则可以博学六艺；如果是“偏胜之圣贤”，则可以专攻其一、二。他说：“上下粗精皆尽力求全，是谓圣学之极致矣！不及此者，宁为一节一端之实，无为全体大用之虚。如六艺不能兼，终身只精一艺可也。如果一艺不能全，数人共学一艺，如学礼者，某冠婚、某丧祭、某宗庙、某会同，亦可也。”(《存学编》)这是类似近代教育专业分工的主张。

但是，颜元最理想的教学内容，还是见于他主讲漳南学院时所亲手制订的教学计划。在这个计划里，他又在“六府”、“六艺”等学科的基础上加以扩充，把教学内容分为文事、武备、经史、艺能四大学科。其中文事包括“礼、乐、书、数、天文、地理”等科；武备包括“黄帝、太公以及孙吴五子兵法，并攻守、营阵、水陆诸战法、射、御、技击”等科；经史包括“十三经、历史、诰制、章奏、诗文”等科；艺能包括“水学、火学、工学、象数”等科。这些学科的设置非常类似现在的大学分科。我们可以看出，这些学科的大部分都是有关工农业生产和商业方面的知识。毫无疑问，它反映了当时新兴工商业者培养行业专门人才的愿望和要求。

由上可知，颜元的教学内容虽带有较浓厚的复古主义色彩，但其本质仍然是它的求实精神。可以说，这是新兴市民阶层的思想观念、愿望要求在教育领域的反映。

颜元认为，宇宙的本体是动的，人才也只有在运动才能造就。因此，在教学方法上，他极力反对程朱理学的“读书静坐”，积极主张“习行”、“实践”。

他认为脱离实际的“读书”，并不能获得真正的识见和才能。他曾以学琴为例，来说明这个问题：诗书好比是琴谱，纵使你“烂熟琴谱，讲解分明”，倘若不去亲手操弄，也仍然不能弹奏出美妙的乐章。倘若进一步认为琴谱就是琴，那就更是无知的妄人。程朱以脱离实际的读书为“穷理”、“明道”的方法，恰恰是南辕北辙，越学距离人情物理越远。至于靠静坐得到的先验知识,则有如镜花水月一般,更是些虚幻无用的东西。他说:“若去镜水,则花月无有矣,即对镜一生,徒自欺一生而已矣。若指水月以照临,取镜花以折佩,必不可得之数也。故空静之理,越谈越惑;空静之功,愈妙愈妄。”(《存学编》)所以,颜元给读书静坐下了一个切中肯綮的结论:“凡人读书静坐中讨来的识见议论,便是望梅画饼,靠之饥食渴饮不得。”(《存学编》)

读书静坐非但不能得到真知灼见,而且坏人身体、损人智慧。他尖锐指出:“终日兀坐书房中,萎惰人精神,使筋骨皆疲软。”(《朱子语类评》)“为爱空谈之学久,则必至厌事,遇事即茫然;贤豪且不免,况常人乎?故误人才、败天下事者,宋人之学也。”(李塨、王源《习斋先生年谱》)这样培养出来的“人才”,既无“经天纬地之略”,又无“礼乐兵农之才”,“‘临危一死报君王’即为上品矣!”(《存学编》)如此严重的后果,到底是谁人造成的呢?颜元认为罪魁祸首就是朱熹,“千余年来,率天下入故纸堆中,耗尽身心气力,作弱人、病人、无用人者,皆晦庵为之。”(《朱子语类评》)

颜元把自己的住处命名为“习斋”,又以习斋作自己的号,正是体现了这种主张。他认为,要获得真正的知识,就必须去直接经验,进行实地锻炼。“心中醒,口中说,纸上做,不从身上习过,皆无用也。”(《存学编》)“读书无他道,只须在行字上着力。”这是说,对于书本上的知识,即使你心中明白,嘴上讲得头头是道,而且能形诸文字,但是不去实行,就仍然是一纸空文,算不得真学实学。只有“习行”、“实践”,才是获得真学实学的唯一途径。

“习行”、“实践”不仅在培养真才实学上具有决定性的意义,而且有其重要的德育、体育价值。他说:“人心,动物也。习于事则有所寄,而不妄动,故吾儒实习力行,皆所以治心。”这是说,投入习行实践,身心处于紧张的状态,就会使思想有所寄托,抑止邪思妄念的萌生。因此,习行实践也是治心即进行道德修养的良方妙药。他还说:“养身莫善于习动,夙兴夜寐,振起精神,寻事去作,行之有常,并不困倦,日夜精壮。但说静息将养,便日就惰弱。故‘君子庄敬日强,安肆日偷’。”这是说,如果每天坚持习行动作,就会使身体日益精壮;反之,如果终日静坐不动,身体就会日见孱弱。因此,习行实践也是行之有效的养身之道。

正是因为习行实践对培养人才具有如此重要的意义，所以颜元屡次谆谆告诫他的弟子，“吾辈只向习行上做工夫，不可向言语文字上着力”。同时，他本人也在修己教人中一直努力践行着这种主张，除不断演习骑马、射箭、技击、歌舞外，还“用力农事”，经常参加一些农业生产劳动。晚年主持漳南书院时，也经常督率生徒“习礼、歌诗、学书计、举石、超距、击拳”等。

梁启超在评论颜元时说：“凡属实验学问，他无一件不赞成。”若先生“生在今日，一定是位大科学家。”（《饮冰室全集》第十七册）这一评价，准确地道出了颜元教育方法的基本精神。在清谈词章、静坐顿悟之风弥漫的明清之际，颜元大力提倡习行实践，其实无异于在漫漫的长夜中擎起了一支火炬。尽管这火光还很微弱，却预示着现代教育曙光的到来。但是，也毋庸讳言，颜元的习行实践还仅仅局限于个人的狭小圈子，不曾具备社会实践的意义，也就是说，与我们今天提倡的“理论与实践相结合”的原则有着根本的区别。

人才的选拔

颜元认为，专凭时文八股取士的科举制度，非但不能选拔真才，而且贻害无穷，因而对它进行了鞭辟入里的批判。

他曾以极其鄙视和憎恶的口吻说：“时文者，娼也。”那么，时文八股到底有哪些危害呢？其一，败坏学风：“迨于魏晋，学政不修，唐宋诗文是尚，其毒流至今日，国家之取士者，文字而已；贤宰师之劝课者，文字而已；父兄之提示，朋友之切磋，亦文字而已。”“倘仍旧习，将朴钝者，终归无用，精力困于纸笔；聪明者，逞其才华。”（《存治编》）因为政府以时文八股取士，结果使得醉心功名利禄的知识分子如苍蝇逐臭一般，唯时文八股是尚。师长劝勉，父兄提示，朋友切磋，全然无外乎这脱离实际、空疏无用的文字。因此，这些读书人或困于纸笔，老去无成；或舞文弄墨，哗众取宠。面对这种局面，颜元痛心疾首，发出了“可胜叹哉”的深深慨叹！其二，坑害学子。他说：“近自唐宋试之以诗，弄之以文，上辄曰选士、曰较士、曰恩额、曰赐第；士则曰赴考、曰赴科、曰赴选。县而府，府而京，学而乡，乡而会；其间向先、察貌、索结、登年、巡视、搜检、解衣、跣足，而名而应，挫辱不可殚言。呜呼！奴之耶？盗之耶？无论庸庸辈不足有为，即有一二杰士，迫于出仕，气丧八九矣。”（《存治编》）统治者虽然给科举冠以“恩”、“赐”等美名，而“士”却只认为自己是在求官。再经过一番五花八门的折腾，士气已丧失殆尽，报国之心荡然无存，唯知功名利禄而已。这样的一套体制和这样的一番折腾，使得一般知识分子“平居闭户，如妇人女子；出任兵、刑、钱、谷，渺不知为何物，曾俗吏之不如。”其三，贻误国事。他说：八股之风盛行，使得天下之人尽皆崇尚清谈而无真学实术，文治武功尽皆化为泡影，弄得国势衰微破败，生民深遭其殃。因此，颜元愤怒地斥责道：“八股之害”比秦始皇的焚书坑儒还有过之而无不及！

科举八股既然不能选拔真才，并且危害深重，那么就非彻底废除不可。然而，用什么办法来取而代之呢？颜元认为，“莫若古乡举里选之法”。下面，将其“乡举里选之法”做一简单介绍。

关于人才的选拔，依这样的程式：“治道不必文武分途，亦不必举人进士，只乡里选举秀才。秀才长于文德者，充乡约耆德之职；长于武略者，充保长之职；其显有功德者，擢大乡长；大乡长之显有功德者，升邑令、郡守或备参辅；以至三公，皆通为一体，或次或递、或超擢。”这是说，从耆、约之职到三公六卿，一般地是要依次逐步提升，但德才突出者也可以破格提拔，登庸的标准就是视其德才如何。这是一条任人唯贤的路线。

关于人才的选举，颜元的意见与顾炎武是一致的，都主张“仿明旧制。乡置三老人：劝农、平事、正风，六年一举，县方一人。如东则东方之三老，视德可敦俗，才堪莅政者，公议举之，状签某某深知其才德，兼以事实之，县令即以币车迎为六事佐宾吏人。供用三载，经县令之亲试，百姓之实证，老人复跻堂言曰，某诚贤，则令荐之府，呈签某令深知其才德，亦兼以事实之，则守以礼征至。其有显德懋功者，即荐之公朝，余仍留为佐宾三载，经府守之亲试，州县之实证，诸县令集府言曰，某诚贤，则府守荐之朝廷，状签某守深知其才德，亦兼以事实之，则命礼官弓旌、车马征至京。其有显德懋功者，即因才德受职不次，余仍留部办事，亲试之三载。”（《存治编》）这种选举方法，有三个显著的特点值得我们注意：一是无论选举哪一级人才，都必须有一个试用的过程；二是充分听取百姓和基层的意见；三是负责选举的官员对被选者要“亲试”，推荐的呈状还必须以实事证明其贤。毋庸置疑，这是颜元的崇实主义和民主精神在选举人才方面的体现。

颜元也估计到，实行乡举里选之法，不可避免地会有行贿、请托之类的不正之风发生，但是决不能因噎废食。选举尽管有这些弊病，但是和科举比较起来，毕竟不知道要好上多少倍。他说：“邑方举一人，一方有不肖耆、约，党酒食、贿赂之家，而登其弟子，将三方皆不肖乎？即皆不肖矣，它邑独不得一良耆良约乎？三四举而得一贤，或三四邑而得一贤，所得不即多乎？当不至如时文百举而不见一贤也。”(《存治编》)因此，颜元仍然坚信选举是擢拔人才的最好方法，虽有流弊却足以“定百年之太平”。至于选举中出现的舞弊现象，颜元主张用考核和赏罚的办法来杜绝。他说：“凡经两举，用不及者，许自辞归进学。老人、令、守荐贤者受上赏，荐奸者受上罚，则公论所结，私论不行矣。”(《存治编》)这样以考绩给被选者以甄审，就会良莠分明，使滥竽充数者无立足之地；以法度给荐者以赏罚，就会造成舆论，使营私舞弊之徒畏法而不敢为非。

颜元倡导乡举里选之法，代表了中小地主阶级知识分子登庸真才、振兴封建统治的愿望。马克思曾经指出：“君主政体的原则总的说来就是轻视人、蔑视人、使人不成其为人”，因此，“庸人是构成君主制的材料”。[①] 不砸碎腐败的封建官僚机构，这种主张是不可能实现的。由于历史和阶级的局限，颜元还不可能认识到这一点。因此，这种主张在当时仍然属于一种改良主义的空想模式。

颜元生当中国封建社会解体，资本主义经济因素萌发的历史时期。在这个新旧交替时期，新旧思想的斗争也是十分激烈的。它必然要影响到颜元的思想。颜元的人才论，是以“复古为解放”(梁启超语)，它一方面反映了社会历史前进的要求，另一方面也明显地打上了封建思想的烙印，但是就其主导方面而论，仍然是具有进步意义的。他的人才论，在我国教育学、人才学的历史上占有十分重要而光荣的位置。

我们现在所处的时代是一个求贤若渴的时代，也是一个人才辈出的时

① 《摘自“德法年鉴”的书信》，《马克思恩格斯全集》第1卷第411、412页，人民出版社1956年第1版。

代。新的时代为新的学科提供了深厚肥沃的土壤。我们欣喜地看到，人才学作为一门独立的学科已经应运而生，并且正在蓬勃发展。处在这样一个伟大的时代，把古代思想家、教育家关于人才学方面的宝贵遗产进行了一番认真的挖掘、研究和总结，显然是一件很有意义的事情。我们热切希望这项工作能够得到更为快速、深入的开展。

（1981 年 5 月）

注：此文是在读大学时与邓子平同学合作完成的。子平提出选题，并负责查找资料，我负责撰写。

从来就没有什么救世主

近年来，李洪志之所以能够聚集起“法轮功”这样一个非法组织，到处呼风唤雨、兴风作浪，从思想上说就在于他用一整套歪理邪说蛊惑了人心。而这套歪理邪说的核心就是“救世”说。为了维护科学和真理的尊严，使受其蒙骗的人们回到正确的人生轨道上来，对于这个弥天大谎必须予以彻底揭穿。

人们看到，无论是在他的所谓“法经”里，还是在他的所谓“演讲”中，李洪志总是煞有介事地告诉人们：世界末日将临，人类就要毁灭。对于这场人类的大劫难，现代科技无能为力，任何政府也无可奈何，只有他的“法轮功”才能超度众生。而他李洪志，就是那个应运而生的“救世主”。据说，这样的“救世主”是空前绝后的：“在国内外，真正往高层次上传功，目前只有我一人”，“我要是度不了你，谁也度不了你”。稍为懂得一点中外思想史的人都不难看出：这位当代“救世主”的这番狂言，实在看不出什么“高层次”，无论是从古代还是今天，都可以拎出一大堆来。美国天门教派的首领马歇尔·阿普尔怀特就曾一再宣称：现世已经无望，只有他一人能够拯救这个世界。他有本事率领信徒的灵魂乘坐来自天堂的宇宙飞船，在哈雷彗星的拖带下冉冉升天。如果一定要说李洪志与其同类的不同，不过是谎言撒得更大更粗鄙而已。

这种无知妄说当然是荒唐可笑的。哪里有什么神仙之体的“救世主”呢？人们早就知道，只有人，才是自己命运的主宰。早在两千多年前，中国的先哲们就否定神怪的存在，主张由人自己来安排自己的命运。孔子“不语怪力乱神”，荀子号召人们“制天命而用之”。邺城县令西门豹则以其超人的机智果敢，揭露、惩治了制造河神、残害百姓的巫婆神汉，成为反对迷信活动的伟大先行者。在西方，文艺复兴时期的拉伯雷也是一位冲决神学枷锁的勇士。他通过长篇小说《巨人传》，热情歌颂了人类追求科学和文明的高贵理性，以人的伟大否定了“救世主”的虚幻的“伟大”。文艺启蒙时期的狄德罗则巧借英国盲人数学家桑德逊之口，对吹嘘“救世主”的神学家进行了辛辣的讽刺：“哎呀，先生！您还是抛开这种从来没有向我呈现过的美景吧！我是注定了在黑暗中度过我的一生的；您给我引述一些我根本不了解的奇迹，这些奇迹只能为您以及同您一样能看见的人们提供证明。您如果想要我相信神的话，一定得让我摸得到他。”[①]

马克思主义的诞生，则标志着人类对于神的认识已经完全建立科学的基础之上。马克思主义的经典作家指出，诸如鬼神救世主之类，不过是支配着人们日常生活的外部力量在人们头脑中的虚幻的颠倒的反映。这些东西“按其本质来说就是剥夺人和大自然的全部内容，把它转给彼岸之神的幻影，然后彼岸之神大发慈悲，把一部分恩典还给人和大自然。”[②]由于历史条件的局限，以往的任何一个阶级都不可能完全摆脱“神”的奴役。在人类历史上，只有无产阶级才能根除一切神灵赖以产生的社会土壤，使全人类从神的精神压迫下得到彻底的解放。无产阶级与其他一切劳动者阶级团结起来，依靠自己的力量，砸碎私有制的千年锁链，实现对于社会财富的共同控制，进而不断发展社会生产力，不断发展科学技术文化，最终达到人与人、人与自然的矛盾的彻底解决，就是实现这种解放的道路。

对于这一马克思主义的科学真理，饱经忧患的中国人民有着更为深切的体会。毛泽东在《湖南农民运动考察报告》中记录了1927年他与贫苦农民谈话的生动情景。他问农民说：“不要农民会，只要关圣帝君、观音大士，能够打倒土豪劣绅吗？那些帝君、大士们也可怜，敬了几百年，一个土豪劣绅不曾替你们打倒！现在你们想减租，我请问你们有什么法子，信神呀，还是信农民会？”他的这些话，“说得农民都笑起来。”[③]从一定意义上说，这段谈话概括了中国人民100多年来的命运沉浮。不是么？在封建主义、帝国主义、官僚资本主义压迫下，有多少善良的人们在悲苦无告之际向“救世主”们

① 全增嘏主编：《西方哲学史》上册第733—734页，上海人民出版社1985年第1版。

② 恩格斯：《英国状况——评托马斯·卡莱尔的〈过去和现在〉》，《马克思恩格斯全集》第1卷第647页，人民出版社1956年第1版。

③ 《毛泽东选集》第1卷第33—34页，人民出版社1991年第2版。

祈求救助？中国的“救世主”、外国的“救世主”，大个的“救世主”、小个的“救世主”，以至于狐仙、蛇神、黄鼠狼仙之类，哪一个他们没有虔诚地膜拜过、慷慨地供奉过？但是除了日甚一日地遭受贫穷、欺侮和灾难以外，他们得到了什么呢？失败和挫折教育了人民，引导他们选择了马克思主义，选择了中国共产党。正是因为有了马克思主义科学理论的指导和中国共产党的正确领导，中国人民才真正开始将命运操在自己的手里，从而一步步告别了贫穷、压迫和愚昧，一步步赢得了富强、自由和文明。正在中国人民齐心协力推进现代化建设，进一步改变自己命运的历史时刻，李洪志却抛出这个所谓的“救世”邪说，这难道不是与人民意志和历史潮流背道而驰吗？

为了让人们相信他当真是一个“救世主”，李洪志对着自造的哈哈镜，煞费苦心地进行了一番乔装打扮。他伪造出生年月，以冒充释迦牟尼转世；他谎称幼年幸得神人真传，以证明自己是天纵之才、不同凡响；他炮制自己身披袈裟、端坐莲花宝座的肖像，广为兜售，继续与释迦牟尼攀亲。然而，不管这面哈哈镜多么善变，毕竟要在事实面前摔得粉碎。他不是说自己开了“天目”，只有他才能洞察一切么？事实却告诉人们，他是一个不知光年为何物、分不清有机物与无机物的愚蒙之辈；他不是说自己有无数法身，无所不在、无所不能么？实际上却是一个除了招摇撞骗以外百无一能的江湖术士。在党和人民对其忍让之时，他聚众闹事、为所欲为，大有骄横不可一世之势；一旦党和人民对其采取果断措施，偌大的“法轮功”组织便顷刻土崩瓦解，他自己也只能龟缩在大洋彼岸的一个角落里向隅而泣。什么“度”人？“大限”来时，他是连自己也“度”不得的。那么，他到底“度”了什么呢？把信徒的钱财“度”到自己腰包里去了，把自己“度”到亿万富翁的圈子里去了，把某些信徒的生命“度”到死亡的深渊里去了。除此之外，还有别的什么吗？

李洪志说，“弘扬大法，你根本就不能再提你以前学过的东西。因为你已经和它一刀两断了，它不属于你，也不属于你要得到的东西。一切法轮弟子在传法时，只能用‘李洪志师父讲……’”毫无疑问，这“以前学过的东西”是包括甚至主要是指马克思主义的。真是一语道破天机！原来他危言“末日”，自封“救世主”的全部祸心，就是要人们信奉他的歪理邪说而不相信马克思主义以及其他一切科学文化知识，跟着他的指挥棒转而脱离党和政府，从而把“千千万万”和“浩浩荡荡”收拢到他的麾下，以夺取一种“超政府”、“超法律”的权力，为其实现个人的私欲和野心开辟道路。如果听任他的这一图谋得逞，必将党无宁日、民无宁日、国无宁日，一切革命、建设、改革的成果都将付诸东流。

党和人民与“法轮功”组织的斗争，绝不是简单的迷信与反迷信的较量，而是一场争夺群众、争夺思想阵地的严肃政治斗争。可以肯定，这种斗争在相当长的时期内不会止息。只要是人与人、人与自然的矛盾还没有得到彻底解决，装神弄鬼之类的东西就不可能完全从人类社会中销声匿迹。尤其是每当社会处于重大转折或社会矛盾比较复杂的时期，它往往还会神气活现起来，变着法儿地去蛊惑人心、兴妖作怪。李洪志所操纵的“法轮功”组织已经寿终正寝，但是以后还有可能出现“张洪志”、“王洪志”之类的货色。战斗正未有穷期，全党同志切不可掉以轻心、麻痹大意。当务之急是：一方面，我们要高举辩证唯物主义、历史唯物主义的科学旗帜，坚持不懈地进行思想舆论斗争，最大限度地压缩唯心主义及其他反马克思主义思潮招摇过市的空间；另一方面，我们要通过深化改革和社会主义制度的自我完善，进一步巩固以工人阶级为主体的广大人民群众的主人公地位，特别是要抓紧解决“看病难”、“上学难”、“住房难”等迫切的民生问题，以最大限度地铲除滋生有神论及其他迷信活动的土壤。无论在哪一方面，共产党员尤其是各级领导干部都应当走在前头。

（1999 年 7 月 23 日）

关于马克思主义大众化的问题

马克思主义大众化既是马克思主义的内在要求,也是人民群众的根本需要

什么是马克思主义大众化?就是要把马克思主义交给以工人阶级为主体的广大人民群众,成为他们改变本阶级以至全人类命运的思想武器。

马克思主义大众化,不能仅仅理解为对马克思主义的宣传普及,而应当理解为马克思主义与人民群众的紧密结合,理解为马克思主义内化成人民群众的精神生命。从历史上看,任何一种思想体系在宣传普及上都有可能取得一定的实效。比如封建统治阶级的“三纲五常”、“三从四德”,西方资产阶级的“自由、平等、博爱”之类,甚至可以普及到几乎家喻户晓的程度。但这是不是可以叫作封建主义、资本主义的大众化呢?不可以的,因为这些东西无论怎么普及,也不可能消除它与人民群众的深度隔阂。《儒林外史》中有一个名叫王玉辉的老秀才,笃信纲常名教,支持女儿殉夫。女儿死后,他还仰天大笑道:“死的好!死的好!”然而在过了一些时日之后,有一次他路过苏州,见到船上有一白衣少妇,忽然想起自己的女儿,于是“心里哽咽,热泪直滚出来”。这表明在他的内心深处,到底还是与残忍的封建道德有些格格不入的。袁枚在他的名篇《祭妹文》中也心痛地写道,早知妹妹被“节义”观念戕害如此,当初就不该让她去读那些经书。可见大众化有一个基本前提,就是那个思想理论必须是属于人民群众的。封建主义的东西,资本主义的东西,在利益取向上是与人民大众根本对立的。这些东西的普及,只能说是统治人们的思想具有相当的广度。在这个世界上,只有马克思主义才有资质、有资格被大众化,因为马克思主义是人民群众根本利益的理论反映,是人民群众求解放、谋幸福的哲学。

马克思主义只有大众化才有用处。正如马克思所说:“理论一经掌握群众,也会变成物质力量。”“哲学把无产阶级当作自己的物质武器,同样,无产阶级也把哲学当作自己的精神武器;思想的闪电一旦彻底击中这块素朴的人民园地,德国人就会解放成为人。”①

马克思主义是工人运动的产物,又反过来指导工人运动的发展。“从群众中来,到群众中去”,马克思主义与人民群众的这种双向互动过程,就是马克思主义日益大众化的过程,人民群众用马克思主义改造世界的过程,同时也是马克思主义不断向前发展的过程。

工人阶级及其他劳动者阶级,对马克思主义有着天然的亲切感和自发的依靠感。例如老一辈无产阶级革命家王震。他读书不多、文化不高,但是一生酷爱《共产党宣言》。老人家在晚年说过,他读《共产党宣言》,即使没有100遍,也有七八十遍,其中一些重要章节还能流利地背诵。究其原因,就在于他出身贫苦,青少年时当过铁路工人,有着强烈的反剥削、反压迫、求解放的愿望。至于建设时期,这类实例更是不胜枚举。大庆工人阶级靠“两论”(《实践论》、《矛盾论》)起家,拿下一个大油田,已是人所共知的佳话。雷锋学习毛主席著作,也颇有心得。毛主席曾经说过,像雷锋那样年轻的同志也懂得一些辩证法。

有一种观点认为,现在是市场经济时代,老百姓对理论没兴趣,他们是“下了麻将桌,直奔股票交易厅”。这种现象有没有呢?当然有。问题在于怎么看?一、这是部分事实,而非全体。如果说中国的老百姓都是如此,那就形同诬蔑了。2003年以来,我们求是杂志的“生活与哲学”栏目组织过3次全国性征文活动,每次收到的稿件都有四五千篇。投稿的大多是工人、农民、基层干部、科技工作者、大学生,甚至还有中学生。该栏目于2003年第6期发表湖南省新晃县第一中学192班班长徐喜蓉的《排名的二重性》;2005年第3期发表大庆石油管理局1205钻井队队长李新民的《井没压力不出油,人无压力轻飘飘》,第9期发表呼和浩特市新城区兴营村农民刘维兴的《老百姓也需要哲学》。仅从这一个侧面便可以看出,人民群众对马克思主义理论的需求和兴趣是非常强烈的,有的理论素养还达到了相当高的水平。

① 《马克思恩格斯选集》第1卷第9、15、16页,人民出版社1995年第2版。

二、一些老百姓对理论没兴趣，一方面是因为在市场经济大潮中受到拜金主义、享乐主义等等消极观念的影响，这恰好从反面证明马克思主义大众化的必要性；另一方面是因为我们的宣传教育及其他相关工作做得不好，或者我们所讲的理论本身就不是真的马克思主义，没有办法让老百姓买账。一旦我们把真的马克思主义用老百姓喜闻乐见的方式传达给他们，他们中间蕴藏的理论激情就会喷涌而出，化为推进中华民族伟大复兴的滚滚洪流。

当前马克思主义大众化存在的问题

我们党历来重视马克思主义大众化。在推进马克思主义大众化的进程中，各级领导干部和理论宣传工作者做了大量工作、取得了很大成绩，但也的确存在一些令人担忧的问题。

一类是领导干部的问题。有的领导干部根本不读马列。据我的一位同事讲，数年前他到江南某市调研发现，在一个县处级领导干部培训班的入学测试中，这个班的40多名学员，竟然没有一人答对《共产党宣言》的作者是谁。一位在北京高校任教的德国教授感叹：中国到处是马克思主义者，但一经交谈就知道，他们中的很多人其实没有读过多少马克思、恩格斯的书。以其昏昏，怎能使人昭昭？

有的领导干部根本不信马克思主义，而是信奉资本主义甚至封建主义的一些东西，但是碍于马克思主义在全党全国各族人民中间形成的强大社会定势，也不得不用马克思主义来装潢自己。这些人往往是说一套做一套，说的有不少马克思主义的词句，但是做的却是资本主义的甚至封建主义的东西，如极力推行私有化，为子女及其他特权阶层贪腐开绿灯等。说的为虚、做的为实，因此形成了我党历史上最为严重的心口不一现象。近年来更有甚者，连一句马克思主义也不讲了，索性直接兜售起新自由主义、普世价值之类的东西。这两类人在台上招之摇之，就会让党员、干部、群众怀疑：我们党到底还坚持不坚持马克思主义，是坚持真马克思主义还是坚持假马克思主义？

有的领导干部未必反对马克思主义，甚至可能对马克思主义还有些感情，但是对马克思主义的坚持不够忠诚、不够彻底，也不够严肃。当马克思主义与他的个人利益发生抵牾的时候,他们绝对站在个人的立场上。例如,有些地方的领导干部为谋求升迁,便找几个文人把理论编成歌词、曲词、快板书之类,让街道、农村的群众排练,等上级领导来了,就演给他们看,以讨得领导欢心。至于表演的内容,是不是跟老百姓的愿望、要求和情感相通,说没有说到老百姓的心坎上,他们是不管的。可以肯定地说,诸如此类的东西,不是在做马克思主义大众化的功课,而是在搞形式主义的花架子。这样的大众化,越"化",离人民群众和马克思主义越远。

凡此种种,是瞒不过老百姓的眼睛的。"学而不信,宣而不懂,讲而不行,既不讲也不行",就是老百姓对于某些领导干部的学风、作风的讽刺性概括。社会心理学有一个概念,叫"比照效应"。在当今中国,最大的比照物、最有影响力的比照物,就是各级领导干部。领导干部当中存在的反马克思主义的现象,轻视马克思主义的现象,实用主义、形式主义地对待马克思主义的现象,是马克思主义大众化的最大阻力。

一类是理论宣传工作者的问题。理论宣传工作者应当是马克思主义的活的载体,是马克思主义与人民群众之间的桥梁,因而也应当是马克思主义大众化的主要推动者。求实地说,在他们当中,有相当一部分是不负责、不给力的。

和某些领导干部一样,有的理论宣传工作者缺乏对马克思主义的忠诚,主要地是把研究、宣传马克思主义当作获取名利、地位的敲门砖。一位理论界的老前辈曾经说过:人们把一个重要理论机构的一些教授戏称为"飞行教授",意思是说他们不下工夫研究问题,而热衷于飞来飞去地去演讲、捞钱,而且那一个讲稿竟然一用就是四、五年。还有一些教授的问题似乎更为严重。他们打着理论创新、研究式教学的幌子,曲道趋洋、诡行媚时,在马克思主义与西方资产阶级的经济、政治、文化思潮之间进行胡乱杂糅,弄出一些似马克思主义还似非马克思主义,实则是新自由主义、宪政民主主义或民主社会主义的东西。连马克思主义都不是,又何谈马克思主义的大众化?

有的理论宣传工作者从来不参与关系党和国家命运的意识形态斗争,从来不接触改革开放和建设小康社会实践中出现的实质性问题,从来不去碰人民群众普遍关心或普遍困惑的问题,而总是以"正面宣传"、"不争论"为借口，热衷于唱理论版的《三岔口》，闪转腾挪、花里胡哨却招招落空。其中最为糟糕的是复制性传播。在天坛的回音壁，你发出一个什么声，它就回你一个什么声。一些理论家阐释领导讲话和中央文件精神，就是这样干的。他们既不研究这些讲话精神、文件精神的理论依据、现实依据以及与其他方面的联系，也不研究在贯彻执行时会遇到哪些问题、怎样解决这些问题，而是用中央文件阐释中央文件、用领导讲话阐释领导讲话，于是在电脑上剪裁、拼凑文章，便成了理论界的一种时髦。有一位知名理论家，经常在电脑上就同一个题目同时进行三、四篇文章的写作，以分送给三、四家报刊发表。要问其间有什么不同，不过剪切板块稍有出入、拼凑方式略有不同而已。这样搞出来的东西，学术界称之为"理论泡沫"、"文字垃圾"，老百姓则称之为"正确的废话"。拿这些东西去让老百姓读，哪如让老百姓直接去读原文呢？这样的理论家，不要也罢。

几点建议

一、领导干部特别是高级领导干部要做真信、真懂、真用的表率。这不但是马克思主义大众化的关键问题，也是能不能在全党全国坚持马克思主义指导地位的大问题。早在70年前，毛主席就曾语重心长地说过："在担负主要领导责任的观点上说，如果我们党有一百个至二百个系统地而不是零碎地、实际地而不是空洞地学会了马克思列宁主义的同志，就会大大地增强我们党的战斗力量，并加速我们战胜日本帝国主义的工作。"[①]如今，我们党的队伍和事业比70年前不知要扩大多少倍，真信、真懂、真用马克思主义的领导干部自然也应当比70年前多出许多倍，至少不应当比那个时代还少吧？

为此，必须采取组织措施。我们党既然是一个马克思主义的党，就必须把对待马克思主义的态度作为任用干部的首要标准。要把那些真信、真懂、真用马克思主义的同志提拔到重要领导岗位上去，把那些从来不讲马克思主义和从来不真讲马克思主义的领导干部坚决撤换下来，而不管他的职务有多高。

---

① 《毛泽东选集》第2卷第533页，人民出版社1991年第2版。

为此，必须强化制度保障。在学习、实践、研究、宣传等各个环节，都要有可操作性的监督、检查、考核、奖惩规定。用制度把人管住，杜绝他们在对待马克思主义问题上的利己主义、实用主义、形式主义等等不良倾向，如此久而久之，他们学习、运用马克思主义就有可能见出效果、尝到甜头；由于见出效果、尝到甜头，他们学习马克思主义、运用马克思主义的热情就会逐渐提高，终至成为他们的第一精神需要。要特别鼓励、提倡领导干部宣讲马克思主义。这既是推动马克思主义大众化的重要举措，也是督促领导干部学习、运用马克思主义的重要抓手。俞正声同志坚持给学生、干部、群众讲党的基础理论和方针政策，而且紧扣实际，深入浅出，不说官话、大话、套话，很受欢迎。应当将这样的领导干部树为推动马克思主义大众化的标杆。

二、培养一批懂得马克思主义理论、站在老百姓立场、熟悉老百姓语言、真心为老百姓说话的理论宣传工作者。要在利益导向上向马克思主义的理论宣传工作者倾斜。当下一个不争的事实是，搞马克思主义的往往备受冷落，而反马克思主义的则往往风头十足、名利双收。这个问题在高等院校、科研机构和新闻媒体那里似乎更为突出一些。必须从舆论导向、评价体系、政策法规等各个方面采取各种措施，确保搞马克思主义的吃香，反马克思主义的风光不再。这是在意识形态领域举什么旗的根本性问题。要教育理论宣传工作者有担当。中国文人自古以来就有以天下为己任的担当精神。“风声雨声读书声声声入耳，家事国事天下事事事关心”，这样的好传统不能丢。我们不能只考虑个人的荣辱得失，不能仅仅为了蝇头微利、蜗角虚名而置党和国家的安危祸福于不顾。要引导理论宣传工作者深入人民群众的火热斗争实践。实践是大熔炉、大学校。理论宣传工作者弄懂弄通马克思主义的问题，端正世界观、人生观、价值观的问题，宣传马克思主义的方式方法问题，发现研究题目、获取理论灵感的问题，所有这些都可以而且必须经由实践的环节来解决。要鼓励理论宣传工作者创新形式，拓展传播手段。俗话说：“看菜吃饭，量体裁衣”，“到什么山唱什么歌”。针对不同的目标群体，要采用不同的宣讲形式和传播手段。当年毛主席到安源煤矿动员工人团结起来进行革命斗争，就不是照本宣科，讲历史唯物主义的大道理，而是说“工”和“人”连在一起就是“天”，工人兄弟们联合起来，力量就比天大，就能翻身做主人。这种亲合群众的作风,直到今天仍然值得我们学习。

马克思主义理论宣传队伍也包括群众理论工作者。这里主要是指热心于理论宣传的基层模范人物和民间权威。模范人物是党的理论、路线、方针、政策与具体实践的完美结合体,在群众中具有巨大的感召力。北京燕山石化有个普通女工,叫许淑云。她经过反复钻研,发明了气压机优化运行操作法,在设备不变的情况下每年可节省蒸汽3.2万吨,折合人民币320万元。燕山石化党委副书记王玉英说:由许淑云讲建设资源节约型环境友好型社会,比我们党委一班人讲,效果要好得多。民间权威是指那些有本事、乐于助人、受到当地群众拥护的人。延庆县前庙村有个叫韩书琴的农民,她带动全村140户农民种葡萄致富,虽在村委会中没有任何职务,但威信很高。她结合本村实际,把科学发展观编成顺口溜,在全村广播、张贴,结果能让百分之二十的村民记住并理解。我们应当多发现这样的典型、培养这样的典型、推广这样的典型。倘能如此,马克思主义大众化的工作就会收到事半功倍的效果。

三、可考虑在适当时候搞一次整风。上世纪40年代,以反对主观主义以整顿学风、反对宗派主义以整顿党风、反对党八股以整顿文风为中心内容的延安整风,是我党历史上一次普遍的马克思主义教育运动。这场整风经过3年多的努力,有力纠正了党内的教条主义、"左"右倾机会主义及其他各种非无产阶级思想,牢固确立了实事求是的思想路线,极大推动了马克思主义大众化的进程。可以说,没有延安整风运动,就没有日后解放战争的伟大胜利。

现在,我们党面对的国内外局势比那个时期要复杂得多,担负的历史责任比那个时期要沉重得多,党内的思想状况比那个时期要混乱得多。如果不下决心清除新自由主义、普世价值等等洋教条主义以及其他形形色色的封建主义、资本主义腐朽思想在党内的影响,是很难统一全党思想、实现全党团结的,很难让真正的马克思主义掌握全党全国各族人民的。为了保证老一辈共产党人开创的伟大事业得以延续,为了实现中华民族伟大复兴这一近代以来中华儿女的夙愿,我们应当继承延安整风的光荣传统,痛下决心,在全党范围内来一场真正触及灵魂的整风运动。

四、把马克思主义大众化作为一个系统工程。马克思主义大众化，说到底，就是要让马克思主义形成强大的文化软实力，也就是要让马克思主义吸引人民群众，成为他们打心眼里愿意信奉、愿意学习、愿意实践的东西。而要做到这一点，仅靠宣传教育是远远不够的。最基础性的工作应当是让社会主义在中国真正活跃起来、繁荣起来，使人民群众从这种活跃、繁荣中得到实实在在的好处，真正感受到社会主义好、马克思主义好、中国共产党好。如果公有制不占主体，两极分化严重，人民群众就会怀疑我们是不是真正坚持马克思主义，是不是真正代表他们的利益。因此，必须毫不动摇地坚持以公有制为主体、多种所有制经济共同发展的基本经济制度，不折不扣地贯彻公平正义的原则，诚心诚意地走共同富裕的道路。如果党内官僚主义、形式主义泛滥，腐败分子过多、贪污受贿数额太大，人民群众就会怀疑我们党还是不是原来的那个马克思主义的党，就会产生与党离心离德的情绪。因此，必须坚持党要管党、从严治党，坚持党的工人阶级先锋队的性质，坚持全心全意为人民服务、一切从人民群众利益出发、一刻也不脱离群众的根本宗旨。

我们党是一个久经考验的马克思主义政党，一个与人民群众一起摸爬滚打、同生共死过来的政党，一个马克思主义深深扎根并不断中国化的政党。国内外、党内外敌对势力想从这里搞掉马克思主义，不可能像在苏东地区那样容易。近年来，有越来越多的党员、干部、群众自觉学习马克思主义，自发投入保卫党、保卫马克思主义、保卫社会主义制度的斗争，就是有力的证明。展望未来，我们对于马克思主义在中国的前途充满信心，当然也对马克思主义大众化的前途充满信心。

（2008 年 6 月 8 日）

学术化、大众化:我们的双重使命

在社会主义文化建设的关键时刻,黑龙江教育出版社推出《精神家园》[①]这样一部系列丛书,是非常必要、非常及时的。其中的《新文化论纲》被纳入“经典中国国际出版工程”,就是这部丛书重要价值的证明。谨借这个机会,向黑龙江教育出版社和丛书的撰写者们表示祝贺!

读这部丛书,触发了我的一些感想,现在谈出来,请各位专家批评指正。

一

我认为,这部丛书最显著的特点就是能够将我们党的理论研究学术化。应该说,做到这一步是难能可贵的。大家都知道,建设中华民族共有精神家园是党的十七大提出的理论主张,一个凝聚民心、民气、民力的理论主张;但是这一理论主张提出的现实背景和历史背景是什么,理论依据和文化依据是什么,内涵是什么,内在联系怎样,怎样建设,诸如此类的问题,都需要我们的理论工作者进行深入的研究。这些方面的问题研究清楚了,才能使这一理论主张征服全党。只有全党特别是各级领导干部对这个问题有了深刻的认识,建设精神家园的实践才能增强自觉性、减少盲目性。

毋庸讳言,当前,在我们党的基础理论研究领域有一种很不好的风气,就是中央提出一个理论主张,理论界的一些人就用流行政治词语东拼西凑出一些文章来予以解读,其中缺少理论、缺少哲学、缺少文化,更缺少来自实践的有生气的东西。从信息论的角度讲,这些文章的信息新颖量等于零。既然是这样,我们还要这些东西做什么?不但白白浪费读者的时间,而且败

① 黑龙江教育出版社2010年出版。

坏党的理论声誉，同时也不符合低碳经济的要求，因为它空耗了纸张、油墨、电能和人力。撰写这部丛书的专家们则不是这样的：一是他们对宣传党的理论有热情，并非出自跟风、媚时、邀宠之类的盘算；二是他们有很深的学术素养，并非明明只有半桶水却偏要淌得很；三是他们耐得住寂寞，舍得花工夫去潜心研究。据说其中的《新文化论纲》用了10多年的时间。范文澜先生提倡“坐冷板凳，吃冷猪头肉”，后来南京大学的韩儒林先生将它发展为“板凳须坐十年冷，文章不写半句空”。正反两方面的事实一再证明，只有屁股坐得住，才能写出好文章。希望理论工作者都能像撰写这部丛书的专家那样，扎扎实实地一步一步地将党的理论研究学术化。只有经过这样的努力，才能使党的理论主张显得有根有据、流光溢彩，从而感动人意、征服人心。

这部丛书不仅学术性强，写得也好，思路清晰、文笔流畅，读起来没有一点儿障碍。有的朋友可能以为这是不值一提的一个小优点。前年我们单位有一位同志评职称，问我看了她报的材料没有？我说看了。她问感觉怎么样？我说不错，你的文章思路清晰，语言还算通顺。她听了以后不太高兴，说：就这些吗？我说，你别以为这个评价低，目前能做到这一点是非常难得的。大概是从上世纪80年代中期开始，我们的理论界形成了一种以晦涩为高深的文风。个中原因当然十分复杂，但是直接原因则是对西方一些东西的生吞活剥。大家都记得，那个时候流行西方的现代主义和后现代主义，在我国翻译出版了大量的这方面的译著。其中，不少译者的中文和外文都不过关，学风又非常浮躁，结果那些译著都成了夹生饭，让人丈二和尚摸不到头脑；但是这些东西又非常时髦，于是就成了众多年轻学者及一些中老年学者仿效的对象。一直到今天，这种风气在很多科研单位尤其是高校仍然未见衰绝。前年春节前夕，我和我们求是杂志社的李建军同志去看望吴树青先生。老先生慨然叹道，如今在高校，我也讲不了经济学了，因为要讲人为什么吃饭之类的问题，还要画很多图和符号，这些图和符号把我也搞晕了。俗话说，是真佛只说家常话。能够将深奥的理论问题用平易明白的语言表达出来，才是文章高手，才算有真本事。相反，那种晦涩、玄虚的外表掩盖的往往是浅薄和懵懂。进一步说，这里还涉及到有没有群众观点的问题。我们写文章为的是什么？不就是为了给读者看吗？让读者看懂后接受你的观点吗？如果你故意用一些玄玄乎乎的东西来吓唬读者，用读者的不懂来反衬自己的高深，那就不是把读者当作平等交流的对象，而是当作供你荼毒的对象。这是一种不折不扣的学术贵族主义，一种相当粗鄙的学术贵族主义。总之，作者和读者是一种对象性关系。作者心里有了读者，读者才有可能读懂你的文章。

这部丛书的学术化，从方法论的角度说，应当归功于对于辩证法的娴熟运用。说到辩证法，有人以为很简单，无非就是一个普遍联系，一个发展变化，或者三个规律和五、六个基本范畴，但是要真正把辩证法贯彻到研究的全过程而不走上形而上学的歧路，则是非常不容易的，因为这不是你记住辩证法的基本规则就能解决的问题。对此，我深有体会。几十年来，我一直力图用辩证法来指导自己的研究，但是稍有不慎就会掉进形而上学的泥坑。正是有憾于此，我对这部丛书对于辩证法的娴熟运用特别钦佩。比如，在对待传统文化的态度上，《新文化论纲》提出“传统文化不是烂苹果”，不可以简单地切割为精华和糟粕。当然，这里指的不是人在思维上的抽象切割，比如从整体抽象出一般的内容或形式，而是指机械的扒摊式的切割。这种分析就贯穿了辩证法的精神。为什么呢？一是因为某种文化是一个有机体，精华与糟粕不是拼凑在一起，而是融合在一起；二是因为文化具有动态的特征。彼时彼地是精华，此时此地就有可能是糟粕；和那样一种时代需要相联系是精华，和这样一种时代需要相联系就有可能是糟粕，因而必须一切依时间、地点、条件的变化为转移，是不可以一劳永逸地作出判断的。比如说古代的跪拜礼，对于今天来说是货真价实的糟粕。我们会说，人与人是平等的，为什么要给你下跪呀？但是在秦汉以前，尽管它包含等级差别的内容，但在那样的历史条件下还不能算作糟粕。那个年代没有我们今天这样的桌子、椅子，更没有“呷哺呷哺”那样的高凳、高椅，人们开会、办公、会客、吃饭都是坐在席上。因此，对对方表示礼貌，最简洁、最方便的方式欠起身来，这就形成了跪的姿势。如果那个时候我们站起来给对方行礼的话，会给对方心理造成一种震慑。对方会怀疑，这家伙站起来想干什么？打人呀？可见礼节是与一定生活方式相联系的。相反，今天我们坐在椅子上，站起来鞠个躬、握个手也是非常方便的，如果再扑通跪下去，动作就太夸张了。又比如说“忠”，管仲原来投靠公子纠，后来归顺了公子小白，可以说是不忠；南宋的文天祥宁死不投降元朝，可以说是忠。但是对这两位历史人物，世世代代基本上都作出了正面评价。为什么呢？因为纠和小白作为两位公子，在齐国权力出现真空的时候，谁能当上国君，就看谁能先跑到齐都。纠没能当上国君，是因为他离淄博更远。在这种情况下，管仲即使为公子纠尽忠，也不具有多么庄严的内容，对社稷苍生的意义并不大。与其如此，还不如跟着公子小白这位有作为的国君干出一番有利于社稷苍生的事业呢。文天祥所处的历史背景则与管仲完全不同。当时，如果他听从劝降，则是对于南宋社稷苍生的背叛。对此，文天祥的认识相当清醒。他在给降臣王积翁等人的回信中说：“管仲不死，功名显于天下；天祥不死，遗臭于万年。”正是基于这样一种社稷苍生的立场，他把已经投降又来劝降的南宋皇帝也顶了回去，毫不犹豫地作出了从容就义的选择，因而成为伟大的民族英雄。

当然，这部丛书也不是没有毛病。比如说，《新文化论纲》将康有为、梁启超托古改制的做法说成文化保守主义，这就有些简单化了。你说康有为真的认为孔子是改革家吗？真的认为东汉以来的经学都是刘歆伪造的吗？梁启超真的相信公羊“三世”说中有民主与科学的思想吗？我是持怀疑态度的。其实，他们是在借孔学“言民主，倡大同”，因为当时孔学的传统太强了，在人们的心目中具有独一无二的地位，他们想变法，根本不可能绕开这这位“尊神”，不“打着红旗反红旗”不行啊。其实这个问题用不到细加考证，仅从《孔子改制考》出版后的社会反应就可以看出它们的性质：改革派一片欢呼，保守派则认为康有为“非圣无法”，形同少正卯，应当严厉制裁。当然，到了后来，他们用“通三统”、“张三世”这些东西反对孙中山领导的推翻帝制的革命，这就走向反面了，就成了“文化保守主义”了；但在变法时，这些东西还是有进步意义的。

二

什么是精神家园？精神家园有什么意义？关于这些问题，这部丛书已经做了相当深入的研究。在这个基础上，我们还可以从其他角度继续进行研究。比如，在人的精神活动过程中，既需要积极心理平衡又需要消极心理平衡。积极心理平衡就是在进取中，在奋斗中，在取得一个个的胜利中寻求心理的成功感、满足感和幸福感，比如岳飞的《满江红》："待从头收拾旧山河，朝天阙"；但是，人在进取和奋斗中不可能永远是胜利者，有时候也要领略失败和失意的苦涩。在这样的情境中，你就必须学会解脱，不然就会精神崩溃。解脱是什么？就是消极心理平衡。上世纪 60 年代，毛泽东曾经讲过，人没有一点儿阿 Q 精神就不能活。阿 Q 精神是什么？挨了打，就说"儿子打老子"；自己画圈画不圆，就说孙子才画得圆呢。这就是消极心理平衡。当然，这是消极心理平衡的粗鄙化表现方式。雅一些的，有苏轼的《水调歌头》："人有悲欢离合，月有阴晴圆缺，此事古难全。"既然天人皆是如此，我还想不开做什么？但求"人长久，千里共婵娟"吧。苏轼这个人是很善于搞积极心理平衡，也很善于搞消极心理平衡的，所以他尽管屡遭打击，却总是活得那样充实、那样达观。他的遭遇如果放到一个小心眼的人身上，早就疯了。精神家园的一个重要作用就是在人进取时，即寻求积极心理平衡时给人以动力；在人处于逆境时，遭到失败时，给人以抚慰。积极心理平衡与消极心理平衡不断转化、互补的过程，就是人的精神生命的运动过程，也是精神家园的功能不断发挥的过程。

有没有精神家园，精神家园大不大、深不深，对人可是一件生命攸关的大事。1995 年 9 月，我随《光明日报》代表团去罗马尼亚访问。接待我们的那个人是拥护国王复辟的右翼阵营的成员。我问他，国王是罗马尼亚人吗？他回答说："不是，是德国人。"接着他又说："国王不回来也行，让你们的邓小平来也好。"当时，我们代表团的同志都很震惊。可以肯定，除刘晓波、焦国标等一小撮人外，大凡中国人是说不出让外国人来当国王或总统这种话的。这是因为文化背景的不同，精神家园的不同。罗马尼亚人民是一个善良、朴实、勤劳的民族，但在历史上又一直是一个弱小民族，人口少、历史短，又屡遭大国欺凌，精神家园肯定建设得不够牢固、不够深广，有时难免有无处立身的感觉。而这位仁兄在东欧解体以后，也是处于四顾茫然的状态。我们中华民族虽然在近代也屡遭欺凌，但是我们的精神家园建立得广阔而又深邃，足以令人发出“庭院深深深几许”的赞叹。从某种意义上说，正是因为有了这个伟大的精神家园，才使得西方列强永远不可能灭亡中国，才使得我们能够从灾难中崛起，再创新的辉煌。

总之，我们对建设精神家园研究得越全面、越深入，对它的认识就越接近于自由的境界，实施起来就越得心应手、保质保量，而不至于出现半拉子工程或豆腐渣工程。

三

精神家园的生命力，精神家园之最广泛、最深刻的存在，在于渗透到最广大人民群众的观念、感觉、愿望和激情中去，成为他们自觉的思维方式和行为方式。老百姓可能对理论懂得不多，但是不等于他们没有观念、没有价值判断、没有精神家园。1927 年，毛泽东在《湖南农民运动考察报告》中曾经提到：“一个绅士模样的人在路上碰了一个农民，那绅士摆格不肯让路，那农民便愤然说：‘土豪劣绅，晓得三民主义吗？’”[①]不难看出，那位农民尽管不懂得三民主义的微言大义，却知道这个主义对自己有利、对土豪劣绅不利。由此看来，我们的理论工作者担负着双重的使命，即在党的理论研究学术化的基础上还要做好大众化的工作。我们要做到既上得了讲堂(能研究、能讲理论)，又下得了厂房(会概括、会宣传)。我们要通过群众喜闻乐见的形式，结合他们的此时此刻、所思所盼，把党的理论主张真正渗透到他们的心坎里去。比如作为中华民族共有精神家园主体的社会主义价值核心价值体系，我们能不能用一种简约生动的形式概括出来，让人们能够记得快、记得牢？在这方面，我觉得我们应该向孔夫子的学生们学习。他们把孔子的学说整理成一条条的，一条就是一项准则，或一个方法，或一种智慧，要言不烦、干净利落。从接受层面说，其直接作用就是能让不识字的人也能记住几句。只有在深入研究的基础上把大众化的工作做好了，我们的理论工作才算是

① 《毛泽东选集》第 1 卷第 34—35 页，人民出版社 1991 年第 2 版。

做到了家。

那么,学术化和大众化是不是矛盾的呢?不是的。学术化是基础,也就是说,理论工作者先把理论搞明白,才有资格向大众宣传。以其昏昏,是不能使人昭昭的。这是问题的一个方面。另一方面是:广大理论工作者只有在推动大众化的过程中,在深入人民群众火热的社会实践中,才能发现问题、汲取营养、获得智慧,从而不断提高、深化自己的学术研究。看来还是毛泽东的话对:"我们的提高,是在普及基础上的提高;我们的普及,是在提高指导下的普及。"①

(本文是2011年1月8日在《精神家园》丛书第1辑暨《精神家园—新文化论纲》荣获"经典中国国际出版工程"研讨会上的发言,2月15日根据录音整理)

① 《毛泽东选集》第3卷第862页,人民出版社1991年第2版。

论从严治党

江泽民同志在中纪委第四次全体会议上的讲话中强调:“治国必先治党,治党务必从严”。这是从党和国家前途命运的高度,总揽国内外发展大势和党的建设的现状作出的正确论断。全党同志特别是各级领导干部一定要认真学习、深入领会,扎扎实实地推动党风廉政建设和反腐败斗争的深入发展。

治国必先治党

治国必先治党之最深刻的依据就在于我们党是执政党。执政党作为占统治地位的阶级或政治集团的代表,在各种社会力量中居于支配地位和主导方面,因而决定着国家的性质、面貌和前途。执政党好了,国家必然会好;执政党坏了,不管别人怎么努力,也会把国家搞坏。以蒋介石为首的国民党也曾在中国执政达 20 多年之久,却把一个在近代遭到破坏的中国弄得更加衰微破败,几近亡国灭种的边缘。究其原因,就在于它尽管还打着孙中山三民主义的旗号,但是已经蜕变为大地主阶级、大资产阶级的政党。为这一反动本质所决定,它根本不可能做到从严治党,因而滑向腐败是它无可逃脱的归宿。著名学者章太炎曾尖锐指出:蒋介石实行的三民主义是“卖国主义、党治主义和民不聊生主义”。一些国民党党员也痛苦地承认:在国民党中,真正懂主义、信主义、实践主义的人太少,而讲主义、吃主义、糟蹋主义的人太多。民国中央研究院第一届院士萧公权则无奈地叹道:“三民主义已沦为权贵豪门的镇宅灵符,总理遗嘱已是当代最大的讽刺文学”。而中国共产党自 1949 年执政以后,则把中国搞得蒸蒸日上,不但赢得了民族独立、国家主权,而且一天天走向繁荣富强。这种沧桑巨变之最深刻的原因,就在于中国共产党是中国工人阶级的先锋队,是一个须臾不忘记从严治党的党,永葆纯洁性、先进性的党,对祖国和人民彻底负责的党。我们的每一位党员、干部,都应当从这样的历史比较中得到启示,进而汲取自省自强的动力。

治国必先治党是我们党治党治国的基本经验和国际社会主义运动的经验教训的科学总结。一个政党,取得政权不易,巩固政权更难。难就难在由旧政权的批判者变为新政权的执掌者,要对国家的兴衰治乱和人民的安危祸福负责;难就难在面临更多的诱惑、考验和挑战。一个党无论在历史上如何先进、如何意气风发,在取得执政地位以后,倘若不加强自身的管理和整治,也会在懈怠、涣散之中褪尽本色,丧失执政资格,成为历史上来去匆匆的过客。如何避免由党的腐败导致国家的灾难,是我们党在取得执政地位以前就明确提出并认真思考的严峻课题。早在延安时期,毛泽东同志就提出要用民主监督的办法保持党的先进性,跳出"其兴也勃焉,其亡也忽焉"的历史周期率。1949 年,在取得全国胜利前夕,毛泽东同志又及时提醒全党:夺取全国胜利,"已经是不要很久的时间和不要花费很大的气力了;巩固这个胜利,则是需要很久的时间和要花费很大的气力的事情。""敌人的武力是不能征服我们的……资产阶级的捧场则可能征服我们队伍中的意志薄弱者。可能有这样一些共产党人,他们是不曾被拿枪的敌人征服过的,他们在这些敌人面前不愧英雄的称号;但是经不起敌人用糖衣裹着的炮弹的攻击,他们在糖弹面前要打败仗。我们必须预防这种情况。"①进入新时期以后,邓小平同志也一再告诫全党:"端正党风,是端正社会风气的关键。"②"帝国主义搞和平演变,把希望寄托在我们以后的几代人身上","中国要出问题,还是出在共产党内部","关键是我们共产党内部要搞好"。③ 上世纪 80 年代,两任总书记在反对资产阶级自由化的问题上栽跟头,给党和国家带来不小的政治风险。幸运的是,在世界社会主义运动面临严峻挑战的国际背景下,我们党坚持从严治党,排除干扰,果断处理党内问题,因此社会主义中国才在乱云飞渡中巍然屹立。与此形成鲜明对照的,则是东欧剧变、苏联解体,那里的共产党既丢了社会主义,也丢了江山。个中原因虽然很多,但是治党不严

---

① 《毛泽东选集》第 4 卷第 1438 页,人民出版社 1991 年第 2 版。
② 《邓小平文选》第 3 卷第 144 页,人民出版社 1993 年第 1 版。
③ 《邓小平文选》第 380、381 页,人民出版社 1993 年第 1 版。

肯定是其中的一个决定性因素。这一沉痛的历史教训,无疑给正在前进的中国共产党人敲起了惊心动魄的警钟,正所谓“秦人不暇自哀,而后人哀之;后人哀之而不鉴之,亦使后人而复哀后人也。”前车之覆,全党同志一定要鉴之又鉴。

治国必先治党是实现中华民族伟大复兴的必然要求。50年的辉煌只能说明过去,更艰巨的任务还在前头。按照党的十五大的战略部署,21世纪的第一个10年,我们要形成比较完善的社会主义市场经济体制,实现国民生产总值比2000年翻一番,使人民的小康生活更加宽裕;再经过10年的努力,即建党100年时,我们将使国民经济更加发展,各项制度更加完善;到21世纪中叶,即建国100年时,我们将基本实现现代化,跻身于世界强国之林。这是彻底洗刷中华民族的近代耻辱,彻底改变中国命运的千秋伟业。当前,改革正处于攻坚阶段,发展正处在关键时期。能不能把握世界格局的重大而深刻的变化,能不能应对前进道路上出现的各种复杂局面,能不能在综合国力竞争中立于不败之地,能不能把科学社会主义的红旗打到底,一句话,当今中国的事情办得怎么样,关键取决于我们党,取决于党的思想、作风、纪律、组织状况和执政能力、领导水平。

治党务必从严

治党为什么务必从严?道理十分简单:治而不严等于不治,等于放任自流,等于坐视我党滑向不归的深渊。

当然,必须肯定,我们党的各级组织和党员、干部队伍总体上是好的,是能够担当当代的历史使命的,但是对存在的问题也要有一个清醒的认识。正如江泽民同志所指出的:“以美国为首的西方国家加紧实施‘西化’、‘分化’我国的战略图谋,千方百计地企图用他们的那一套政治观点、意识形态、生活方式影响我们。随着改革的深化和社会主义市场经济的发展,经济成分、利益主体、社会组织和社会生活方式日趋多样化,给人们的思想观念和人与人之间的关系不可避免地带来这样那样一些影响,包括一些消极影响。历史上产生并遗留下来的一些腐朽落后的东西,在今天的社会生活中依然有某些存在的条件。所有这些都必然会反映到党内来。这种复杂的社会环境，对党员、干部保持共产党人和人民公仆的革命本色提出了严峻的挑战，也使党的建设遇到了许多前所未有的新矛盾、新问题。”[①]目前，在一些党员、干部中，有的党性观念淡薄，把自己混同为一般老百姓，丧失共产党员的先锋模范作用；有的理想信念动摇，皈依“法轮功”邪教，甚至成了邪教组织的骨干；有的公然诋毁毛泽东等老一辈无产阶级革命家，否定党和人民的奋斗历史，从内部瓦解中国共产党执政的历史依据；有的与党的基本理论、基本路线、基本纲领格格不入，成为私有化、多党制的狂热鼓吹者；有的甚至违纪犯法，走上犯罪道路……问题就是这么尖锐地摆在我们面前：如果我们不从严治党、改革开放和现代化建设就会失去领导保证，跨世纪发展的目标就会化为一纸空文，实现民族复兴的伟大事业就会付诸东流，获得独立和主权的中国就会重新沦为西方大国的附庸。在这个决定中国命运的关键历史时刻，严峻的形势在考验着我们，全国各族人民在看着我们，全党同志不可不察、不可不忧啊！

然而，一些地方和单位的党组织却不同程度地存在轻党建重发展的现象，总是认为党建是虚的，不如抓经济建设来得实在。这是政治意识薄弱的表现，也是机械唯物论和形而上学在管理工作中的反映。我们党作为先进生产力的代表，是国家经济建设的大脑或中枢。经济发展的状况如何，关键取决于我们党的状况如何。只有坚持从严治党，从各个方面把我们党的各级组织建设好，才能提高民主决策、科学决策的水平，才能保证党的路线方针政策和重大决策层层落到实处，才能正确处理经济建设与其他领域以及经济建设内部的各种复杂关系，才能以自己的榜样力量激发广大人民群众投身经济建设的积极性和创造性。俗话说得好：“磨刀不误砍柴工”。治党、搞党建，当然要花费一些时间和精力。从表面上看，这似乎对搞经济建设有所妨碍，但是它所提供的精神动力、智力支持和政治保证却能呈几何级数地促进经济的发展。相反，如果党不管党、组织涣散、思想混乱、法纪不张，就会导致脱离群众、决策失误、政令不行、腐败蔓延、国有资产流失……哪里还谈得上发展经济呢？列宁曾经说过：“一个阶级如果不从政治上正确地看问

① 江泽民：《在中共中央纪律检查委员会第四次全体会议上的讲话》，新华社北京2000年4月1日电。

题，就不能维持它的统治，因而也就不能完成它的生产任务。”[①]这一科学论断在今天仍有很强的指导意义，应当为我们中国共产党人所牢牢记取。

有的党员、干部奉行庸俗关系学，对党内的消极现象和错误行为不批评不斗争，尤其是对所谓“熟人”，能为自己办事的所谓“能人”，有点影响的所谓“名人”，处在关键岗位上的所谓“要人”，以及所谓“有背景”的人和自己的亲人，即使问题严重，也往往宽容有加，甚至姑息养奸、百般庇护。这种腐朽庸俗的作风，严重背离了党性的原则和立场。须知我们党不是帮会之类的小团体，而是中国工人阶级的先锋队组织；党员之间，不是靠义气聚拢起来的江湖兄弟，而是抱着共同信仰、为着共同目标走到一起来的同志；党的宗旨不是为了谋取个人和小集团的私利，而是全心全意为着最广大人民群众的根本利益。这种先进性、统一性和革命性，决定我们党必须拿起思想斗争的武器。庸俗关系学既是腐败的表现，也是腐败现象得以滋生蔓延的温床。任其发展下去，后果不堪设想。从思想根源上说，它是小生产者的狭隘意识和私有观念在党内政治生活中的反映。要坚持从严治党，就必须与这种陈腐的意识和观念实行彻底的决裂。

有的党员、干部把从严治党同“左”的错误联系在一起，认为“严”就是“左”，这是从严治党的一大思想障碍。产生这种错误认识的一个重要原因，就在于我们的一些同志不能正确地总结历史教训，从消极方面看待了从严治党的问题。在我们党的历史上，确实发生过“左”的错误。这样的历史教训，一定要认真吸取，但是我们又不能因噎废食，从一个极端跳到另一个极端。从严治党怎么能说是“左”呢？“左”是无中生有、无限上纲、残酷斗争、无情打击，所伤害的往往是正确的东西和遵守纪律的好同志，其结果是党性、党的组织和党的事业的破坏；从严治党则是按照党的原则和纪律，对党员、干部进行严格要求、严格教育、严格管理、严格监督，在尊重事实、掌握政策的基础上开展积极的思想斗争，打击歪风邪气和腐败行为，其结果是党风的好转，党的思想的统一，党的组织的巩固，党的凝聚力、战斗力的增强。二者泾渭分明，怎能混为一谈呢？严就是标准，就是力度，就是保证。放弃从严治党、一团和气，似乎“宽容”得很，其实却是在从另一个方面伤害党的同

① 《列宁选集》第4卷第408页，人民出版社1995年第3版。

志、削弱党的组织、损害党的事业。一些党员、干部因失之放任而陷入深渊，一些党的组织因失之涣散而导致瘫痪，这些触目惊心的事实难道还不足以发人警醒吗？存有这种错误认识的同志，归根到底，是因为私心杂念作怪，生怕弄得不好，会担上极左之类的什么罪名。其动机本身，就是缺少党性的表现。

首先要治理好领导班子和领导干部

把各级领导班子和领导干部作为从严治党的首要对象，是由各级领导班子和领导干部在党的各级组织中的决定性地位决定的。中国共产党是领导有中国特色社会主义事业的核心力量。工农兵学商，党是领导一切的。而党对一切的领导，又是通过各级领导班子和领导干部来实现的。我们说当今中国的事情办得怎么样，关键取决于我们党，首先指的就是各级领导班子和领导干部。恰如大海上的一艘航船，船员出点问题，或可无妨大局；如果舵手出了问题，其结果必然是灾难性的。我们说端正党风是端正社会风气的关键，首先指的也是各级领导班子和领导干部。人民群众主要是通过各级领导班子和领导干部来认识我们党的，对我们党的态度主要是由各级领导班子和领导干部的表现来决定的。“上梁不正下梁歪，中梁不正倒下来。”只有把各级领导班子和领导干部治理好，才能保证我们党的各级组织的先进性和纯洁性，才能在下级、基层、群众中具有说服力和号召力，才能为改革开放和现代化建设提供坚实的群众基础和不竭的力量源泉。总之，领导班子和领导干部是关键的关键。领导班子和领导干部坚强有力，就能一振而群纲举；领导班子和领导干部软弱涣散，就会虽百补而千穴败。

从总体上说，我们的各级领导班子和领导干部也是好的，但是在形形色色的诱惑、考验面前，他们中间也出现了这样那样的问题，有些甚至是很严重的问题。有的在国际敌对势力对我国实施“西化”、“分化”的挑战面前打了败仗，成了西方资产阶级意识形态、价值观念、生活方式的俘虏；有的经不住执政、改革和市场经济的考验，在复杂的经济关系、利益关系和人际关系中磨灭了人民公仆的本色；有的不能正确认识国际社会主义运动陷入低潮的历史现象，对社会主义的前途丧失信心，颓废消沉，甚至为自己和子孙后代准备后路……于是，权钱交易、权色交易，纸醉金迷、灯红酒绿，里通外国、叛国出逃等等腐败现象便多有发生。许家屯、成克杰、胡长清等人的犯罪事实表明，我们的一些领导干部违法乱纪到了怎样无法无天、令人发指的地步！所有这些，严重亵渎了我们党的性质和宗旨，败坏了我们党在人民群众中的形象，干扰了党的路线方针政策的贯彻落实，对党和国家的前途命运构成了严重的现实威胁。结论非常清楚：越是改革开放，越是发展社会主义市场经济，对领导班子和领导干部就越要从严要求、从严教育、从严管理、从严监督。

唯物辩证法告诉我们：外因是变化的条件，内因是变化的根据，外因通过内因而起作用。治理领导班子和领导干部，首先要抓住内因这个决定性的因素，形成一个建立在党性原则基础上的自我调节机制。

对于领导干部来说，就是要增强改造主观世界的自觉性。马克思主义的世界观和共产主义的理想信念，是我们共产党人安身立命的支柱和灵魂。支柱坚固，就能临八面来风而岿然不动；丢掉灵魂，就会闻风声鹤唳而六神无主。改造主观世界就要深入群众、深入实践，高高在上、养尊处优，精神世界就会成为无源之水、无本之木。改造主观世界就要防微杜渐，针大的窟窿斗大的风，一时一事之失有可能导致全线崩溃。改造主观世界就要“慎独”，在缺少监督的时候，不能心存侥幸。心存侥幸则可能再图侥幸，终至一发不可收拾。改造主观世界就要“一日三省吾身”，“一念之非即遏之，一动之妄即改之”。经过这样持续不断的自我约束、自我解剖、自我净化，精神世界中的消极因素就会越来越少，积极因素就会越来越多，最终使马克思主义的世界观和共产主义的理想信念成为我们精神生命的主体，从而铸起防腐拒变的思想长城。

对于领导班子来说，就是要形成一种有效的监督制约机制。领导干部的情况，上级不是能天天看到的，下级也不是能天天看到的，而一个班子的成员之间是最熟悉的。所以，强化领导班子内部的监督制约是从严治党的关键环节和有效方式。要切实拿起批评与自我批评的武器。“流水不腐，户枢不蠹。”只有在不停的运动中，在经常的思想交锋中，才能抵制思想微生物和政治微生物的侵蚀，促进同志进步，增强党内团结，使领导班子保持蓬勃的生机与活力。我们看到，一些领导班子之所以出问题，往往是因为那里的主要领导不讲政治、不讲原则。他们不顾及广大党员干部和人民群众的呼声，只顾回避和掩饰班子的矛盾和问题；他们不顾及党的兴衰成败，只管所在班子的荣辱毁誉。如此对党对同志不负责任，还美其名曰与人为善、对班子负责。孔子说："乡愿，德之贼也。"连古人都知道"好好先生"是推广道德的大敌，我们作为党的领导干部，难道就不懂得"好好先生"对党的肌体和党的事业的危害吗？说到底，某些领导干部之所以乡愿作风严重，就是因为一怕得罪别人，二怕牵连自己。这是自由主义和个人主义在党的组织生活中的表现。

党的高级干部是治理重点中的重点。对高级干部中的"一把手"更要从严要求、从严治理。如果他们自我约束不严，又失去应有的监督制约，就会成为君临一切、专横跋扈的西楚霸王式的人物，其结果必然是万马齐喑、宵小竞进、政事混乱、腐败丛生。只有对高级干部特别是"一把手"实施有力的监督制约，对领导班子和领导干部的监督制约才算落到了实处；只有高级干部特别是"一把手"带头进行监督制约，领导班子和领导干部的自我监督制约才能蔚然成风。高级干部特别是"一把手"，一定要充分意识到自己所处的关键地位，一定要在从严治党中发挥领头羊的作用。

治理领导班子和领导干部，也要重视外因。各级党委都要建立健全抓下级领导班子建设的责任制，一级管好一级，一级带动一级，一直抓到基层支部。要坚定地依靠群众，坚持走群众路线。没有广大群众的广泛而积极的参与，对领导班子和领导干部的监督就不可能从根本上得到落实。要加大监督力度，特别是要加强主动监督，把监督的关口向前移，努力做到领导干部的权力行使到哪里，领导干部的活动延伸到哪里，党组织的监督就实行到哪里。对领导干部中发生的违纪违法行为一定要严惩不贷。不论是谁，不论其职务多高、名气多大，该受什么处分就给什么处分，该重判的坚决重判，该杀头的坚决杀头，决不能心慈手软。只有这样，才能形成从严治党的严肃气氛，才能对广大干部有所教训、有所警戒、有所镜鉴，从而达到爱护广大干部、团结广大干部、提高广大干部的目的。

（2000 年 5 月 2 日）

警惕和防止形式主义的东西

在中央思想政治工作会议上的讲话中，江泽民同志再次强调：要特别警惕和防止形式主义的东西。这是贯彻党的实事求是思想路线的应有之义，是新形势下加强和改进思想政治工作的必然要求。只有把形式主义这个让广大群众十分讨厌的东西打入所罗门的瓶子，才能把加强和改进新时期思想政治工作的要求真正落到实处。

形式主义是一种形而上学的观点、方法和作风。它的错误，在于违背了内容与形式统一、内容决定形式、形式服务于内容的科学原理，把形式的地位和作用夸大到压倒内容、取代内容的地步。

形式主义者在观察和说明问题的时候，总是仅仅根据事物的外部标志去判断它的性质，而不去揭示它的内容；在处理问题的时候，则总是热衷于追求表面形式，而不管形式体现着怎样的内容。早在抗日战争时期，毛泽东就曾对它进行过严厉批评，指出这是一种“最低级、最幼稚、最庸俗的方法”。①

在思想政治工作中，形式主义有各种表现。

不联系思想实际和工作实际，不在掌握精神实质和思想武器上下工夫，学而不实、学而不信、学而不用，仅仅把马克思主义的理论当作一种装潢或摆设。

不联系我国社会主义建设、改革与国际形势发展变化的新实际，不总结党和人民在实践中创造的新经验、新认识，不批评错误的思想政治观点，把马克思主义理论的研究和宣传悬置于空中，一味地在理论的一些现成词句中循环往复地空转。

① 《毛泽东选集》第3卷第838页，人民出版社1991年第2版。

不结合干部群众思想认识上产生的新问题，不考虑发展社会主义市场经济的新要求，不解决群众面临的实际问题，不注意因地制宜、因人制宜、因事制宜、因时制宜，大话空话套话连篇，把理想信念教育和思想道德教育变成空洞的说教。

不图创新、不思改进，不顾及社会精神文化生活的新发展，不探讨新的行之有效的方式、方法、手段和机制，简单地拿过去老一套的东西敷衍塞责。

不为经济基础服务，"生命线"意识淡薄，仅仅把思想政治工作当作哗众取宠的工具。表面上轰轰烈烈，实际上空空如也。墙上纸上，制度、措施、计划一应俱全；大会小会，理论、经验、成绩头头是道。沽名钓誉，追求"报上有名，电视有影，广播有声"；捞取资本，意在"树立形象，稳固地位，谋求升迁"。

如此等等，不一而足。

唯物辩证法认为，没有脱离形式的内容，也没有脱离内容的形式。可见形式主义的"形式"，并非纯粹的形式，同样有其特定的内容，只是这个内容不是党和人民需要的积极健康的内容，而是背离党和人民根本利益的消极腐朽的内容。这个内容的核心就是极端利己主义。也可以说，形式主义是现象、是手段、是结果，极端利己主义是本质、是目的、是原因。

形式主义是膨胀的泡沫——不需真抓实干，却往往能名利双收，这在一些意志薄弱者那里必然产生"比照效应"，诱发懒汉习气和投机心理，助长华而不实、弄虚作假的作风，挫伤勤奋务实者的积极性，腐蚀干部队伍，败坏党风和社会风气。形式主义是虚晃的花枪——不但不能解决群众的思想问题、提高群众的觉悟，反而招致群众的反感；不但不为群众办实事、办好事，反而劳民伤财，无端地增加群众负担，从而严重损害党群、干群关系，削弱人民群众对党和政府的信任。形式主义是浮夸的谎言——它的虚与委蛇会把党的方针政策和工作部署变成一纸空文，它所提供的虚假信息会导致上级领导机关判断失真、决策失误。搬起形式主义的石头，既给党和人民的事业造成了严重损害，也必然要砸到自己的脚。形式主义害死人！

正是因为形式主义是党的事业的大敌，所以中央三令五申，坚决反对，但是一些地方和部门却置若罔闻，照旧乐此不疲、趋之若鹜。究其根本原因，就在于一些领导机关和领导干部的官僚主义思想和作风。有的好大喜功，制定不切实际的高指标，下边又层层加码，弄得基层苦不堪言，稍有异议，便招致劈头盖脸的批评；有的喜欢热闹、排场，文牍成山，会议成海，评比达标活动过多过滥，下级应接不暇、疲于奔命；有的作风飘浮，检查工作走马观花、浮光掠影，致使下级有隙可乘；有的用人失察，误以巧言令色为真才实绩，提拔重用了一批华而不实、哗众取宠的人，致使效尤者日众。凡此种种，都在告诉人们：官僚主义之于形式主义，既是温床，也是保护伞。

警惕和防止形式主义，需要从主观和客观两个方面入手。

主观上，要引导各级领导干部特别是高级干部增强改造主观世界的自觉性和主动性，牢固树立马克思主义的世界观、人生观和价值观。只有这样，才能坚定自觉地贯彻实事求是的思想路线，把发挥主观能动性与尊重客观规律结合起来，把充实的内容与完美的形式统一起来，从认识论和方法论的高度认识形式主义的荒谬本质；只有这样，才能志存高远，不为小利虚名所惑，从行为动机上与形式主义实行彻底的决裂；只有这样，才能正确处理个人、本单位与党和人民的关系，牢固树立政治意识、大局意识、责任意识，以扎扎实实、全心全意地为人民服务为最高价值，从利益关系上摒弃形式主义的诱惑。

客观上，必须认真贯彻从严治党的方针，强化监督制约机制，严肃党的纪律。首先是强化班子内部的监督制约。有没有形式主义，形式主义膨胀到何种程度，领导班子内部的成员最清楚。要不折不扣地贯彻民主集中制，真正拿起批评与自我批评的武器，开展积极的思想斗争。积极健康的党内生活，好像消毒剂，又恰似隔离墙。有了它，一切形式主义的思想和作风就会远离我们党的健康肌体。其次是强化民主监督制度的建设，特别是要加强主动监督，努力做到领导干部的权力行使到哪里，党组织的监督就延伸到哪里。要深入实际，善于识别虚实、真伪。“本木实而花萼振”。只有具备充实的内容，才能形成完美的形式。形式主义的花架子，无论多么精心地营造，也不可能不露出破绽，这就需要我们有一双马克思主义的慧眼。要充分发扬民主，坚持走群众路线。形式主义是以本地区、本部门为舞台而专门演给上级看的一场戏。它既轻视群众又运动群众，既脱离群众又伤害群众，所以群众认识最清、痛恨最深。只要把政策交给群众，让他们来监督、评价领导班子和领导干部的工作，形式主义就会立即现出原形。再次是端正用人导向。对于那些热衷于形式主义的干部，不仅不能提拔重用，还要严厉批评；造成严重后果的，则要给予党纪政纪处分，决不手软；对于作风正派、政绩突出、群众拥护的干部，要予以表彰、大胆提拔、委以重任。"举直措诸枉，能使枉者直。"这样长期坚持下去，就会形成一种做老实人、说老实话、办老实事的良好风气。这既是党的思想政治工作的重要内容，又是党的思想政治工作得以加强和改进的思想保证和政治保证。

（2000 年 9 月 2 日）

“站在最大多数劳动人民的一面”

传记《苍生三部曲》[1]是一部好书。传主马文瑞是我们素所敬重的老一辈无产阶级革命家，作者忽培元是一位红色作家。为这样的红色作品鼓呼，是中国红色文化研究会的分内之事。

我与马老及培元相识于1993年，当时我在《光明日报》文艺部工作。马老为了了解当时文艺界的状况，曾通过培元邀我去他家里交谈。正是在广泛调查研究的基础上，马老在培元的协助下写出了《我对文艺工作的一些意见》，并经我在《光明日报》上发表。在当时文艺界几乎听不到批评的沉闷空气中，马老的文章犹如高空鹤唳，引起极大反响。记得邓友梅同志曾在电话中问我：“中央是不是安排马文瑞同志分管文艺工作了？”后来，我的《评长篇小说〈习惯死亡〉》一文曾送马老审阅。马老表示了明确的肯定态度，并建议有关领导同志给予支持，使这篇东西得以公开发表。由于这样的前后两件事，我和马老的交往开始多了起来。有时是他邀我，有时是我邀他，谈话内容则海阔天空，没有任何禁忌或保留。这样的忘年交一直保持到马老辞世。

从马老留给我的印象来看，《苍生三部曲》对马老光辉一生的状写是准确的。可以说，作者真正走进了马老的生活、马老的内心世界。例如，作品中有不少关于马老的心理描写，这些都是得到马老认可的。据说，马老也曾好奇地问过培元：你怎么能把我当时的心理活动揣摩得那么准？这充分表明，培元和马老在精神上的契合已经达到“心有灵犀一点通”的地步。由此看来，孟子的“以意逆志”说，不仅适合于文学鉴赏，也适合于文艺创作。对于传记文学的创作来说，作者应当从对传主的整体把握出发，以自己的人生体验为依托，去探测传主心灵深处的景象。没有这样的硬工夫，那个传记文

① 中央文献出版社2015年出版。

学肯定是写不好的。

从培元的书中可以看到，马老的内心世界十分丰富、十分生动、十分深邃，简直像汪洋大海一般。那里有波澜不惊的淡泊和旷远，也有云霞出海的灿烂和壮丽，更有波涛排空的磅礴和激越……不单调、不刻板、不靠表演来伪装自己，这就是马老，这就是许多中青年喜欢与马老接近的重要原因；但是，就其本质或主导方面来说，则是那种为了劳动群众而敢于担当的精神。这也是我从与马老多年的交往中概括出来的认识。

在马老那里，劳动群众就是天，就是上帝，就是评判是非曲直的最高尺度。值得注意的是，他的这种劳动人民的主体观和价值观，并非仅仅存在于理性层面，而是已经转化为情感、情绪的形式。听到对劳动人民有好处的消息，他会流露出孩子般的喜悦；见到劳动群众受损害的现象，他会感同身受、怒火中烧。

上世纪 90 年代的一天，他说过这样一番很动感情的话：

前些日子我到陕北看望当年的一个“堡垒户”。主人在诉说了当地一些干部的种种劣迹以后，就冲我来了。他说：老马呀，你们当年搞革命那会儿，从我们这里过，我们管你们吃、管你们住，从来不问姓甚名谁。为啥？保护你们呀。早知道你们变成今天这个样子，那时就该把你们交给国民党哩。我听了这些话，感觉像五雷轰顶一样，许久说不出话来。我知道这位老人说的是气话，他是气他身边的一些干部不争气呀。如果我们党再不痛下决心整顿，我们真的会变成我的那位老乡李自成啊。1947 年，毛主席给佳县县委的题词“站在最大多数劳动人民的一面”，是我们的座右铭、生命线啊。

我至今记得马老说完这番话的凝重表情。正是因为劳动群众在马老的心中至尊至重，所以他才敢于为了他们的利益而不计得失、毁誉和生死，义无反顾、一往无前，革命时期是这样，建设改革时期也是这样。可以说，马老的一生，就是为广大劳动群众争权、维权的一生。1993 年，马老作为兼任法制委员会主任的全国政协副主席，曾屡折不挠地为被禹作敏一伙活活打死的无辜农民申冤，直至犯罪团伙落入法网。由于众所周知的原因，在当时，对于禹作敏的案件，并不是所有的领导干部都有这样的政治勇气的。

概括起来说，真实、生动地传达出马老那种为了劳动大众而敢于担当的精神，是《苍生三部曲》最为闪光的地方。而这种精神本身，则是马老及其他老一辈无产阶级革命家留给我们的最为宝贵的精神遗产。

毛主席曾谆谆告诫全党："我们的权力是谁给的？是工人阶级给的，是贫下中农给的，是占人口百分之九十以上的广大劳动群众给的。我们代表了无产阶级，代表了人民群众，打倒了人民的敌人，人民就拥护我们。"①打倒敌人的方式，就是中国共产党领导的人民革命。正是以革命为纽带，中国共产党和广大劳动群众结成了命运的共同体；正是以革命为阶梯，广大劳动群众把中国共产党推到了执政的地位。也正因为如此，革命才成为国内外敌对势力的"眼中钉"或"肉中刺"。在他们看来，不否定革命，就不能剥夺中国共产党执政的历史依据；不剥夺中国共产党执政的历史依据，就不能颠覆中国共产党的执政地位；不颠覆中国共产党的执政地位，就不能打倒10多亿劳动群众；不打倒10多亿劳动群众，国际资本和国内买办便财不得发、福不得享、威不得作，永远不得开心颜。正是出于这样一种精明的盘算，国内外敌对势力才那样一窝蜂地把矛头对准革命。不但新民主主义革命被他们骂得狗血喷头，就连孙中山的旧民主主义革命、洪秀全的农民革命也被他们涂抹得一团漆黑；不但毛泽东和他的战友们被他们打得粉碎，就连跟随毛泽东的普通战士他们也绝不放过。什么狼牙山五壮士"偷萝卜"呀，刘胡兰是"小三"呀，邱少云是"单面烧烤"呀，雷锋"嫖娼"呀，如此等等，极尽造谣诽谤之能事。其态度之轻薄、手段之下作，深为世人所不齿。

应当说，这种"反革命"的扩大化并不那么可怕，可怕的是我们的某些领导干部对革命也有几分害怕了。他们的那种微妙心态，很像两千多年前的汉景帝。

据《汉书·儒林外传》载，有一天，辕固和黄生两个理论家在汉景帝面前进行了一场关于革命是否合法的大辩论。黄生说，商汤、周武的革命并非顺承天命，而是地地道道的弑君篡位，没有任何合法性，应当彻底否定。辕固说，不对。夏桀、殷纣无道，坑害百姓、祸乱国家，搞得天怒人怨。商汤、周武顺应老百姓的意志推翻暴君统治，在老百姓的拥护下取得执政地位，这不是顺承天命又是什么？黄生说，帽子再破，也要戴在头上；鞋子再新，也要穿在

① 《建国以来毛泽东文稿》第12册第581页，中央文献出版社1998年第1版。

脚上。尊卑、上下是不可易位的。夏桀、商纣纵有一千个不好,可他们毕竟处于"尊"或"上"的位置;商汤、周武即使有一万个好,可他们还是处于"卑"或"下"的位置。君主有了过错,应当去帮助他改正,让他继续保持天子的尊严,怎么能乱来呢,怎么能说推翻就推翻呢?辕固说,按照你的逻辑,高皇帝(即刘邦,汉景帝刘启的爷爷)率众起义,推翻暴秦,也是不合法的了?话说到这个份上,汉景帝便有些坐不住了。于是他不得不表态说,吃肉的人不吃马肝,不等于不知道肉的美味;搞理论的人不谈论商汤、周武革命是否合法,不等于不懂理论,以后不要再争论这个问题。于是辩论停止。

大家都能看得出来,汉景帝之所以采取不争论的政策,是因为这场争论把他推入了一种两难的境地。不承认革命的合法性吧,他们刘氏三代的执政地位就成了问题;承认革命的合法性吧,又担心有人以天命、民意的名义推翻他们刘氏的统治。那么,汉景帝为什么会陷入两难境地呢?就是因为他们的那个刘氏政权是一个以"革命"的名义取得转而又"告别革命"的政权,一个取代秦朝又和秦朝没有本质区别的政权 ,一个没有老百姓的份儿,只有少数富人、贵人份儿的政权。这样的政权必然会由初建时期受到老百姓拥护而走向与老百姓分道扬镳,进而与老百姓做对,最终被老百姓支持的另一个政权取代。这就是人们常说的"历史周期率"。中国共产党执政以前的各个政权始终不能跳出那个"历史周期率"的怪圈,是因为剥夺者掌权的历史大时代还没有过去,人民掌权的历史大时代还没有到来。那个历史的大时代恰好结束在我们共产党人手里,这是党的幸运、人民的幸运、国家的幸运。然而,在那个历史大时代结束 60 多年后的今天,我们的某些领导干部却又犯起了汉景帝那样的毛病,在历史虚无主义的进攻面前羞羞答答、含含糊糊、遮遮掩掩,既不敢理直气壮地肯定革命,也不敢随波逐流地否定革命,这是耐人寻味、发人深省的。这一事实至少表明:尽管这些领导干部手中的权力是广大劳动群众给的,但是其本人和他那个团伙的利益取向已经与广大劳动群众渐行渐远,有的甚至完全站到了广大劳动群众的对立面。这对于我们的执政党建设来说,是一个异常危险的信号:弄得不好,我们很可能会由于人为的因素,重新回到那个"历史周期率"的怪圈。

怎么办呢?就是要痛下决心,告别褊狭和短见,割舍私情和私利,像马老那样，做一个彻底的唯物主义者。无论有多少难以排解的眼前纠结，我们也要旗帜鲜明地保卫人民打倒人民敌人的革命；无论有多少艰难和痛苦，我们也不能剥夺人民的革命权利。必须开诚布公地告诉人民：在我们党内，如果有一个人成了人民的敌人，人民就有权利打倒这一个；如果有几十个几百个成了人民的敌人，人民就有权利打倒这几十个几百个；如果整个党成了人民的敌人，人民就有权利打倒这个蜕化变质的党。只有这样利剑高悬、警钟长鸣，只有这样终日乾乾、夕惕若厉，我们党才有可能永远站在最广大劳动人民的一面，从而才有可能永远立于不败之地。

（本文是 2015 年 5 月 16 日在《苍生三部曲：群山、长河、浩海》出版座谈会上的发言，5 月 18 日根据记忆整理）

没有绝对的新闻自由

——访《洛杉矶时报》报告

2006年6月28日至7月8日，我们求是杂志社代表团一行6人，赴美对《洛杉矶时报》进行访问。此前此后，代表团还利用转机和路过的机会，参观了纽约、华盛顿等地的市区和郊区。

一、访问《洛杉矶时报》

《洛杉矶时报》创刊于1881年12月4日，当时是一份日出4版的小报，经过100多年的竞争发展，现已成为美国最有影响的大报之一。其内容涉及地方、全国和国际新闻，商业、体育、文艺和生活信息等各个方面。每天发行85万份，周末增至160万份，同时出版其他子刊，总计拥有300多万读者。该报一向重视新闻质量和记者队伍的提高，自1941年以来，共获得过22次普利策新闻奖。目前，该报有3000多名员工，世界各重要国家和地区都有它的派驻记者，其中在中国4名。交谈中，他们表示：希望2008年奥运会期间，增派20名记者到北京采访。

该报实行产业化经营。每份报纸的售价不足成本的四分之一。每天出版100多版，周末则增至160多版，其中60%的版面用于广告。每年广告收入约3亿美元。

访问期间，我们处处感到他们对于报史的重视。刚一见面，接待者就送给我们每人一份创刊号的复制品。报社大厅摆放着创始者奥蒂斯·斯德勒的塑像和19世纪使用的印刷机，悬挂着介绍报史的图片。办公楼每一层的走廊两侧，都挂满标志成就的证书，有重要贡献的编辑、记者的照片及其代表作品。

该报的管理极为严格。从采访到见报，每篇稿件至少要经过五道关口，必要时还要送法律顾问审阅。他们解释说，这是为了防止编辑、记者通过报纸宣传个人的主张，或其他与报社宗旨不同的主张。对于违犯报社宗旨和纪律的编辑、记者，毫不留情地予以处置，直至开除；对于获得普利策奖的记者和对报社有特殊贡献的员工，则大加表扬，并以加薪等形式予以激励。由于美国的加班费用很高，一般情况下报社员工都是按时上下班，但由于面对竞争压力，他们都非常敬业，不少记者冒着生命危险深入交火阵地或灾难现场进行采访，以抢抓第一时间的新闻。

该报与美国其他报刊一样，标榜“中立”、“公正”的立场和绝对的新闻自由，并且引为自豪。当时，我们提问：在科索沃战争和伊拉克战争中，包括贵报在内的所有美国大报的舆论都是一边倒地支持美国政府的战争决策，希望给予解释。他们指着当日报纸的一则新闻说，你们看，我们对美国士兵强奸杀人的消息也进行了报道。我们笑了，知道这是搪塞，因为发表这样一则消息不能证明该报的所谓“中立”、“公正”的立场。我们又问：贵报敢不敢于批评大公司和大财团？他们说：敢，但马上又强调批评公司和财团要慎重，因为他们的生存主要是靠每年 3 亿美元的广告收入。讲到这里，他们也不得不承认权力和金钱能限制新闻的自由度。接着，我们再次提问：贵报有没有工会组织？对此，他们回答得比较坦率：为了防止员工组织起来影响报社的宣传和决策，没有成立工会组织。

二、对美国的一些直观

1.美国是一个注重环境保护和法律秩序但缺少安全感的国家。我们所到之处，碧水蓝天、风景如画。在建筑工地，为防止扬尘，也是边施工边喷水雾。国民素质较高，人们大多讲究礼让，城乡差别不大，交通管理有序。置身如此优美的环境之中，本应怡然自乐，但美国的社会氛围却十分紧张，华盛顿上空的巡警直升机轰鸣，到处是荷枪实弹的警察，各种如临大敌的安检很多，甚至要被检者当众脱鞋、解腰带。对此，连最讲个性自由的美国公民也习以为常。

2.美国重视爱国主义教育。访问期间，正值美国国庆，到处悬挂着美国国旗，到处都举行形式各异的庆祝活动。从总统到普通国民，似乎都沉浸在一种自豪感中。在费城,成群结队的学生在老师的带领下到独立宫接受美国历史的教育。在珍珠港,前来凭吊亚利桑那号战舰的人也络绎不绝。

3.美国是一个消费社会,但在某些方面又有一定程度的理性。很多人并不怎么追求时尚消费,手机和电脑甚至不如我国更新得快。《洛杉矶时报》使用的电脑,比我们至少要落后一代。我们所住宾馆的电梯和空调,也大多是上世纪七八十年代的产品。

4.美国的阶层和种族界限分明。无论哪一座城市,其居民区都极为严格地分为富人区、白领区和穷人区(穷人区的居民大都是黑人和其他有色人种)。各阶层、各民族之间冷漠、隔膜甚至敌对的情绪时有所见。

三、几点启示

1.理直气壮地坚持党管新闻的原则。在美国,主要媒体均为大公司、大财团所控制。例如《洛杉矶时报》,就受控于美洲银行财团,摩根财团对其也有很大的影响力。美国著名新闻评论家本·巴格迪坎指出:掌握主要媒体的这些"男人和女人"代表大公司、大财团,"形成了一个新的私营的新闻文化部"。这个"新闻文化部"的职能和政府一样,就是维护垄断资本集团的利益。为这一本质所决定,美国主要媒体不可能有什么"中立"、"公正"可言。在我们的提问下,《洛杉矶时报》也不得不承认他们的倾向性,就是明证。哥伦比亚广播公司前负责人斯乃德甚至坦言:美国主要媒体的一些老板是一批"制造虚假信息的武士"。

其实,在阶级社会,任何一种舆论工具都不可能持绝对的"中立"、"公正"的立场,也没有抽象的所谓"新闻自由"。我国的主要媒体是党领导下为最广大人民利益服务的舆论工具。这一立场,没有丝毫亏理的地方。我们应当理直气壮地坚持党管新闻的原则,理直气壮地坚持把党的主张与人民群众的呼声统一起来。对于那些迷信西方新闻自由的同志,要用事实帮助他们认清那种所谓"自由"的本质。

2.引导党员干部和青年正确认识美国。不管是谁,只要到过美国,就会看到:这是当今世界上最富有的大国,也是环境最优美的大国。如果我们仅看现象,如果我们缺少全球视野,如果我们不了解美国的近代史,就会被美国堂而皇之的外表所迷惑，不由自主地产生崇美思想，甚至得出社会主义不如资本主义的结论。这在访美人员中，绝非个别现象。

美国为什么会富有、会优美？我们必须充分肯定美国人民的辛勤劳动，但是又不能否认此外的更重要的因素。从一定意义上说，它的富有和优美是由第三世界人民的血泪和白骨造成的。如果没有近代以降的经济掠夺，没有1.5亿非洲人民的饥饿，没有2000万拉美儿童的流离失所，没有数千万拉美土著居民在瘟疫和枪杀中丧生，没有对于全世界能源三分之一的消耗，就无法解释这个帝国的富有；如果不把污染严重的夕阳工业转移到国外，如果不向第三世界大量地倾倒垃圾和废料，就无法解释这个帝国的优美。进一步的问题是，是不是每个美国人都有享受这富有和优美的权利呢？纽约州前州长马里奥·库奥莫曾经针对总统里根对于美国的夸饰，借用狄更斯小说《双城记》的书名指出，与其说美国是“山顶上一座辉煌的城市”（里根语），毋宁说是“双城”：一个富人的美国，一个穷人的美国。例如曼哈顿，在以华尔街为代表的南部，大银行、大公司、大股票交易所鳞次栉比、富丽堂皇；北部的哈莱姆黑人区则是穷街陋巷、断壁残垣、烟尘弥漫、纸屑飘零。

在深化改革、扩大开放的今天，美国是我国要打交道的主要国家。不了解美国，就不可能正确地认识世界。因此，在条件允许的前提下，应鼓励更多的人到美国看看、走走，但同时要对我们的干部和青年进行历史唯物主义的教育，引导他们全面地认识美国，历史地认识美国，透过现象看本质地认识美国。这不仅具有重要的思想意义、政治意义，而且具有重要的经济意义。

3. 珍惜中华民族的历史。在国内历史虚无主义甚嚣尘上、糟蹋领袖英烈肆无忌惮的背景下，看到美国对于历史的态度，感到十分羞愧。美国是一个历史很短的国家，但他们对于自己的历史极其珍视，即使是一些仅有八九十年的建筑，也作为珍贵文物精心保护。对于华盛顿、林肯这些领袖人物，更是爱护有加，绝不容许对他们发表任何轻薄的言论。重视历史是为了今天，为了在今天培育国民的爱国主义精神。这一点特别值得我们学习。我中华民族悠悠五千年，历史背景和文化底蕴不知要高出美国多少倍！在综合国力的国际竞争中，这是我们得天独厚的优势。我们没有理由妄自菲薄，没有理由搞历史虚无主义。要围绕爱国主义教育，深入进行历史特别是近代史的教育，切实加强和改进文物保护工作，以增强中华民族的凝聚力和人民的民族自豪感。

4. 把科学发展观落到实处。这次访美之行，有一点给我们触动很深，就是美国人与自然之间、城乡之间的发展比较协调。但是，这种发展是建立在世界性的掠夺基础之上的，是建立在少数人占有大多数人的剩余劳动基础之上的，因此不管它的发展已经达到多么高级的程度，对于全世界特别是第三世界来说，这条发展道路都不具有普遍的意义。

我国是发展中的社会主义大国。我们的发展至少有两点和美国不同：一、我们的发展不是资本的发展，而是以人为本的发展，即最广大人民的发展；二、我们的发展是依靠自己力量的发展，不掠夺其他国家的资源，不牺牲其他国家人民利益的发展。正是因为有了这两点，我们的发展观是真正科学的发展观，我们的发展是全球视野下真正的可持续发展。在科学发展观的指导下，如果我们通过几十年的努力，把一个发展中大国建设成为一个共同富裕、社会公平、环境优美的国家，那就不仅是中国人民的福祉，也是全世界特别是第三世界人民的福祉，因为它给全世界人民特别是第三世界人民提供了一条可资借鉴的发展道路。

（2006 年 7 月 25 日）

缩小两极分化有助于树立我国的良好形象

——访问古巴报告

2008年3月8—13日，我们求是杂志社代表团一行5人，应古共中央对外联络部邀请，对古巴进行友好访问。3月13—17日，代表团顺访阿根廷的《号角报》和巴西的《南美侨报》。

古巴社会主义杂志简况

《古巴社会主义》是古共中央机关刊物。此行的一个重要目的，是与他们交流办刊经验，建立友好关系。古方善解人意，为我们安排的第一个活动就是会见古巴社会主义杂志社负责人贝里斯和古共中央意识形态部副部长阿多阿巴。

贝里斯是古巴共产党培养起来的有重要影响的理论家，曾与古共中央意识形态部第一副部长阿尔贝多一起，奉卡斯特罗之命，撰写介绍中国工农红军长征的著作。他说，古巴社会主义杂志是在卡斯特罗提议下于1961年9月创办的。当时有3位中央政治局委员进入编委会，卡斯特罗任编委会主任。创刊号上发表了卡斯特罗亲自撰写的社论。古巴社会主义杂志是古共中央的喉舌，主要发表经济、政治、哲学、历史、文化、国际等方面的理论文章，在思想理论领域具有毋庸置疑的权威性和指导性。这份杂志原为月刊，特殊时期(指苏东剧变以后)，由于古巴经济遇到巨大困难，曾一度被迫停刊。1996年重新出版，改为季刊，每期发行1万多册。此外，每月还出版一册《内部参考》，作者多为外国人，内容不仅涉及古巴情况，也有不少国际问题。随着经济形势的逐渐好转，他们准备在明年恢复为月刊，同时扩大编辑队伍。现在的编委会有14位成员，其中政治局委员两名，其他成员为意识形态部部长、经济计划部副部长、外交部长、中央党校校长等党和政府机关的主要负责同志。这些编委会成员都要亲自参加审稿，而非虚有头衔而已。

贝里斯是一位非常幽默的老同志。他说，如果说你们的求是杂志是一头大象，古巴社会主义杂志就是一只老鼠。现在做编辑工作的，就我一人，我领导我自己。但是我的"权力"比你们大，因为我能召集编委会定稿。别看有的编委是政治局委员，我说哪天定稿，没有一个敢不来的。

古巴印象

古共中央对外联络部将访问日程安排得非常紧凑。除会见意识形态部和古巴社会主义杂志负责人外，我们还与古共中央机关报《格拉玛报》、古巴共青盟负责人就党的建设、理论宣传和国际问题进行交流，并参观潘多·费雷尔眼科医院、塔拉腊学校、古巴一巴拿马友谊学校、拉美医学院和保卫革命委员会的一处基层组织(相当于我们的居委会)。我作为团长应邀在亚太研究中心作关于科学发展观的演讲，并回答与会者提出的问题。访问接近尾声时，古共中央意识形态部第一副部长阿尔贝多、古共中央对外联络部第一副部长奥斯卡分别会见代表团，并就有关问题深入交换意见。5天的访问，使我们对古巴有了一些具体的了解。

*处处感受到友好情意。*他们多次强调，古中友谊源远流长。早在上世纪50年代，就有大批旅古华人参加卡斯特罗领导的古巴革命战争。由于他们作战勇敢、冲锋在前，在敌人的淫威下坚贞不屈、视死如归，赢得了古巴党和人民的普遍尊敬。在他们的纪念碑上，铭刻着这样的碑文："在古巴的中国人，没有一个是叛徒、是逃兵。"革命胜利之后，古中的联系更加密切。特别是在上世纪90年代初遇到巨大困难的时候，中国党和人民给了他们以慷慨无私的援助。他们多次兴致勃勃地谈到江泽民、胡锦涛等党和国家领导人访问古巴的动人情景。"全世界只有胡锦涛一人能说服卡斯特罗"，这话虽含有幽默成分，却也道出了古巴党和人民对中国党和人民的信赖。党中央招待所的服务人员指着海尔彩电说："我们这里很多家庭都用上了你们的冰箱、彩电，都说既节能又好用。美国人老说中国产品不好，真不懂他们的意思。"在保卫革命委员会的一个基层组织，一位小学生高呼："祝中国奥运

成功！中国万岁！”居民们报以热烈的掌声。

生活困难但社会和谐。目前，古巴经济虽有所好转但尚未走出困境。粮食紧张，副食匮乏，每人每月凭本供应 10 个鸡蛋(再多买须付高价)，面向国内的商店商品很少，街上跑的多数都是几十年前的“老爷车”。但是，由于住房、教育、医疗及其他主要生活必需品全民免费，老百姓的生活没有根本性的后顾之忧；由于消除了种族歧视，各民族真正实现了和睦相处；由于党政领导干部廉洁自律、密切联系群众，整个社会具有很强的向心力；由于分配公平，同事之间、邻里之间很少有经济利益上的冲突，大多能够做到互相关爱。古共中央意识形态部第一副部长阿尔贝多在宴请我们时，多半的谈话是介绍他与古巴社会主义杂志负责人贝里斯的战斗友谊，称赞他的理论水平、品格情操和对党的事业的贡献，感情十分真挚，使我们深受感动。如今的古巴，虽然困难重重，但老百姓的幸福指数并不低，绝少有西方那样的精神危机。特别让我们惊讶的是，古巴的人均寿命为 77 岁，比美国整整高出 1 岁。

改革已经启动但异常谨慎。古巴的同志不讳言自己面临的困难，也不讳言自身存在的问题。他们说，所以出现当前的这些困难，特别是吃饭、交通、住房三大困难，不能百分之百地怪美国封锁，也有自身体制、机制的问题。百分之九十以上的人民群众坚定地拥护社会主义，但也要求改善社会主义。去年 7 月 26 日，劳尔·卡斯特罗发表讲话，号召古巴人民畅所欲言，积极参与到关于国家经济社会发展的大讨论中去。据统计，全国各地开了 21 万多次会，有 320 多万人发言，共提出 130 多万条意见和建议。群众意见和建议集中在发展经济、改善民生和保障供给三大方面。在大讨论的基础上，古巴党和政府陆续出台一些改革开放的措施。如将闲置的土地承包给私人耕种；采取新措施加强管理，鼓励多劳多得，解决“上班不上班一个样”的问题；拓宽引进外资渠道；争取美国政府允许公民到古巴旅游，等等。但是他们同时强调，一切改革开放措施的出台，都不能越过一条红线，即不能出现两极分化。如果出现两极分化，我们党就会被古巴人民打倒。谈到中国改革与古巴改革比较时，古巴同志说：中国远在东方，是地域、人口大国，整体实力位居世界前列，所以改革的力度完全可以大一些，开放的口子完全

可以宽一些，出了问题也不要紧，完全有能力控制；古巴在美国眼皮底下，是个岛国，资源尤其是能源匮乏，整体实力很弱，不得不异常小心谨慎，一旦社会矛盾激化，美国必然插手，极有可能产生灾难性后果。你们要根据中国国情建设中国特色社会主义，我们也要根据古巴国情建设古巴特色社会主义。正是在这个意义上，我们理解、尊重和支持中国同志的选择。

几点启示

新自由主义是第三世界国家发展的歧路。在与古共中央对外联络部第一副部长奥斯卡会谈时，我们问，社会主义在古巴为什么会有这么深厚的群众基础？奥斯卡同志笑着说，就是因为古巴人民对资本主义有着太深的了解。在这一点上，可以说比中国和前苏东地区人民的体会都更加深刻。今天下午的活动给你们做一下调整，先去看一看哈瓦那殖民时期的建筑，那可要比你们上海的外滩气派得多。古巴人民从亲身经历中懂得，在资本主义已经成为世界体系的国际格局中，搞资本主义必然要搞成依附式的资本主义，给发达国家打工的资本主义，听任发达资本主义摆布的资本主义。其结果，不但不能发展，而且必然要变成美国的一个“州”。我们以为古巴同志说的是实话。苏东剧变以后，古巴几乎变成了一株独立支持的棕榈树。尽管经济异常困难，尽管体制机制上存在不少问题，但是美国的颠覆活动还是一次次落空。其根本原因，就在于社会主义制度的优越性。由于资源、财富主要掌握在国家手里，他们可以进行统一配置，把有限的东西用到最需要的地方去，以渡过难关。例如为了最大限度地节省燃油，党中央作出决定，老百姓可以搭乘部长们的“顺风车”。有人招手而不停车者，必然受到处分。由于党的各级领导干部先忧后乐，极大地感召了人民群众，形成了一种众志成城的局面。俗话说：苍蝇不叮无缝的鸡蛋。国内稳定，美国自然无可奈何。与此形成鲜明对照的是另外一些拉美国家。由于它们实行了新自由主义即彻底私有化的“改革”，发展维艰、经济衰退、主权丧失、社会动荡。巴西的圣保罗是世界第五大城市，但自 1980 年以后，几乎没有什么发展。比如城市要拓宽道路，就是连一间茅草棚子也拆不得，因为那是私有财产，私有财产“神圣”不可侵犯。今日的巴西，没有全国贯通、统一车轨的铁路，因为一段段的铁路都掌握在私人手里，国家无权“统筹”。游览市容，但见富人区电网密布、戒备森严、罕有人迹；贫民窟成区连片、穷街陋巷、污水横流。绿地上随处可见流浪汉的帐篷，中心区光天化日之下持枪抢劫时有发生。卢拉上台以后，虽然做了很大努力，但积重难返。正是由于拉美人民饱尝新自由主义苦果，所以纷纷选择左派上台执政；正是由于拉美人民饱尝新自由主义苦果，所以古巴在那里产生了极大的影响力。在布宜诺斯艾利斯和圣保罗，可以经常见到卡斯特罗和格瓦拉的画像。

对外宣传科学发展观要特别强调它的公平性。布宜诺斯艾利斯一家商店的保安对我们竖起大拇指，连说：“北京，经济，了不起！”在古巴、阿根廷和巴西，可以普遍感觉到那里的人民对中国快速发展的钦佩，但也可以察觉到他们的两个疑虑：一是会不会导致两极分化，二是会不会给他们的利益带来威胁。我在古巴亚太研究中心演讲刚一结束，一位女研究员便提问：在中国改革中，是否出现了百万富翁？我看得出来，这是一种委婉的明知故问。我回答说：中国不但出现了百万富翁，还出现了千万富翁，甚至个别亿万富翁，但是我们党的十六大和十七大都郑重提出：维护公平和正义是我们工作的着力点，我们的科学发展观的核心就是以人为本，而且我们在这方面的努力已经取得很大成效。发展不可能是一条直线，不但发展不可能是一条直线，世界上任何事物的运动都不可能是一条直线，连光粒子的运动都是曲线的。改革和发展难免产生上下波动，但在总体上不会背离社会主义的目标，就像我们来到古巴，不可能直线飞来，还要绕道巴黎，但最终还是来到哈瓦那，而不是跑到华盛顿。从一定意义上说，我们的科学发展观是公平发展观，这包括两个方面的含义：一是对内的公平性。它强调发展的机会平等、发展的成果共享，而不是以牺牲大多数人的发展机会和发展成果来保证少数人的发展。二是对外的公平性。我们的发展不是像资本主义那样，建立在掠夺别国资源、损害别国利益的基础上。“己欲立而立人，己欲达而达人”，这是我们中华民族祖先的遗训。我们绝不损人利己，相反在谋求自己发展的同时还要努力做到有益于其他第三世界国家的发展。如果只想着自己发展而不顾及别国的发展，到头来是谁也发展不好，甚至会毁掉这个地球。听了这番解释，那位女研究员频频点头。亚太研究中心的主任则称赞科学发展观是社会主义的发展观、第三世界的发展观、给人类带来福祉的发展观。尽管我用外交辞令圆了场，尽管我的解释获得了称赞和掌声，但心里实在发虚得很，因为我们的基尼系数实在是太高了。必须看到，在当今世界，维护社会的公平正义是人心所向，在发展中维护自己的利益是各个国家的共同愿望。脚踏实地地维护公平正义，缩小两极分化，有助于树立我国的良好形象。

应适当加大培养外国学生的力度。参观期间，对我们触动最深的就是塔拉腊学校和拉美医学院。塔拉腊学校是一所专门面向中国贫困地区招生的大学。古方担负包括穿衣吃饭在内的一切学习生活费用。在这里，学生首先学习西班牙语。语言关过后，可任选临床和护理中的一个专业。学成后回国。目前在校的中国学生已达到1000多名。交谈中，学生们说，这里管得太严，感到有些不太习惯，不过老师们对他们都挺好的，像父母一样。拉美医学院则是专门为拉美缺医少药地区培养医生的学校，学习生活费用也是全部由古巴负担。目前在校学生已有4000多名。在经济非常困难情况下做出这些义举、善举，不能说不是国际主义、人道主义的表现。这些举措为古巴在第三世界赢得了普遍好感。2007年10月30日召开的新一届联大上，184个国家中的179个投票反对美国制裁古巴，这与古巴注意树立良好的国际形象有直接关系。算大账，古巴为这些事情花钱并不亏。

经过30年的改革开放，我国的经济实力迅速增强，对外援助也不断加大，但是我们完全可以在现有基础上做得更大一些。比如在办好孔子学院的同时，我们也可以像古巴那样在国内办一些专门向贫困国家、贫困地区、贫困家庭招生的大学。这些学生回国以后，就是一颗颗种子，生长友谊的种子，传播中国形象的种子，这是任何形式的宣传都不能替代的。总之，适当加大国际主义援助，特别是对第三世界的援助，有助于开拓我国对外开放的空间，展示中华民族厚德载物的胸怀。归根到底，对我们有利。

（2008年5月11日）

准许部署"萨德"是朴瑾惠的独断专行

——与韩国新国家党中央委员成乐沅先生的谈话

按:7 月 23 日,笔者到昌平的九华山庄参加以"永远跟党走"为主题的第十一届中国青少年艺术节。晚饭时,艺术节组委会主任范晓伟为我介绍一位韩国朋友,他叫成乐沅,韩国执政党新国家党的中央委员。我略作打量,觉得人很朴实,便有了交谈的愿望。以下是我们交谈的实录。

刘:成先生,冒昧请教一个问题,您对美国在贵国星州部署"萨德"怎么看?

成:这是朴瑾惠一个人撇开全党的独断专行。党内的大多数是不赞成的。比如我们中央委员会,共有 46 名委员,将近 40 个委员都公开表示了反对意见。

刘:以前,朴瑾惠总统在中国有很高的人气。一是去年"9・3"阅兵时,她不看美国人的脸色,毅然来到北京,给了中国很大支持。二是她热爱中国传统文化,喜欢赵云赵子龙。习主席还专门送给她一幅赵云画像,以表示对她热爱中国文化的感谢。三是面相和善,不像奥尔布赖特,秃鹫一样的鼻眼和神态。所有这些,都给中国人民留下了很好的印象。但是"萨德"的事情一出,她在中国的人缘恐怕就要大打折扣了。

范晓伟:差不多归零了。

成:这是她自找的,不但损害了她自己的形象,也损害了我们党的形象、韩国人民的形象。

刘:我猜她还是因为怕美国,怕惹了美国,韩国不得安宁。这下可好,美国是高兴了,但是中国不高兴了、俄罗斯不高兴了、朝鲜不高兴了。为了一个万里之遥的"亲戚",惹翻三家邻居,不大划算吧?远亲不如近邻啊。

成:是这样的。我们新国家党也认识到了问题的严重性,所以几乎全党反对。

刘:说实在的,美国在星州部署“萨德”,对中国构不成什么威胁,部署10个也没什么了不起。美国人要敢向中国发射导弹,我们摧毁它只是弹指之间的事。要大打,中国人更不怕。我们的老祖宗早就讲过:“民不畏死,奈何以死惧之?”倒是华尔街的老板和华盛顿的政客自以为金贵。自视甚高,当然怕死。我猜,同归于尽的事他们是豁不出去的。所以说,最倒霉的还是韩国的老百姓,尤其是星州的老百姓。美国的导弹架在自家院子里,三家的导弹又都对准自家院子,你说星州的老百姓还能睡得着觉吗?星州老百姓招谁惹谁了?怎么就该倒霉呢?对这种天外飞来的横祸,中国人是有体验的。当年的日俄战争,就是在中国土地上打的,与中国老百姓一点关系也没有,却让我们吃尽了苦头。

成:星州的老百姓明白啊,所以他们到政府那里示威了。

刘:我们真的对韩国人民没有一点儿意见,都是你们的当家人闹的。打个比方说,有这么两家,对门而居。突然有一天,一家来了一个强盗,手拿刀子向另一家挥舞,而这家的主人又容许这个强盗站在他家向邻居示凶。面对这种情况,即使过去两家的关系再好,现在是不是也应当采取一些反制措施呢?韩国和中国的关系一紧张,交往就要降温了,如果中国再采取一些反制措施,问题就更严重了。(我出示三星手机)这个手机在中国可比“苹果”卖得好,以后恐怕就难说了。

歌唱家张可:以后我们都买“华为”。

刘:还有旅游。去年夏天,我的老伴和孩子去韩国旅游,本想由济州岛再去首尔。不巧遇到台风,首尔没去成。原计划今年夏天再去首尔,但是因为“萨德”的事儿,孩子变了主意,说不去了,以后再也不去韩国了。

翻译段晋涛:旅游收入可是占韩国国民收入的百之八呀。

成:(激动地站起来)我们新国家党要坚决反对朴瑾惠的独断,要在党内给她施加更大的压力,迫使她收回成命。

刘:(走到成先生面前,握住他的手)原来我们不知道新国家党的立场。听您一席话,我很感动。如果中国老百姓知道了新国家党的态度,会更加坚定与韩国老百姓友好的决心和信心。起码,你我是好朋友、好兄弟。

成:(把手握得更紧)请您告诉您的家人,不要不到韩国来。她们再到韩国来,给我打电话,我全程接待。

刘:如果我把咱俩今天的谈话告诉中国网友,您介意吗?

成:不介意。我也要把今天的谈话写成文章,发动很多媒体发表,让韩国人民都知道中国的民意。我们一起来反对朴瑾惠,直到她收回成命为止。

(2016年7月24日1:00追记)

后 记

整理完这本书稿，已是中秋时节的一个凌晨。我走到阳台，朝外望去，真个是“碧天如水夜云轻”，说不出的清澈和幽远。伫立之间，有关这本书稿的往事不禁从心底涌出，历历如在眼前。

这是我研究当代社会思潮文章的一本选集，内容涉及科学社会主义、经济、政治、文化、历史、文艺等方面。能够结成这样一本文集，首先应当感谢的是卫建林同志。孔子说：“益者三友，损者三友。友直，友谅，友多闻，益矣。友便辟，友善柔，友便佞，损矣。”建林同志就是我的直友、谅友、多闻之友。他为人淡泊，相交近 30 年，我们仅在一起吃过两次饭，一次是在一个小型的会上，一次是与一位老同志一起。他为人正派，直道而行，不屑于与谄佞之徒为伍，干一些小道诡行的事情。他为人真诚，从不迎合他人，即使对于朋友的见解和文章也是如此，对的就是对的、错的就是错的，绝不会因为要照顾对方的情绪而有丝毫的变通。他为人勤奋，学识渊博，兼通文化、文学、历史、政治、经济、国际，但从不夸夸其谈、漫为大言，见解独到而扎实。与其交谈，每每开阔思路、有所收益。记得是 1995 年春的一天，当时我还在光明日报文艺部工作，建林同志给我打电话，建议我把研究的领域放宽一些。他说：“最好是文、史、哲、政治都搞。你是有这个基础的，不要浪费所学。如果一辈子仅仅拴在一个文艺上，没有太大的出息。可以先从跟我一块儿搞第三世界发展问题开始。我搞经济、政治的，你来搞文化的。不用担心出书的事儿，搞出来我找地方出版。”这番话我是听进去了，但是因为积行成习，积习成性，第三世界文化发展的题目终究没有做。

第二位应当感谢的是戴舟同志。1998 年，也就是我在求是杂志文化部工作将近 3 年的时候，时任总编辑戴舟同志决定把我调整到评论部工作。从本职工作上说，这就意味着从此告别文艺，而专门去写社论、评论员文章和编辑部文章。尽管当时也在考虑落实建林同志的意见,准备扩大研究领域,可一旦离开本专业,还是一百个不情愿。于是立即表示反对,后则以辞职相要挟,结果是反对无效。到评论部以后,经过两年多的磨炼,特别是经过"九论社会主义、资本主义发展历史进程"系列文章的撰写,我感觉在眼界、胸襟、气象上确实开阔了许多,于是也就更加投入。这本集子中大约六分之一的篇幅,便来自当时的职务写作。当然,这仅是其中比较地能够体现我个人观点的一小部分。记得在"九论"发完以后,戴舟同志曾专门找我谈话说:"当初调你到评论部,你小子跟我闹情绪,摔耙子,说不定还没少在背后骂我。你在文化部,一年下来也就是编几篇文艺的稿子,对社里哪有这么大的贡献?你应当感谢我才是。"是的,我的确应当感谢他。没有他的"逼上梁山",建林同志对我的忠告就极有可能落空。

当然,两位朋友不约而同地要我放宽研究领域,绝没有轻视文艺的意思,尽管当时文艺领域严肃的事情不是很多。戴舟同志毕业于南京大学中文系,建林同志毕业于南开大学中文系。他们都十分推重,且终生引以为师的鲁迅就是搞文学的。再说,戴舟同志爱好书法、戏曲和声乐,与文艺界交往甚广;建林同志曾起草关于文艺问题的重要文献,还专门研究过《红楼梦》,有专著《曹雪芹论》存世。焉有轻视文艺之理?两位朋友所反对的是以个人名利为念的小文人意识,强调的是一种天下情怀和担当精神,即只要祖国和人民需要,自己通过努力又能做到的事,就应当去做,而不要去管是否成为什么领域的专家之类的身外小事。

戴舟同志长我 11 岁,建林同志长我 10 岁;戴舟同志早在 14 年前就离我们而去,建林同志也于 1 年前离我们而去。"闲居始自遣,临感忽难收。"在这些文稿拣选结集的时候,思念他们的心情久久难以平息。谨以此书献给两位老友,不知他们于九天之上,其知也耶?其不知也耶?

2017 年 9 月 27 日